AF361994

Editorial
NUN

Caminos para una teología del pueblo y de la cultura

Rocco Buttiglione

Introducción realizada
por el papa Francisco

Editorial
NUN

Ficha bibliográfica

Buttiglione, Rocco

Caminos para una teología del pueblo y de la cultura
1a. edición, 2022

ISBN: 978-607-59310-0-5

Editorial Notas Universitarias, S. A. de C. V.
Colección Fides et Ratio

Impreso en la Ciudad de México, agosto de 2022
Formato: 15 × 21 cm

358 pp.

Editorial NUN

Es una marca de Editorial Notas Universitarias, S. A. de C. V.

Xocotla 17, Tlalpan Centro II, alcaldía Tlalpan,
C. P. 14000, Ciudad de México

www.editorialnun.com.mx

D. R. © 2022, Editorial Notas Universitarias, S. A. de C. V.
D. R. © 2022, Rocco Buttiglione

El contenido de este libro es responsabilidad del autor

Comentarios sobre la edición a contacto@editorialnotasuniversitarias.com.mx

Derechos reservados conforme a la ley. No se permite la reproducción total o parcial de esta publicación,
ni registrarse o transmitirse por un sistema de recuperación de información, por ningún medio o forma, sea
electrónico, mecánico, foto-químico, magnético o electro-óptico, fotocopia, grabación o cualquier otro
sin autorización previa y por escrito de los titulares del *Copyright*. La infracción de los derechos
mencionados puede ser constitutiva de delito contra la propiedad intelectual (Arts. 229 y siguientes
de la Ley Federal de Derechos de Autor y Arts. 242 y siguientes del Código Penal).

Versión impresa, ISBN: 978-607-59310-0-5
Versión digital, ISBN: 978-607-99398-9-2

Los textos aquí presentados fueron arbitrados (doble-ciego) y dictaminados por especialistas nacionales.
Posteriormente fueron revisados, corregidos y modificados por los autores antes de llegar a su versión final.

Dirección editorial y diseño de portada: Miryam D. Meza Robles
Corrección de estilo y cuidado de la edición: Óscar Díaz Chávez
Diagramación: Carlos A. Vela Turcott

Impreso en México

Caminos para una teología del pueblo y de la cultura

Rocco Buttiglione

Introducción realizada
por el papa Francisco

Fides et Ratio

Agradecimientos

Este libro nació a raíz del camino de seguimiento del magisterio del papa Francisco que se concretó en la Academia de Líderes Católicos. Un cordial agradecimiento por todo lo que aprendí de ellos tanto a su director, José Antonio Rosas, como a sus discípulos y al resto de docentes. Este libro ha sido escrito para ellos y nació del contacto con su experiencia de vida y fe.

Eso refleja igualmente mi actividad de enseñanza en el Instituto de Filosofía Edith Stein y el diálogo y la comunión de vida con todo su equipo y, en particular, con el rector Matyás Szalay y con el Gran Canciller S.E. monseñor Javier Martínez.

Toda esa actividad de investigación fue potentemente facilitada por el apoyo de la Fundación Fede e Scienza de Brescia. Un particular agradecimiento a Davide Cavagna y toda la familia Cavagna y a Bartolomeo Rampinelli.

Muchas buenas ideas nacieron del diálogo con Guzmán Carriquiry, Rodrigo Guerra, Massimo Borghesi, Austen Ivereigh y Andrea Tornielli. Los posibles errores de interpretación son todos culpa mía.

Un particular agradecimiento a Lidice Carriquiry, que alimentó nuestra reflexión con excelentes y exóticas empanadas, además de muy sabias intervenciones.

Daniel Zapata Fuentes se enfrentó a la ardua tarea de corregir mi español y de traducir algunos textos inicialmente redactados en inglés (*Globalización; Barroco y el papa latinoamericano; La revelación y la teología del pueblo; San Pablo entre el sí y el no; La cosmología de los mexicas y la Virgen de Guadalupe; En las raíces de* la teología del pueblo; *La historia política como lucha por el poder y acción de las élites políticas*; *La economía como requisito previo de la historia política y Cultura y religión como las capas más profundas de la historia*). Gracias, Daniel, por tu disponibilidad y la esmerada paciencia con la cual afrontaste este esfuerzo digno de Sísifo.

Por último, dedico este libro a las dos autoridades reconocidas que orientan mi camino: el papa Francisco y mi mujer, María Pía.

Índice

Presentación   13

Introducción del papa Francisco   17

Presentación a la edición mexicana   25

Prólogo: Caminos para una teología del pueblo y de la cultura   31

Capítulo 1

El tiempo de Latinoamérica   81

   1. Elementos para interpretar el papado latinoamericano   81

   2. Globalización, Barroco y el papa latinoamericano   96

   3. La revolución y la teología del pueblo   117

Capítulo 2

Platón, Nietzsche y la Virgen de Guadalupe   141

   1. Las perfecciones puras y la postmodernidad
      Consideraciones filosófico-teológicas   141

   2. San Pablo entre el sí y el no   154

   3. El punto de partida de la búsqueda humana de Dios
      La visión griega entre Apolo y Dioniso   168

   4. La cosmología de los mexicas y la Virgen de Guadalupe
      En las raíces de la teología del pueblo   181

   5. La apuesta filosófica y el acto de fe. La lógica
      de la encarnación del universal en el particular   193

Capítulo 3

    Apuntes para una interpretación transpolítica de la historia   207

        1. La historia política como lucha por el poder y acción
            de las élites políticas dominantes   207

        2. La economía como requisito previo de la historia política   226

        3. Cultura y religión como las capas más profundas de la historia   241

        4. La interpretación transpolítica de la historia   255

Capítulo 4

    Personalismo y teología del pueblo   269

        1. El pensamiento personalista frente al nuevo capitalismo   269

        2 Teología dogmática, teología pastoral, teología del pueblo   287

Capítulo 5

    Naturaleza y claves de la globalización   301

        1 Teología de la creación   301

        2 El cambio de época en la economía   315

        3 El cambio de época en la política   328

        4 El destino de Occidente y el papado latinoamericano   345

Presentación[1]

Nos complace enseñar esta magnífica obra del académico y político italiano, Rocco Buttiglione, titulada *Caminos para una teología del pueblo y de la cultura*, precedida por la invaluable introducción del papa Francisco y un Prólogo del autor que da importantes claves de lectura para aproximarse al texto. Con una penetrante e incisiva pluma, este amigo del Santo Padre avanza más allá en la interpretación de su pensamiento teológico hacia una perspectiva transpolítica de la historia, desafiando al lector que quiera adentrarse en una comprensión profunda de la "teología del pueblo" plasmada por el Pontífice, siempre en la perspectiva del Magisterio de la Iglesia.

La teología parece ser una cosa del pasado y reducida a un grupo de elite, pero sin consecuencias sociales y políticas. Al menos en Chile, la vocación y la profesionalización del teólogo no es relevante en los procesos sociales ni culturales. ¿Qué habrá pasado? Uno percibe que en este quehacer teológico falta algo que le ha llevado a ser considerado como irrelevante. El magisterio del Papa Francisco, con un claro fundamento popular, invita a los teólogos más que a quedarse en la consecución de certezas, a abrirse a la pregunta sincera, confiada, empapada de memoria de salvación. Desde una perspectiva abierta, buscadora de sentido y nacida de lo popular de la fe, Buttiglione nos conduce a reconocer los alcances de una teología que finalmente logra dialogar y vincularse de forma decidida con las tensiones económicas y las preocupaciones

---

1   A la edición chilena [N. del ed. mexicano].

políticas del inicio de este milenio. Para esto se requiere, a la luz de la Constitución Apostólica *Veritatis Gaudium*, que los estudios eclesiásticos sean kerigmáticos, decididamente anunciadores de la Buena Noticia, sin dejar de ser dialógicos con la cultura y lo popular. De ello se ha hecho cargo, precisamente, la visión teológica de Francisco, buscando encaminar la reflexión sobre la fe generando un encuentro poliédrico en relación con la cultura.

Una de las características de la "teología del pueblo" es, precisamente, la categoría de inculturación. *"La gracia supone la cultura, y el don de Dios se encarna en la cultura de quien lo recibe"*, señala el número 115 de Evangelii gaudium. La encarnación de Jesucristo es la hermenéutica de la evangelización de la cultura y de la inculturación del Evangelio. Desde esta hermenéutica tiene que superarse todo dualismo en la experiencia doctrinal, ético-social y sacramental. Así, dicha "teología del pueblo", al considerar la categoría "Pueblo" en su dimensión teológica, nos permite no disociar su carácter histórico y visible de su realidad invisible, soteriológica y sacramental.

A su vez, el teólogo contemporáneo ha de trabajar en redes tanto dentro de la universidad como con otras instituciones y disciplinas, persiguiendo una reflexión que va más allá de lo meramente interdisciplinar, creando una nueva síntesis conceptual a través del paso hacia la transdisciplinariedad. Estas características pueden abrir camino a que los procesos culturales sean una provocación de búsquedas e interrogantes en torno a la pregunta de Dios en el pueblo, como de las preguntas y lenguajes populares sobre Dios. El Pueblo de Dios en su devenir histórico y trascendente, tal como lo expresa Lumen Gentium, es un repositorio de preguntas, lenguajes, expresiones, comprensiones antropológicas y teológicas, tan inmenso, que la teología debe entregarnos las herramientas para que todo ello se pueda beber sin contratiempos. Aún más, la teología se construye desde ese espacio simbólico y se da como posibilidad de apertura que tira de la reflexión para que ella siga elevándose desde un sentir cultural compartido por el pueblo (*sensus fidei*). A partir de lo antes señalado, lo popular se ha hecho recurrente en la calificación de las instituciones eclesiales, por ejemplo, en la liturgia. Esta designación, lejos de ser una interpretación populista e inmanente de la Iglesia, está relevando que el Pueblo de Dios sea reconocido como sujeto activo para redescubrir desde *Sacrosanctum concilium* su lugar en el manantial perenne de la liturgia que ilumina desde los tiempos de la Iglesia primitiva.

La "teología del pueblo", por tanto, es un intento reflexivo que busca posicionar la categoría de Pueblo en la disciplina teológica. Con sus raíces en varios y reconocidos teólogos que van urdiendo esta reflexión —Romano Guardini, Alberto Methol Ferré, Lucio Gera, Rafael Tello, Juan Carlos Scannone SJ y otros relevantes autores en los que se detendrá Buttiglione—, el Papa ha logrado esta hermenéutica, elevándola precisamente a un nivel transdisciplinar. Desde *Evangelii Gaudium* hasta *Fratelli Tutti* la categoría de Pueblo de Dios es ya transdisciplinar, donde su dimensión teológica se abre al diálogo con las ciencias, y desde ella, hacia un Pueblo cimentado en Jesucristo. Con la Carta encíclica *Fratelli Tutti*, es decir "Todos hermanos", valora lo político como aquel ámbito que, cuidado de populismos, logre explicitar el verdadero valor de lo popular. La "teología del pueblo", desde su raigambre filosófica y teológica, permite entender que la fe en Jesucristo es un aporte dialógico con lo político en el espacio público, en el hoy de la historia.

Por ello nos complace, tanto a la Pontificia Universidad Católica de Valparaíso como a la Academia de Líderes Católicos de Latinoamérica, presentar esta publicación conjunta que se suma a la Colección Teología hoy, de Ediciones Universitarias de Valparaíso de la PUCV. No podemos sino mencionar el honor que implica para nuestras instituciones sacar a luz esta gran obra del autor, precedida por la introducción del Santo Padre, quien nos adentra, como persona y como Pastor, en aquellas dimensiones que nos permiten comprender los registros que captan en qué consiste la noción de Pueblo, y volver sobre ella con una reflexión que lo resalta como lugar teológico. Sin duda, es un libro que, desde la gentileza con la que el profesor Buttiglione ha confiado la edición de su texto a nuestras instituciones, sigue posicionando a esta colección en la vanguardia de la reflexión disciplinar.

Es la ocasión, además, para significar la colaboración institucional con la que la Pontificia Universidad Católica de Valparaíso comienza a gestar alianza con la Academia de Líderes Católicos de Latinoamérica, que vendrá acompañada de diversos proyectos académicos e intelectuales en el ámbito del pensamiento social de la Iglesia.

Finalmente, nuestros agradecimientos a Mons. Jorge Patricio Vega Velasco, Gran Canciller de la PUCV y Obispo de Valparaíso, por inspirar en nuestra comunidad Universitaria la preocupación por acercar la Teología al mundo de la cultura y la vida social. A nuestro Decano de la Facultad Eclesiástica de Teología, Mons. Gonzalo Bravo Álvarez, Obispo de San Felipe, por motivarnos cotidianamente a llevar la reflexión teológica a las periferias existenciales. Y al Rector, don Claudio Elórtegui Raffo, por apoyarnos en la búsqueda de nuevas formas por cultivar la identidad católica de nuestra Universidad.

Fr. Cristián Eichin Molina, OFM
Vice Gran Canciller de la PUCV

Juan Pablo Faúndez Allier
Director de la Cátedra Internacional
Doctrina Social de la Iglesia PUCV

José Antonio Rosas Amor
Director General de la Academia
Latinoamericana de Líderes Católicos

Introducción

**Repensar los caminos
de los pueblos y sus culturas**

> *Quien no cree en Dios,
> tampoco cree en el pueblo de Dios.
> En cambio, quien no dude del pueblo de Dios,
> verá también la santidad del alma del pueblo,
> aún cuando hasta ese momento no hubiera creído en ella.
> Solo el pueblo y su futura fuerza espiritual
> convertirá a nuestros ateos,
> desligados de su propia tierra.*

**F. Dostoievski, *Los Hermanos Karamazov*,
Libro VI, cap. 2, p. 359
Bruguera, Barcelona, 1979**

Al escribir unas líneas para prologar el libro *Caminos para una teología del pueblo y de la cultura*, de Rocco Buttiglione, de inmediato mi mente y mi corazón me conducen a Romano Guardini y, a través de él, a repensar a mi pueblo, el Pueblo de Dios, al que pertenezco y al que debo mi definición más profunda como persona y como Pastor.

La pasión por comprender lo "concreto viviente" fue uno de los rasgos más característicos de Guardini. Ante los irracionalismos que afirman la primacía de lo emotivo y de lo práctico con sacrificio de lo reflexivo, y ante los racionalismos que sostienen la superioridad de los conceptos sofocando la realidad, Guardini logró articular una interpretación del mundo que permite afirmar que la única manera de comprender la realidad singular y viviente de las personas y de los pueblos es a través de un acto bipolar, intuitivo y conceptual a la vez. Dicho de una manera un tanto simplificada, para comprender la verdad, es necesario sumergirse en una dialéctica dinámica entre vida y pensamiento. Solo de esta manera es posible evitar la dolorosa fractura entre las ideas y la realidad, y su consecuencia inmediata: la fractura entre el pueblo y quienes dicen "pensarlo", "dirigirlo" o "administrarlo".

Conforme pasan los años, y los escenarios se vuelven más complejos, creo que Guardini es verdaderamente un hombre que presintió el arribo del cambio epocal que se avecinaba y ofreció las herramientas para que el mundo de la persona, con toda su interioridad característica, y el mundo de las cosas, con su insistente dimensión objetiva, no se concibieran como enemigos, sino como aliados complementarios en el reconocimiento de la verdad. Esta mirada complexiva que abraza la subjetividad y la objetividad no es un mero irenismo filosófico sino el reconocimiento integral de la realidad que se encuentra en la base de otros reconocimientos igualmente importantes.

Guardini, siguiendo estas pistas, nos ayuda a entender que la persona y el pueblo son dos realidades entretejidas. El pueblo no solo es un agregado de seres humanos, sino una comunidad de valores, de relaciones, de historia, de lengua, de creencias y de horizonte utópico compartido. El pueblo es síntesis de lo más humano que poseen las personas que lo integran y, por ello, comprenderlo a fondo es penetrar en el fascinante misterio del ser humano en relación.[1]

El libro de Buttiglione es mucho más que una reflexión sobre Guardini. Sin embargo, en cierto sentido, lo que en el filósofo italiano-alemán estaba en semilla, justamente Buttiglione lo logra desdoblar a través de sus explicaciones sobre la forma como en América Latina nos concebimos "pueblo" y eventualmente "Pueblo de Dios". Para ello, rastrea no solo las causas y los temas que motivaron la aparición de la "teología del pueblo" sino que explora con agudeza algunas de las intuiciones más queridas del recordado Alberto Methol Ferré, del pensamiento de Lucio Gera, de Rafael Tello y de Juan Carlos Scannone

---

[1]   Entre otros muchos textos, Guardini medita agudamente sobre el "pueblo" y su significado cuando estudia a Dostoievski. Cfr. R. Guardini, *Dostojevskij. Il mondo religioso*, Morcelliana, Brescia, 1951, p. 333.

SJ. Asimismo, nos ayuda a redescubrir la importancia que posee el Barroco latinoamericano, el significado religioso y cultural del acontecimiento guadalupano y las forma como los cristianos tenemos que aprender a leer la historia.

Me alegra que Buttiglione, autor que ha escrito uno de los más importantes libros sobre el pensamiento de Karol Wojtyla,[2] destaque que la forma de afrontar el desafío del comunismo realizada por san Juan Pablo II, si bien transcurrió en forma paralela a la lucha entre el capitalismo y el comunismo, no debe identificarse con esta. Esta observación es aguda, ya que, desde su época como arzobispo de Cracovia, y luego como Pontífice de la Iglesia católica, san Juan Pablo II cuidó enormemente el afirmar el carácter trascendente del Evangelio y de la persona humana. Esto no significa que concibiera al Evangelio o la persona de manera abstracta, como realidades fuera de la historia. Lo que significa es que el Evangelio y las personas, al interior de la historia, permanentemente la rebasan y permiten mantener una mirada crítica hacia todas las ideologías, sean del signo que sean.

En cierto sentido, esta también es la preocupación central en la "teología del pueblo": ¿cómo lograr una reflexión teológico-pastoral pertinente que nos ayude a colocarnos en movimiento a favor del pueblo, a favor de los más pobres y excluidos, sin caer en las trampas de los reduccionismos ideológicos? En los orígenes de la "escuela del Río de la Plata", el principal horizonte que se deseó superar era el de las fáciles simplificaciones que buscaban compromisos con algún tipo de pensamiento marxista, sin negar el papel que posee el "conflicto" en la dinámica social. Este esfuerzo reflexivo, fuertemente orientado por una preocupación pastoral y popular, dio frutos buenos que son perceptibles en diversos campos, incluso en el magisterio episcopal latinoamericano.

¿Qué nos puede ayudar a comprender al pueblo, y en particular al santo Pueblo fiel de Dios, sin distorsionarlo, sin manipularlo, sin sacrificarlo? ¿Qué nos puede ayudar "pedagógicamente" a corregir la mirada puramente instrumental o ideológica, a contener nuestros secretos deseos de poder, a evitar cometer traición contra las personas, en especial, contra las más vulnerables y excluidas?

---

[2]   R. Buttiglione, *El pensamiento de Karol Wojtyla*, Ediciones Encuentro, Madrid, 1992.

Soy de la opinión de que en el fondo la respuesta a esta pregunta implica una cuestión de fe: mantenerse fiel a la certeza de amor que Jesucristo nos comparte. Sin embargo, para que esto no suene abstracto es preciso mirar cómo la certeza de la fe se encarna en la cultura de los sencillos y cómo se expresa por vía simbólica. A este respecto he escrito en la Exhortación apostólica *Evangelii gaudium*:

> Para entender esta realidad hace falta acercarse a ella con la mirada del Buen Pastor, que no busca juzgar sino amar. Solo desde la connaturalidad afectiva que da el amor podemos apreciar la vida teologal presente en la piedad de los pueblos cristianos, especialmente en sus pobres. Pienso en la fe firme de esas madres al pie del lecho del hijo enfermo que se aferran a un rosario aunque no sepan hilvanar las proposiciones del Credo, o en tanta carga de esperanza derramada en una vela que se enciende en un humilde hogar para pedir ayuda a María, o en esas miradas de amor entrañable al Cristo crucificado. Quien ama al santo Pueblo fiel de Dios no puede ver estas acciones solo como una búsqueda natural de la divinidad. Son la manifestación de una vida teologal animada por la acción del Espíritu Santo que ha sido derramado en nuestros corazones (cf. Rm 5,5) (EG, 125).

En efecto, la piedad popular es un lugar teológico, es decir, un lugar que con autoridad nos muestra aspectos relevantes de las verdades de la fe. René Laurentin y Hans Urs von Balthasar, cada uno con su lenguaje, ya nos habían enseñado que la vida de la Iglesia, la vida de los fieles y de los santos, son fuente que anuncia la existencia y el mensaje de Jesucristo de una manera peculiar.[3] Esto, trasladado a nuestro contexto, conlleva que quienes viven la experiencia de la piedad popular y se descubren a sí mismos en su interior, se tornan instancias de testificación de la verdad revelada. Dicho de otro modo, la piedad popular no solo contiene "semillas del Verbo" —como decían los obispos en

---

3   Cf. R. Laurentin, *Développement et salut*, Seuil, París 1969, pp. 13-14; H. U. von Balthasar, "Teología y santidad", en *Ensayos Teológicos I. Verbum Caro*, Ediciones Encuentro/Ediciones Cristiandad, Madrid, 2001, pp. 195-223.

Medellín (1968)— sino "frutos" del Verbo de Dios en el corazón de las personas y de las comunidades —como reconocimos en Aparecida (2007)—. Por eso es que no es artificial que también hablemos de "espiritualidad popular", porque es el Espíritu el que santifica también la vida a través de los símbolos, oraciones, cantos y peregrinaciones que marcan la vida de muchos miembros de nuestros pueblos, aún hoy.

Buttiglione observa agudamente que las múltiples formas de esta religiosidad en América Latina resisten a las comprensiones secularizantes de la vida social y de la historia. Esto es uno de los muchos signos que nos permiten entender que América Latina posee una especificidad propia en su dinámica social y cultural. Especificidad que no puede ser explicada cabalmente desde modelos de interpretación social construidos en otras latitudes. En efecto, las teorías de la secularización y las teologías que de algún modo se inspiraron en ellas, encuentran en la piedad popular un contrapunto que debería ayudarlas a corregirse y a reformularse. En cierta medida, el fracaso pastoral de las formas ideologizadas de teología de la liberación se puede explicar precisamente aquí: el marxismo, para ser verdad, debería correr a la par de un proceso de secularización creciente. Por el contrario, el pueblo pobre latinoamericano, muchas veces vive el dolor y la exclusión desde una experiencia espiritual singular que le da esperanza, y que mueve a la fraternidad y a la lucha por la justicia, sobre todo en momentos de grave urgencia o emergencia.

Esta experiencia espiritual y popular, que incluye peregrinaciones a santuarios, piedad mariana, devoción a diversos santos, oraciones silenciosas ante las pruebas de la vida, y otros muchos gestos espontáneos de nuestro pueblo más sencillo, colabora para la configuración de la conciencia personal y comunitaria. Entiendo bien que a ciertas élites puede resultarles un poco extraña esta constatación. Sin embargo, nada más aleccionador a este respecto que la pastoral con los más pobres. En la amistad con los pobres, en el servicio cercano y solidario con ellos, se develan verdades peculiares que fortalecen la fe y hacen amar más hondamente a nuestros pueblos y a sus respectivas historias.

Es imposible negar, sobre todo en las grandes urbes, que la secularización ya sea por vías modernas o postmodernas, acontece en importantes segmentos de la población. Sin embargo, simultáneamente, es un hecho que existen también procesos sociales y culturales que desafían estas tendencias, y que en cierto sentido las colonizan, haciendo de la realidad social contemporánea de América Latina algo complejo, que se resiste a ser definido a través de un solo rasgo.

Uno de los hechos empíricos en los que más me gusta pensar a este último respecto es la piedad mariana latinoamericana. La peregrinación constante a santuarios dedicados a la Virgen en toda la región persiste. Por eso, las páginas que Buttiglione dedica a meditar el caso del significado religioso, cultural y social de la Virgen de Guadalupe son pertinentes, y sin duda pueden enriquecer el horizonte no solo de la teología del pueblo sino de la pastoral de la Iglesia en la región latinoamericana, de cara al Jubileo del año 2031.

En la imagen milagrosa de santa María de Guadalupe y en los diálogos que ha mantenido con san Juan Diego, consignados en el *Nican Mopohua*, no hay ningún mensaje amenazante, no hay condena alguna. Todo es ternura, misericordia y acogida. De este modo, la "inculturación del Evangelio" en tierras americanas, comienza a través de una pedagogía que privilegia el kerygma antes que la norma, el encuentro antes que el conflicto, y el abrazo a todo lo santo y verdadero que pueda haber en la religiosidad prehispánica. No es la lógica de la espada sino la de la Encarnación (solo lo asumido es redimido, decía san Ireneo) la que inaugura un proceso de reconciliación social y de eventual mestizaje no solo entre razas, sino entre culturas que se nutren entre sí y dan lugar a una nueva síntesis: popular, mestiza, barroca y cristiana.

En el acontecimiento guadalupano se inaugura un proceso que luego se dilatará por vía de advocaciones marianas diversas, desde el río Bravo y hasta la Patagonia. América Latina será evangelizada por hombres y mujeres de fe que bajo el amparo de la Virgen arriesgan y ensayan, avanzan y aprenden. Una "Iglesia en salida" diríamos hoy. La primera evangelización de América Latina fue guiada, más que por un plan estratégico, por la fuerza del Espíritu, y custodiada por el amparo materno de María. Gracias a la apertura de corazón de los primeros misioneros, la Iglesia no quedó pasmada o aletargada ante los novísimos desafíos culturales que implicaba el "nuevo mundo", sino que apostó decididamente por la permanente novedad del Evangelio, por su capacidad de sorprendernos a todos y por su fecundidad para generar nuevas realidades. En el actual contexto, con formas y modalidades tal vez nunca antes vistas, esta dinámica está llamada a vivirse no solo en América Latina sino en el mundo entero. Por eso me alegra que un filósofo italiano explore a través de los diversos ensayos que integran este libro, los fundamentos de una nueva presencia cristiana en el contexto cultural contemporáno. El libro de Buttiglione es evidentemente una obra pensada desde Europa pero que se deja provocar por experiencias latinoamericanas, y gracias a ello, logra reflexionar de manera original algunos asuntos centrales de los escenarios mundiales contemporáneos.

Buttiglione también nos introduce en diversos temas de orden estrictamente filosófico que dejo de lado y que seguramente serán objeto de discusión entre especialistas. Sin embargo, me llama positivamente la atención que la manera como concibe la filosofía guarda un cierto "aire de familia" con la manera como aprendí a pensar a través de mis maestros formales e informales a través de la vida. La filosofía, en efecto, muchas veces es presentada en las facultades universitarias como una teoría, o como un conjunto de doctrinas dispares y contradictorias. En el presente libro, la filosofía se presenta como una práctica en la que el ser humano reflexiona su momento histórico y, simultáneamente, es capaz de trascenderlo, gracias a que la razón logra remontar los condicionamientos del propio contexto. Esta manera de entender la filosofía, para Buttiglione y para su maestro, Augusto Del Noce, permite interpretar "transpolíticamente" el significado del pasado y del presente, con el fin de poder comprender nuestra realidad de manera más sapiencial, desde una antropología robusta, como es la propia del personalismo filosófico y teológico. Esta aproximación tiene distintos rendimientos, entre los cuales destaca el comprender que la filosofía avanza cuando, luego de estudiar las diversas opiniones y controversias, se logra descubrir una síntesis superior que reconoce la pequeña o gran dosis de verdad de cada postura.

Cuando miramos a los grandes maestros del pensamiento cristiano de todas las épocas, no encontramos algo distinto. Todos ellos son precisamente grandes porque aprenden con humildad a partir de una suerte de simpatía con sus antecesores, purifican su mirada a la luz de la certeza que les brinda la fe, y buscan expresar sus hallazgos realizando nuevas síntesis complexivas en las que se advierten las herencias recibidas y, al mismo tiempo, se percibe la originalidad de quien fue capaz de abrir la mente a un nuevo horizonte de comprensión, más integrador, más pleno, más "poliédrico", si se me permite la expresión.

Mi amigo Alberto Methol Ferré se definía a sí mismo como un "tomista silvestre". Detrás de esta expresión que puede resultar hasta jocosa, se encerraba la convicción de que pensar el ser con rigor, habiendo aprendido las grandes lecciones de santo Tomás de Aquino, no puede jamás conducir a una mera repetición mecánica de algunas fórmulas, de algunos conceptos, sino a una original reflexión racional informada por la fe cristiana, integradora, realista y libre. Rocco Buttiglione también se inscribe en este tomismo esencial, que se atreve a ir más allá de la repetición o de la petulante erudición, y que recupera a la filosofía cristiana como auténtica pasión por la verdad, como diaconía de la inteligencia, como camino de servicio a las personas, a los pueblos y a sus culturas. Dicho de otro modo: estoy convencido de que de nada sirve estudiar mucho si no es para amar y servir. La inteligencia no culmina su itinerario al alcanzar la verdad en el juicio, sino más bien lo hace cuando la persona toda se compromete a entregarse libremente como don a los demás. Es el amor el que plenifica a la razón y, de hecho, es el que le abre nuevas sendas y perspectivas. Una vez más, vale la pena recordar que el amor es *via cognitionis*, camino para el conocimiento, como decían algunos escolásticos.

Espero sinceramente que este libro suscite una apasionada discusión y motive a repensar los caminos que los pueblos y sus culturas necesitan recorrer para vivir con dignidad y para reencontrarse con Jesucristo en el contexto del cambio de época. Que así sea.

Francisco
Roma, 28 de enero de 2022
Fiesta de santo Tomás de Aquino

Presentación a la edición mexicana

Me alegra presentar esta brillante obra del intelectual y político italiano Rocco Buttiglione, *Caminos para una teología del pueblo y de la cultura*. Un volumen visionario escrito desde la experiencia y la inteligencia de un autor que ha sabido leer con agudeza los signos de los tiempos en su interpretación de la Teología, para explicar la evolución de nuestra sociedad contemporánea y el redescubrimiento del Pueblo como lugar de reflexión teológica.

Expreso mi reconocimiento y gratitud, al iniciar esta presentación, por la generosa y profunda introducción —escrita para un amigo— que desarrolla el Santo Padre, para facilitar la comprensión del sentido del cambio de época que permite descubrir las nuevas perspectivas históricas, que se manifiestan en el siglo XX, y que ayudan a comprender la noción y la importancia del Pueblo de Dios. Es una introducción magnífica y llena de contenido que, de modo transversal, orienta y conecta cada uno de los capítulos del libro con la experiencia de un Pastor latinoamericano y la sabiduría que el Señor le ha concedido en su rol petrino.

Me permito subrayar, a modo de inspiración para la lectura del libro, tres aspectos que considero cruciales a partir del relato, y que permiten aquilatar la profundidad filosófico-teológica de la reflexión: 1. El contexto cultural latinoamericano leído desde el Vaticano II, Medellín y Puebla, para entender la noción de Pueblo; 2. El deslinde entre la Teología del pueblo y las corrientes teológicas de la secularización y de la liberación, que clarifica la genuina opción preferencial por los pobres; y 3. Una interpretación transpolítica de la cultura global actual: ¿amenaza a la proyección de la Teología del pueblo?

En relación con el contexto cultural latinoamericano para comprender esta obra, es necesario entender el sentido del cambio de época, que permite seguir asimilando la nueva etapa que el Espíritu Santo ha inspirado a la Iglesia en este tiempo, y que esta se ha encargado de reconocer *ad intra* y manifestar *ad extra* en el profético Concilio Ecuménico Vaticano II.

En este ámbito, Buttiglione abre su reflexión apoyado en la visión de Guardini, y articula un discurso en el que la persona y el Pueblo se implican de manera interdependiente. Como bien señala el papa Francisco en su introducción, la reflexión de Buttiglione germina desde Guardini hasta llegar a aterrizar una comprensión del Pueblo de Dios, al que mantiene sin desdibujarse ante las amenazas reduccionistas de cualquier ideología o deformación teológica que se van abriendo, ya desde la reflexión europea o en las vertientes americanas que sucesivamente intentan explicarlo.

El Pueblo se reconoce como el santo lugar de la manifestación de Dios, donde el Señor se ha dado y se sigue dando a conocer mediante una interpelación que toca a cada persona en su identidad y en su vocación única. Por ello, se trata de un lugar teológico excepcional, en el que se va manifestando y concretando toda la historia de salvación a partir del diálogo que Dios entabla desde Abraham en adelante, hasta llegar a los poblados de Lima o de Ciudad de México. El Pueblo es la entidad dinámica e intersubjetiva, testigo de la experiencia pascual, que es la que permite posicionar la categoría de diálogo, desde sí y entre sus miembros con Dios, y son todos testigos de la acción salvífica del Señor, que *pasa* a través de la historia.

El ámbito cultural latinoamericano es, en este sentido, un contexto propicio para reconocer en su Pueblo el espacio de una genuina manifestación de Dios, ya que es testigo de su acción. Una fe que es horizonte y perspectiva del hombre y de la mujer latinoamericanos, como la comprende Lucio Gera.

Un Pueblo que se evangeliza de forma auténtica en su propia cultura y mediante su cultura, con vestigios ancestrales o encuentros únicos, como el guadalupano, es cada vez más consciente de sus limitaciones y conflictos que en distintos países se generan por profundas diferencias, que suscitan nuevos desafíos. Esta es la motivación que sugiere etapas y niveles de superación reconocidas por Methol Ferré, y ejemplifica su comprensión del Barroco, como aquella

"Reforma católica", que tiene cuna en la Modernidad, y que da forma a una cultura del encuentro de los mundos.

En este proceso histórico, más adelante el Concilio Ecuménico Vaticano II expresará tan bien en su proyección en América Latina la concreción de este fenómeno de una nueva época de la historia, que se sigue abriendo. Medellín (1968) resalta la opción preferencial por los pobres que se encuentran y se reconocen en un proceso de inculturación inacabado, que sigue manifestando nuevas pobrezas de distinto talante.

Pero no será hasta Puebla, en 1979, el momento en el que los obispos latinoamericanos junto a san Juan Pablo II orientarán con claridad el modo como se ha de comprender al Pueblo desde una perspectiva que es inconfundible y espiritualmente liberadora, dentro de la propia cultura americana, mediante los signos y la propia historia de este continente, que se ha comprendido siempre en un horizonte de mayor o menor pobreza. Eso sí, una orientación que no habrá de confundirse con una revolución marxista.

En cuanto al segundo punto, en torno al deslinde entre la Teología del pueblo y las corrientes teológicas de la secularización y de la liberación, como señala Buttiglione, "Francisco es el primer papa que piensa la doctrina de la Iglesia desde la perspectiva del pobre, desde una región pobre de este llamado tercer mundo". Es manifiesto cómo el pontificado de Bergoglio va poniendo su atención en esta dimensión, que hoy expresa de diversas e inusitadas formas la plasmación de la pobreza, y acentúa su atención en el problema migratorio, en el impacto climático, que afecta especialmente a los más vulnerables, o en los efectos que generan las consecuencias económicas en el tercer mundo con ocasión de la pandemia. Una primera tentación podría consistir en enfrentar estos "nuevos temas" de pobreza yendo a buscar recursos ideológicos que expliquen el fenómeno desde perspectivas dialécticas, que ya han sido pensadas y superadas. Pero lo genuino de Francisco radica en la aproximación que hace con relación a la persona del pobre que sufre, sin perseguir una explicación populista basada en la explotación del sistema, sino en las causas de la carencia personal que son polisistémicas y multifactoriales, tanto de carácter espiritual como también material.

A su vez, Buttiglione tiene claro que profundizar en una teología de la secularización no tiene mayor sentido en el contexto latinoamericano, sino que su motivación persuade más bien al europeo. Pero sí es consciente de la proximidad entre Teología del pueblo y Teología de la liberación. Y, claramente, la primera de ellas no consiste en una vertiente de la liberación en línea marxista que da paso al sujeto revolucionario. El Pueblo en aquella teología no se identifica con una propuesta reactiva de carácter secularizado, sino más bien con la comunidad trascendente de personas, que se encuentran por medio del diálogo en vistas a generar las condiciones para una cultura que no sea excluyente, sino plenamente inclusiva e integradora.

El desafío es que los diversos estratos de la sociedad encuentren entre sí una legitimación recíproca, que les permita suscitar aquel diálogo. Por el hecho de ser humana, la persona es digna y eso lleva a que, si hay personas que ontológicamente son dignas, pero que viven en una condición indigna por su pobreza, tengan que ser promovidas mediante una opción preferencial que les permita lograr la plenitud de sus condiciones.

Es así como será posible reconocer el fundamento y la justificación de la integración en comunidad de manera real y no meramente simbólica, lo que implica una evangelización inculturizada de ricos y pobres por igual, aunque persiguiendo objetivos diversos. Unos en la contribución justa en la promoción, y otros en el sentirse convocados a ella. Por ello, señala Buttiglione, que la Teología del pueblo "es solidaria, interclasista y nacional". De este modo es posible obtener una verdadera promoción humana que aspire a la liberación de la persona no por medio de la revolución, sino por un desarrollo integral, que no puede seguir siendo esperado en Latinoamérica, en la línea de *Populorum progressio*.

Lo anterior me lleva al tercer aspecto que deseo resaltar de esta obra, y es lo que hace de ella un desafío. Lo planteo a modo de interrogantes que voy desplegando, proyectando quizás un poco más allá la propia reflexión del autor: ¿cómo asimilar la comprensión de una política de alcance global, sin que se pierda con ello el sustento interpersonal real que fluye mediante una Teología del pueblo? ¿O cómo personalizar el encuentro entre globalización y efectiva amistad social, como bien expresa el papa Francisco en *Fratelli tutti*?

Las tensiones que marcan el decurso de la humanidad son cada vez más complejas. Ello se percibe en diversos ámbitos en los que se expresan las exigencias, que crecen vertiginosamente en el nivel laboral, comunicacional o técnico.

Es cosa de ver cómo millones de personas, durante el tiempo de covid-19, han quedado al margen por el solo hecho de su falta de acceso a internet, no por carecer necesariamente de este recurso, sino por no saber cómo seguir desenvolviéndose con las plataformas polifuncionales.

Una complejidad semejante es la que se posiciona hoy en el mundo de la política, donde la velocidad de los cambios y los nuevos enfoques genera un grave desconcierto, especialmente en la población desde la edad adulta hacia arriba. Este fenómeno suscita al mismo tiempo una gran inseguridad y la espontánea adhesión a figuras aparentemente carismáticas que apelan a las emociones.

Uno de los problemas silenciosos y no suficientemente explorados de aquel fenómeno tiene que ver con la falta de profundidad de las propuestas y la liviandad de los vínculos interpersonales de miles de seguidores, que muchas veces penden solo de las redes sociales, en su lazo con el líder.

Una Teología del pueblo que ha de avanzar en el siglo XXI percibiendo las nuevas pobrezas de este hoy de la historia debe seguir el camino de la vinculación. Es decir, del encuentro efectivo que lleva a generar aquellos vínculos humanos más profundos, que son los que efectivamente generan encuentro. Como recuerda la escena de la parábola de los salteadores que trae a colación el Papa en *Fratelli tutti*, la que muestra la actitud de aquel que se hace cargo realmente del problema.

Nadie entra en la vida del otro movido por un amor genuino y desinteresado si no es mediante la experiencia primera del encuentro con Jesucristo, muerto y resucitado. Toquemos lo profundo del ser humano y entonces cambiarán las estructuras injustas. Ello manifiesta que, yendo siempre al origen, abandonar el propio camino para entrar en comunión con otros y hacer verdadero Pueblo pasa por una profunda transformación del corazón, que lleva al encuentro con el otro en su rostro hasta articular la comunidad de personas, condición que posibilita una buena y sana política.

Cardenal Carlos Aguiar Retes,
arzobispo primado de México
Ciudad de México, agosto de 2022

Prólogo

Caminos para una teología del pueblo y de la cultura

Las contribuciones contenidas en este libro surgieron a lo largo de los últimos años debido a la presión de las circunstancias. Partimos de las muchas resistencias que ha encontrado en la Iglesia el pontificado del papa Francisco, quien ha sido acusado de ser marxista, populista e incluso de ser idólatra. Se le ha acusado también de ser un iletrado y de no tener conocimientos de teología.

Algunas de estas acusaciones son fruto de un prejuicio obstinado; otras expresan tan solo un honesto desconcierto de quienes no entienden a un papa que llega de un país lejano, cuyo horizonte cultural les es desconocido.

Massimo Borghesi respondió a muchas de estas críticas en su libro *Jorge Mario Bergoglio. Una biografía intelectual.*[1] En él, Borghesi sacó a relucir las ricas raíces intelectuales de Bergoglio y su relación con autores como Gastón Fessard y Romano Guardini. Este libro ofrece un enfoque diferente. No es una obra sobre Bergoglio, sino sobre la teología del pueblo y, al mismo tiempo, sobre la atmósfera argentina y latinoamericana en la que se desarrolló el pensamiento de Bergoglio. Sin embargo, no se trata de un libro descriptivo; más bien considera la teología del pueblo como un camino que hay que continuar en dos

---

[1] Borghesi, M. (2018). *Jorge Mario Bergoglio. Una biografía intelectual.* Madrid: Encuentro. Véase también: Luciani, R. (2016). *El Papa Francisco y la teología del pueblo.* Madrid: PPC Editorial y Scannone, J. C. (2017). *La teología del pueblo. Raíces teológicas del papa Francisco.* Santander: Sal Terrae.

direcciones: por un lado, se debe universalizar la teología del pueblo desde Latinoamérica hacia la dimensión global de una Iglesia católica cuyos fieles pertenecen, en gran medida, a un mundo pobre y no eurooccidental. Por otro lado, conviene profundizar en los presupuestos filosóficos y antropológicos de esta teología del pueblo.

Entender al papa Francisco

Bergoglio es el primer papa latinoamericano. Nosotros, los europeos, estamos acostumbrados a pensar que la cultura, la filosofía y la teología de Latinoamérica son tan solo una repetición o una variante de las europeas. Esto no es así desde hace ya muchos años. En América Latina se ha desarrollado un pensamiento original enraizado en la cultura y la religiosidad popular de sus pueblos. Esto, en Europa, se ha concebido tan solo bajo el lema de la teología de la liberación, la cual se percibió casi exclusivamente en la perspectiva de la utilización del marxismo como instrumento de análisis social. En esta perspectiva, la teología de la liberación se encuadraría bien como la variante latinoamericana de la teología de la secularización europea. Sin embargo, la otra vertiente más fundamental de la teología de la liberación, a saber, el esfuerzo de pensar la fe a partir de la condición existencial del hombre latinoamericano, no se comprendió en Europa.

Este hecho plantea el primer obstáculo para entender al papa Francisco. No puede entenderse a un hombre, y tampoco a un papa, si se le aísla de su contexto vital, existencial y cultural.

El papa Francisco es, además, el primer papa del llamado tercer mundo; que no es mundo ni es tercero, pero sí es la realidad de muchos pobres. Hay que considerar que un hecho se ve, se olfatea y se vive de distinta manera según se realice desde el punto de vista de un rico o de un pobre. Así, Francisco es el primer papa que piensa la doctrina de la Iglesia desde la perspectiva del pobre, desde una región pobre de este llamado tercer mundo.

La verdad, y con ella la doctrina católica, no cambia y permanece fiel a sí misma; no existe un dios de los ricos y un dios de los pobres.

Aristóteles nos dice que una proposición y su contraria no pueden ser verdaderas al mismo tiempo y desde el mismo punto de vista. Este es el llamado principio de no contradicción. Sin embargo, una consecuencia poco considerada de este principio es que proposiciones contradictorias pueden ser verdaderas si se predican de un mismo objeto, pero desde diferentes puntos de vista o momentos distintos.

Para mantenerse fiel a la verdad, no siempre basta con repetir las mismas palabras en contextos y tiempos diferentes. Es necesario revivir la verdad que uno quiere comunicar para reproducirla con autenticidad en distintas situaciones y etapas de la historia. Esto no es novedad. Santo Tomás lo hizo continuamente y lo incorporó en su método teológico: al inicio de una *quaestio*, enumeraba las autoridades diferentes que se habían pronunciado sobre un problema concreto y las separaba en dos campos diferentes: las que se habían manifestado a favor y las que lo habían hecho en contra. Después, santo Tomás daba su solución al problema y explicaba por qué las diferentes autoridades solo se contradecían en apariencia; explicaba el sentido exacto de las diferentes proposiciones dando razón de por qué no había contradicción entre ellas, mostrando que se esclarecían e iluminaban mutuamente. Este método, sin embargo, implica que la verdad eterna pueda dejarse cuestionar a partir de situaciones humanas y horizontes hermenéuticos diferentes. Para contestar las preguntas, la verdad eterna debe reformularse continuamente sin cesar de ser igual a sí misma, precisamente para poder seguir siendo igual a sí misma.[2]

La teología del pueblo

El contexto teológico de Bergoglio es el de la teología del pueblo, que surgió en Argentina bajo el impulso del Concilio Ecuménico Vaticano II y del de la II Conferencia del Episcopado Latinoamericano en Medellín. La teología del pueblo adquiriría una nueva dimensión global latinoamericana con la III Conferencia del Episcopado Latinoamericano en Puebla.[3]

Este libro pretende dar a entender qué es la teología del pueblo y ubicarla en el contexto de la historia de la Iglesia y de la teología del siglo XX, además de formular los problemas que deja abiertos. También busca trazar posibles

---

2   Chenu, M-D. (1975). *La Théologie au XII Siècle*. París: Vrin.

3   Luciani, R. (2016). *El papa Francisco y la teología del pueblo*. Madrid: PPC Editorial.

caminos para proyectar sus fundamentales líneas de acción. Por consiguiente, este libro no busca tanto realizar un trabajo de reconstrucción histórica como individuar líneas de acción para cuestionarlas y continuarlas.

Lucio Gera

El fundador de la teología del pueblo fue, en cierto sentido, Lucio Gera,[4] quien repensó el Concilio Ecuménico Vaticano II en América Latina y en Argentina. Opuesto a una mentalidad de corte jurídico-abstracta que plantease el problema en términos de aplicación del Concilio en América Latina, Lucio Gera lo formuló en términos de como pensar creativamente la Iglesia latinoamericana a partir de las categorías de dicho Concilio. En ello influyen muchos elementos.

Gera se doctoró en Alemania cuando, en la teología alemana, era fuerte la preocupación por asumir el horizonte trascendental del hombre moderno.[5] El hombre moderno (se opinaba) encuentra la realidad y la interpreta a través de un conjunto de categorías *a priori* que son diferentes de las del hombre medieval o clásico. Por ello conviene reformular el cristianismo dentro de este nuevo sistema de categorías; incluso, si el horizonte trascendental del hombre moderno es intrínsecamente ateo, entonces se hace necesario reformular el *kerygma* excluyendo a Dios. Ésta sería la tarea fundamental del Concilio: presentar la fe cristiana en el lenguaje propio del hombre moderno, que domina el mundo mediante la técnica y deconstruye y reconstruye a través de la misma su mundo vital, e, indirectamente, a sí mismo,[6] pues el hombre moderno se piensa como creador de sí mismo y no a Dios.

---

[4]   Azcuy, V.R., Galli, C., González, M. (2006). *Escritos teológico-pastorales de Lucio Gera, 2.* Buenos Aires: Agape libros.

[5]   El ponente de su tesis doctoral fue Johann Auer. El tema fue *Evolutio historica Doctrinae Transsustantiationis a Thoma de Aquino ad Joannem Duns Scotum Dissertatio*, en la ciudad de Bonn, en 1956. Se remonta a este periodo, probablemente, el contacto con la sociología de la cultura de Max Scheler. Me parece que Gera encuentra, más a través de Scheler que de Rahner, el tema del horizonte trascendental cultural. Esta puede ser una de las razones de la proximidad entre su pensamiento y el de Karol Wojtyla sobre el tema de la cultura. Véase: Scheler, M. (1975). *El saber y la cultura.* Buenos Aires: Ed. Nova.

[6]   Gibellini, R. (2004). *La teología del siglo* xx. Santander: Sal Terrae.

¿Cómo decir la palabra "Dios" dentro de esta autocomprensión trascendental del hombre moderno? ¿Y si no es posible?[7] ¿Y si al menos una parte de los contenidos dogmáticos tradicionales no pueden expresarse en esta nueva lengua y en este nuevo horizonte trascendental porque no encuentran equivalentes semánticos? Estos serán los problemas que surjan en Europa después del Concilio.

Sin embargo, Gera no profundiza en estos problemas. Él tiene otros, suyos, latinoamericanos y argentinos. En el trasfondo de su pensamiento permanece la idea de un horizonte trascendental histórico. No fue sino hasta Kant que las categorías trascendentales no se pensaron de forma histórica, es decir, se opinaba que todos los hombres pensaban con las mismas categorías trascendentales. Fue después, con el neokantismo, con la sociología de la cultura o con la teoría crítica de la sociedad, que el horizonte trascendental se hizo histórico.[8]

El horizonte trascendental que interesa a Gera no es el del hombre moderno europeo, sino el del hombre latinoamericano. Él se plantea la pregunta sobre cómo introducir la fe dentro del horizonte trascendental del hombre latinoamericano.

El horizonte trascendental de Gera no es exactamente igual al de los alemanes (que yo sepa, Gera nunca utiliza la expresión técnica "horizonte trascendental", si bien el concepto está muy presente en su pensamiento); él inserta este concepto en la cultura teológica latinoamericana.

Rafael Tello

Para entender la modalidad de esta inserción conviene mencionar a Rafael Tello, otro gran representante de la teología del pueblo.[9] Tello redescubre el enfoque misionero de la primera evangelización de América Latina. Para reconocer que los indios poseen la fe católica —dice el Concilio de Lima— no es necesario que posean el conocimiento de toda la teología, sino solo de las verdades fundamentales de la existencia de Dios, de su voluntad salvífica, de la encarnación de Jesucristo y de

---

7 Esta será la convicción de Cornelio Fabro. Véase: Fabro, C. (1981). La *"abstractio"* como *"reditio subjecti in seipsum"* y la negación de la trascendencia metafísica. En *El viraje antropológico de Karl Rahner.* Buenos Aires: CIAFIC Ediciones.

8 Horkheimer, M. (2004). *Teoría crítica.* Buenos Aires y Madrid: Amorrortu.

9 Ciro, E. (2016). *La teología de la pastoral popular de Rafael Tello.* Edición del autor.

la institución de la Iglesia. El Concilio de Lima utiliza aquí la distinción de santo Tomás entre doctos e indoctos. Para los indoctos (los indios, el pueblo), es suficiente con que reconozcan las verdades fundamentales y se impliquen en la relación de pertenencia a la Iglesia para profundizar en el sentido que estas presentan. Tello entiende esta idea con la convicción de que el pueblo interpreta las verdades fundamentales en el seno de su cultura propia (los alemanes dirían "dentro de su horizonte trascendental"). Así nace el cristianismo popular latinoamericano: un núcleo cristiano insertado en la cultura india que, posteriormente, será enriquecida con los aportes de los africanos y los migrantes pobres de Europa. Por supuesto que esta cultura no es autónoma. Recibe la fe de la Iglesia jerárquica y tiene que permanecer en una relación de escucha frente a la jerarquía para profundizar en la fe. Esta cultura sí es, sin embargo, activa; se autoevangeliza insertando la fe cristiana en sí misma.

Tello, en conformidad con santo Tomás, distingue tres aspectos en el acto de fe: *credere Deo, credere Deum* y *credere in Deum*.[10] *Credere Deo* es confiar y aceptar lo que Dios, quien habla, dice. Dios, en la revelación, habla de sí mismo y se nos revela a sí mismo. *Credere Deum* es creer lo que Dios revela de sí mismo. *Credere in Deum* es profundizar en el misterio de Dios.

El acto de fe es un acto del intelecto y, realmente, de la voluntad. Tello no cita a Pascal porque es probable que no piense en él, pero la forma en que construye el acto de fe tiene algo de la apuesta pascaliana.[11] Dicha apuesta es razonable, pero la decisión de apostar nace del deseo del corazón que ama y desea el contenido de la apuesta y, además, asume el correspondiente riesgo existencial. Dicho de otra forma, creemos que Dios existe no solo (y quizás no tanto) porque estemos convencidos de los argumentos filosóficos sobre su existencia, sino porque deseamos que Dios exista; porque queremos que sea verdadera la historia de la salvación por medio de su hijo Jesucristo. Nuestro conocimiento de Dios, además, no nace solo de una investigación metafísica o de una teología especulativa, sino también de una identificación afectiva; de un mirar al mundo con los ojos de Dios. Todos estos elementos pertenencen

---

10   Santo Tomás de Aquino. *In Jo*. C.6, lect.3.

11   Pascal, B. (2011). 233. Infinito, nada. En *Pensamientos*. Barcelona: Ciro.

al acto de fe como tal. No existen tres actos de fe, sino solo uno que tiene tres caras. Sin embargo, podemos decir que en la fe del pueblo prevalece el *credere in Deum*, una teología afectiva, mientras que el *credere Deum* (el contenido objetivo del acto de fe) prevalece más en la fe del teólogo.

Tello afirma que el pueblo de Latinoamérica fue evangelizado eficazmente, aunque de forma imperfecta. Conviene advertir que todos los pueblos son siempre evangelizados de forma imperfecta, y constantemente necesitan ser reevangelizados en las diferentes etapas de su historia. Necesariamente, se presenta aquí el problema pastoral: ¿cómo continuar la obra de la evangelización? Más aún: ¿quién es el sujeto de la evangelización? Este sujeto es la Iglesia; la Iglesia tanto en su vertiente jerárquica como en su vertiente laica. El pueblo latinoamericano se evangeliza a sí mismo *dentro de* su cultura y *mediante* su cultura. A la vez, el pueblo necesita ser evangelizado por parte de la jerarquía. ¿Cómo lo hará esta? Si la evangelización pretende ser eficaz, la jerarquía debe hablar la lengua del pueblo, o lo que es lo mismo, debe realizar la evangelización de la misma forma en que el pueblo se evangeliza a sí mismo. Es el tema de la inculturación de la fe que san Juan Pablo II volvería a comunicar con gran fuerza muchos años después, en Santo Domingo.[12]

El diálogo de las culturas

En lenguaje de Gera, el concepto de "horizonte trascendental" se convierte en el concepto de cultura. Según Gera, en Argentina existen tres culturas diferentes que no se comunican entre sí: la de las clases altas, la de los grupos más cercanos de la Iglesia/jerarquía y la del pueblo.[13] Existe una cultura de las clases altas y medias que es, o pretende serlo, una cultura moderna y europea. Esta deriva, fundamentalmente, de la Ilustración en su variante anglosajona. Las élites sociales que adoptan esta cultura se distancian del pueblo y, por lo general,

---

[12]   Iglesia católica. Papa Juan Pablo II (12 de octubre de 1992). *Discurso Inaugural de la IV Conferencia General del Episcopado Latinoamericano en Santo Domingo*. Puede consultarse este documento en el portal *web* vatican.va.

[13]   Gera, L. (2006). Pueblo, religión del pueblo e Iglesia. En Azcuy, V.R., Galli, C. y González, M. (Eds.). *Escritos teológicos-pastorales de Lucio Gera: Del Preconcilio a la Conferencia de Puebla (1956/1981), 1*. pp. 717 y ss. Buenos Aires: Facultad de Teología UCLA.

lo desprecian. Se trata de una cultura individualista que, por tanto, valora el éxito individual y es portadora de los valores del capitalismo.

Los grupos más cercanos de la Iglesia adoptan la cultura del desarrollo; reconocen que hay una fractura social, pero la atribuyen a un atraso en el desarrollo. Si se adoptasen políticas justas para el desarrollo (de acuerdo con el punto de vista de quienes se pueden considerar como "desarrollistas"), los problemas se solucionarían. La cultura popular se siente profundamente ajena a la cultura de las clases altas y medias. No es individualista y no se identifica con grupos o comunidades particulares; más bien se identifica como pueblo, y tiene una convicción profunda de haber sufrido la injusticia, por lo que padece un trauma que se remonta al tiempo de la Conquista. Padece, además, una desconfianza profunda frente a los valores de las clases altas y un afán de afirmar su propia dignidad e identidad. Su religiosidad es profunda y se manifiesta también en una gran solidaridad y capacidad de compartir y festejar. El ideal de perfección moral burguesa no se corresponde con sus condiciones de vida, y puede también aparentar la aceptación de un orden social injusto.

La Iglesia debe decidir qué horizonte trascendental quiere adoptar en su pastoral. Si pretende tener una pastoral popular, debe entrar en el seno de la cultura y la religiosidad popular. De no hacerlo, la evangelización de la jerarquía y la autoevangelización del pueblo no se darán en sinergia, sino que se distanciarán.

Gera pide, pues, que la Iglesia jerárquica acepte la legitimidad de una pastoral popular que asuma la reivindicación de justicia del pueblo, que lleve el mensaje cristiano al interior de una cultura donde la experiencia de la pobreza y de la injusticia, así como la sed de justicia, son rasgos esencialmente característicos.

En el proceso de formación de la teología del pueblo, que es una teología originariamente argentina (o, por lo menos, rioplatense), cabe destacar el papel de un brasileño: el padre Henrique de Lima Vaz. Él vio en el Concilio una etapa del proceso en que la Iglesia católica se hacía más católica en el sentido etimológico de la palabra: "católico" es una palabra que deriva del griego: *katá olon*, que significa "según la dimensión de la totalidad". La Iglesia católica es, según su vocación, universal. Por una larga parte de su historia, la Iglesia fue, a pesar de todo, predominantemente europea. Las Iglesias de los otros continentes fueron, en cierto sentido, meras copias de las Iglesias europeas. El Concilio invitó a la Iglesia latinoamericana a ser Iglesia matriz, es decir, la invitó a pensar la fe a partir de la experiencia de fe del hombre latinoamericano, un hombre pobre y que ha sufrido y sufre injusticia. La teología del pueblo se inserta en este llamado del Concilio a ser Iglesia universal y local que encarne un mensaje universal en la cultura y en la carne de un pueblo particular.[14]

Teología del pueblo y teología de la secularización

Hasta el momento se han establecido algunas diferencias entre Gera y la teología del pueblo y otras corrientes teológicas.[15]

Queda clara la distancia entre la teología del pueblo y la teología de la secularización. La teología de la secularización adopta el horizonte trascendental del hombre moderno europeo mientras que Gera asume el horizonte trascendental del pueblo latinoamericano. Por otro lado, siendo fundamentalmente no religiosa, la teología de la secularización intenta disociar la fe de la religión para formular un cristianismo no religioso. Sin embargo, el pobre latinoamericano tiene un horizonte trascendental intrínsecamente religioso; no rechaza la Iglesia por ser religiosa, sino que le pide que asuma su instancia de liberación. El horizonte trascendental secularizado es, por tanto, el de las élites a las que el pueblo se opone.

Teología del pueblo y teología de la liberación

De lo expuesto en el epígrafe anterior se deriva también la distancia de la teología del pueblo con respecto a la teología de la liberación, pero si preferimos pensar la teología del pueblo como una vertiente de la teología de la liberación, tendríamos que considerar entonces su distanciamiento respecto de todas las vertientes de la teología de la liberación basadas en el análisis marxista. Esto se justifica porque el análisis marxista considera a la clase obrera como sujeto

---

14 De Lima, H. (1968). *Ontologia e história*. São Paulo: Dos Cidades.

15 Scannone, J. C. (1982). La Teología de la Liberación. Caracterización, corrientes, etapas. En *Stromata (38)*. pp. 3-40.

revolucionario, identificándola por su posición y función en el sistema de trabajo social.[16] Sin embargo, el sujeto al que se refiere la teología del pueblo es el pueblo identificado por su cultura.

El marxismo presupone la secularización; la teología del pueblo la contrasta. Las vertientes filomarxistas de la teología de la liberación llegan al marxismo a través de la teología de la secularización. En Gera no se da esta punto mediación. En Tello, de forma aún más marcada, la secularización es enemiga de la cultura y de la religión popular.

Otro elemento de diferenciación es el tema del diálogo nacional.[17] Para comprender bien esto, se hace necesario distinguir dos sentidos de la palabra "pueblo" tal y como Gera la utiliza. El pueblo lo conforman, como se ha expuesto, las grandes masas de pobres que se oponen a la cultura de la élite secularizada y de la élite católica, pero el pueblo es también el conjunto de la comunidad nacional. Por tanto, para que el pueblo exista como tal, es necesario que se propicie el diálogo entre las tres diferentes culturas. El problema radica en que las élites no reconocen al pueblo como sujeto activo de cultura, y por ese preciso motivo, ni quieren ni pueden dialogar con él. De acuerdo con lo que Gera pide a la Iglesia argentina la opción preferencial, pero no exclusiva por los pobres, sería el reconocimiento de la subjetividad y de la dignidad cultural de los pobres; el derecho de participar en el diálogo eclesial hablando su lengua.

El pueblo identificado con los pobres no es todo el pueblo, pero los pobres no son una parte del pueblo como las demás. Ellos son los excluidos de la definición actual que la comunidad nacional se da de sí misma. Ese es el motivo por el que los pobres padecen la injusticia. La pretensión de los otros de ser pueblo sin los pobres es hipócrita además de ser una mentira. La autenticidad de la pretensión de una sociedad de ser auténticamente una nación o un pueblo, en el sentido más amplio de la palabra, se mide a partir de los esfuerzos que realiza para reconocer la dignidad de los pobres y los marginados, integrándolos en

---

[16] Habría que preguntarse qué es realmente el marxismo latinoamericano de los años setenta y ochenta. Muchos de sus partidarios son más bien anarquistas o socialistas utópicos, y tienen una idea bastante vaga sobre lo que consiste en realidad el pensamiento de Marx.

[17] Véase el documento del Episcopado Argentino *Iglesia y Comunidad Nacional*, de 1981, para cuya formulación Gera participó de manera decisiva: pastoralsocialbue.org.ar

la comunidad nacional. Por ello, la Iglesia no tiene solo la tarea de evangelizar a los pobres, sino que debe también cumplir con la tarea de evangelizar a los ricos.

La opción por los pobres

La opción por los pobres no es exclusiva ni tampoco excluyente. No es posible evangelizar a los ricos sin llamarlos a la solidaridad para con los pobres, al diálogo con ellos y, por supuesto, al reconocimiento activo de sus derechos. Tello es algo más rígido en este punto: piensa que la cultura de los ricos no puede ser evangelizada, o al menos no integralmente, ya que en ella existe un nudo individualista y egoísta que no puede ser evangelizado por que se opone directamente al cristianismo.

La perspectiva que presenta la teología del pueblo es solidaria, interclasista y nacional. Existen múltiples razones para que sea así. La primera es que Gera fue fundamentalmente peronista. El peronismo argentino fue un fenómeno político, social y cultural muy complejo, que aquí no se pretende explicar. Sin embargo, se presentan algunas referencias sobre aspectos del peronismo que encajan en la síntesis de Gera.

Perón pretendía construir la nación argentina a través de la integración de sectores sociales y culturales diferentes mediante una visión y un proyecto común de liberación de la dependencia externa y del desarrollo creativo de las potencialidades de la comunidad nacional. Por ello intentó construir un bloque social interclasista. La inclusión o exclusión de este bloque social no era simplemente consecuencia de una colocación objetiva en el sistema de las relaciones de producción, sino que también se presentaba como el resultado de un acto de la conciencia subjetiva. Así, en el momento en que los pobres se integraron en la comunidad nacional, los que no querían aceptar esa inclusión bajo ningún concepto se excluyeron de la vida de la nación, convirtiéndose en el elemento antinacional. De esta forma, puede explicarse por qué en el peronismo resultaba tan importante el diálogo nacional, por un lado, y la lucha contra los elementos antinacionales por el otro.[18]

---

[18] Perón, J. D. (2016). *La comunidad organizada (1949)*. Buenos Aires: Biblioteca del Congreso de la Nación (Argentina).

Yo he tenido la suerte de participar un poco en la vida cultura argentina (y, sobre todo, bonaerense) al final de la década de los setenta y al inicio de la de los ochenta, en concreto en los grupos de oposición intelectual a los gobiernos militares. Es difícil imaginar la increíble vivacidad del diálogo en el interior de estos ambientes y la mezcla de influencias tan diferentes, muchas veces asimiladas tan solo de oídas (sin preocupación excesiva por la exactitud filológica) y aplicadas a la comprensión de la situación sociopolítica existente.

Lo que se ha mencionado sobre el peronismo se cruza con lecturas de Gramsci,[19] sobre todo con su concepto de "bloque histórico", y con reflexiones sobre Lukács[20] y el rol de la conciencia en la historia. Recuerdo un tiempo en que todos discutían sobre el ensayo de Mao *Sobre la contradicción*,[21] con la distinción entre contradicciones en el seno del pueblo y contradicciones entre el pueblo y sus enemigos. Parece hallarse aquí una posición estrictamente análoga a la de Gera. Para Mao, el criterio de la distinción es fundamentalmente material, de clase. Sin embargo para los peronistas es (y para Gera), de carácter cultural. No es imposible que todos estos elementos, algunos incluso de forma subliminal, hayan entrado en la visión de Gera.

Una teología del Concilio

Otro elemento que hay que considerar en la visión de Gera es que se considera un teólogo pastoral y un teólogo del Concilio. El Concilio Ecuménico Vaticano II fue un concilio eminentemente pastoral. Eso sí, él no pretendió de ninguna manera cambiar el contenido dogmático de la fe, sino solo la modalidad de su expresión adaptándola a diferentes contextos culturales. Gera puede aceptar la diferencia entre una fe de los pobres y otra de los ricos, pero no para oponerlas entre sí sin mediación posible, sino todo lo contrario, para reconciliarlas en etapas sucesivas a través de un diálogo nacional. Puede llegarse a esa reconciliación porque no se trata de dos contenidos de la fe diferentes,

---

19   Véase Gramsci, A. (1960). *Los intelectuales y la organización de la cultura*. Buenos Aires: Lautaro.

20   Lukács, G. (1970). *Historia y conciencia de clase*. La Habana: Editorial de ciencias sociales del Instituto del libro.

21   Tse-Tung, M. (1968). Sobre la Contradicción. En *Obras Escogidas de Mao Tse-Tung* (vol 1). Pekín: Ediciones en lenguas extranjeras. pp. 333 y ss.

sino de dos modalidades expresivas de la única fe católica. A pesar de todo, estas diferentes modalidades expresivas no se encuentran al mismo nivel, ni en lo referente al plano ontológico, ni al histórico.

No están al mismo nivel histórico porque en América Latina la fe de los pobres nunca ha tenido una legitimación plena en la Iglesia, motivo por el cual ahora trata de reivindicar su reconocimiento. En lo que respecta a la ontología, tampoco se hallan en el mismo nivel ya que una fe que no acoge la instancia de la liberación de los pobres no puede ser una fe auténtica. Asimismo, una comunidad nacional en la que los pobres no tengan derecho de ciudadanía plena no se corresponde con la verdad cristiana. La acogida de la instancia de liberación de los pobres es criterio de verdad de la fe cristiana a nivel global y en su expresión histórica concreta.

La unidad de la Iglesia y la unidad de la nación

De cara a entender la posición de Gera y de la teología del pueblo, hay que considerar un tercer elemento. Gera siempre optó por el punto de vista de la unidad de la Iglesia. Si tuviera un lema, este podría ser *"veritatem facientes in unitate"*, que significa "hacer la verdad en la unidad". De ahí que él estuviera siempre en contacto con los obispos e intentase orientar a toda la Iglesia argentina para que se moviera en la dirección de los pobres, siempre evitando romper su unidad y dividirla.[22] Esta sería otra de las dimensiones de la opción preferente para los pobres.

Esta preocupación pastoral tenía también una fuerte relevancia política. En una Argentina que estaba al borde de la guerra civil y en la que, de hecho, una guerra civil a baja intensidad ya había iniciado dejando decenas de miles de víctimas, la unidad de la Iglesia era también el vínculo de la unidad de la nación.

---

[22] Gera integró el equipo de reflexión teológica pastoral del CELAM y la Comisión Teológica Internacional, participó activamente en la redacción de los documentos de la II Conferencia General del Episcopado Latinoamericano en Medellín (1968) y de la III Conferencia General del Episcopado Latinoamericano en Puebla (1979), además de haber colaborado también en la de algunos documentos fundamentales del episcopado argentino: la *Declaración de san Miguel* (1969), *Iglesia y comunidad nacional* (1981, ya mencionado), *Líneas pastorales para la nueva evangelización* (1990), etcétera.

La estrategia guevarista de los focos de guerrilla procuraba forzar a todos los argentinos a tomar posición en una lucha armada a favor o en contra del régimen militar. En el frente opuesto, la AAA (Alianza Anticomunista Argentina) siguió una estrategia análoga; pidió que todos tomasen partido, pues de hacerlo, los frentes para la guerra civil quedarían conformados.[23] Este dinamismo atravesaba también a la Iglesia. Algunos reaccionaron reafirmando la unidad dogmática de la misma, así como la disciplina eclesiástica, hasta la exclusión de los rebeldes. Otros, por su parte, aceptaron la ruptura interna de la Iglesia entre Iglesia del pueblo e Iglesia de las clases dominantes, e incluso se esforzaron de forma activa para fomentarla.

Gera intentó construir otro camino en diálogo continuo e íntimo con los obispos más comprometidos en la conciliación. Era necesario reconocer y legitimar la existencia de culturas diferentes en la Iglesia y en la nación e invitarlas al diálogo en el seno de la comunidad nacional. El diálogo era, de hecho, el instrumento para construir la comunidad nacional. Sin embargo, para llegar a una síntesis, había que pasar por reconocer la contradicción y que se desplegase en toda su fuerza, pues lo que no es reconocido no puede ser reconciliado. Así, la negación de la contradicción mediante una llamada a la unidad dogmática no serviría para reconocer la diferencia y, por tanto, fomentaría la división sin permitir ese diálogo creador de la unidad auténtica.

¿Cómo podría confiarse en que el diálogo tuviera éxito y no terminase simplemente con el reconocimiento de una oposición irreducible?

Utilizando el lenguaje de Mao,[24] podría formularse el problema de la siguiente manera: ¿qué garantiza que las contradicciones de las que estamos hablando sean "contradicciones en el seno del pueblo" y no "contradicciones entre el pueblo y los enemigos del pueblo"?

Se trataba de una apuesta pastoral fundada en una convicción dogmática: las contradicciones en el seno del pueblo de Dios son todas contradicciones

---

23 Véase Roquel, R. (2005). *Nosotros los peronistas*. Buenos Aires: Dunken.

24 Algo parecido podemos encontrar en Gramsci y en su concepto de *bloque histórico*. Sabemos que Gera había leído algo de Gramsci. Que conociese a Mao, por lo menos de oídas, es solo una suposición, pero considerando el clima cultural de Buenos Aires entre los años setenta y ochenta, es una suposición razonable.

no antagónicas y, por eso, en principio reconciliables en una unidad más alta. Esta convicción dogmática sería la que justificase la apuesta pastoral por el diálogo. Era un riesgo, pero al mismo tiempo un acto de fe que implicaría, por parte de todos, una conversión a la presencia real de Cristo en la historia de la Iglesia.

Confío en que lo que se ha expuesto ayude a comprender la naturaleza (y los límites) del peronismo de la teología del pueblo. Se trata de un juicio más bien histórico que político. Con Perón, el pueblo irrumpe en la historia argentina y se gana el derecho de ciudadanía. Asimismo con Perón se plantea el problema de la constitución de una comunidad nacional argentina y, por tanto, también el problema del diálogo nacional. Diversos sectores populares que antes eran muy distintos y hasta enemigos se reconocieron en una unidad más amplia: los del interior, la gran migración interna y la migración que vino de Europa (en especial de Italia); los condenados de las Villas Miserias y las clases medias y la clase obrera, así como los empleados y pequeños comerciantes: todos los excluidos del sistema oligárquico se unieron entre sí, reconociéndose como pueblo (en el sentido principal, más estricto de la palabra). Invitaron también a las otras capas sociales a ser pueblo a través de un diálogo nacional. En esto, por supuesto, Perón no estaba solo. Hallamos un gran antecedente en Yrigoyen.

Un gran historiador argentino, Jorge Abelardo Ramos, presenta una gran revisión de la historia argentina que él interpreta como lucha entre las élites xenófilas (y especialmente anglófilas) del *puerto* (Buenos Aires) y el elemento autóctono y criollo del *interior*.[25] Según Ramos, Perón lideró esta historia de resistencia que sirvió de nexo de unión entre criollos y masas urbanas de inmigrantes, superando la antítesis entre puerto e interior, signando así una etapa medular en el proceso de formación de la nación argentina.[26] Reconocer esta función histó-

---

[25] Los conceptos de *"puerto"* e *"interior"* son adoptados por el historiador Jorge Abelardo Ramos, quien los introduce como claves para la interpretación de la historia latinoamericana. Los anglosajones entablaron una alianza con las élites comerciales de las ciudades portuarias y animaron a crear un Estado para cada una de ellas, además de apoyar la conquista de las regiones agrícolas y de criollos en una serie de guerras civiles.

[26] Abelardo, J. (1949). *America Latina: un país*. Buenos Aires: Octubre.

rica al peronismo no significa ignorar todos los errores y límites de su experiencia histórica.

Hay que tener en cuenta que el pueblo no siempre tiene razón. Decir que el diálogo nacional debe poner siempre como centro el tema de la pobreza y de los derechos de los pobres no significa haber solucionado estos problemas, de la misma forma que tampoco indica que las soluciones propuestas por los sectores populares sean siempre viables. Gera se limitó a formular el problema y el método de la solución: el diálogo nacional. Los resultados de ese diálogo no podían ser anticipados ni garantizados por la teología o la Conferencia Episcopal; a este respecto entraba en juego la responsabilidad de los laicos.

La responsabilidad de los laicos

El tema de la responsabilidad de los laicos fue muy debatido en Argentina en los años del postconcilio. Muchos preferían una Iglesia que tomase abiertamente partido, ya fuera por la derecha en nombre del anticomunismo y de la defensa de la civilización cristiana, o por la izquierda, a favor de la liberación de los pobres. Otra posibilidad era optar por el centro, a través de una doctrina social cristiana identificada con el programa político de los partidos de Democracia Cristiana.

La autonomía del laicado en la política parecía ser algo más bien cercano a las posiciones liberales que pedían un desenganche de la Iglesia de la política y una retirada hacia la esfera religiosa y espiritual, no comprometida con las realidades temporales y con la lucha política.

De nuevo, la posición de Gera es también original con respecto a este punto. La Iglesia no puede comprometerse con una estrategia política. La doctrina social cristiana no es un programa político partidario, pero tampoco puede decirse que la Iglesia sea ajena a la política. El nivel en que la misión de la Iglesia encuentra la política es, en cierto sentido, el nivel de la política constitucional, el nivel en que se definen las orientaciones y finalidades fundamentales de la actuación política. Así, la Iglesia debe tomar posición sobre las finalidades y los métodos de la actuación política sin tener competencia específica para juzgar sobre los medios más adecuados para conseguir el fin. La liberación de los pobres y, en general, los derechos humanos, son valores constitutivos (constitucionales) de la comunidad política. Cuando no están incluidos entre las finalidades de la acción política o cuando de facto son traicionados de forma evidente en esa acción, la Iglesia tiene el deber de denunciarlo. Esta es la forma de actuación en la época moderna del *munus propheticum*, de la tarea profética del cristiano.[27]

Hay un texto de san Pablo que puede ayudar a entender mejor esta posición.[28] San Pablo dice que Cristo es el único fundamento, y los cristianos son una unidad porque todos están fundados en Cristo. La tarea de la jerarquía es garantizar que todos permanezcan sobre este fundamento. En ello consiste la unidad de los creyentes.

El riesgo de la acción política

Todos edifican sobre este fundamento. Algunos lo hacen con oro y piedras preciosas, es decir, con inteligencia y con prudencia así como con la justicia del arte político, utilizando de modo apropiado los diferentes instrumentos del conocimiento y de análisis de las diversas ciencias humanas. Otros, sin embargo, edifican con paja y barro o, dicho de otro modo, con instrumentos analítico-cognoscitivos equivocados, con inadecuada prudencia e insuficiente sabiduría política. La fe garantiza el fundamento, pero no lo que sobre él se edifica. Ahora bien, si se ha edificado sobre el fundamento que es Cristo, aunque las capacidades de construcción hayan sido insuficientes, todos serán salvados y podrán superar la prueba del fuego para ser purificados. Por tanto, la tarea de la jerarquía es garantizar el fundamento; la de los laicos, asumir el riesgo de la edificación.

En el ámbito de la historia y de la política hay muy pocas verdades *apriórricas* o certezas absolutas. Las verdades de la política son, en su inmensa mayoría, contingentes, y por ello son objeto de un juicio prudencial sobre el que es posible que los cristianos tomen decisiones y opciones diferentes asumiendo la correspondiente responsabilidad. Aunque tomen opciones políticas diferentes, los cristianos pueden y deben permanecer en el diálogo entre sí. Cada cristiano puede y debe cuestionar la opción del otro aceptando que, a su vez, sea

---

27 Iglesia católica. Papa Juan Pablo II (1989). *Christifideles laici*. Buenos Aires: Ediciones Paulinas.

28 1 Cor. 3: 10 y ss.

cuestionada la suya, por supuesto siempre desde la coherencia que supone el fundamento común de la fe cristiana.

Es responsabilidad de la jerarquía asegurar que este diálogo continúe para que pueda contribuir a la edificación de la comunidad nacional. También debe la jerarquía asegurar que no se interrumpa el diálogo para que las diferentes opciones que lo conforman no pierdan la capacidad de escucharse mutuamente y no terminen dogmatizándose. El objetivo es que sea posible llegar a las convergencias prácticas necesarias para el bien común. Esto implica la lucha contra las ideologías, a saber, las posiciones doctrinarias que, en nombre de una coherencia abstracta de los principios, no pueden (o no quieren) ver los problemas y sufrimiento de las personas concretas.

Aquí no se cae en relativismo alguno: los principios son verdaderos, pero para entender como funcionan en una realidad concreta, conviene conocer y amar dicha realidad; hay que poseer la necesaria sabiduría práctica para ello, además de entender la naturaleza de la política y su relación con el tiempo. En su peregrinación a través de la historia, el pueblo atraviesa etapas diferentes. El político debe entender cuáles son las tareas propias de cada etapa y debe organizar las alianzas y el plan estratégico adecuado para cumplir con ellas. No debe proponerse tareas que no estén maduras y que, por ello, no sean posibles. No se puede, en el curso de una generación, conducir al pueblo al cumplimiento final de su destino. Es ya un gran éxito si se consigue dar, aunque sea, unos pocos pasos hacia la justicia y el bien común. La jerarquía debe acompañar y apoyar a los laicos en este camino, pero con cautela para no terminar usurpando el papel de estos y la responsabilidad que conlleva. El pueblo vive la esperanza de la liberación y busca su camino. En la dimensión propiamente política, pide que la jerarquía lo acompañe, no que lo conduzca.

Evangelización y promoción humana

Las últimas consideraciones introducen a la conciliación de la relación entre la evangelización y la promoción humana. La Iglesia recibe de su fundador la tarea de la evangelización. Antes de subir al cielo, Jesús dijo a los apóstoles: "id, pues; enseñad a todas las gentes, bautizándolas en el nombre del Padre, y del Hijo, y del Espíritu Santo enseñándoles a observar todo cuanto yo os he mandado".[29] De la misma forma que se dijo en el Concilio de Lima, el contenido fundamental de la evangelización es la voluntad salvífica de Dios, la mediación universal de su hijo Jesucristo y el sacramento de la Iglesia.[30] ¿Dónde queda aquí la liberación?

Se puede plantear la misma pregunta de forma aún más radical. La palabra "liberación" se puede considerar el equivalente a nivel de la cultura popular latinoamericana de la expresión "promoción humana". Las clases medias hablan de desarrollo; el pueblo habla de liberación.

La noción de desarrollo implica una lectura de la situación latinoamericana en términos de demora en el desarrollo.[31] La humanidad se halla en un camino de progreso acelerado bajo el impulso éticamente neutro pero fundamentalmente positivo de la ciencia, la técnica y la modernización. En este camino, América Latina se encuentra en una condición de retraso temporal; no ha llegado aún a la etapa de progreso acelerado que indicamos con la expresión "desarrollo" y que marca la transición de un Estado premoderno a la condición moderna. "Desarrollo" es un término técnico y no conflictivo. Entre "desarrollo" y "liberación" está, por un lado, la memoria histórica de la Conquista y el sentimiento de haber sufrido una injusticia, y por otro lado la teoría de la dependencia,[32] es decir, la convicción de que la falta de desarrollo y el retraso en la modernización son la consecuencia del hecho que la nación dependa de poderes ajenos. Por tanto, para tener desarrollo será necesario liberarse de esta dependencia. El problema no es (solo) técnico, sino fundamentalmente político, pues la liberación radicaliza, en cierto sentido, el tema conciliar de la promoción humana.[33] La dificultad fundamental es común a la liberación y a la promoción humana.

---

29 Mt. 28: 18-20.

30 Lisi, F. L. (2008). El Tercer Concilio de Lima y su significación en la aculturación de las poblaciones indígenas de América Latina. En *Guaraguao, 12* (28). pp. 71 y ss.

31 Sunkel, O. y Paz, P. (1970). *El subdesarrollo latinoamericano y la teoría del desarrollo.* México: Siglo XXI Editores.

32 Bagu, S. (1973). *Problemas del subdesarrollo latinoamericano.* México: Siglo XXI Editores.

33 Iglesia Católica. Concilio Ecuménico Vaticano II. (1965). *Constitución pastoral* Gaudium et Spes. *Sobre la Iglesia en el mundo actual.* 41-44.

¿Cómo puede el Concilio integrar la promoción humana en la misión salvadora de la Iglesia? ¿No supone esto una contradicción con la autonomía de las realidades terrenales? ¿No implica, también, una politización y secularización indebida de la Iglesia? ¿No es cierto que la tarea de la Iglesia es la de conducir las almas a la salvación eterna en el Paraíso, y que la justicia en esta tierra es tarea no de la religión, sino de la política y del Estado?

Muchos piensan que es en este punto donde radica la fundamental desviación del Concilio con respecto a la tradición de la Iglesia. Es su rendición a la secularización.

Una solución sencilla a este problema sería considerar la promoción humana no tanto como una tarea de la Iglesia, sino como un efecto de la evangelización. Considerándolo desde este punto de vista, la tarea de la Iglesia sería, en primer lugar, la evangelización. Esta contribuiría a la civilización, y por consiguiente a la promoción humana, si bien de forma indirecta. Así, esta última sería, como mucho, una tarea secundaria y derivada de la Iglesia. No cabe duda de que, con su enseñanza, la Iglesia eleva el nivel moral de la sociedad y contribuye, con solidez, a establecer todas las virtudes que son necesarias también para el bienestar económico y social.

De Lubac y la radicalidad de la posición conciliar

Sin embargo, este no es el camino de la teología del pueblo, así como tampoco lo fue del Concilio. Para entender la radicalidad de la posición conciliar, será de ayuda el libro del cardenal Henri de Lubac: *Catolicismo. Aspectos sociales del dogma.*[34]

Como se ha expuesto hablando del Concilio de Lima, el cometido fundamental de la fe es la voluntad de Dios de salvar a todos los hombres, así como la mediación de Jesús, que continúa en el sacramento de la Iglesia. En el capítulo XV del Evangelio de san Juan se habla de la ontología nueva de la persona humana redimida. En Cristo, los discípulos son una unidad con él y entre sí. Esa realidad ontológica nueva es la comunión de los santos. La comunión es una realidad espiritual, pero cuenta también con una expresión carnal, es

---

[34] De Lubac, H. (1999). *Catolicismo. Aspectos sociales del dogma*. Madrid: Encuentro.

decir, necesita expresarse de formas nuevas y más humanas en la convivencia que se da entre los hombres. Si la comunión engendra un parentesco espiritual más fuerte que el de la carne, resulta imposible no interesarse activamente por el bienestar material de los hermanos, pues santo Tomás nos ha enseñado que la miseria es un obstáculo para la práctica de la virtud.[35]

Los hermanos son los hermanos en la fe, pero todos los hombres son llamados a ser hermanos en la fe y están, por lo tanto, incluidos en el vínculo de la caridad. La comunión pide, por su naturaleza intrínseca, manifestarse también como comunidad, como sistema de relaciones interhumanas más justas. De esta manera, la comunión renueva el vínculo social entre los hombres según la dimensión de la justicia y la misericordia. Desde esta perspectiva, la evangelización y la promoción humana serían una única realidad, si bien la promoción humana conformaría la dimensión exterior y social de la evangelización, o sea, la renovación del mundo por parte del hombre nuevo renovado por la fe. Este hombre actúa en el mundo y construye obras que expresan su nueva ontología transformada por la gracia. Este dinamismo se enfrenta, por supuesto, con la injusticia de la situación presente, por lo que emprende un camino para transformarla.

Si la relación entre la evangelización y la promoción humana es intrínseca, también la Iglesia latinoamericana, al asumir el tema de la liberación, no haría una concesión retórica y menos ideológica a la cultura de los pobres, sino que, al encontrar su afán de liberación, lo insertaría en el núcleo medular del anuncio cristiano de la salvación.

Ya se ha mencionado el lema "el pueblo se evangeliza a sí mismo". Esta acción de evangelizar es también el descubrimiento de aspectos en la verdad cristiana que antes habían quedado marginados u ocultos. En este caso, la fe del pueblo, que profundiza en la única fe de la Iglesia, anticipa la reflexión de los teólogos cultos. La fe del pueblo no solo es pasiva, sino que también es activa y creativa; tan solo necesita el discernimiento y la confirmación de los sucesores de los apóstoles.

---

[35] Santo Tomás de Aquino. *In 2 Sententiarum Dist.* 25 q.1 ad. 5.

La gracia de estado del obispo

El obispo tiene una gracia de estado propia. No dispone del monopolio de la creatividad, ya que el Espíritu sopla donde quiere, pero sí que tiene la tarea del discernimiento y la corrección. Es él quien debe decidir si los elementos nuevos que se manifiestan en la fe del pueblo son auténticos o no; si suponen un desarrollo creativo o son más bien alejamiento y desviación de la tradición. Normalmente, estos elementos compartirán una raíz común con la verdad, pero también diversos aspectos cuestionables. Ese es el motivo por el que la tarea del discernimiento se acompaña con las de la purificación y la corrección. En el siguiente ejemplo comprenderemos mejor el valor metodológico del diálogo.

"Diálogo" no significa no afirmar con toda la fuerza posible lo que uno ha conocido y experimentado como verdadero. La jerarquía afirma la verdad objetiva del *Depositum Fidei* pero no rechaza de forma presurosa las expresiones de religiosidad popular, más bien, busca el elemento de verdad que estas contienen, ayudando al pueblo a formularlo de una manera más propia y adecuada. Expresado de forma más general, un error se supera por completo solo cuando se entiende el elemento de verdad que alberga y, posteriormente, se integra a una formulación más completa de la verdad universal. Este es el sentido de la palabra "católico", y la Iglesia lo está redescubriendo gracias a los conceptos de "sinodalidad" y "conciliaridad". En la tradición oriental, esta es la idea del *soborność*: la plenitud de la verdad que se manifiesta en la comunión.

Juan Carlos Scannone y la dialéctica marxista

Juan Carlos Scannone considera la teología del pueblo como una vertiente de la teología de la liberación (la vertiente argentina). Otros prefieren considerarla como algo totalmente distinto a dicha teología. Esta es una discusión en la que ahora no entraremos: se pretende tan solo evidenciar algunas semejanzas y diferencias entre la teología del pueblo y algunas ramas de la teología de la liberación.

En primer lugar, hay que tratar el tema de la contradicción y de la dialéctica. Este asunto es fundamental en relación con el marxismo.

La dialéctica marxista tiene una base materialista que se construye sobre la base de la contradicción entre fuerzas productivas y relaciones de producción y, por consiguiente, entre clases identificadas por medio de su relación con el sistema de la producción. La contradicción fundamental para la teología del pueblo tiene una base cultural: es la contradicción que se da entre los que construyen el pueblo y quienes, por otro lado, se oponen a ello. Es preciso agregar en este punto que algunos marxistas (en especial los "occidentales") intentaron flexibilizar la dialéctica materialista introduciendo elementos no materialistas y "voluntaristas".

Hemos recordado a Gramsci con su teoría del bloque histórico, a Lukács con la idea de conciencia de clase y a Mao con su teoría de las contradicciones dentro del pueblo. El punto de distinción aquí es el hecho de que la teología del pueblo no implica contradicciones materiales en principio irreconciliables, ya que irreconciliable es solo aquello (o aquel) que no quiere ser reconciliado.

Para el marxismo, la dialéctica es totalitaria. Al final de la lucha, el proletario resulta victorioso e instaura un mundo nuevo donde ya no hay más tensión ni conflicto. Este es el reino del hombre, la realización histórica de lo que la religión anuncia como reino de Dios en la tierra. Por supuesto, para que se presente este reino en la tierra es necesario que suceda antes el juicio de Dios, al final de la historia. Ante este fin, todos los medios son justificados, pues el reino de Dios en la tierra es el criterio absoluto del bien y del mal: bueno es lo que propicia la revolución; malo es lo que la obstaculiza.

Esto es exactamente lo que condena Henry de Lubac en las teologías milenaristas: la resolución del reino de Dios en la historia terrenal.[36] Quien más reflexionó sobre este punto fue, probablemente, Juan Carlos Scannone, quien conocía a De Lubac. Scannone fue influido en este tema por el nuevo pensamiento latinoamericano de Enrique Dussel,[37] Rodolfo Kusch y Carlos Cullen.[38]

La dialéctica de estos pensadores es abierta, es decir, en ella no se da una solución de la contradicción en la historia aunque esta cambie de forma. La conciliación es siempre provisional y no totalitaria. La contradicción puede ser pensada como superada solo en un más allá de toda dimensión intramundana.

---

[36]   De Lubac, H. (2011). *La posteridad espiritual de Joaquín de Fiore*. Madrid: Encuentro.

[37]   Dussel, E. (1974). *Método para una filosofía de la liberación. Superación analéctica de la dialéctica hegeliana*. Salamanca: Sígueme.

[38]   Cullen, C. (2010). La América profunda busca su sujeto. De cómo entiende la filosofía Rodolfo Kusch. En *Espacios de crítica y producción, 43*. p. 88 y ss.

La dialéctica, entendida así, se abre a la trascendencia. Para evidenciar este hecho, Scannone (al igual que los otros pensadores) prefiere hablar no de *dialéctica*, sino de *analéctica*.[39] En griego, la partícula *"dia"* indica un movimiento horizontal. Por el contrario, la partícula *"ana"* señala un movimiento vertical, hacia arriba. Para Kusch, este pensamiento *analéctico* es típico de las culturas índigenas y de la cultura popular latinoamericana, lo que crea un abismo entre el secularismo europeo y el pensamiento latinoamericano de la liberación. La teología europea progresista quiere repensar el cristianismo desde un un pensamiento secular que reemplace con una perspectiva futura la perspectiva de lo eterno como algo más allá del tiempo. Por eso adopta la dialéctica como instrumento para pensar un cristianismo secular dentro de la ciudad secularizada (la ciudad construida por el hombre en la historia).

El pensamiento latinoamericano de la liberación está orientado a la trascendencia a diferencia de la secularización europea. Sobre este punto, queda clara la oposición no solo a la línea europea de la teología de la secularización, sino también al marxismo. La secularización ofrece a la teología de la secularización y al marxismo una base común para el encuentro.

Esto explica también la oposición entre la teología del pueblo y las otras vertientes de la teología de la liberación frente al problema capital de la violencia y de la lucha armada. Si la revolución instaura el reino de Dios en la tierra y se convierte en el punto de llegada de la dialéctica de la historia humana, entonces la violencia quedaría justificada porque, a través de ella, el Absoluto se constituiría a sí mismo en la historia. Pero si el Absoluto no se identifica con la historia, si lo pensamos analécticamente, más allá de esta, entonces no hay justificación para una violencia absoluta, si bien es posible que surjan situaciones en que pueda ser necesario utilizar la fuerza para la defensa de los derechos humanos fundamentales.

---

[39] La expresión "analéctica" deriva de Lakebrink. Véase: Lakebrink, B. (1955) *Hegels dialektische Ontologie und die thomistische Analektic.* Bachem: Köln. La analéctica indica lo que está más allá de cualquier totalización posible. Más allá de la necesidad se abre el espacio de la posibilidad y de la libertad. No hay lugar posible para América Latina en la filosofía hegeliana de la historia. La analéctica abre este espacio. Al mismo tiempo, la analéctica abre el espacio conceptual para pensar el símbolo y para pensar a Dios.

El método principal de la liberación no es la fuerza, sino el diálogo, porque el fin de la acción liberadora no es la destrucción del adversario, sino su reconducción al interior de la comunidad nacional. De ahí se explicaría el motivo de preferir la no violencia y la lucha pacífica. La estrategia de la lucha para la liberación condiciona también la estructura de la sociedad liberada. Una sociedad liberada mediante la violencia puede caer con mucha facilidad en un nuevo tipo de dominio, posiblemente aún peor que el anterior. Si el poder nace de la punta del cañón, quienes ostenten el poder serán siempre los que tengan los cañones. Optar por la lucha no violenta implica también una visión diferente de la sociedad liberada.

La situación histórica de las teologías

Para entender la relación entre teología del pueblo y otras teologías de la liberación es necesario considerar la situación histórica en la que estas dos teologías se encuentran. Cada una acompaña *de facto* una estrategia política diferente. Hay teologías de la liberación que flanquean la estrategia de los focos de guerrilla (por ejemplo, la teología de la revolución de Hugo Assmann).[40] La teología del pueblo, que recibe una consagración semioficial por san Juan Pablo II en la III Conferencia del Episcopado Latinoamericano en Puebla, acompaña un gran movimiento para la defensa de los derechos humanos y para la democracia en casi toda Latinoamérica.

En 1979, el año de Puebla, en casi todo el continente gobernaban dictaduras militares de seguridad nacional que luchaban contra guerrillas izquierdistas. Después de Puebla, en pocos años, toda Latinoamérica, con la excepción de Cuba, presenció una transición a la democracia. Dicha transición no fue el resultado de la derrota militar de las dictaduras en una guerra civil, sino de un movimiento por los derechos humanos y por la democracia, liderado idealmente por la Iglesia católica. Visto de tal modo, puede considerarse ganadora la perspectiva histórica de la teología del pueblo y de Puebla, y como perdedora la de las corrientes marxistas de la teología de la liberación.

---

[40] Assmann, H. (1973). *Teología desde la praxis de liberación: ensayo teológico desde la América dependiente*. Salamanca: Sígueme.

Con el fracaso teórico y práctico del comunismo y con el fin de la estrategia política de los focos de guerrilla, se clausura la perspectiva histórica de la vertiente marxista de la teología de la liberación. Esta vertiente no puede ser continuada y, de hecho, no lo es. Era vital para esta teología el contacto con la praxis política. Ahora, dicho contacto se interrumpe. Diferente es el caso de la teología del pueblo, que desde el inicio configuró su relación con la praxis de una forma más amplia: como praxis pastoral y social y no tan solo política. Más aún, el tema del diálogo le permitió ver la lucha política no como combate para destruir al enemigo, sino como lucha para la afirmación de la persona humana y como mediación entre posiciones e intereses diferentes, con el objeto de construir y reconstruir la unidad de la nación. La mediación, sin embargo, no fue una mediación indiferenciada: fue una mediación a favor de los pobres para ampliar continuamente las áreas de la inclusión social.

El pobre latinoamericano tiene una cultura

Ya se ha expuesto como la teología del pueblo se distancia con claridad de la posibilidad de usar la teoría marxista como instrumento privilegiado de análisis. Existen razones específicas y razones de método más generales que lo justifican.

Las razones específicas residen en el hecho de que, en el análisis marxista, el materialismo que Marx presenta penetra profundamente en su visión del proletariado como un mero resultado del proceso productivo carente de cultura propia y religión.[41] Sin embargo, el pobre latinoamericano no es resultado de un proceso de disolución de todas las identidades culturales anteriores. El pobre tiene una cultura propia, y es en esta donde se halla enraizada la memoria de las injusticias sufridas, así como el reclamo de una compensación material y simbólica. En Latinoamérica, el esquema marxista de la subordinación de la superestructura (cultural y religiosa) a la estructura (económica) simplemente no funciona. Si se examinan las razones del rotundo fracaso del guevarismo, es posible observar que se produce por la falta de comprensión de la especificidad cultural de los pueblos cuyo apoyo él quería alistar para la

---

[41] Se puede decir que, para Marx, el proletariado lo conformarían los pobres, vistos a la luz de un pensamiento dialéctico (materialista). Para entenderlos como sujetos de cultura, a Marx le haría falta contemplar la perspectiva analéctica.

revolución mundial.[42] Fue Juan Carlos Scannone quien, especialmente, evidenció como la cultura del pueblo latinoamericano es intrínsecamente religiosa. En todas las cosas y en todos los acontecimientos vive una presencia más allá de lo dado e inmediatamente perceptible, en un sentido muy próximo al de la analogía de los escolásticos.

Las razones de método más generales radican en que las ciencias sociales nunca son neutras; siempre contienen una antropología implícita. Para poderlas utilizar en un trabajo teológico es necesario entender, evidenciar y rectificar sus presupuestos antropológicos implícitos.

Todos estos elementos no excluyen la posibilidad de encontrar elementos de Marx después del fracaso del marxismo. Él pensaba que la religión era el opio del pueblo. Para entender el sentido exacto de esta expresión tenemos que leerla en el contexto al que pertenece, a saber, en *La crítica de la filosofía del derecho de Hegel*.[43] Aquí Marx nos dice que *"la religión es el suspiro del oprimido, el sentimiento de un mundo sin corazón, el espíritu de una condición sin espíritu"*. Es el último reducto de humanidad en un mundo no humano. La evaluación de la religión cambia de positiva a negativa cuando aparece la posibilidad histórica de la revolución total, o sea de la revolución que realiza en la tierra el contenido de la religión y, al mismo tiempo, la hace superflua y también dañina, pues desvía energías de la tarea de la radical transformación de la condición humana. *Por eso* es el opio del pueblo. Se aprecia aquí como el joven Marx pensó por un momento en la posibilidad de la analéctica, pero terminó por descartarla a favor de la dialéctica histórica. Marx optó por la revolución comunista. Después del fracaso histórico de esta apuesta, la hipótesis analéctica parece ser la única adecuada para una crítica del capitalismo. Esta crítica, sin embargo, no es "científica" como la marxista, sino ética.

---

[42] En el diario del Che queda claro que la razón del fracaso es la incapacidad de entender la cultura de los campesinos bolivianos. Véase: Guevara, E. (1968). *El diario del Che en Bolivia*. Siglo XXI Editores.

[43] Marx, K. (1968). *Crítica de la filosofía del derecho de Hegel*. Buenos Aires: Editorial Claridad.

Alberto Methol Ferré y una nueva etapa de la historia del movimiento de los trabajadores

Alberto Methol Ferré, otro de los máximos representantes de este nuevo pensamiento latinoamericano, conecta la crítica ética del capitalismo con el socialismo ético y cristiano de los inicios del siglo XIX, de Bouchez y Weitling.

La teología del pueblo no opone al capitalismo otro modelo alternativo comunista-marxista. En la lucha entre el capitalismo y el comunismo marxista, la Iglesia católica no podía estar de parte del comunismo. El ateísmo comunista y la persecución religiosa la obligaban a oponerse al comunismo en una lucha que podía comprenderse, de forma equivocada, como una coincidencia de posiciones tanto teóricas como prácticas con el capitalismo. Dicho de otra forma: puesto que el comunismo se enfrentaba a la Iglesia y al capitalismo, resulta fácil (pero incorrecto) pensar que sus posiciones coincidían.

Methol Ferré, adoptando una perspectiva latinoamericana y rioplatense, vio en la disputa entre católicos y comunistas una lucha para tomar la dirección ideal del movimiento de los trabajadores. Los marxistas tomaron la dirección mundial del movimiento de los trabajadores y, a causa de sus errores antropológicos y políticos, lo llevaron a la derrota.

Después de la caída del comunismo, se abrió para la Iglesia católica la perspectiva de tomar la dirección ideal del movimiento de los trabajadores en la nueva etapa histórica,[44] lo que supuso un aumento de la oposición de la doctrina social cristiana al capitalismo (que, sin embargo, nunca faltó) y, por otro lado, la revalorización de elementos marxistas que podían ser recuperados e insertados en una estructura de pensamiento diferente.

Al capitalismo, en esta etapa histórica, la doctrina social cristiana no le opuso otro sistema rígido y predefinido, sino que abrió una etapa de búsqueda de un nuevo sistema que supiera unir el concepto de libre mercado a la solidaridad.

¿Es esta una perspectiva de reforma, o más bien de revolución? No parece que pueda definirse *a priori*, y tampoco es algo que pueda decidir la Iglesia.

---

[44] Entrevista de Alver Metalli a Alberto Methol Ferré: *La rivoluzione firmata dal Papa*. En *Il Sabato*, número de 17 a 23 de octubre de 1981.

La crítica de la Iglesia es una crítica inmanente, ética, no sistémica y política. También frente al comunismo, san Juan Pablo II puso algunas exigencias éticas fundamentales y apoyó el intento reformista de Gorbachov. El fracaso llegó cuando el sistema resultó irreformable.

En esta etapa resulta también necesario redefinir la relación entre la doctrina social cristiana y el comunismo.

Algunas reflexiones de Karol Wojtyla sobre el comunismo[45]

Algunas reflexiones de Karol Wojtyla pueden ser de ayuda. Tienen particular interés porque son de un hombre que ha tenido un papel central en la caída del comunismo marxista. Además provienen de un papa que algunos consideran "de derechas", al que intentan oponer a su sucesor, el papa Francisco, calificado como izquierdista.

Wojtyla dice que el ideal comunista de compartir los bienes materiales es muy cercano al cristianismo. Este ideal nace, en cierto sentido, como trasposición social de la idea cristiana de comunión. El primer error de Marx fue pensar en poderlo separar del cristianismo, ya que solo una personalidad fuertemente en comunión con Dios y con sus hermanos puede asumir este ideal de vida. Marx pensó en una comunión engendrada por la evolución histórica y la configuración material de las fuerzas de producción, lo que terminó por revelarse ilusorio.

El hombre nuevo, totalmente desinteresado e identificado con la comunidad, no nace de la revolución comunista, sino de la conversión a Jesucristo. ¿Significa esto que Wojtyla propone un comunismo cristiano? No, ya que hay otro error del marxismo que consiste en ignorar el dogma del pecado original. Después del pecado, el hombre necesita, para obrar el bien, el impulso del interés individual. Le es necesario porque sin él, muchos no trabajarían e intentarían vivir del trabajo de los demás, generando así controversias infinitas y guerras civiles. Es mejor, pues, que cada uno cuide de lo suyo y se intercambien los resultados del trabajo.

---

[45] Wojtyla, K. (2018). *Katolicka Etyka społeczna*. Lublin: KUL. p. 300 y ss.

El ideal comunista sigue viviendo de dos formas. Por un lado, tenemos la forma de vida de las comunidades religiosas que practican la comunión de los bienes y anticipan en el tiempo presente el modelo escatológico de la Jerusalén Celeste. Por el otro lado, estas comunidades religiosas son un polo de atracción al interior de la sociedad, y diferentes instituciones sociales se conforman en grados diferentes a este modelo. El intercambio de equivalentes es un eje necesario de la vida social, pero debe existir también un eje de la gratuidad donde se exprese la dimensión de comunión de la vida del hombre. Estos dos ejes se relacionan entre sí con diferentes modalidades y en diferentes contextos sociales e históricos.

El ideal escatológico de la comunidad perfecta entre los hombres se refleja en la instancia de liberación de los pueblos, en su afán de construir una sociedad más justa, más solidaria y más humana. El Reino de Dios no es de este mundo, pero es el modelo hacia el que se orienta la construcción de la ciudad terrenal.

Pienso que esta reflexión desarrollada a partir de una intuición de Methol Ferré puede servir para arrojar luz clarificadora sobre un aspecto central del pontificado del papa Francisco.

Iglesia del pueblo e inculturación

Otro aspecto de la teología del pueblo que cabe destacar en la comparación con algunas vertientes de la teología de la liberación es el tema de la Iglesia popular. En la perspectiva ya ilustrada hay una distinción clara, pero no oposición absoluta entre la Iglesia popular y la Iglesia jerárquica. Esta distinción clara es consecuencia del hecho de que el pueblo tiene una cultura propia (y por ello también una creatividad propia) que la Iglesia jerárquica tiene que reconocer y valorar. Aquí es fundamental el concepto de "inculturación".[46]

La jerarquía tiene la misión de cultivar el anuncio del Evangelio en la cultura del pueblo, así como valorar necesariamente los elementos preevangélicos que se encuentran en dicha cultura. Para llevarlo a cabo, debe adoptar una actitud de escucha y diálogo. En el caso de Latinoamérica, sin embargo,

---

[46] Iglesia católica. Papa Juan Pablo II (1991). Redemptoris Missio. Madrid: Ediciones Paulinas.

no es suficiente solo con esto. El pueblo que debe ser evangelizado es un pueblo cristiano, ya que se evangeliza por sí mismo, aunque de manera insuficiente. La interacción entre jerarquía y pueblo de Dios en América Latina tiene que realizarse, por tanto, en forma más estrecha. La jerarquía tiene que insertarse en un proceso evangelizador que ya está en camino. En cierto modo, la jerarquía ha de convertirse al pueblo o, mejor dicho, al Espíritu de Dios que actúa en el pueblo.

¿Qué significa esta última afirmación? La jerarquía custodia la doctrina pura, tiene el *munus docendi*, la tarea y el privilegio de la enseñanza. ¿Cómo es posible que tenga que convertirse al pueblo? Hay dos sentidos que podemos dar a esta expresión de "convertirse al pueblo".

La doctrina pura está presente en la jerarquía de una forma histórica determinada. Hay que representarla nuevamente de forma misionera, con fidelidad absoluta al *kerygma* y al dogma, pero en un lenguaje que sea comprensible para quienes vienen de la nueva cultura que está siendo evangelizada. Convertirse significa, en este caso, traducirse a un nuevo lenguaje, pero la traducción no es una operación simple.[47] No siempre existe en una lengua una palabra que cubre exactamente el mismo campo semántico y evocativo de otra palabra paralela en una lengua diferente (en realidad, es algo muy extraño que suceda). Las lenguas no están conformadas por palabras con igual significado que tan solo varíen en la forma en que suenan. Además, puede ocurrir que en una lengua falten palabras para decir según qué cosas.

El lenguaje tiene una función comunicativa, pero también posee una función evocativa y expresiva. Cada palabra expresa la interioridad del hombre que habla, y evoca sentimientos, situaciones y otras palabras. Esto puede apreciarse de forma particular en la poesía, que nos comunica emociones con significados más allá y más profundos que los de su contenido conceptual.

Al leer un poema, tal vez seamos movidos profundamente por sus versos, y solo después de un largo tiempo y muchas experiencias de vida, nos demos cuenta de una parte del motivo que nos llevó a vivir la experiencia emocional

---

[47] Iglesia católica. Papa Juan Pablo II (1985). *Slavorum Apostoli*. 11. Puede consultarse este documento en el portal *web* vatican.va.

que vivimos, y que con el tiempo aprendimos a expresar conceptualmente. Por eso podemos leer un texto poético muchas veces en la vida y siempre suena de una manera diferente; nos comunica un contenido siempre nuevo y siempre coherente consigo mismo.

Con la liturgia y la teología sucede algo parecido. El contenido es siempre más rico que la conceptualización, y la Iglesia sigue profundizando en el misterio contenido en sus dogmas y en su *kerygma*. Por eso, traducir es siempre un acto creativo y no la búsqueda de una correspondencia lineal biunívoca, y no se puede separar el lenguaje de una pragmática comunicativa, es decir, de una relación personal directa en la que la palabra desconocida se hace inteligible porque se participa de la acción que le corresponde. Traducir el Evangelio no es una simple operación lingüística, sino un acto pastoral que implica jugarse y ponerse en riesgo en una relación.

En este acto se profundiza también en la comprensión de lo que viene traducido para los que hablan la lengua del original: nuevas dimensiones de significado se abren y se manifiestan. La jerarquía, que posee la doctrina pura, tiene que convertirse a las nuevas dimensiones de la misma doctrina que se manifiestan en el proceso de su comunicación misionera. Esto significa que la pertenencia que la jerarquía tiene de la doctrina pura no se da como la del amo que tiene el derecho de usar y abusar de un objeto de su propiedad, sino como la del depositario fiel de un objeto que pertenece a Dios y que, continuamente, crece en la historia, aunque siempre permanezca igual a sí mismo.[48]

Los hombres que constituyen la jerarquía de la Iglesia tienen orígenes y raíces sociales determinadas; recibieron su formación en instituciones eclesiásticas que conformaron cierto tipo de personalidad en ellos. Es necesario que sea así porque eso también corresponde al método de la encarnación. La misión evangelizadora exige un cuestionamiento crítico de las propias raíces y de la propia identidad. Nosotros hemos aprendido la fe dentro de una cultura, pero la fe trasciende nuestra cultura, por lo que el acto misionero pretende

---

[48] Pérez del Viso, I. (1995). "La inculturación de la fe en América Latina". En *Teología y vida, 36* (3). pp. 307-323.

del discípulo misionero que pueda despojarse de su cultura además de profesar un ascetismo radical.

La jerarquía que se convierte al pueblo descubre así, en América Latina, que el pueblo ya se está evangelizando y que debe aprender del mismo pueblo al que evangeliza. Por eso necesita una gran humildad.[49] Pero la jerarquía, y solo ella, tiene la tarea de confirmar y corregir al pueblo que se autoevangeliza. Esto es así porque el pueblo no es infalible. Tal y como sucedió con el pueblo de Israel en el desierto, el pueblo podría terminar construyéndose un Dios y un Cristo imaginarios con mucha facilidad, según su propia cultura, y caer así en la idolatría.

Para evangelizar, es necesario penetrar en el interior del horizonte trascendental del pueblo que tiene que ser evangelizado, pero es de igual forma necesario romper el límite de dicho horizonte; trascenderlo hacia la verdad integral de Cristo, que no puede ser contenida por ningún horizonte humano. Esa es la tarea de la jerarquía: debe controlar que el acontecimiento que hoy se repite en la evangelización misionera se corresponda exactamente con el acontecimiento originario de hace 2 mil años en Galilea.

En esta perspectiva, pues, no se puede pensar en una lucha a muerte entre la Iglesia jerárquica y la Iglesia popular. La Iglesia vive en la tensión necesaria y continua entre estos dos polos, así como la familia vive en la tensión necesaria y continua entre el varón y la mujer; entre los padres y los hijos.

Guardini, Bergoglio y las tensiones polares

No sabemos exactamente si Jorge Mario Bergoglio descubrió la idea de las tensiones polares en el pensamiento de Romano Guardini[50] y después la aplicó a la realidad argentina (antes de hacer lo mismo con la latinoamericana), o si por el contrario él la descubrió en la tensión dramática de la historia argentina, en los debates de Buenos Aires en los años setenta, donde santo Tomás, Gramsci

---

[49] Mc. 9: 38 y ss. Los discípulos ven a ciertas personas que expulsan fuera demonios en nombre de Jesús y quieren prohibirlo. Jesús dice que no lo hagan. El pueblo se evangeliza a sí mismo. ¿De manera tumultuosa? Probablemente. La Jerarquía no debe prohibirlo, sino acompañarlo y, si es necesario, corregirlo, pero sin desalentarlo.

[50] Guardini, R. (1996). *El contraste*. Madrid: BAC.

y Mao se cruzaban en la tentativa de forjar los instrumentos conceptuales para entender la situación concreta del país, y después encontró en Guardini una confirmación y una ayuda para su sistematización. Lo que sí es cierto es que encontramos esta idea ya en sus escritos de los años setenta. Después, esta idea sería uno de los cuatro principios básicos de Aparecida y de *Evangelii Gaudium*.

Es interesante y característico el método de Bergoglio (en cierto sentido el de toda la teología del pueblo y, especialmente, el de Juan Carlos Scannone y de Alberto Methol Ferré): de la situación concreta latinoamericana a la gran teología y filosofía europea, o al revés; de la gran teología y filosofía europea a la situación concreta latinoamericana, en un movimiento doble y recíprocamente entrelazado, que hace crecer un pensamiento enraizado en la tradición, y al mismo tiempo orientado a la comprensión de una situación concreta y presente.

La teología del pueblo: desde la dimensión rioplatense a la latinoamericana, y sus dimensiones mundiales

Como todo pensamiento vital, la teología del pueblo no se cierra en sí misma y contiene aspectos problemáticos que son, quizás, los más interesantes, precisamente porque necesitan ser profundizados y desarrollados. Ya se ha hablado de Alberto Methol Ferré. Volviendo sobre él, es necesario saber que tiene un papel fundamental en el proceso de problematización y continuación de la teología del pueblo.

La teología del pueblo nació en argentina y se hizo latinoamericana mientras se preparaba Puebla (y, por supuesto, después de Puebla). En este proceso participaron, con muy valiosos aportes, muchos teólogos, filósofos y sociólogos de diferentes países latinoamericanos. Cabe mencionar, por lo menos, a algunos de ellos. De Chile: Jorge Alessandri, Joaquín Alliende Luco y Pedro Morandé Court;[51] de Uruguay: Guzmán Carriquiry Lecour[52] y Alberto Methol Ferré. Por supuesto que hubo más colaboradores, pero no es posible presentarlos ahora. Sí que debe destacarse que muchos de ellos se encontraban

---

51 Morandé, P. (2017). *Textos escogidos de antropología cristiana*. Santiago de Chile: Ediciones UC.

52 Carriquiry, G. (2005). *Una apuesta por América Latina: memoria y destino históricos de un continente*. Buenos Aires: Ed. Sudamericana. Con introducción de Jorge Mario Bergoglio.

en el equipo teológico del CELAM, y Alberto Methol era, en cierto sentido, el líder intelectual del grupo.

Fue Methol Ferré quien radicalizó y generalizó el asunto de la teología del pueblo y quiso pensar América Latina a partir de la fe católica, así como la fe católica a partir de América Latina. A la vez, él intentó pensar la modernidad desde una perspectiva latinoamericana.

Se ha visto que, para Rafael Tello, la Ilustración (y con ella la modernidad) es la ideología de las élites no populares y antipopulares. Es exactamente este punto el que opone la teología del pueblo a la teología de la secularización y a las teologías europeas. Este punto también diferencia la teología del pueblo de las teologías de la liberación, que utilizan el análisis marxista, debido al nexo intrínseco entre el análisis marxista y la secularización. En Methol Ferré encontramos la problematización y la reformulación de este asunto fundamental.

Methol y Del Noce

Uno de los pilares del pensamiento de Methol Ferré fue su encuentro y diálogo con Augusto Del Noce, quien se ocupó de repensar el concepto de modernidad a partir de la interpretación de Descartes.

La visión común de la historia de la filosofía moderna considera que la modernidad es un proceso coherente hacia la secularización y el ateísmo. Este proceso va desde Descartes y Spinoza, atravesando la filosofía alemana, para culminar en Marx, y puede representarse como el desarrollo y cumplimiento de una esencia filosófica: el inmanentismo. Este planteamiento postula que Dios y el mundo son lo mismo, y que la razón divina se explica y se manifiesta integralmente en la naturaleza y en la historia del hombre. Como consecuencia de ello, no puede existir un dios externo que esté por encima de la naturaleza y de la historia, y por tanto no puede darse una revelación ni una redención, lo que implica que la redención del hombre solo puede ser resultado de su propia acción histórica. Del Noce reconoce y documenta esta esencia filosófica, pero nos dice que no es la única interpretación legítima de Descartes y la modernidad.[53]

---

[53] Del Noce, A. (1992). *Da Cartesio a Rosmini. Scritti vari, anche inediti, di filosofia e storia della filosofia*. Milán: Giuffrè.

Para comprender la problemática de la filosofía de Descartes es necesario entender la naturaleza del descubrimiento cartesiano. El punto de partida no es el *cogito*, sino el descubrimiento del método de la ciencia moderna. Descartes es el inventor (junto a Fermat) de la geometría analítica que nos permite describir y calcular el movimiento de los cuerpos en el espacio. Unida al método experimental, la geometría cartesiana nos presenta la ciencia moderna, la ciencia del movimiento de objetos puros en el espacio.

Los objetos de la ciencia moderna son puros en el sentido de que son solo cantidades de materia definidas por forma geométrica.[54] Se da en este paso una ruptura radical con la física aristotélica, pues sus objetos no son puros, ya que no tienen solo forma geométrica; la forma aristotélica es principio de movimiento y acción, es la base de la manera de ser del objeto, de sus activaciones específicas y de la tendencia al movimiento y a la dirección de este. La forma es, por tanto, la base de la finalidad propia del objeto.

El objeto aristotélico está sujeto a cuatro formas de causalidad: dos exteriores (eficiente y material) y dos intrínsecas (formal y final).[55] El objeto puro cartesiano no conoce causas intrínsecas.

En el desarrollo sucesivo de la ciencia moderna, la utilización de causas intrínsecas en la explicación científica será la causa fundamental de errores epistemológicos, y la purificación de estas causas signará el camino de la ciencia.

El conocimiento estricto de un mundo de objetos puros nos permite construir una mecánica racional y desarrollar progresivamente el conocimiento de las leyes de funcionamiento del mundo de los objetos puros. A través de estas leyes, podemos orientar y utilizar los objetos puros según nuestras finalidades; adquirimos el dominio de la naturaleza. Nace la tecnología y el mundo moderno en que vivimos. No se puede, pero tampoco se debe de ninguna manera, menospreciar el progreso que dicho dominio ha significado para la historia de la humanidad. Sin embargo, esto plantea algunos problemas significativos de corte filosófico y teológico: ¿puede la metafísica de Aristóteles sobrevivir a

---

54 Aristóteles. *Metafísica*. 1035a.

55 Aristóteles. *Física*. 184a.

la muerte de su física? Y si la metafísica de Aristóteles muere, ¿qué ocurre con la teología? ¿Debe pensarse una teología sin metafísica?[56] ¿Debe pensarse una metafísica aristotélica reformada que corte lazos con la física?[57] ¿Debe pensarse en una metafísica de santo Tomás diferente de la de Aristóteles?[58] ¿Debe renunciarse, pues, a la teología, y terminar en el inmanentismo (Hegel) o en el ateísmo (Marx)?

La respuesta de Descartes a este problema es complementar la ciencia nueva con una metafísica agustiniana: el *cogito*. El *cogito* nos da un acceso al ser que es totalmente independiente de la metafísica aristotélica, y compatible, a su vez, con la nueva ciencia: pienso, y pensando, soy. Pero descubro que soy a partir de la duda sistemática sobre todo lo que es. Si dudo, no soy un ser necesario, sino contingente. El ser contingente no puede existir sin un ser necesario, y por eso Dios también es. Dios es el garante de las verdades necesarias que se imponen por sí mismas al pensamiento, pero ¿cuál es la relación entre el ser necesario y el ser contingente?

Spinoza dice que se trata de una relación de identidad: el ser contingente es una ondulación en el mar del ser. El ser espiritual de Dios es pensado sin forma, como los objetos puros del mundo material. Es el otro lado de la materia, la materia considerada desde el punto de vista del ser y organizada por la racionalidad. El mundo del hombre, por consecuencia, se puede explicar sobre una base de principios similares a los que organizan el mundo material. Faltaría solo una geometría analítica del espíritu, y Spinoza se compromete a realizarla: es la *Ethica more geometrico demonstrata*.[59]

---

[56] Para Lutero, la *"sola scriptura"* es la escritura sin tradición, pero también sin metafísica.

[57] La intención original de Aristóteles es que su Metafísica se llamase Filosofía Primera. Fue solo con la edición de Andrónico de Rodas que los libros de filosofía primera fueron colocados después de los libros de la física (metafísica, *metá ta fisikà*, hace alusión a los libros después de los libros de la física). Leyendo las obras en este orden, los medievales se acostumbraron a pensar que la física obedecía los presupuestos necesarios en la metafísica. Puede ser que no suceda de esta manera, pero las relaciones entre física y metafísica aristotélica sí que son muy fuertes.

[58] Este será el camino, entre otros, de Cornelio Fabro.

[59] Spinoza, B. (2011). *Ética*. Madrid: Alianza.

Pascal, gran continuador de Descartes, pero también gran crítico suyo, afirma la evidencia irreductible del sujeto finito, del yo humano concreto que está frente al infinito de Dios.[60] Desde el punto de vista del sujeto finito, realidad y razón no coinciden; esta coincidencia da por hecho el problema de la salvación del sujeto finito en el desarrollo infinito de la historia. Sin embargo, el sujeto finito es consciente de que este problema permanece sin resolver, como una herida abierta. De hecho, hay buenas razones para creer en la coincidencia entre realidad y razón en última instancia, pero también las hay para no creer en ella.[61] La pregunta sobre el sentido último de la realidad se juega en la historia.

Para Pascal, la historia es historia del individuo, y por eso es el primero de los existencialistas. Continúa en esta línea Giambattista Vico, quien agregará la historia de la humanidad.[62] El gran epígono de Spinoza, Hegel, parece estar de acuerdo con Vico en que la razón se manifiesta, en última instancia, como racionalidad necesaria de la historia. Hay que tener en cuenta, sin embargo, que la historia para Pascal y Vico es una historia dramática, abierta. La contradicción no se soluciona por sí misma. El hombre, que es el problema, no puede ser, por tanto, la solución. De ahí que, en la perspectiva de estos pensadores, la historia esté abierta a la posibilidad del milagro, de la revelación; de una salvación que venga de arriba. Esta historia no es dialéctica, al menos no en el sentido hegelomarxista. Se trataría más bien de una historia analéctica (tal y como se mencionó con anterioridad, en griego, "*dia*" indica un movimiento horizontal y "*ana*" un movimiento hacia arriba).

Después de haber inventado la ciencia moderna, Descartes se cuestionó el problema de la posibilidad de entender, sobre la base de este método o de uno análogo, el mundo del hombre, con la ética y la religión. Él planteó la pregunta, pero no le dio respuesta alguna; tan solo dijo que estudiaría el problema en el futuro, mientras seguía centrándose en las reglas de la moralidad católica, que le habían servido bien hasta su presente. Descartes murió antes

---

60   Pascal, B. (2004). *Pensamientos*. Madrid: Alianza. Traducción y ampliación de Xavier Zubiri.

61   Goldman, L. (1955). *Le dieu caché. Ètudes sur la vision tragique dans les Pensées de Pascal et dans le théâtre de Racine*. París: Gallimard.

62   Vico, G. (1995). *Ciencia Nueva*. Madrid: Tecnos.

de dar respuesta a la cuestión. Es por eso que la interpretación de su pensamiento (y, por consiguiente, la de la modernidad) quedó abierta:

1. Es posible, por un lado, intentar reducir el mundo humano a materia en movimiento, y ese es el camino del positivismo.
2. Es posible, por otro lado, intentar construir una ciencia del espíritu paralela a la de la materia, y ese es el camino del idealismo.
3. También puede decirse, con Pascal, que el corazón tiene razones que la razón no entiende. En este caso se llegará a Vico y su obra *Principios de una ciencia nueva: en torno a la naturaleza común de las naciones*.

La ciencia de la comprensión del mundo humano tiene un método diferente al de la comprensión del mundo de los objetos puros porque no es posible reducir la subjetividad a la objetividad. Este camino profundiza en el regreso a san Agustín iniciado por Descartes con el *cogito*. Existen dos modalidades de conocimiento, dos formas de la razón que son complementarias, pero a la vez irreductibles la una a la otra: la *scientia* (ciencia) y la *sapientia* (sabiduría). La ciencia reduce la totalidad de los movimientos de los objetos a la interacción de pocos elementos originarios; la sabiduría es la capacidad de intuir la pluralidad de los principios que gobiernan el camino del hombre y de entender la manera en que se relacionan entre sí; entiende la complejidad sin reducirla arbitrariamente, y por eso está abierta a la acción de la libertad, de la libertad del hombre y de la libertad de Dios.

La modernidad católica y el catolicismo en la modernidad

La línea de investigación de Del Noce se abre al tema de la pluralidad y del carácter contradictorio de la modernidad.[63] El proceso iniciado por Descartes no tiene una trayectoria predeterminada y necesaria que desemboque en el ateísmo. Existe también una modernidad católica que asume la ciencia moderna y delimita precisamente la relación que hay entre esta, la filosofía y la teología. Esto hace imposible una repetición del "caso Galileo".

---

[63] Del Noce, A. (1995). *Riforma Cattolica e Filosofia Moderna. 1: Descartes.* Bolonia: Il Mulino.

Hay un catolicismo en la modernidad. Si se caracteriza esencialmente la modernidad a partir del descubrimiento de la ciencia moderna, es posible asumir de forma íntegra este descubrimiento y ser plenamente católicos y modernos. Este asunto converge con la idea de una filosofía del Concilio Ecuménico Vaticano II. El Concilio es el redescubrimiento de la modernidad católica, la otra modernidad que, a partir de Descartes y a través de Malebranche y Vico, desemboca en Nuevaman y Rosmini, grandes anticipadores del Concilio y no canonizados sino después de él.

Este "catolicismo en la modernidad" se diferencia esencialmente de la "reconciliación entre catolicismo y modernidad" condenada por Pio IX.[64] Lo que Pio IX condenó fue la reconciliación con la otra modernidad, con la de carácter positivista e idealista.

Todas las interpretaciones equivocadas de la derecha y de la izquierda dependen de la obliteración de la categoría de "catolicismo en la modernidad". Si la modernidad es solo la modernidad idealista y positivista, solo es posible o bien aceptarla, disolviendo el catolicismo en la modernidad, o rechazarla, confinando así el catolicismo en la premodernidad. Para entender el sentido auténtico del Concilio es necesario problematizar la noción de modernidad. Eso es precisamente lo que Del Noce hace.

No cabe duda de que la interpretación de la modernidad que ha dominado en el siglo XX fue la de la línea que va desde Spinoza hacia Marx. Pero esa línea falló con el fracaso del comunismo, lo cual no es solo un hecho político, sino un acontecimiento filosófico: la prueba del hecho de que no es cierto que el bien se realice necesariamente en la historia, ni que la historia misma sea el Dios inmanente.

En la tentativa de la filosofía por hacerse mundo el Reino de Dios en la historia, profetizado por Marx, se convierte en la forma más rigurosa de dominio del hombre sobre el hombre. No es fortuito que después del fracaso del comunismo marxista inicie el fracaso de la modernidad, y con ello, el postmodernismo, que registra la reducción del hombre a objeto puro, y con ello surge

---

[64] Iglesia católica. Papa Pío IX (1864). Quanta cura. *Carta encíclica de SS Pio IX sobre los principales errores de la época.* Puede consultarse este documento en el portal *web* vatican.va.

el riesgo de la alienación total en el mundo de la técnica predicho por Heidegger y Severino.

Lo que no se deja reducir a objeto es puro instinto que se opone a cualquier comprensión racional. En el fracaso de la versión protestante secularizada de la modernidad, se abre la posibilidad de proponer de nuevo la otra modernidad; la modernidad católica, y ese camino es quizás el único que puede salvar las adquisiciones positivas de la modernidad.

Pensar Latinoamérica en el marco del catolicismo en la modernidad

Alberto Methol Ferré no se limitó a reproducir el pensamiento de Del Noce en Latinoamérica, sino que utilizó los conceptos de este para entender América Latina y, al hacerlo, los transformó y los integró en su propia filosofía.

La visión tradicional de la modernidad no permite pensar América Latina, como bien observó Amelia Podetti.[65] La visión "delnociana" ofrece esta posibilidad. Methol toma la idea de la historia abierta a la categoría de la posibilidad y, a partir de ella, piensa el descubrimiento de América como el inicio de la modernidad. A mi juicio, creo que debe pensarse este inicio no como alternativo, sino como complementario al inicio cartesiano, pues el descubrimiento de América rompe el horizonte de un mundo cerrado en sí mismo y nos introduce en un mundo ignoto y potencialmente infinito.

El descubrimiento de América es, además, el descubrimiento del indio. ¿Qué (o quién) es el indio? ¿Es el indio un hombre? Si lo es, tenemos que dilatar el concepto de hombre que tenemos para que pueda ser contenida la nueva experiencia de la humanidad del indio en él. Esto pone en cuestión nuestra humanidad misma: tenemos que ampliar nuestra autoconciencia, es decir, la idea que tenemos de nosotros mismos. La crisis de la que nace la modernidad no es solo la del descubrimiento de la ciencia moderna; es, a la vez, la de la dilatación del horizonte antropológico ocasionada por los descubrimientos geográficos.

El *libertinage érudit*, que fue el gran adversario de Descartes, fundó su relativismo absoluto sobre la nueva ciencia y sobre el descubrimiento de las nuevas

---

65   Podetti, A. (1981). *La irrupción de América en la historia*. Buenos Aires: Centro de Investigaciones Culturales.

culturas irreductibles a la moral europea. Latinoamérica, es decir, la evangelización de las culturas indias, es la respuesta católica al desafío moral que plantea el *libertinage érudit*, así como el ontologismo católico de Pascal a Rosmini fue la respuesta al desafío de la ciencia moderna.

La historiografía tradicional ha visto la respuesta católica a la modernidad y al protestantismo como una reacción orientada a la conservación del pasado, y la ha llamado "Contrarreforma". Del Noce invita a ver esta respuesta más bien como una "Reforma católica" que quiere superar la Reforma protestante. Para Methol, la Reforma católica coincide con el Barroco, que fue la primera forma (católica) de la modernidad, la primera forma de la cultura moderna de la complejidad donde mundos diferentes se encontraban sin perder su identidad original y entraban en diálogo sin ser absorbidos en una síntesis que, pretendiendo conservar todo, terminaba nivelándolo todo.

Barroco es capacidad de pensar contemporáneamente y de forma distinta el mundo de los objetos puros y el mundo de los sujetos humanos; el mundo de los indios y el mundo de los españoles; el mundo de los conquistadores y el mundo de los conquistados. Las perspectivas se pluralizan sin que se pierda la unidad de la verdad. Para eso sirve el arte de la retórica que la Ilustración ha denigrado posteriormente, a pesar de haber hecho a menudo mal uso de ella. La retórica no es una forma de engaño para mover las pasiones de los hombres ocultando la verdad de las cosas. La retórica es, más bien, el arte de ayudar al descubrimiento de la verdad objetiva a partir de la condición subjetiva de la persona, para facilitar el reconocimiento eficaz de la verdad objetiva como forma de vida de la persona.

La verdad es una, pero son muchos los caminos que conducen a ella. El pluralismo de las culturas no justifica el escepticismo, pero nos hace conscientes de que la verdad tiene muchas caras y que no es un objeto del cual podamos apoderarnos, sino un sujeto que quiere vivir en nosotros.

El Barroco nace idealmente del encuentro entre el conquistador y el indio; es mestizo y latinoamericano. Sin embargo, y al igual que la Reforma católica de la que es expresión, perdió en el choque contra la otra modernidad.

La Reforma católica vive un conflicto doble: con la Reforma protestante, por un lado, y con la Contrarreforma por el otro, es decir, con la tentativa de resistir a la Reforma protestante no con una renovación cultural, sino con medios disciplinarios que simplemente defienden el pasado. La derrota en la confrontación con la modernidad protestante y con la Ilustración se acompaña con un prevalecer de la Contrarreforma sobre la Reforma Católica en el interior de la cultura católica.

La línea del Concilio

Por eso, en la perspectiva de Methol, existe un nexo esencial entre el Concilio Ecuménico Vaticano II y América Latina. Si la línea del Concilio es la de la modernidad católica, América Latina es el banco de pruebas de esta línea.

El Concilio no puede triunfar sin una removilización creativa de la identidad católica de América Latina. América Latina, por otro lado, no pudo encontrar el camino de su propia modernización ni en la modernidad protestante, ni en la revolución marxista.

La modernidad protestante termina en un mundo de alienación total en que todo es reducido al rango de objeto, a lo cual se opone con repugnancia el espíritu latinoamericano tal y como bien evidencia Rafael Tello. El precio de la modernización es, en esta perspectiva, la pérdida del alma.

El marxismo también ha fracasado, y es por una razón análoga. El marxismo pensaba que, de la ruptura total con el pasado, debía surgir una nueva sociedad y una nueva humanidad. La ruptora total con el pasado implicaba la ruptura con la religión y con la herencia clásica y cristiana. La idea con la que el marxismo pretendía triunfar aún no ha nacido: el hombre nuevo que supera el individualismo capitalista y, espontáneamente, se siente y actúa como hermano en una comunidad. Por el contrario, el aislamiento del individuo creció de tal manera que la unidad funcional de la sociedad solo pudo ser mantenida a través de la feroz disciplina del Partido Comunista.

El resurgimiento del católico latinoamericano

A la perspectiva de la revolución que ha fracasado, Methol opuso la perspectiva del resurgimiento católico latinoamericano.[66] "Resurgimiento" significa aquí reiniciar y continuar el camino del Barroco que contiene en sí un proyecto cultural y político original: el encuentro de las culturas.

El resurgimiento católico permite a Latinoamérica modernizarse sin perder su alma, pues recupera y cumple exactamente, en el proceso de modernización, su contenido y destino originario. La idea de resurgimiento se opone igualmente a la idea de revolución y a la de contrarrevolución. A la primera se opone porque, en su sentido filosófico moderno, implica una ruptura total con el pasado, la renuncia de la tradición y la convicción de crear un mundo nuevo a partir de una razón pura que coincide con el método de la ciencia de los objetos puros. La revolución resulta intrínsecamente atea porque niega, en general, la dependencia ontológica del hombre de un misterio más grande que él, es decir, el carácter simbólico de la realidad, y niega igualmente la subjetividad, pues su método es precisamente el reduccionismo a la objetividad pura.

En segundo lugar, la idea de resurgimiento se opone igualmente a la de contrarrevolución, o de reacción, porque la restauración de los valores no coincide con la restauración de las formas en que se expresaron en un tiempo pasado. Los valores son eternos, la modalidad de su manifestación es, sin embargo, pasajera. Para representar los valores no basta con representar sus formas pasadas; las formas se consuman en el tiempo. Encontrar la forma expresiva de los valores en el tiempo presente es un acto creativo y un don de la gracia.

Desafíos de la teología del pueblo

Alberto Methol Ferré integra y dinamiza la teología del pueblo además de ponerla frente a nuevos desafíos. El primero de ellos emerge de la comparación con el pensamiento de Rafael Tello, quien rechaza la modernidad porque aliena al hombre en un mundo de objetos puros, reduciéndolo al final a ser él mismo un objeto puro.

---

66   Methol, A. (2007). *La América Latina del siglo xxi*. México: Instituto Mexicano de Doctrina Social Cristiana.

El hombre latinoamericano posee una sabiduría diferente; habita un mundo en que los objetos contienen gran riqueza de sentidos simbólicos que, al percibirlos, le convierten en un hombre espontáneamente religioso. ¿Puede la modernidad católica reconciliar estos dos mundos, el de los objetos puros y el de los objetos vitales y cargados de sentido?

El objeto puro de la ciencia no es el objeto real, sino una abstracción útil para fines prácticos. El intelecto humano funciona a través de modelos abstractos que nos presentan una realidad simplificada mediante un determinado sistema de conceptos. El mismo objeto real puede ser objeto formal de una pluralidad de ciencias. Cada una de ellas lo entiende (o entiende uno de sus aspectos o lados) desde su propia perspectiva. El mismo paisaje comunica mensajes diferentes al poeta y al geólogo, y ambos son, cada uno en su orden propio, igualmente legítimos.

Es propia del Barroco la capacidad de entender esta pluralidad intrínseca de lo real, contra el reduccionismo que pretende someter todas las cosas a una única dimensión. Es el reduccionismo, no la ciencia, lo que produce la "*Entzauberung der Welt*", es decir, la desconsagración del mundo.

Esta cuestión es decisiva, pues la historia de la lucha del pueblo contra la explotación y el imperialismo es una historia de derrotas, las cuales son necesarias porque el adversario posee la ciencia de los objetos puros que transforma los objetos en instrumentos de poder. Si el pueblo no consigue apoderarse de la modalidad científica del pensamiento, no puede salir de la condición de injusticia en que se halla, así como tampoco puede ganar el combate histórico por la liberación. Lo que aquí se presenta como una solución teórica, necesita, para ser efectiva, transformarse en una modalidad pedagógica de educación de jóvenes latinoamericanos y de jóvenes líderes latinoamericanos.

A diferencia de la de Hegel, la filosofía de la historia de Methol piensa el presente; no llega después de que una civilización haya cumplido su ciclo vital, sino que plantea los problemas del presente como desafíos.

Un desafío implica una tarea y un riesgo. Es una apuesta que se puede ganar, pero también se puede perder. La historia pensada a partir de la categoría de posibilidad está abierta hacia el futuro y no tiene un camino predefinido.

Más que una filosofía de la historia, Methol plantea una interpretación transpolítica de la historia; una lectura de la historia con categorías filosóficas y teológicas para entender los desafíos que confrontan la libertad y la responsabilidad humana en el tiempo presente.

El índice del libro

En este libro se reúnen diferentes tipos de contribuciones. Hay ponencias presentadas a convenios y encuentros de estudio sobre el pontificado del papa Francisco que sirven para dar un trasfondo histórico en que se pueda apreciar como surgió la teología del pueblo y sus características fundamentales.

Se presentan también cursos dados en escuelas de verano que tratan de profundizar en el método de una teología y filosofía del pueblo y de la cultura. A saber, el método de la interpretación transpolítica de la historia desarrollado por Del Noce y adoptado y perfeccionado por Methol Ferré.

Hay otras contribuciones sobre temas particulares que ayudan a entender los lazos profundos entre la teología del pueblo y la teología clásica y, por otro lado, su irreductible contribución innovadora: la teología del pueblo y de la cultura es un proceso inacabado.

Lo que se pretende no es tanto presentarla como pensar los problemas presentes en el marco de una teología del pueblo y de la cultura que se globaliza sin perder sus raíces latinoamericanas, sino inevitablemente desde el punto de vista de un europeo que está enamorado de América Latina (aunque no es latinoamericano). En este sentido, el libro tiene como objetivo ideal ser una ayuda para la globalización de la teología del pueblo y de la cultura.

El primer capítulo trata del papa Francisco y la teología del pueblo y de la cultura. El papa Francisco no es el tema del libro, pero hay que tener en cuenta que la globalización de la teología del pueblo y de la cultura está esencialmente conectada con su pontificado.

En este capítulo hay tres partes: la primera es un artículo que escribí para la revista *Humanitas* de Santiago de Chile con ocasión de la visita del papa a Chile;[67] la segunda consiste en una ponencia dada en un convenio en Milwaukee organizado por el *Sacred Heart Seminary and School of Theology*, donde hablé sobre el papa a Estados Unidos.[68] La tercera parte es el capítulo de un libro que saldrá próximamente sobre la filosofía de la revelación.[69]

En resumen, este primer capítulo ofrece los elementos básicos sobre la teología del pueblo y de la cultura en su desarrollo histórico y sobre su vinculación al papa Francisco.

El segundo capítulo contiene un breve curso dado en la Escuela de Verano de 2019 del Instituto de Filosofía Edith Stein. En él se procurará poner en relación la teología del pueblo y de la cultura con la gran tradición de la teología europea.

Si bien en la primera etapa el gran interlocutor es Lucio Gera, en esta segunda lo es Juan Carlos Scannone,[70] aunque no sea prácticamente nombrado. La teología europea se forma asumiendo como base conceptual la filosofía de Platón. También en América Latina, la cultura católica usual tiene como base la herencia platónica. La cultura del pueblo no es platónica, sino más bien india. ¿Qué relación puede subsistir entre estos dos horizontes de pensamiento? Platón intenta purificar la visión griega de la divinidad y separar lo divino de lo demoniaco. Aquí, su esfuerzo es paralelo a la tarea de Abraham y de Moisés. No es casual que los Padres de la Iglesia lo consideren el Moisés de los paganos. ¿Es posible una purificación parecida de las cosmovisiones indias? Parece que la Virgen de Guadalupe (y más en general la devoción mariana de la religiosidad popular latinoamericana) nos ofrece un equivalente funcional. Hay

---

[67] Buttiglione, R. (2017). Elementos para interpretar el papado latinoamericano. A partir de algunas reflexiones de Alberto Methol Ferré. En *Humanitas, 22* (86). pp. 540 y ss.: Alberto Methol fue el primero que profetizó un papado latinoamericano en un futuro próximo, pero falleció antes de ver a su amigo Bergoglio en la cátedra de Pedro. Véase la entrevista de Carolina Porley a Alberto Methol Ferré: El primer papa no europeo debería ser latinoamericano. En *El Observador* (Uruguay), con fecha 7 de abril de 2005. p.20.

[68] Buttiglione, R. (2019). Globalization, Baroque and the latinamerican Pope. En *Discovering Pope Francis. The Roots of Jorge Mario Bergoglio's Theology*. Collegeville: Liturgical Press. p. 70 y ss.

[69] Buttiglione, R. (2021). *Revelation and the Theology of the People*. Oxford: Oxford University Press 2021.

[70] Scannone, J. C. (2005). *Religión y nuevo pensamiento. Hacia una filosofía de la religión para nuestro tiempo desde América Latina*. Barcelona: Anthropos.

que reflexionar sobre esto, especialmente en la víspera del quinto centenario de la aparición de la Virgen a san Diego.

Hay una alianza y una revelación originaria de Dios con Noé. Esta alianza se extiende a todos los hombres y la reencontramos en todas las grandes cosmovisiones y religiones naturales. Para los mesoamericanos (al igual que para los griegos anteriores a Platón) todo está impregnado de lo sagrado. El monoteísmo cristiano no implica para nada la negación de lo sagrado en la naturaleza; no implica el radical *Entzauberung der Welt* (desencanto del mundo) que muchos han pensado. El mundo de los católicos conoce ángeles y demonios, apariciones, símbolos y santuarios. La revelación originaria se transmite a través de la experiencia de lo sagrado y está orientada hacia Cristo; es preparación para Cristo. Existe en todas las religiones, pero deformada y contaminada por la presencia del diablo y por el pecado del hombre. Por eso puede afirmarse que todas las religiones son queridas por Dios sin negar la unicidad y necesidad de la revelación cristiana.

Sobre este punto hubo ataques contra el papa Francisco, especialmente en la ocasión del Sínodo de la Amazonia, por parte de muchos que no lo entendieron.

Al abordar este asunto es imposible no confrontarse con el tema de la modernidad y de la ciencia moderna. Un análisis atento de la ciencia moderna a partir de su origen cartesiano nos muestra como esta no nos da (y no pretende darnos) una introducción a la realidad total. Más bien describe un mundo de objetos puros. Sin embargo, no podemos olvidar que el mundo real se compone de objetos y de sujetos.

Aprender a pensar un mundo de objetos y de sujetos es aprender el pensamiento de la complejidad. La primera forma de este pensamiento, es decir, la primera forma de la modernidad, es el Barroco. Conviene pensar el mundo del hombre reconociendo en él el fenómeno de la libertad, lo que significa que hay que pensarlo no según la categoría de la necesidad, sino a través de la categoría de la posibilidad. El método de la interpretación del mundo humano, según esta última categoría, se cristaliza en la interpretación transpolítica de la historia.

El tercer capítulo contiene, fundamentalmente, un curso que impartí en la Universidad Católica de Ucrania en el año 2019 además de otras contribuciones. Este intenta delinear las características metodológicas de la interpretación transpolítica de la historia.

El nivel más superficial de la historia es la historia política. Los políticos, sin embargo, hacen política utilizando las fuerzas sociales presentes en su contexto histórico. Estas fuerzas, a su vez, son el resultado de la estructura económica subyacente.

No se hace política sin entender como la gente se gana la vida y cuáles son sus intereses vitales. Esa es la verdad del materialismo histórico. Pero los hombres no tienen solo necesidades; tienen también deseos. Hay algo más: perciben sus necesidades mediante sus deseos, y los deseos que formulan y las energías que son capaces de movilizar para satisfacerlos dependen de la idea que tengan de sí mismos, de su autoconciencia. El núcleo de la autoconciencia es la relación con el Absoluto, la religión.

La interpretación transpolítica de la historia, que conecta orgánicamente estos diferentes niveles de la interpretación de la historia entre sí, es el método de análisis de la sociedad que le corresponde a la teología del pueblo y de la cultura.

El cuarto capítulo reúne una serie de intervenciones que intentan ofrecer una lectura transpolítica de la situación mundial actual. Se divide en dos partes: una mira a Latinoamérica, la otra se centra más en Europa. El tema común es el del populismo, que se presenta como una tentativa de las culturas subordinadas, populares, de hacerse autónomas.

Esas tentativas fracasan necesariamente porque no manejan los instrumentos de la ciencia de los objetos puros, y por lo tanto no entienden las leyes reales del cambio social. ¿Es posible que el pueblo se apropie de los instrumentos del conocimiento objetivo? ¿Es posible educar a una clase dirigente popular que tenga entrañas de pueblo y cabeza capaz de dominar una cultura de la complejidad? Otra manera de formular la misma pregunta es la siguiente: ¿es posible repensar operativamente la doctrina social cristiana desde el interior de la cultura del pueblo, como instrumento concreto de análisis al servicio del proceso de liberación de los pueblos oprimidos?

Este tema está estrechamente relacionado con otro: ¿pueden los pueblos (las naciones) entrar en el proceso de globalización sin perder su identidad propia y complementando la globalización de los mercados con la globalización de la cultura y de la solidaridad?

1

El tiempo de Latinoamérica

1. Elementos para interpretar el papado latinoamericano

El presente texto no pretende agotar la comprensión del significado del pontificado del papa Francisco ni para la Iglesia universal, ni para América Latina. Más bien se presenta (y no de manera exhaustiva) en torno a una de las fuentes del pensamiento de Jorge Mario Bergoglio: Alberto Methol Ferré.

Desde finales de los años 70, y hasta la primera mitad de los años 90, participé en los debates de un grupo de intelectuales italianos y latinoamericanos,[1] posteriormente centrados en torno a la revista Nexo.[2] Tiempo después, por causas de la vida, me vi comprometido a fondo en cuestiones relacionadas con Italia, lo que me impidió seguir de cerca el desarrollo que condujo a Aparecida y derivó en el presente. Sin embargo, y casi de forma inevitable, mis reflexiones mantienen el color y el sello de esos años. Añado el hecho de que estas descansan en gran medida en mis memorias. Alberto Methol era un gran conversador, pero publicó bastante poco, al menos en vida. Por su parte, Guzmán Carriquiry me indica que sí que escribió mucho, pero de forma dispersa,

---

[1] Entre los intelectuales italianos que participaron están don Francesco Ricci, Alver Metalli y Rocco Buttiglione. Por el lado latinoamericano contribuyeron, entre otros, Alberto Methol Ferré, Lucio Gera, Jorge Mario Bergoglio, Juan Carlos Scannone, Hernán Alessandri, Pedro Morandé, Joaquín Alliende y Guzmán Carriquiry.

[2] Además de debatir sobre Puebla, la teología de la liberación y el papa polaco, algunos de los intelectuales mencionados en la nota 1 (re)fundaron la revista Nexo.

y que ahora ese legado literario de grandes proporciones está en curso de publicación. Lo que me dispongo a exponer lo tomo, más que de los escritos, del recuerdo de aquellas largas y apasionadas conversaciones que mantuvimos en torno a los 80 y que siguen viviendo en mi memoria. Estas conversaciones formaban parte de un debate más amplio en el que participaban todos los amigos de Nexo y, en particular, Jorge Mario Bergoglio.

Puebla

Entre finales de la década de los 70 y comienzos de la de los 80, comencé a ir a América Latina para hablar del papa polaco y (después) de Solidaridad. Por aquel entonces se preparaba Puebla, para la que Alberto Methol tenía un papel muy importante. Methol vio, de forma inmediata, en el papa polaco un momento del proceso de la globalización de la Iglesia católica.

Recordemos que católico significa *"katá olon"*, es decir, "según la totalidad". La Iglesia tiene la capacidad de globalizarse desde el principio, y realiza la globalización del espíritu que debe preceder y guiar el proceso de globalización de la política y la economía. Sin embargo, el proceso de globalización no es único, sino doble, y es precisamente por este motivo por el que no tiene mucho sentido estar a favor o en contra de ella. Es más bien necesario preguntarse de qué globalización se está hablando. ¿Se trata de una ordenada, en la que la globalización del espíritu precede y ordena la de la política y la de la economía, o es una globalización económica que consume la substancia espiritual de los pueblos?

De cara a una globalización ordenada, no se puede ignorar el papel de la política. Esta utiliza (o al menos debería usar) la energía de la globalización para regir la globalización de la economía. Si quiere satisfacer este objetivo, la política de nuestro tiempo ha de contar con una dimensión continental. La construcción ordenada de la unidad de la familia humana pasa por diversas etapas: [...] la de nuestro tiempo es la construcción de realidades políticas continentales, que son las únicas capaces de salvar las identidades culturales de los pueblos y las naciones en la época de la globalización. De aquí el interés de Methol en la geopolítica y su apasionado amor por la idea de una "patria grande" latinoamericana. Solo esta "patria grande" puede impedir que las patrias pequeñas sean sacudidas por la globalización puramente económica, que causaría la pérdida de sus identidades y su razón de ser. Pero la construcción de la "patria grande" latinoamericana tiene, además, otro significado, como se planteará más adelante.

La modernidad católica se ve disminuida por una completa fase histórica ante la modernidad protestante precisamente porque no logra la construcción de los Estados Unidos de América Latina. En las rivalidades entre las diversas patrias pequeñas, en las luchas entre los puertos y las regiones del interior, clave para la comprensión de gran parte de la historia latinoamericana, se insinúa el imperialismo inglés, que condena a América Latina a una condición de subordinación cultural y política.

A través del Concilio Ecuménico Vaticano II, la Iglesia católica acepta el desafío de la globalización. El papa polaco es hijo del Concilio

Ya desde Medellín, la Iglesia latinoamericana había iniciado su camino dentro de la globalización mediante la aspiración de ser Iglesia matriz y no solo Iglesia reflejo o Iglesia periférica.[3] La Iglesia matriz es madura y misionera, y piensa en el advenimiento de la fe cristiana en su propia historia a partir de la experiencia cristiana de su pueblo.

El advenimiento cristiano es único; tuvo lugar en Palestina hace aproximadamente dos milenios, y se representa en la vida de la Iglesia a través de la presencia de sus santos, que no son tan solo quienes aparecen junto a los altares, sino todos aquellos que han encarnado la fe en su vida. Al entrar en la historia, este advenimiento encuentra la instancia de liberación de los pueblos; se convierte en factor constitutivo de la identidad de los mismos y de su camino de liberación.

La teología de la liberación procuró concretar una teología latinoamericana a partir de la experiencia del pueblo latinoamericano. Sin embargo, este esfuerzo permaneció estancado en el último reducto de dependencia intelectual del viejo mundo: el análisis marxista. San Juan Pablo II acabó con este equívoco en Puebla. Él afirmó no tan solo la posibilidad, sino la necesidad de una

---

[3]   Esta distinción entre Iglesia espejo e Iglesia periférica la formuló por primera vez De Lima Vaz, brasileño y muy cercano a las reflexiones que se están desarrollando aquí.

teología latinoamericana, confirmando, por tanto, el carácter de Iglesia matriz de la Iglesia latinoamericana e invitándola, en el proceso, a tener más confianza en sí misma en tanto que Iglesia, y como latinoamericana. De igual forma, la instó a purificar su instrumentación analítica a partir de la comparación con la idea de justicia que se formó en el corazón del hombre latinoamericano mediante la evangelización. Esta idea se insertó en la historia latinoamericana con el acontecimiento de Guadalupe y se consolidó con la afirmación de la dignidad de los derechos de todos los hombres por parte de Bartolomé de las Casas y los demás defensores de los indígenas. He aquí donde yace la raíz del pensamiento auténtico de la liberación latinoamericana.

Solidaridad: historia y destino del movimiento de los trabajadores

Un tema que fascinaba a Methol en los años 80 era el de Solidaridad.[4] Francesco Ricci y yo teníamos una larga experiencia en temas polacos, y en el círculo de Nexo siempre nos pedían noticias y explicaciones sobre los acontecimientos que ocurrían en Polonia.

Methol veía dos cosas en la lucha de Solidaridad. La primera era la disputa entre el catolicismo y el marxismo. Para él consistía, sobre todo, en una batalla por la guía del movimiento de liberación de la persona humana, que, históricamente, se concretaba en el movimiento de los trabajadores (pienso que el libro de Duroselle sobre la historia de los orígenes del movimiento social católico en Francia fue una importante referencia para su visión). Este movimiento nació siendo cristiano, oponiendo al materialismo y al egoísmo de la sociedad capitalista la medida moral del Evangelio y los derechos de la persona humana. El tema predominante en esta primera etapa cristiana del movimiento de los trabajadores era la violación de la dignidad trascendente de la persona humana.

En una segunda etapa, los cristianos perdieron la guía del movimiento, que fue conquistado por los anarquistas. El tema que estos trataron fue el de la sociedad de los iguales, sin Dios ni jefe. Los anarquistas pretendieron ser

---

[4]   Solidaridad fue un movimiento de trabajadores e intelectuales polacos que lideraron en Polonia un largo conflicto pacífico contra el totalitarismo, a favor de los derechos de los trabajadores y de los seres humanos, en nombre de una visión cristiana del hombre. Al final, el régimen colapsó, primero en Polonia y luego en los países comunistas vecinos.

ateos sin conseguirlo. El motivo lo explica Marx en un pequeño y precioso libro contra Proudhon titulado *La miseria de la filosofía*. Los anarquistas situaron en el puesto de Dios a la justicia absoluta, que es uno de los atributos divinos. En el caso del anarquismo, más que de ateísmo habría que hablar de un anticlericalismo llevado al extremo. Por otro lado, el sentimiento esencial de los anarquistas está inspirado fundamentalmente en el derecho natural. En este contexto, Methol insistía en el significado semieucarístico originario de la palabra "compañero": aquel que comparte el pan con nosotros. Aun cuando los marxistas tomaron la dirección intelectual y política del movimiento en una etapa posterior, tanto los sentimientos de las masas como la ideología espontánea de los trabajadores continuaron basando su inspiración, fundamentalmente, en una idea anarcocristiana de justicia.

En América Latina, la hegemonía marxista del movimiento de los trabajadores siempre fue precaria, y los elementos anárquicos siempre conservaron gran vivacidad. Con la CLAT hubo también un vigoroso componente cristiano, y en Argentina, en la etapa peronista, el movimiento de los trabajadores (en principio anárquico) se reconocía en la doctrina social cristiana.

Solidaridad inauguró una nueva etapa cristiana en la historia del movimiento de los trabajadores. El marxismo fracasó, y con él fracasó la convicción de que la historia y el desarrollo de las fuerzas productivas producían inevitablemente el comunismo y la liberación de la enajenación. Al parecer, las fuerzas productivas se desarrollan de bastante mejor manera en una economía de mercado que en un sistema comunista; más aún, el comunismo no libera de la enajenación, sino que produce, en cambio, su propia forma de enajenación comunista.

La protesta contra la enajenación comunista solo puede tener carácter ético, el mismo que debe poseer también la protesta contra el capitalismo que triunfa en el terreno de la eficiencia económica. Con Solidaridad, la Iglesia católica retomó la guía de la lucha por la liberación. Mientras que el riesgo de la teología de la liberación era subordinar el cristianismo al marxismo, el sentido filosófico del advenimiento de Solidaridad consistía precisamente en lo contrario: la lucha por la liberación podía conducirse únicamente sobre la base de un pensamiento cristiano.

El marxismo se descompuso: en el terreno del materialismo, perdió ante el materialismo vulgar del capitalismo; en el terreno de la lucha por la liberación del hombre, fracasó contra la doctrina social cristiana. Esta visión es totalmente distinta a la visión de los apologetas del capitalismo, quienes pensaron que con el fin del marxismo se perdería la razón misma de la existencia del movimiento de los trabajadores. Para la doctrina social cristiana, el defecto y la culpa del marxismo está en haber representado y explotado indebidamente el sufrimiento de los trabajadores y su protesta por la injusticia padecida. Pero este sufrimiento y esta injusticia existían antes del marxismo, y además siguen existiendo después de su fracaso.

Ahora es tarea del movimiento social cristiano asumir la representación de la instancia de liberación de los trabajadores en esta nueva etapa de la historia de la humanidad. Esto implica también una visión distinta de la que habitualmente se tiene del pontificado de san Juan Pablo II. La lucha de san Juan Pablo II contra el comunismo transcurrió de forma paralela a la lucha entre el capitalismo y el comunismo, pero no debe identificarse con esta. Solo así se comprende por qué inmediatamente después de la caída del comunismo se acentuó en la predicación de san Juan Pablo II la denuncia de las desviaciones de la sociedad occidental.

La conclusión de Methol fue que lo iniciado en Polonia debía continuar en América Latina. La novedad de Solidaridad, que formaba parte esencial de la novedad del pontificado de Juan Pablo II, no podía ser portadora de todos sus frutos en Polonia. La urgencia de la reconstrucción económica atraía inevitablemente a los polacos a la órbita del consumismo de Europa occidental. La ruptura iniciada en Polonia debía entonces continuar en América Latina, así como en su época la ruptura iniciada por la Comuna de París terminó con la Revolución de octubre.

La revolución requerida por América Latina no era la marxista, sino la cristiana. Tal vez la idea de la preparación de una revolución cristiana de la justicia y la solidaridad en América Latina, de maneras y formas totalmente nuevas y todavía por imaginar y definir, constituya una clave importante para comprender el pontificado del papa Francisco.

Sin embargo, la revolución de la justicia y de la solidaridad es profundamente distinta de la marxista, y en general de la idea de revolución que se afirma con posterioridad a la Revolución francesa. Se trata de una revolución no violenta que habla a la conciencia del adversario, siendo por tanto una revolución democrática que, sin ser enemiga del mercado, procura poner a los espíritus animales del mercado bajo la guía de la conciencia ética. Consiste en una revolución que solo es posible sobre la base de una renovación espiritual y moral que la anteceda y la acompañe; una revolución que no esté enteramente centrada en el Estado, que aspire, en cambio, restituir la voz y la fuerza de la sociedad civil.

El marxismo consideraba que el método de producción daría lugar, sobre la base materialista de las relaciones de producción, al sujeto de la liberación, la clase trabajadora. En realidad, la clase trabajadora como sujeto resulta ser un mito. Es el partido el que le proporciona una existencia aparente, forzando en el proceso a individuos aislados a actuar como si fuesen una comunidad. La experiencia polaca demuestra la capacidad de la fe de construir la conciencia de un pueblo que se sitúa como sujeto de su propia acción. Se escucha, en el tema tan presente en el Magisterio del papa Francisco de los movimientos populares y su papel en la lucha por la justicia, un eco de la lucha de Solidaridad; lucha no violenta y que hace permanentemente un llamado a la conciencia del adversario.

A propósito de este proceso, se puede hablar, tal como lo hizo Mounier, de revolución cristiana o de revolución personalista y comunitaria, pero quizás la expresión "revolución" sea, como tal, inadecuada. El reconocimiento de la primacía del momento cultural lleva al grupo de Nexo hacia Del Noce y su redescubrimiento de la categoría de resurgimiento.

Del Noce y la interpretación transpolítica de la historia contemporánea

Recuerdo que, cuando conocí a Methol, me impresionó mucho su gran admiración por Del Noce. Había leído muchas de sus obras, cosa que no era para nada habitual, pues por aquel entonces Del Noce era casi desconocido fuera de Italia. Creo que quien dio a conocer a Methol el pensamiento de Del Noce fue Emilio (Milan) Komar, un filósofo esloveno que emigró a Argentina y fundó, en

Buenos Aires, una escuela filosófica de excelente nivel. Methol tenía un gran deseo de conocer personalmente a Del Noce, y así, en una oportunidad, lo acompañé a visitarlo en Roma.

Lo que unía a ambos, sobre todo, era un gran interés por la interpretación filosófica de la historia contemporánea. No se comprende la historia sin filosofía porque lo que hacen los hombres depende de la conciencia que tengan de sí mismos (Hegel diría de su autoconciencia). No es posible, por otra parte, comprender la política contemporánea sin la perspectiva de una interpretación histórica, porque la política no es sino la historia haciéndose; la historia del presente. Methol y Del Noce compartían el juicio según el cual el mayor defecto del compromiso de los católicos en la política era la falta de una interpretación histórica propia. Los católicos tienen una metafísica, pero no una visión histórica propia, y por ese motivo terminan subordinándose a una visión histórica (y por tanto también a una praxis política) para ellos ajena. Methol ha procurado desarrollar una interpretación transpolítica de la historia latinoamericana, basándose también en el gran trabajo de Del Noce para una interpretación transpolítica de la historia contemporánea, y más en general de la idea de modernidad.

Del Noce calificaba de transpolítica su interpretación de la historia para diferenciarla de las filosofías de la historia (idealismo, positivismo, marxismo...) que sostienen que la historia tiene un curso predeterminado, y no es el resultado de la acción libre de los hombres. Del Noce llamaba la atención sobre el hecho de que dicha acción está guiada por la idea que el hombre tiene de sí mismo; por su autoconciencia.

La interpretación de Methol en la modernidad latinoamericana

En la primera tesis de Methol encontramos que el comienzo de la modernidad coincide con el descubrimiento de América. América es el otro mundo. Con este descubrimiento, el horizonte de lo posible se amplía de forma indefinida y sobrepasa la capacidad del hombre para abarcarlo con una simple mirada.

En el mundo nuevo viven otros hombres. Son hombres como nosotros y, sin embargo, son irreductiblemente otros; distintos. El otro es el idéntico (Borges ya lo dijo) y, a pesar de ello, en el momento en que lo decimos, el idéntico deja de ser idéntico a lo que era antes. Es un idéntico más grande de lo que era antes; ahora contiene en sí mismo la capacidad de ser otro.

El reconocimiento del hecho de que el indígena sea también un hombre implica un cambio en la medida de lo humano para poder comprender en dicho concepto también al indígena. La comprensión de sí mismo del europeo debe cambiar, así como su autoconciencia. Este cambio de perspectiva, esta ruptura y extensión de horizontes, esta transformación de la autoconciencia y la nueva visión del espacio, al igual que esta dimensión más amplia de lo humano, se solidifican en la cultura del Siglo de Oro español y en el Barroco.

La arquitectura románica, aun cuando se reparte en tres naves (o en algunos casos en cinco), vive en un espacio horizontal que el ojo humano abarca con una sola mirada. La Iglesia es el símbolo de la historia que marcha hacia Cristo, quien está en el altar.

En el gótico, esta perspectiva se verticaliza estableciendo en el cruce de la perspectiva horizontal y la vertical su centro. El Verbo está presente en la historia y, además, la trasciende infinitamente. Encontramos al Verbo todos juntos como Iglesia, pero también cada uno tiene una relación directa y personal con él en su propia conciencia, en la intimidad de la propia alma.

El Barroco complica el espacio, que ahora ya no se puede abarcar con una sola mirada. Adquieren gran importancia las capillas, pequeñas iglesias particulares que confluyen en la Iglesia universal. Hay recorridos diferenciados de la humanidad hacia Cristo, que es el centro del cosmos y de la historia. Está el camino de los conquistadores y el de los indígenas, y además existen otros caminos, cada uno con su carga tanto de sufrimiento como de gloria. La Iglesia rige el tejido de la historia del género humano en el cual los hermanos luchan entre sí; se masacran el uno al otro antes de reconocerse hermanos ante la Madre, que sufre con cada uno de ellos y los acompaña hacia Cristo, quien, a su vez, los reconcilia con el Padre y entre ellos.

El Barroco es el arte de la complejidad y de la contradicción reconciliada en una perspectiva trascendente. Es el arte del desorden creativo. Es el arte del mestizaje, que es el distintivo de América Latina. El Barroco es la modernidad católica.

El Siglo de Oro es también la segunda Escolástica española, la invención del derecho internacional y del derecho natural de los pueblos registrado en las Leyes de Indias, de los inicios de la economía moderna en las reflexiones de Suárez y de la Escuela de Salamanca... Sin embargo, en un determinado punto se interrumpe este gran inicio. La modernidad católica se enfrenta con otra modernidad; la protestante. En la visión (un tanto unilateral) de Methol, se trata de la reconducción forzada de lo distinto dentro de lo idéntico: mientras el distintivo de la América católica es el mestizaje, la mezcla de razas y el Barroco, en el cual las mitologías indígenas se representan en la decoración redundante de las catedrales, con sus demonios y sus criaturas monstruosas, el distintivo de la América protestante es el exterminio de los indígenas, la pureza de la raza, la simplificación del espacio y, en última instancia, la reducción de la multiplicidad a una identidad cerrada. De forma paradójica, la América protestante se vuelca sobre la América católica, acusándola de la destrucción de las Indias, de la cual ella misma se siente responsable. No debe negarse que en esa leyenda negra hay algo de verdad; se nutre de la *Brevísima relación de la destrucción de las Indias*, de Bartolomé de las Casas que, con un poco de exageración propagandística, contiene muchas verdades sobre las atrocidades y las injusticias de la Conquista.

Los comienzos de América Latina fueron atroces, pero luego, también a raíz de la actividad de Bartolomé de las Casas, se establecieron las Leyes de Indias y sobrevino sobretodo el acontecimiento de Guadalupe. Comenzó el recorrido, difícil y aún inconcluso, de la reconciliación. En la América protestante no hubo un De las Casas que denunciase el exterminio. Como conclusión, además de iniciarse el exterminio, se llevó (prácticamente) a cabo. Lamentablemente, casi todos conocen la leyenda negra y bastante pocos, en cambio, la historia real.

Los siglos XVI y XVII fueron los siglos de la lucha entre la modernidad católica y la modernidad protestante. En resumen, la modernidad católica cayó derrotada. En su decadencia, se subordinó al adversario y aceptó su juicio de la historia. Esta subordinación podía darse de dos formas distintas: o bien aceptar adecuarse a la modernidad protestante, o ceder la modernidad al adversario, refugiándose en un rechazo reaccionario de esta. En ambos casos implicaba renunciar a la modernidad católica.

Cuando se implanta la modernidad anticatólica en España con Napoleón, Latinoamérica inicia su lucha por la libertad y la identidad. Esta lucha es la clave para comprender la historia latinoamericana hasta el presente. Las fuerzas que se subordinan a la modernidad anticatólica tienden a desmenuzar la identidad latina en una pluralidad desordenada de Estados. En cambio, aquellas que buscan salvaguardar el legado de la modernidad católica, sustentan el horizonte de la "patria grande" latinoamericana.

El concilio y el resurgimiento latinoamericano

De forma progresiva, la Iglesia católica (y Latinoamérica junto a ella) se vuelve a encontrar prisionera de una alternativa imposible: renunciar a la modernidad, encerrarse en la nostalgia reaccionaria de un medioevo idealizado, o someterse a una modernidad que ya no es protestante, sino secularizada, para después, en su última etapa, experimentar un vuelco y pasar del moralismo protestante o secularizado al libertinismo masivo de la sociedad permisiva.

El Concilio Ecuménico Vaticano II fue precisamente la tentativa de eludir esta alternativa reabriendo el camino de la "modernidad católica" o del "católico en la modernidad". Es por esto que la realización del Concilio coincide con la gran oportunidad histórica de América Latina de reconquistar su alma y el lugar que le pertenece en la historia del mundo. La renovación conciliar es la clave de la revolución requerida por Latinoamérica no solo para proporcionar un nivel aceptable de bienestar material a sus masas empobrecidas, sino también para reforzar la conciencia de su dignidad humana y de su vocación cristiana.

América Latina necesita una revolución, pero... ¿qué revolución? Alberto Methol encontró (a través de Del Noce) la palabra y el concepto de *resurgimiento* (*risorgimento*), al cual dedicó un interesante y pequeño libro: *El resurgimiento católico latinoamericano.*[5] "Revolución" es una palabra que, después de la Revolución francesa, y aún más después de la rusa, llegó a indicar una ruptura total

---

[5]   Methol, A. (1981). El resurgimiento católico latinoamericano. En Consejo Episcopal Latinoamericano (ed.). *Religión y cultura*. Bogotá: CELAM.

con el pasado y el proyecto de construcción de una sociedad integralmente nueva que la razón humana debe extraer únicamente de sí misma. Esta ruptura total con el pasado fue la utopía de una orientación del iluminismo que pensó sustituir la redención trascendente del cristianismo con una salvación inmanente en la historia bajo el signo del ateísmo. A la idea de revolución se opuso la idea de una restauración del orden después del caos revolucionario.

Cuando, tras la caída del imperio napoleónico, tuvo lugar la restauración deseada por tantos (sobre todo los más jóvenes), pronto se disgustaron sus partidarios con ella. El orden restaurado era un orden hipócrita en el que los valores eternos eran instrumentalizados para defender un orden social obsoleto. Es así como nació la idea de resurgimiento. El resurgimiento es la restauración de los valores permanentes que implica la crítica de las formas sociales e históricas envejecidas, inadecuadas, e incluso corruptas, en las cuales se puede manipular los valores de cierta fase histórica para proteger y perpetuar situaciones de privilegio y de injusticia social. El resurgimiento se opone tanto a la revolución como a la restauración.

También es propia de la noción de resurgimiento la convicción según la cual la historia tiene distintos niveles: la historia política es el nivel más superficial, bajo el que la historia económica constituye un nivel más fundamental. El más profundo es, en todo caso, el nivel de la autoconciencia religiosa; de la percepción de un pueblo que tiene de su relación con Dios y, por consiguiente, de las relaciones entre los hombres. Por este motivo, la fe cristiana crea un pueblo y no debe pensarse en ella como una mera convicción intelectual y abstracta, sino como un factor decisivo en el proceso de la formación de un pueblo. Por eso a Methol le gustaba la idea de que "comunión es liberación". La comunión cristiana es el sujeto adecuado de la praxis de liberación, por lo cual, sin clericalismo alguno, el cristianismo es intrínsecamente político. Descubrir a Cristo como identidad *mía propia* significa, al mismo tiempo, reconocer que soy parte de quienes igualmente confiesan que Jesús es el Señor de una manera tan íntima que somos una sola cosa. El resurgimiento católico comienza con la renovación eclesial. Este hecho no es propiamente político, sino la matriz de la que desciende la posibilidad de pensar en una praxis política cualitativamente distinta; la praxis política del resurgimiento católico latinoamericano.

Así, el Concilio Ecuménico Vaticano II se convierte, posteriormente, en el proceso que va de Medellín a Puebla, y más allá, hasta Aparecida del Norte; es la matriz del resurgimiento católico latinoamericano. La Iglesia no hace política, pero tiene la responsabilidad de educar la conciencia de las naciones, de educar a los hombres en el ser nación.

Problemas

Es difícil saber cuántas de estas ideas, y con qué reelaboración, persisten en la reflexión de Jorge Mario Bergoglio, quien es, ciertamente, un pensador original. Lo cierto es que estas ideas, así como los métodos de Methol (a causa de la larga amistad entre ambos, y porque reflejan con impresionante precisión la situación real del mundo de hoy), se encuentran en el trasfondo del pensamiento del papa latinoamericano. El método es el mismo de san Juan Pablo II: pensar en la historia a partir de su centro, que es Cristo.

Vivimos en una época en la cual la Iglesia se globaliza. Dos tercios de los católicos ya no son ni europeos ni estadounidenses; son pueblos de lo que una vez se llamaba el tercer mundo, y poco menos de la mitad son latinoamericanos. Algunos lamentan el hecho de que esta no piense en términos de "defensa de Occidente". No sabemos si Occidente sigue siendo cristiano, pero sabemos que el cristianismo ha superado en gran medida los límites de Occidente. La situación actual es similar a la del medioevo, cuando los alemanes se convirtieron y el papa comenzó a pensar no solo en términos de latinos y griegos, sino mirando el mundo también con los ojos de los alemanes. La Iglesia pagó caro este cambio de época con el cisma entre la Iglesia griega y la Iglesia latina. En realidad, el cisma tuvo lugar entre una Iglesia latina, que había llegado a ser también germánica a causa de la conversión de los bárbaros, y una Iglesia griega, que no quería cambiar para asumir esta nueva situación misionera. ¿Cómo guiar a la Iglesia en este cambio de época? El cristianismo occidental ha formulado aspectos de la fe y de la doctrina que tienen validez permanente junto con otros cuyo valor está vinculado con la contingencia histórica y con las peculiaridades del carácter occidental. ¿Cómo distinguir lo que es permanente de lo que es históricamente contingente y reformular los valores para facilitar su apropiación por parte de nuevas culturas? Posiblemente, la primera etapa consista en ampliar el concepto de Occidente de tal manera que el concepto cultural se adecúe al geográfico, incluyendo en aquel a Latinoamérica.

Ya se ha mencionado que Methol deja más bien un método para pensar en la historia y no tanto un sistema. Se dan luego algunos temas sobre los cuales deben reflexionar aquellos que tengan la intención de continuar con su interpretación de la historia.

Methol opone radicalmente modernidad católica a modernidad protestante, permaneciendo para él ajena la perspectiva ecuménica. Hoy sería preciso reflexionar sobre el fracaso de estas dos modernidades, por cuanto también la modernidad protestante ha sido derrotada y se ha vuelto lo contrario de lo que era. De aquí parte el tema de la postmodernidad. Quizás la derrota de ambas modernidades sea precisamente el producto de su separación, y que el camino del cristiano en la modernidad solo pueda continuar mediante la reconciliación ecuménica de ellas. Por lo que sé al respecto, este no es un tema propio de Methol Ferré. Sí lo es, en cambio, del papa Francisco, como se desprende de su discurso para el centenario de Lutero, y sería interesante indagar sobre su origen. Otra cuestión que merece indagación es el tema del mercado. Me parece que la perspectiva de Methol es la de un socialismo cristiano. La comunidad cristiana es el sujeto adecuado de la economía socialista. Más precisamente: la comunidad de los trabajadores, animada por la fe, está en condiciones de crear una nueva forma económica igualitaria. En cambio, en la teología de Puebla, de los argentinos, la fe crea (o colabora para crear) no tanto la comunidad de trabajadores como la comunidad de naciones. El papa Francisco habla luego de economía social de mercado. El rol creativo de la libertad de empresa parece encontrar un reconocimiento mucho más amplio. Más allá de la fórmula de la economía social de mercado (que, ciertamente, no se entiende como una fórmula para transponer mecánicamente en contextos socioeconómicos distintos a aquellos donde surgió), queda abierto el tema de la alianza entre mercado libre y solidaridad, presente de distinta forma y con diversos énfasis desde *Centesimus annus* hasta *Laudato si'*.

Nunca tuve ocasión de reunir a Alberto Methol con otro de mis grandes amigos, que fue Michael Novak. Estoy seguro de que les habría entusiasmado mucho, y también de que el tema de la creatividad de la empresa y el de la responsabilidad común de la comunidad de trabajadores deben conjugarse en los futuros desarrollos de la doctrina social cristiana.

Como todos los pensamientos vivos, el de Methol Ferré no debe ser repetido mecánicamente, sino revisado creativamente en el momento actual. Esta revisión de su pensamiento puede entregar un aporte fundamental para comprender las amenazas, las oportunidades y los desafíos de esta etapa de la historia de la Iglesia y del mundo en la era del primer pontificado latinoamericano.

2. Globalización, Barroco y el papa latinoamericano

Una época de cambio

El papa Francisco insiste en que no vivimos en una época de cambio, sino más bien en un cambio de época.[1] ¿Cuáles son las características de esta nueva época que nos esperan? Solo Dios puede saber lo que depara el futuro. Depende, además, de las acciones y decisiones que realicemos en virtud de nuestro libre albedrío. Sin embargo, sí que se dan ciertos hechos que están cambiando la faz de la tierra y que ya pueden ser detectados con total claridad.

En Europa, y en menor medida en los Estados Unidos, el peso de la religión y de la Iglesia católica está disminuyendo en la esfera de la vida pública. La cultura dominante se centra en derechos nuevos y puramente individualistas, mientras que los deberes y obligaciones que constituyen las comunidades están decayendo. Las únicas leyes objetivas parecen ser las del mercado.

De igual forma, el peso de Europa, así como el de Estados Unidos (también en menor medida), está disminuyendo en el mundo tanto a nivel demográfico, como económica y culturalmente. No son solo nuestros números lo que está disminuyendo, sino que la participación en la producción mundial también se ve afectada. El resto de continentes ya no reconocen nuestra hegemonía cultural; no piensan seguir la tendencia que hemos establecido.

En el mundo, sin embargo, el papel de la religión está cobrando relevancia. La Iglesia católica está creciendo despacio, pero con remarcable continuidad.[2]

Por su parte, en América Latina la Iglesia crece tanto por motivos demográficos como por el gran esfuerzo de reevangelización de las masas, que contiene el avance de las iglesias baptistas y de la descristianización.

En África y Asia, la Iglesia también crece gracias al extraordinario trabajo misionero y a las conversiones masivas. En concreto, el sur de África se ha

---

[1] Iglesia católica. Papa Francisco (10 de noviembre de 2015). *Encuentro con los participantes en el V Congreso de la Iglesia italiana*. Florencia. Puede consultarse este documento en el portal *web* vatican.va.

[2] Pew Research Center (13 de diciembre de 2016). *Educational Attainment of Religious Groups by Country*. Puede consultarse este documento en el portal *web* pewforum.org

convertido al cristianismo (mayormente al católico) y no al islamismo, como muchos predijeron. En Asia se está dando un inesperado crecimiento de comunidades y una increíble abundancia de vocaciones sacerdotales. En China, la vieja ïdeología comunista del Estado ateo está en ruinas, y más de mil millones de personas buscan una nueva orientación espiritual. Muchos son los que observan con interés y esperanza a las iglesias católicas.

Actualmente apenas un tercio de los católicos vive en Europa y los Estados Unidos de América, algo menos de la mitad vive en Latinoamérica, y el resto lo hacen en Asia y África.[3]

Podría decirse que la globalización ha afectado también a la Iglesia católica. Esta afirmación sería verdadera, pero estaría obviando un punto central: la Iglesia es global desde el principio. El catolicismo viene del griego, *katá olon*, que significa "según la totalidad". Es la totalidad del *oekumene* (el mundo habitado), y la totalidad de las dimensiones que constituyen al ser humano.

La Iglesia siempre ha sido global. Sin embargo, en este tiempo de globalización, el Espíritu ha llamado a la Iglesia a hacerse aún más global, esto es, más católica.

En este contexto, lo que debemos comprender es la elección del primer papa no europeo desde el siglo VIII (en el que fue papa el sirio san Gregorio III, que falleció en el año 741).

Quizá sea interesante hacer un paréntesis para hablar de la historia de san Gregorio III. Como se ha señalado, él procedía de Siria, y entró más pronto que tarde en conflicto con el emperador de Oriente a propósito de la cuestión de las imágenes sagradas. El emperador quería destruir dichas imágenes para defender la pureza del monoteísmo y la trascendencia absoluta del dios único (la misma postura que puede hallarse en el islam). El papa se opuso con el argumento de que Dios se había hecho humano en Jesús, y que estaba presente en la vida de los santos que constituyeron su pueblo, afirmando además que el hombre era la imagen de Dios en la tierra. Por ello, el uso de iconos sagrados no debería confundirse con el culto pagano de los ídolos.

---

3   *Annuario Pontificio* (2017). El Vaticano: Librería Editrice Vaticana.

Este es un periodo que coincide con el principio de la división entre la Iglesia occidental y la Iglesia oriental. Gregorio III fue el primer papa en exigir la ayuda de Carlos Martel, mayor del palacio del rey de Francia, para defenderse de sus enemigos, los lombardos y el emperador de Constantinopla.

Los bárbaros habían sido convertidos a la fe católica, y el papa empezó a pensar también desde el punto de vista de los bárbaros que habían sido bautizados, dándoles dentro del cristianismo un papel que los griegos no estaban dispuestos a aceptar. Esta fue, por cierto, la razón por la que después de Gregorio III no hubo más papas de Oriente.

Unas décadas después Fotio causó el primer cisma. Este era también un momento de globalización y cambio de época repleto de oportunidades (la conversión de los bárbaros), pero también de peligros (el cisma de las iglesias de Oriente).[4]

En el presente cambio de época, hemos visto al primer papa no italiano después de muchos siglos en que se había mantenido una arraigada tradición. En este momento tenemos al primer papa que no es europeo.

Quisiera rememorar las palabras de san Juan Pablo II con ocasión de su primer peregrinaje a Polonia, en la homilía que pronunció en la Plaza de la Victoria (ahora plaza Pilsudsky) de Varsovia. En ella dijo:

> Dejo ahora aparte mi persona, pero no obstante debo, junto con todos vosotros, hacerme la pregunta sobre el motivo por el cual precisamente en el año 1978 (después de tantos siglos de una tradición muy estable en este campo) ha sido llamado a la Cátedra de San Pedro un hijo de la nación polaca, de la tierra polaca. De Pedro, como de los demás Apóstoles, Cristo exigía que fueran sus "testigos en Jerusalén, en toda Judea, en Samaria y hasta el extremo de la tierra" (Hch. 1: 8). Con referencia, pues, a estas palabras de Cristo, ¿no tenemos quizá el derecho de pensar que Polonia ha llegado a ser, en nuestros tiempos, tierra de un testimonio especialmente responsable? ¿Que precisamente de

---

[4]   Nichols, A. (2010). *Rome and the Eastern Churches. A Study in Schism*. San Francisco: Ignatius Press.

aquí —de Varsovia y también de Gniezno, de Jasna Góra, de Cracovia, de todo este itinerario histórico que tantas veces he recorrido en mi vida, y que en estos días aprovecho la ocasión para recorrerlo de nuevo— hay que anunciar a Cristo con gran humildad, pero también con convicción? ¿Que precisamente es necesario venir aquí, a esta tierra, siguiendo este itinerario, para captar de nuevo el testimonio de su cruz y de su resurrección?[5]

Hemos visto también en nuestro cambio de época el tremendo efecto que estas palabras han tenido; un imperio mundial fue sacudido y, por un momento, Dios puso su dedo en la historia, comenzando con ese patio de juegos de Dios que es Polonia.[6] Por un tiempo, todos fuimos confirmados en nuestra fe a través del testimonio de la fe de la Iglesia polaca.

Ahora pueden repetirse las mismas palabras en un contexto diferente. ¿No vamos a admitir que hay algo que todos tenemos que aprender de la historia de la Iglesia latinoamericana, y que todos debemos convertirnos, en cierto sentido, en peregrinos a través de las rutas que nos llevan a Río, Medellín, Puebla, Santo Domingo y Aparecida? ¿Por qué el Espíritu Santo ha elegido a un papa latinoamericano en nuestros días, y qué quiere que aprendamos de él?

La Argentina de Jorge Mario Bergoglio

En 1979, cuando san Juan Pablo II visitó por primera vez Latinoamérica para la III Asamblea General del Episcopado Latinoamericano de Puebla, Jorge Mario Bergoglio era el rector de la Facultad de Filosofía y Teología de San Miguel, tras haber ocupado durante seis años el puesto de superior provincial de los jesuitas argentinos.

Estos años fueron difíciles para Argentina. En 1973, Juan Domingo Perón había sido elegido presidente de la República de Argentina. Ya lo había sido

---

[5] Iglesia católica. Papa Juan Pablo II (2 de junio de 1979). *Homilía de Su Santidad Juan Pablo II*. Varsovia. Puede consultarse este documento en el portal *web* vatican.va.

[6] Davies, N. (1981-1983). *God's Playground, a History of Poland in 2 volumes*. Oxford: Oxford University Press. Véase también Buttiglione, R. (1992). *El pensamiento de Karol Wojtyla*. Madrid: Encuentro.

en el periodo de 1946 a 1955. Argentina era entonces un país rico, con una distribución de la riqueza tremendamente desigual. Perón realizó muchas reformas sociales y dio a las masas trabajadoras, por vez primera, la impresión de ser una parte integral de la comunidad nacional. Sin embargo, un golpe de Estado militar le mandó al exilio, y durante 18 años, los peronistas fueron ilegalizados.[7] A pesar de ello, los peronistas tuvieron éxito en mantener el apoyo de la gran mayoría del pueblo argentino. Bajo los regímenes militares apoyados por el Reino Unido y los Estados Unidos de América, hubo una radicalización política, en especial de los jóvenes. Se dio una ruptura en el movimiento de juventud peronista. Los Montoneros sintieron fascinación por Castro y el Che Guevara y se adentraron en el camino del conflicto armado y el terrorismo. Otros grupos respondieron, a su vez, con un terrorismo anticomunista aún más cruel, con el apoyo de los militares. Con la esperanza de poner fin a la marcha hacia una guerra civil, se realizaron elecciones democráticas, Perón resultó ganador y se convirtió en presidente de nuevo.[8] En 1974, sin embargo, Perón falleció, tras lo que sobrevino otro golpe militar y un tremendo crecimiento de la lucha armada entre los Montoneros y otros grupos similares.

Los militares adujeron que estaban defendiendo la civilización occidental y cristiana. Los Montoneros querían la revolución mundial. Lucharon los unos contra los otros, pero muchas de las víctimas fueron civiles que se negaron a tomar partido. Tanto la izquierda como la derecha querían dividir la nación en dos partes, cada una resuelta a destruir la otra, y trataron como enemigos a quienes disentían de este propósito político. Bergoglio fue un punto de referencia espiritual y cultural de una parte de la Juventud Peronista (principalmente, de la llamada Guardia de Hierro)[9] que rechazó el conflicto armado mientras trataba de

---

[7]   Ivereigh, A. (1995). *Catholicism and Politics in Argentina: 1810-1960*. Nueva York: St. Martin's Press.

[8]   Anzorena, O. (1987). *Tiempo de violencia y de utopía: 1966-1976*. Santiago, Chile: Editorial Contrapunto.

[9]   Tarruela, A. (2005). *Guardia de Hierro*. Buenos Aires: Sudamericana. La Guardia de Hierro tuvo una historia larga y complicada. Se fragmentó y, por supuesto, Bergoglio, que nunca fue orgánicamente miembro de Guardia de Hierro, no fue corresponsable de toda esta historia. El punto de encuentro estuvo en la lucha contra la dictadura, en el rechazo de la violencia y en el trabajo social con los pobres.

buscar el respeto de los derechos humanos, la restauración de la democracia y una revolución argentina a favor de la justicia social de acuerdo con la doctrina social cristiana. Bergoglio fue un referente no solo para sectores de la Guardia de Hierro, sino también para muchos otros que querían un conflicto sin violencia y fueron tomados por objetivos tanto por los Montoneros (quienes les consideraron traidores de la revolución), como por los militares (que los veían como traidores de la cristiandad y de occidente). Fueron sectores que dijeron que, antes de ser comunistas o fascistas o cualquier otra cosa, los seres humanos son seres humanos y, por tanto, merecen respeto y tienen derechos. También dijeron que "no hay cosa mejor para un argentino que otro argentino".[10] No era sencillo afirmar tal cosa en un momento en que parecía que la afición más aceptada por los argentinos consistía en masacrarse mutuamente. Muchos perdieron sus vidas para defender esta posición cultural y eclesial, la mayoría como víctimas de los militares, pero otros asesinados también a manos de los Montoneros. Deseo recordar aquí, en particular, a un gran amigo de Jorge Mario Bergoglio, monseñor Enrique Angelelli, obispo de La Rioja, a quien asesinaron los militares, camuflándolo como un accidente de coche el día 4 de agosto de 1976.[11]

Los cuatro principios

Es en este contexto en que Bergoglio toma conciencia de uno de los principios fundamentales de su pensamiento: la unidad es más importante que la división.[12] Encontró este principio ya en las obras de Guardini,[13] pero adquirió evidencia existencial de él en los terribles años de lucha para mantener unida a la nación argentina (y a la Iglesia argentina, así como a los jesuitas del país...).

---

[10] Estas son las palabras de Perón cuando regresó a Argentina en 1973, pero fue gracias a mis amigos de la Guardia de Hierro que las conocí. Eran algo así como un resumen de su posición. Antes de 1973, el lema de los peronistas era "no hay nada más precioso para un peronista que otro peronista".

[11] Baronetto, L. M. (2006). *Vida y martirio de Mons. Enrique Angelelli, obispo de la Iglesia católica*. Córdoba: Ediciones Tiempo Latinoamericano. Quisiera mencionar también los nombres de Carlos de Dios Murias, Gabriel Longueville y Wenceslao Pedernera, quienes sufrieron el mismo destino.

[12] Iglesia católica. Papa Francisco (2013). *Evangelii Gaudium*. p. 226 y ss.

[13] Guardini, R. (1998). *Der Gegensatz*. Maguncia: GrüNuevaald/Schöningh.

En los mismos años tomó conciencia también del hecho de que una gran parte de la sociedad argentina estaba evangelizada tan solo superficialmente. Los valores cristianos eran oficialmente respetados, e incluso socialmente reforzados a través de la sanción de la ley, pero habían sido apartados de su origen, a saber, la experiencia viva de la presencia de Jesucristo. Además, estos valores habían perdido su poder de atracción; ya no hechizaban el corazón de los jóvenes.

¿Qué debía hacerse entonces? ¿Debía la Iglesia dedicar toda su energía a la preservación de la reverencia oficial de esos valores, o quizás debía reavivar la fuente de todos los valores (o al menos intentarlo), la presencia del amor de Jesús en una comunidad misionera, quizá pequeña al principio, pero con la capacidad de conquistar a muchos y despertar el corazón adormecido de la nación con el tiempo? Estas reflexiones se vieron fortalecidas quizá a través de la lectura de algunos textos de don Luigi Giussani.[14] Es aquí donde hallamos otro de los cuatro principios fundamentales de *Evangelii Gaudium*: el tiempo es más importante que el espacio.[15] Activar procesos vivos es más importante que proteger espacios de influencia social que ya no están animados por un espíritu vivo.

La idea vive en la pequeña comunidad que es animada por la presencia del Espíritu y crece mediante la obediencia a su presencia. Este crecimiento es guiado a través de acontecimientos que el Espíritu pone en su camino. Crecemos a través de encuentros. Lo universal en la historia crece (y ocupa espacio) junto a la comunidad que lo porta en sí misma. Este es el universal real, en contraposición al universal abstracto. La comunidad necesita, por supuesto, cierto conocimiento abstracto para hallar su orientación en el mundo, pero en el curso de la acción, la idea abstracta que teníamos al principio adquiere nuevas dimensiones.

Dios conoce las cosas perfectamente desde el principio porque él las creó, y las conoce desde dentro, en el mismo acto en que las crea. Nosotros conocemos las cosas desde fuera, e intentamos pasar de los efectos a sus causas; de la superficie a la profundidad. Esta es la razón por la que lo real tiene siempre más

---

14 Giussani, L. (2010). *El movimiento de comunión y liberación*. Madrid: Encuentro.

15 Iglesia católica. Papa Francisco (2013). *Evangelii Gaudium*. p. 222 y ss.

determinaciones que los conceptos a través de los que tratamos de comprenderlo.[16] Esto no debe confundirse con un pragmatismo sin principios. Necesitamos conceptos y debemos aferrarnos con firmeza a lo que hemos identificado como verdadero. Debemos, no obstante, reconocer que lo que hemos visto de la verdad no es su totalidad, y que nuestros conceptos y percepciones pueden ser siempre enriquecidos a través de nuevos eventos y nuevos encuentros.[17]

Este principio mantiene una relación cercana con el que afirma que la unidad es más importante que la división. Nuestro oponente puede haber visto una cara de la verdad que nosotros no, y nunca lo convenceremos de que abandone su error hasta que hayamos incorporado en nuestra versión su verdad.

El cuarto principio de Bergoglio dice que el todo es mayor que las partes, y es mayor incluso que la suma de sus partes, porque solo en él las partes adquieren la plenitud de su significado.[18]

Barroco

El papa Francisco ha reformulado estos principios en la exhortación apostólica *Evangelii Gaudium*. En una ocasión mencionó que los había tomado de su tesis doctoral (no finalizada) sobre Romano Guardini. Los principios que recoge se corresponden, desde luego, con el método de este autor. Sin embargo, algunos amigos de Bergoglio recuerdan haberlo visto explicar ya estos principios en los años setenta, cuando era el provincial de los jesuitas, y al principio de los ochenta, en su etapa como rector de San Miguel (antes de marchar a Alemania para escribir su tesis sobre Guardini). Parece que fue precisamente Guardini quien ayudó a Bergoglio a sistematizar, de forma concreta, lo que había vivido en las luchas de los setenta de Argentina. Para comprender la forma en que esto ocurrió, debemos observar la conexión peculiar que se da entre la teoría y la práctica que Bergoglio desarrolló en estos años.

Nada hay más ajeno a la mentalidad de Bergoglio que una pastoral ingenua y anti intelectualista. Para ser activos, hemos de tener una visión de la

---

16   Santo Tomás de Aquino. *Summa Theologica*. I-II q.91 a.3
17   Iglesia católica. Papa Francisco (2013). *Evangelii Gaudium*. p. 231 y ss.
18   *Ibid.,* pp. 234 y ss.

historia en que se inserte nuestra iniciativa; una hipótesis sobre la intención del Espíritu que ponga en marcha la historia.

Bergoglio fue amigo de algunos de los mayores pensadores de la Argentina de aquella época. Estos pensadores no eran académicos puros; sus esfuerzos intelectuales apuntaban a comprender la historia para ser capaces de educar a una nueva generación de líderes que fuesen capaces de llevar a su nación a un futuro mejor.[19] Intentaron desarrollar una visión teológica y filosófica de las luchas políticas de su tiempo en Argentina, en América Latina y en el mundo. Deseo mencionar aquí a algunos de estos intelectuales: Amelia Podetti, Alberto Methol Ferré, Lucio Gera, Juan Carlos Scannone, Geraldo Farrell... Todos se ocuparon de leer a los clásicos para comprender los problemas de las luchas del día a día en las que tanto ellos, como la Guardia de Hierro, con quienes la mayoría tenía conexión, estaban involucrados.

Es importante mencionar también que este grupo de pensadores estaba profundamente interesado en la filosofía europea (Amelia Podetti, por ejemplo, tradujo a Hegel al español),[20] y a la vez convencido de que tenía la tarea de pensar Latinoamérica. Esta tarea supuso adquirir una perspectiva completamente diferente de la historia del mundo. Su propósito, en realidad, no era tanto pensar en Latinoamérica como pensar el mundo desde la perspectiva de Latinoamérica.[21]

Amelia Podetti leyó a Hegel desde el punto de vista de lo que faltaba en Hegel, es decir, la categoría de la posibilidad. La posibilidad es el resultado de la discrepancia entre el intelecto de Dios y el de los humanos. Las categorías a través de las que intentamos entender la realidad no llegan a buen puerto porque el intelecto humano es limitado, y la totalidad de lo que concebimos es siempre incompleta. La falta de la categoría de posibilidad está estrictamente relacionada con el principio de inmanencia y con la identificación

---

19 Denaday, J. P. (29 de agosto de 2013). Amelia Podetti: una trayectoria olvidada de las cátedras nacionales. En *Nuevo mundo, mundos nuevos*. https://doi.org/10.4000/nuevomundo.65663

20 Podetti, A. (2007). *Comentario a la introducción a la fenomenología del Espíritu*. Buenos Aires: Biblos. Con introducción de Jorge Mario Bergoglio. Primera edición de 1978.

21 Podetti, A. (1981). *La irrupción de América en la historia*. Buenos Aires: Centro de Investigaciones Culturales. Con prólogo de Armando Poratti.

del intelecto de Dios con el intelecto humano. Esto es efecto de la pérdida de la trascendencia de Dios.

Una consecuencia de esta carencia es la imposibilidad de pensar América Latina y el fin de la historia dentro de los límites ya dados. El descubrimiento de América, por el contrario, es un evento que va más allá de lo ya dado: para poder comprenderlo exige que rompamos nuestro horizonte, nuestras categorías trascendentales, y que nos abramos a una novedad absoluta. Hay un poema de Borges llamado *El otro, el mismo*, que expresa bien esta realidad.[22] Vemos (y debemos ver) la realidad a través de las categorías trascendentales, pero de vez en cuando, la realidad rompe dichas categorías y nos obliga a reformularlas. Cuando América se descubrió, el indio era *el otro*; el completamente diferente. ¿Era siquiera un hombre?

La disputa entre Sepúlveda y De las Casas fue un enfrentamiento en torno a la humanidad del indio.[23] Si el indio es tan hombre como nosotros, entonces conviene cambiar la medida de nuestra humanidad; han de reconocerse las dimensiones de la humanidad que habíamos encubierto y olvidado. Debemos volvernos ajenos a nosotros mismos para ser capaces de reapropiarnos de nuestra humanidad junto a nuestros nuevos hermanos, que son los indios. Es nuestra obligación regresar al centro partiendo de la periferia, logrando en el proceso que el centro renueve su autoconciencia para ser capaz de integrar en sí a dicha periferia. Esto recuerda a las palabras de Jesús que Wojtyla citó en Varsovia: los discípulos son invitados a convertirse en "testigos en Jerusalén y en toda Judea y Samaria, y hasta el extremo de la tierra".[24] El discípulo misionero se convertirá en la categoría fundamental de la renovación pastoral que, muchos años después, Bergoglio propondría en la V Conferencia General del Episcopado Latinoamericano en Medellín.[25] El discípulo misionero tiene fe

---

[22] Borges, J. L. (1974). "El otro, el mismo". En *Obras Completas*. Buenos Aires: Emecé Editores.

[23] Brunstetter, D. R. (2010). Sepúlveda, Las Casas and the Other: Exploring the Tension between Moral Universalism and Alterity. En *The Review of Politics, 72*, 3 (verano de 2010). p. 409 y ss.

[24] Hch. 1: 8.

[25] Véase el documento final de la V Conferencia General del Episcopado Latinoamericano, parte II, 3.ercapítulo, que puede encontrarse en *Las cinco conferencias generales* (2013). Consejo Episcopal Latinoamericano.

en lo que ha visto y oído, y está abierto a lo que el Señor le reserva. Él es consciente de que el diseño de Dios es más amplio que su visión humana y está repleto de sorpresas: la realidad es más grande que la idea (humana). Lo que ya se conoce debe ser redescubierto en el encuentro con nuevos pueblos y nuevas culturas. El discípulo misionero no protege espacios, sino que activa procesos. No quiere imponer una regla del exterior desde el primer momento, sino que pretende cambiar los corazones para que puedan redescubrir la regla en sí mismos como el cumplimiento de su anhelo de justicia perfecta. Sabe que la totalidad es mayor que su trabajo, y que su trabajo encontrará la plenitud y su auténtico significado solo en la unidad de la Iglesia, bajo cuyo juicio se encuentra en última instancia.

Alberto Methol, a quien ya se ha citado entre los amigos de Bergoglio, dijo que la modernidad dio inicio con el descubrimiento de América, que quebró el horizonte cerrado de la cristiandad medieval. La primera modernidad que existió fue católica: la barroca.[26] El Barroco se presenta como el pensamiento de la complejidad en el que las cosas son, y a la vez no son lo que parecen ser. Cuando pensamos que hemos penetrado en un problema a fondo, siempre podemos descubrir que hay capas más profundas a las que aún no nos hemos acercado. Esta regla se hace aún más evidente cuando el problema que consideramos es el hombre mismo, razón por la que el hombre, propiamente, no es un problema, sino un misterio. Nunca entenderemos al hombre si no se deja entender, y esto puede darse tan solo mediante un acto de amor.

Comparemos una basílica paleocristiana o una catedral románica a una iglesia barroca. En la catedral románica (y, con algunas diferencias menores, en la gótica), nuestros ojos abarcan con un vistazo el espacio al completo, el cual se llena con un único pueblo de Dios que avanza hacia el altar, donde Jesús, el centro del cosmos y de la historia, está presente. En la iglesia barroca el espacio no es unidimensional, no es recto, sino curvilíneo. No hay un único altar, sino varios. Muchas capillas agregan diferentes comunidades, las cuales convergen hacia el altar mayor en la unidad de la Iglesia única.

---

[26] Buttiglione, R. (2017) *Elementos para interpretar el papado latinoamericano.* En *Humanitas,* XXII (86). Primavera 2017. También disponible en este libro conservando el mismo título.

Cada una de las distintas capillas alberga un pueblo con sus historias de glorias y derrotas, de amor y odio. Jesús está presente en todas estas historias, y solo a través de él, estas se convierten en historias de esperanza y salvación. Solo en él y a través de él, mediante la participación en su cruz, pueden reconciliarse entre sí y con el Padre. Solo la iglesia barroca es lo suficientemente grande para contener tanto a los conquistadores como a los vencidos, a los españoles y a los indios, a los negros y a los blancos, a todo tipo de hombres y todos los tipos de pecador. El mundo barroco es un mundo de complejidad y de contradicciones.[27] Podría decirse que es un mundo de desorden (creativo), pero recuerdo que Henri Bergson escribió en una ocasión que el desorden es, sencillamente, un orden que no comprendemos.

El Barroco se muestra, por tanto, como un desafío permanente a ampliar nuestro espíritu y ser así capaces de seguir el ritmo que presenta este orden.[28]

El arte del Barroco no está solo en la arquitectura, sino también en la retórica, que fue bastante devaluada en las otras modernidades (la protestante y la de la Ilustración). Estas se opusieron a la complejidad de la argumentación retórica con la simplicidad de la demostración científica; no vieron realmente convincente el argumento que aborda al hombre inmerso en su historia de alegrías y pesares. Sin embargo, es tan solo este argumento, el que contempla al hombre inmerso en sus alegrías y pesares, el que moviliza su corazón, es decir, su creatividad, su capacidad de comprometerse con los demás reconociendo lo que es objetivamente bueno como su propio bien, y lo que objetivamente merece ser amado como su propio amor.[29]

El Barroco fue el estilo adoptado durante el Siglo de Oro de España y la Reforma católica, aunque quizás encontró su mayor expresión no en España ni en un país católico, sino en el gran enemigo de España, en la Inglaterra isabelina y en las obras de William Shakespeare. En las luchas de los siglos XVII

---

[27] Morandé, P. (1992). La formación del *ethos* barroco como núcleo de la identidad cultural latinoamericana. En Galli, C. y Scherz, L. (eds.). *Identidad cultural y modernización*. Buenos Aires: Ediciones Paulinas.

[28] Para una perspectiva similar sobre el Barroco, véase Benjamin, W. (1990). *El origen del drama barroco alemán*. Barcelona: Taurus.

[29] Martí, A. (1972). *La preceptiva retórica española en el Siglo de Oro*. Madrid: Gredos.

y XVIII, el Barroco fue derrotado y decayó, y la Iglesia católica perdió contacto no solo con su modernidad, sino con la modernidad en general. La otra modernidad triunfó y la Iglesia fue proclamada por sus adversarios como antimoderna, juicio que pareció aceptar.

Con el Concilio Vaticano II, la Iglesia abrió la búsqueda de una modernidad cristiana que no pretendía la reconciliación con, o la subordinación a la modernidad dominante (como los progresistas imaginan), ni tampoco la lucha contra la modernidad (como los así llamados "tradicionalistas" quieren). Esta búsqueda procura renovar el hilo de otra modernidad, de una modernidad católica. A lo largo de este camino, la materialización del concilio debe reencontrarse tanto con la gran cultura barroca, como con Latinoamérica.[30] Es el camino de una Iglesia que le da a la globalización el alma de la que en el presente carece.

La teología del pueblo[31]

Quizás ahora se pueda vislumbrar lo que Dios quiere que aprendamos hoy de la Iglesia latinoamericana: debemos aprender de nuevo, en el mundo contemporáneo, a ser discípulos misioneros que vean el mundo desde el punto de vista de los marginados, desde la periferia, desde los excluidos, los pobres y los pecadores, para ser capaces de integrarlos en la comunión del pueblo de Dios. Debemos aprender a decir la misma verdad en diferentes idiomas para permitir que todos los pueblos puedan conocerla. En el proceso, nos daremos cuenta de las nuevas caras y dimensiones, y de las profundidades de esta verdad, que es Jesucristo, y que ahora apenas podemos discernir.

Los discípulos misioneros crean un nuevo pueblo. Facilitan que hombres que eran extraños entre sí, que se odiaban mutuamente y cometían injusticias una y otra vez, se conviertan en amigos. Más que en amigos, en hermanos.

El concepto de "pueblo" es un concepto mítico y místico al mismo tiempo. El mito no es una fantasía, es una historia particular en la que una verdad

---

[30]   Methol, A. (1981). "El resurgimiento católico latinoamericano". En Consejo Episcopal Latinoamericano (ed.). *Religión y cultura*. Bogotá: CELAM.

[31]   Scannone, J. C. (2015). "El papa Francisco y la teología del pueblo". En *Razón y fe, 271* (1395). pp. 35-50.

universal se hace visible.[32] Al principio se da una experiencia de liberación. Para el pueblo de Israel fue el éxodo de la tierra de Egipto. Para los romanos fue la fundación de su ciudad. La experiencia de la liberación encuentra unidad en el pueblo. En la lucha por la liberación, la gente experimenta la pertenencia mutua. Muy acertadamente, Rabindranath Tagore escribe: "tú has acercado lo distante y has hecho del extraño un hermano".[33] Esta es la forma en que las naciones surgieron.

En época de paz y abundancia, el pueblo olvida el mito de la liberación original y entonces se convierte en una masa sin principio interno de unidad. Los ricos oprimen a los pobres y los pobres se colman de odio contra sus opresores. Pueden ser fácilmente esclavizados por sus enemigos. Sin embargo, a veces surge un profeta y revive el recuerdo de la liberación original. De ese recuerdo, el vínculo original resucita, la opresión interna y externa es conquistada y una nueva era de libertad comienza. Alberto Methol Ferré introduce aquí la noción de *risorgimento*, que toma de la filosofía italiana (principalmente de Rosmini, vía Del Noce).[34] Methol desarrolló también una interpretación transpolítica de la historia latinoamericana basándose en el mito de la lucha por la libertad de los libertadores, que fue seguida por la traición de las grandes ciudades portuarias, las cuales abrieron paso a la influencia semicolonial de Gran Bretaña, convirtiéndose cada una de ellas en un Estado propio.

Los posteriores acontecimientos de la cultura latinoamericana son vistos como la lucha de las ciudades portuarias por subyugar el interior, imponiéndole una especie de apostasía y olvido de su cultura peculiar.[35]

El peronismo argentino adquirió aquí una particular relevancia: Perón logró amalgamar a los criollos (nativos de descendientes españoles) del interior con nuevas olas de inmigrantes (principalmente de descendientes italianos, como los Bergoglio), y estableció una nueva base para la nación argentina. A la vez, visualizó la perspectiva continental de una "patria grande", una América Latina (re)

---

[32]   Kusch, R. (1976). *Geocultura del hombre latinoamericano*. Buenos Aires: García Cambeiro.

[33]   Tagore, R. (2012). "Poems". En *Poetry, 1*. 3. pp. 84-86.

[34]   Del Noce, A. (2010). "Rosmini e la categoria filosofico-politica di Risorgimento". En *Rivista rosminiana di filosofia e di cultura 1*. pp. 1-19.

[35]   Methol, A. (1971). *El Uruguay como problema*. Montevideo: E.B.O.

unida.[36] Reconocer este mérito histórico no significa no reconocer los límites y errores de esa experiencia histórica, en especial a nivel económico.

El concepto de pueblo no es solo un concepto mítico. Lo es también místico, eucarístico. Los discípulos misioneros fundan una nueva comunidad cristiana y un nuevo pueblo, el pueblo de Dios. El dinamismo es similar, aunque a la vez diferente, del de la constitución de un pueblo como nación.

La Iglesia es una comunidad reducida dentro de la más amplia comunidad de la nación. En ella irradia su influencia, contribuyendo con firmeza a unir al pueblo y a moldear su autoconciencia como nación.[37] Asimismo, la Iglesia otorga también su interpretación del mito nacional, que aparece como base de la vida de la nación, viendo en él el signo de la intervención de la providencia de Dios en la historia humana. Es en tiempo de decadencia, de encierro egoísta por parte de los diferentes sectores sociales a causa de intereses propios, cuando la Iglesia recuerda las razones para la unidad y el bien común. Ahora bien, la Iglesia no es la única institución que da forma a la identidad nacional; debe respetar el papel de otras instancias religiosas y culturales, entrando con ellas en diversas relaciones de alianza u oposición. De igual manera, la Iglesia debe respetar el rol del Estado, que tiene la tarea de producir la síntesis del bien común. No se trata de un bien común abstracto y atemporal, sino del bien común concretamente posible en un determinado momento y lugar. De otra forma dicho, la Iglesia debe sentirse como Iglesia nacional, como el cuerpo de Cristo encarnado en esta historia y este lugar. Igualmente, no debe olvidar nunca que la misión de Jesús va más allá de toda frontera geográfica, política y nacional. La Iglesia debe ser local, y como tal, tiene una responsabilidad para con la nación, si bien al mismo tiempo es global.

La nación, a menudo y en gran medida, se constituye en la lucha contra un enemigo extranjero: los italianos contra los austriacos, los alemanes contra los franceses, los polacos contra los alemanes y los rusos, etc. La Iglesia no puede suprimir esta realidad, la cual debe reconocer con franqueza. A la vez, la Iglesia debe mantener abierta la autoconciencia de la nación al reconocimiento

---

[36] Methol, A. (1996). *La integración de América en el pensamiento de Perón*. Conferencia.

[37] *Lumen Gentium, 9*. Puede consultarse este documento en el portal *web* vatican.va.

de que hay una unidad superior de la familia humana y un bien común de la humanidad como tal, elementos que constituyen el lugar donde estas diferencias deben reconciliarse: la unidad es más importante que la división.

La Iglesia es, y debe siempre ser, local y universal al mismo tiempo. Una responsabilidad específica que tiene es la defensa del orden moral de la nación, en especial en países donde la fundación de la nación estuvo fuertemente vinculada a la evangelización.

La energía que ha movido a millones y millones de mujeres y hombres a amarse, a dar crédito a este amor y formar familias, tener hijos, educarlos y trabajar toda la vida para que puedan vivir (vivir una vida mejor), se generó en gran medida por su fe en Jesucristo, el redentor del mundo.[38] Esas personas también han construido ciudades, han hecho fructífera la tierra, han creado grandes obras de arte... en resumen, han convertido la tierra en un hogar para el hombre.

Es responsabilidad de la Iglesia defender los valores morales que constituyen su más preciada herencia. Debe conocer, sin embargo, que estos valores nacionales han de ser reformulados mediante el diálogo con cada nueva generación y en cada contexto cultural diferente.[39]

De esta forma, la Iglesia es madre de naciones.

Esta elaboración conceptual recibió un fuerte impulso cuando san Juan Pablo II acudió a la III Asamblea General del Episcopado Latinoamericano.[40] San Juan Pablo II, quien ya había desarrollado una teología polaca de la nación[41] en sus homilías como cardenal de Cracovia, dijo que la idea de una teología latinoamericana era buena. Las Iglesias latinoamericanas tenían que pensar el evento de Jesucristo en su propia historia. Si el mito político de América Latina

---

[38] De Luca, G. (1962). *Storia della Pietà popolare*. Roma: Edizioni di Storia e Letteratura.

[39] Morandé, P. (2017). *Textos sociológicos escogidos*. Santiago de Chile: Ediciones Universidad Católica de Chile. En esta obra puede profundizarse en la sociología de la cultura que acompaña a la teología del pueblo.

[40] Iglesia católica. Papa Juan Pablo II (28 de enero de 1979). *Discurso del santo padre Juan Pablo II en la inauguración de la III Conferencia General del Episcopado Latinoamericano*. Puebla de los Ángeles. Puede consultarse este documento en el portal *web* vatican.va.

[41] Esta teología de la nación fue condensada, pocos meses después de Puebla, en la homilía en la Plaza de la Victoria de Varsovia, el 2 de junio de 1979.

comienza con los libertadores (Bolívar, San Martín, O'Higgins, etc.), la realidad mística del pueblo latinoamericano comienza con el evento de Guadalupe, donde la Virgen se apareció al indio Juan Diego. Desde entonces comenzaron las conversiones de los indios, el mestizaje de dos pueblos que se vuelven uno.[42] Aquí se halla la capa cultural más profunda de la identidad latinoamericana, que contiene un potencial de liberación que aún espera ser plenamente materializado a día de hoy.[43]

Es hora de que las Iglesias latinoamericanas dejen de ser Iglesias reflejo que repiten y adaptan la teología europea y se conviertan en Iglesias matrices (expresión de De Lima Vaz) que repiensen y formulen una teología como expresión crítica y sistemática de la fe viviente de su pueblo.[44] Es erróneo, sin embargo, adoptar el marxismo como instrumento analítico para entender la historia. Esta proposición encontró el entusiasta apoyo de Bergoglio y de sus amigos argentinos, quienes eran conscientes de que ni Marx, ni Engels, ni tampoco Hegel consideraban la visión de las periferias del mundo, tampoco la de América Latina.[45] La causa de la liberación latinoamericana no podía ser pensada desde el marco conceptual del sistema marxista.

Bergoglio llevó a la Iglesia latinoamericana por el camino trazado desde san Juan Pablo II, en Puebla, hasta la V Asamblea General del Episcopado Latinoamericano en Aparecida. Puede ser de cierto interés reseñar que en el equipo teológico que preparó Puebla, la mente principal fue la de Alberto Methol Ferré. Para cuando llegó a Puebla, san Juan Pablo II ya había tenido ocasión de familiarizarse con algunos conceptos de la teología del pueblo gracias a las lecturas de los documentos preparatorios. El contacto se mantendría después, entre Methol Ferré y el equipo teológico, por un lado, y el papa por el otro, a través de amigos en común. Esta es una de las muchas razones por las

---

[42] Véase: Matovina, T. (2009). Theologies of Guadalupe. From the Spanish colonial era to John Paul II. En *Theological Studies*.

[43] Véase: Alessandri, H. (1980). *El futuro de Puebla*. Buenos Aires: Ediciones Paulinas.

[44] Véase: Mensaje a los pueblos de América Latina, de la III Conferencia General del Episcopado Latinoamericano en *Las cinco conferencias generales*. (2013). Consejo Episcopal Latinoamericano.

[45] N. del A.: La filosofía de la historia obvia por completo las periferias (América Latina, pero también África y Asia). No hay lugar para estas periferias en la filosofía marxista del progreso.

que quienes tratan de oponer al papa Francisco a san Juan Pablo II no han entendido, en realidad, ni al uno ni al otro.

De acuerdo con Amelia Podetti, el papel concreto de América Latina en la historia del mundo depende del hecho de que la cristiandad europea tomó conciencia, con un interés sin igual, sobre la figura del otro y de lo que le rodea, así como de que debía afrontar ese desafío. Si se supera el desafío en Latinoamérica, se puede superar también en el resto del mundo. Sin embargo, América Latina no es tan solo un reto; es también un puente, e indica la dirección hacia la que toda la Iglesia está llamada a avanzar. Siguiendo este camino, la Iglesia se hará más auténticamente católica y, a la vez, dará alma a la globalización, acompañándola y guiando la globalización de la economía con la globalización del Espíritu. Para completar esta tarea, se debe aprender a pensar la diversidad desde la unidad.

Este pensamiento se elaboró en América Latina. Me he atrevido a decir que todos debemos hacernos discípulos de la gran experiencia de fe de la Iglesia latinoamericana. Sin embargo, sería un error imaginar ahora que todos debemos hacernos latinoamericanos, de la misma forma que habría sido erróneo pensar en 1978 que todos teníamos que ser polacos.

Yo soy europeo. Italiano. Por tanto, pertenezco a una Iglesia que ha sido, y es, en gran medida, central y no periférica (aunque, en cierto modo, todos somos periferia del centro, que tan solo es Jesús). Ahora estoy escribiendo en inglés.[46] Probablemente, los países angloparlantes no puedan ser considerados como periferia del sistema de poder del mundo actual. Los Estados Unidos son la parte central por excelencia de este sistema de poder a nivel político, económico, militar, cultural y en otros muchos aspectos más. Los Estados Unidos (y hasta cierto extremo el Reino Unido) se han visto a menudo como custodios de un orden mundial injusto y como adversarios de la creación de uno mejor. Además, son la expresión triunfante de la modernidad protestante e ilustrada que ha vencido al Barroco.

---

[46] N. del T.: Para mantener la coherencia del texto, a pesar de que ha sido traducido al castellano, se ha decidido mantener la oración original: *"I am writing in English now…"*. Asimismo, cabe mencionar que las siguientes consideraciones tienen en mente, sobre todo, a los católicos de Estados Unidos.

¿Qué significa, entonces, convertirse en discípulos misioneros, en el sentido señalado en *Evangelii Gaudium*?

Tenemos que considerar los cuatro principios que ya han sido mencionados.

1. La unidad prevalece sobre el conflicto

Creo que Bergoglio pediría a los ciudadanos católicos de los Estados Unidos que fueran buenos ciudadanos, que tomasen conciencia del papel y de la tarea de la Iglesia católica en la constitución de la autonomía de su nación. ¿Cuáles son hoy los desafíos para lograr la unidad de esta nación? ¿Qué se ha olvidado referente a su misión original? ¿Cómo debe reinterpretarse su mito fundacional?[47] El lema nacional de los Estados Unidos, *e pluribus unum*, se asemeja mucho al principio de Jorge Bergoglio "la unidad es más importante que la división". La unidad no es indiferenciada; es una composición de muchos. Las diferencias deben ser reconocidas y respetadas. Una lucha política justa tiene un papel relevante en la construcción de la unidad de la nación. Sin embargo, debe orientarse hacia la construcción del bien común y no hacia la destrucción de los oponentes políticos. La Iglesia ha integrado dentro de los Estados Unidos a irlandeses, italianos, polacos, etc. Un problema clave para el futuro de los Estados Unidos es ahora el de la integración de los hispanos. Si la Iglesia no lo hace, ¿quién lo hará?

El espíritu original del Barroco era de reforma católica y no de contrarreforma. El curso de la historia y de las guerras religiosas ha creado una división tremenda. ¿Cómo debemos pensar el Barroco desde el espíritu ecuménico del Concilio? La respuesta a esta pregunta no puede separarse del diálogo entre América Latina y la América anglosajona, partes ambas de un mismo continente. De nuevo: la diversidad debe ser reconocida, pero la unidad es más importante que ella.

---

[47] Véase: Neuhaus, R. J. (2009). *American Babylon. Notes of a Christian Exile*. Nueva York: Basic Books.

2. El tiempo es más importante que el espacio

En las guerras culturales del pasado, la Iglesia defendió los valores fundamentales de nuestra civilización. Debemos sentirnos orgullosos de los intelectuales y de los pastores que lideraron estas luchas. Ahora bien, conviene también preguntaros si es posible defender en la arena pública los valores cristianos (y naturales) si su raíz, la fe en la presencia viva de Jesucristo, se seca. Si la raíz se pudre, el árbol caerá. En primer lugar, debemos fortalecer las raíces; debemos convertirnos en discípulos misioneros: antes de predicar la ley hemos de entrar en el corazón del pueblo. Solo entonces nos será posible hablar con autoridad y nuestro pueblo sentirá la ley no como una imposición externa, sino como una respuesta al deseo más profundo de su corazón.

3. Las realidades son más importantes que las ideas

El discípulo misionero se hace cargo del hombre y de las comunidades de los hombres. El hombre crece, y debe seguirse su crecimiento. Crece de acuerdo a un principio interno que es constitutivo de su personalidad y está en constante diálogo con el espíritu de Dios. Por supuesto que podemos, y de hecho debemos, tener ideas y proyectos sobre las personas que confían en nuestro cuidado, sobre nuestra Iglesia nacional y nuestra nación. Sin embargo, antes de nada, debemos intentar averiguar el proyecto de Dios sobre la situación y cooperar con él. Rara vez coincide el proyecto de Dios con el nuestro. Él decide, a menudo, permitir que el bien y el mal crezcan juntos allí donde nosotros erradicaríamos el mal aun a costa de dejar que el bien pereciera (o a la inversa). Nuestros proyectos y categorías deberían ser siempre flexibles para adaptarse al proyecto de Dios, y también deberíamos estar dispuestos a abandonarlos para seguir el camino del auténtico desarrollo de la realidad confiada a nuestro cuidado. Debemos mantener siempre frente a los ojos de nuestra mente las palabras de Isaías: "porque no son mis pensamientos vuestros pensamientos, ni mis caminos son vuestros caminos".[48]

---

[48] Is. 55: 8.

4. El todo es mayor que las partes

Formas parte de una comunidad concreta, tienes una experiencia de vida particular, has experimentado cosas como verdaderas en tu vida e historia. Quieres aferrarte a ellas y estás completamente justificado al hacerlo. Sin embargo, nunca debes olvidar que tan solo podemos liderar nuestra comunidad si escuchamos la palabra que viene de arriba y nunca deja de sorprendernos.

Las personas que tienen temperamentos diferentes, y a menudo opuestos, y otras historias y bagajes culturales, tienen igual derecho que nosotros a participar en la única Iglesia de Dios; en el pueblo de los redimidos. Aún más: cada una de estas personas añade algo a nuestra fe. Son importantes para nuestro crecimiento espiritual personal en el espíritu del Señor. La Iglesia, así como la verdad, no es un añadido de exposiciones individuales, sino una sinfonía interpretada por una orquesta que necesita un director. Si pretendemos que nuestra contribución sea significativa, debemos actuar de acuerdo a las instrucciones del director. En la Iglesia católica, el director es el obispo, y en última instancia, el papa. La fuerza e inspiración de cada uno de nosotros viene de la unidad de la Iglesia. Está bien que haya conservadores y progresistas, personas más inclinadas a la acción y otras más dadas a la contemplación... Hay una infinita pluralidad de carismas y vocaciones, y esta pluralidad es preciosa bajo una condición: que se ejerza dentro del vínculo de unidad que, en definitiva, garantiza el obispo de Roma.

3. La revolución y la teología del pueblo

La teología del pueblo surgió en Argentina, en la década de los sesenta, durante un momento en que la toma de conciencia de la Iglesia católica sobre el problema de la pobreza en los países considerados del tercer mundo estaba en auge.

Hay que ofrecer, en primer lugar, algunos elementos que ayuden a situar el surgimiento de la teología del pueblo y así poder ubicarla en la atmósfera general en que nació.

El Concilio Vaticano, Medellín y la teología de la liberación

Los antecedentes inmediatos e inspiraciones de la teología del pueblo pueden encontrarse en la Constitución Pastoral del Concilio Vaticano II, *Gaudium et Spes*, sobre la Iglesia del mundo contemporáneo; en la encíclica *Populorum Progressio* y en la exhortación apostólica *Evangelii Nuntiandi*, de san Pablo VI.

La pobreza ha sido un fenómeno humano y, en cierto modo universal a lo largo de la historia. Sin embargo, adquiere un nuevo significado en una época en que la humanidad ha obtenido los medios y la técnica suficientes como para alimentar y dar cobijo decente a todos sus miembros. Debe haber algo mal en la organización de las sociedades humanas para que la pobreza siga siendo una realidad. La pobreza se convierte de este modo en un problema moral ya no solo para los individuos, sino para la sociedad en general, lo que llevará más adelante al concepto del pecado social o de las estructuras sociales del pecado. La otra fuente del cambio en el pensamiento teológico es la adquisición, por parte de la Iglesia, de la lógica de la democracia.

La Iglesia había abordado siempre los problemas de la injusticia social, pero había dirigido sus enseñanzas a los gobernantes de las naciones. Ahora, el Concilio se dirige a los pueblos que, en un orden democrático, se supone que son soberanos. El problema de la justicia social adquiere una dimensión subjetiva, a saber, la de la constitución del sujeto de cambio social y la liberación de los pobres. Los pobres están llamados a convertirse en sujetos de su propia liberación.

Esta urgencia de los tiempos mantiene una estrecha relación con el redescubrimiento de la dimensión mundial de la comunión cristiana. El sacramento de la Iglesia, la eucaristía, crea un nuevo sujeto y una nueva conciencia de sí que se percibe en conexión esencial con sus hermanos de fe, así como con el resto de la humanidad. Los hombres no son islas,[1] somos todos partes de un continente. Esta unión esencial requiere que nos convirtamos en una comunidad existencial que comparta tanto la vida propia como la riqueza de los unos con los otros.

En esta atmósfera general no es difícil comprender la fascinación que la idea del comunismo ejerció en una generación de jóvenes católicos. Al principio tenía solo una vaga relación con el marxismo; era más bien la idea de la entrega completa de uno mismo en la vida de una verdadera comunidad humana. El modelo se parecía más al de la comunidad original de los discípulos en Jerusalén que a la idea marxista-leninista del partido de la clase obrera.[2]

En la doctrina católica la superioridad del ideal comunista es claramente reconocida, pero limitada tan solo a comunidades religiosas; a los llamados estados de perfección.[3] Es una anticipación del "escatón". Para los laicos, tal regla de vida es considerada poco práctica, pues incluso los bautizados están bajo las consecuencias del pecado original, y la propiedad privada es condición para que se dé un uso responsable de los bienes de la tierra.

El marxismo pretende que el comunismo pueda realizarse en la historia a causa de los dramáticos cambios que el desarrollo de las fuerzas productivas modernas ha provocado en nuestras sociedades. Este desarrollo causa que el modelo de producción antiguo quede obsoleto y, por tanto, obliga a una transición al comunismo, cuyo sujeto y fuerza motriz es el proletariado.[4]

También ofrece el marxismo la posibilidad de lograr la comunidad perfecta en la historia, pero ello implicaría que la liberación del hombre podría alcanzarse sin la necesidad de una revelación, de la gracia o de los sacramentos.

---

[1] Esta expresión se corresponde con el título de un libro de 1955 de Thomas Merton, quien contribuyó en la creación del clima espiritual del Concilio. Las palabras que inspiraron el título vienen de un poema de John Donne de 1624. Véase: Merton, T. (1998). *Los hombres no son islas*. Buenos Aires: Sudamericana.

[2] Hch. 4: 32.

[3] Karol Wojtyla (2018). *Katolicka etyka społeczna*. Lublin: KUL. p. 300 y ss.

[4] Marx, K. y Engels, F. (2019). *El manifiesto comunista*. Barcelona: Planeta.

Por otro lado, frente a la perspectiva de lograr la perfección, salvación y liberación del hombre en la historia, se justificarían todos los medios posibles de lucha. La moral tradicional quedaría, pues, suspendida, y sería sustituida por una nueva moral revolucionaria: el bien supremo es la revolución. Todo lo que contribuye a la revolución es bueno; todo lo que es un obstáculo para la revolución es malo y debe ser eliminado de cualquier forma posible.

La Iglesia latinoamericana asumió la necesidad de una profunda renovación a través de la II Conferencia General del Episcopado Latinoamericano en Medellín, de 1968. Dos elementos me resultan de particular importancia. El primero de ellos refleja las consideraciones que han sido expuestas: la Iglesia debe tener predilección por los pobres, la comunión ontológica del cuerpo de Cristo debe encontrar también evidencia existencial (histórica, sociológica) y convertirse en el factor que transforme la sociedad en algo más humano. El segundo elemento presenta un carácter más eclesiológico. La revelación de Jesucristo, el evento de la salvación, tuvo lugar una vez, y tan solo una, en la historia. Ocurrió en Palestina, a principios del primer siglo de la cristiandad. Sin embargo, esta acontece una y otra vez en la historia de los diferentes pueblos, culturas y continentes donde se da la historia de la santidad de la Iglesia. En los primeros siglos, la Iglesia asimiló la gran herencia cultural de los griegos y los romanos, lo que trajo las magníficas teologías de la patrística y la escolástica. Pero este no es el final, sino el principio del encuentro entre el Evangelio y la cultura humana. Este proceso de inculturación debe continuar. La Iglesia de Latinoamérica es llamada a repensar el evento de Jesucristo tomando como punto de partida la experiencia de la fe del pueblo de Dios que vive y sufre en la América Latina pobre, y cuya lucha por la liberación se convierte en un *locus theologicus, es decir* se convierte en algo teológicamente relevante. Necesitamos una teología latinoamericana.

Con el nuevo enfoque de Medellín no se aborda de forma directa el tema del marxismo. Sin embargo, dentro de este nuevo enfoque, este se vuelve un problema inevitable. El marxismo ofrece una doctrina preparada para transformar la inspiración teológica en una acción política concreta. La salvación de Jesucristo corre el riesgo de ser entendida como una anticipación mitológica de la revolución comunista.

Es en este ambiente que nacen las teologías de la liberación, que tendrán que confrontar por sí mismas este problema.[5] ¿Coincide la predilección por los pobres con la lucha de clases del proletariado? ¿Es absorbida la lucha por la justicia por la de la revolución comunista?

Algunos aspectos peculiares de la historia reciente de Argentina

Avanzamos ahora, desde el trasfondo general de todas las teologías latinoamericanas, al trasfondo más específico y argentino de la teología del pueblo.

Alrededor de 1945, Argentina era un país relativamente rico con una distribución de la riqueza extremadamente desigual. El nivel de desmoralización de la gran mayoría de la gente era tan alto como el de la corrupción de la clase gobernante. Además, Argentina era la capital mundial del tráfico de mujeres y la prostitución. El gobierno estaba en manos de una dictadura militar. En la cultura popular se recuerda estos años como "la Década Infame". En 1945 llegó al poder, a través de elecciones ordinarias, el coronel del ejército Juan Domingo Perón, quien realizó una amplia gama de reformas sociales, redistribuyó la riqueza nacional a favor de los pobres, creó la primera legislación social en Argentina, favoreció el crecimiento de poderosos sindicatos de trabajadores, etcétera.

Perón cometió también muchos errores, especialmente en el campo de la política económica. Se le acusó de ser un fascista, cosa que no era. Fue atacado tanto por la prensa occidental (por oponerse al imperialismo angloamericano) como por la de izquierda (porque era anticomunista). Sin embargo, Perón logró dar a grandes masas de argentinos el sentimiento de ser miembros de una comunidad, de ser ciudadanos de una nación, de ser sujetos, no tan solo objetos, de su propia historia.

En 1955, Perón fue exiliado tras un golpe de Estado militar apoyado por Estados Unidos y el Reino Unido. A pesar de ello, retuvo el afecto y la lealtad de la gente. Durante 18 años, las elecciones fueron ganadas por los candidatos que prometían permitir regresar Perón, pero al momento de pretender cumplir dicha promesa, se daba siempre un nuevo golpe de Estado. En el periodo

---

[5]   Véase: Gutiérrez, G. (1988). *A Theology of Liberation: History, Politics, and Salvation*. Maryknoll: Orbis Books. Edición original española de 1971: Gutiérrez, G. (1971). *Teología de la liberación: perspectivas*. Lima: Ed. Universitariae.

del exilio de Perón (de 1955 a 1973) hubo un empobrecimiento creciente de todas las clases sociales, aumentaron las tensiones sociales y la radicalización se recrudeció, especialmente entre los jóvenes. La Juventud Peronista se dividió entre los Montoneros, quienes sentían fascinación por la revolución cubana e iniciaron una guerrilla urbana, y los leales a Perón, que combatieron para restablecer la democracia y el estado de derecho con medios pacíficos. Estos últimos fueron llamados Guardia de Hierro (nombre inspirado en el municipio de Madrid donde vivía Perón). En 1973, Perón fue llamado de nuevo con la esperanza de poder evitar una guerra civil, pero al poco tiempo falleció y se dio un nuevo golpe militar. Miles de personas fueron secuestradas y asesinadas. Algunas fueron perseguidas solo por simpatizar con la izquierda. Entre estas había muchas personas que solo se habían opuesto al régimen de forma pacífica.

Tanto los Montoneros como la Triple A (Alianza Anticomunista Argentina) querían dividir el país en dos bandos opuestos y entablar una guerra para exterminarse entre enemigos a muerte. Los principales representantes de la teología del pueblo intentaron evitar la guerra civil y mantener al pueblo unido. Uno de estos representantes fue Jorge Mario Bergoglio. Un gran número de jóvenes peronistas procedentes de la Guardia de Hierro buscaron en aquellos años difíciles su guía espiritual y cultural.[6]

La primera etapa de la teología del pueblo en Argentina

A continuación, se exponen algunas diferencias entre la teología del pueblo y algunas formas de la teología de la liberación.[7]

La teología del pueblo no aceptó la teoría de las vanguardias revolucionarias que, mediante el uso de la violencia, obligaban a la gente a optar por uno de los bandos de la guerra civil que acechaba, pues la unidad de los pueblos es un valor que debía ser preservado sin encubrir las situaciones de injusticia, afrontándolas a través de la lucha pacífica.

---

[6] Tarruela, A. (2016). *Guardia de Hierro*. Buenos Aires: Sudamericana.

[7] Scannone, J. C. (2011). *Teología de la liberación y doctrina social de la Iglesia*. Buenos Aires: Ediciones cristiandad.

En lugar de la terminología de la lucha de clases, la teología del pueblo adoptó más bien la oposición (a menudo utilizada por justicialistas) entre *pueblo* y *antipueblo*. Se considera pueblo a la unidad de una comunidad que reconoce un pasado común, un vínculo de fraternidad, un núcleo de valores comunes y la voluntad de construir un mejor futuro en el que todo el mundo sea reconocido en su dignidad humana. El antipueblo, por otro lado, lo formarían aquellos que no reconocen este vínculo de solidaridad e intentan quebrar la unidad del pueblo.

En esta perspectiva la opción preferencial por los pobres adquiere un significado particular y más concreto. El pobre no es el proletariado. El proletariado está formado por trabajadores industriales que están explotados, pero que pertenecen al ciclo de producción y consumo. El proletariado no agrupa a la mayoría de personas pobres de América Latina ni a aquellos que sufren más por la opresión de la injusticia. El pobre es, más bien, el marginado, el excluido que ni tan siquiera es explotado porque queda fuera del círculo de producción y de consumo. El pobre es, simplemente, alguien superfluo, y es en él donde encontramos la evidencia del fracaso del pueblo. Se enmarca en el vínculo solidario que constituye el pueblo y muestra que este es falso, ideológico. El pobre es el punto de partida del trabajo para reconstituir la comunidad del pueblo. Reintegrando a los pobres, el pueblo se reconstituye y reconquista su propia verdad. A través de este proceso, los ricos también se salvan de la alienación que los lleva a privilegiar la posesión material por encima del vínculo vivo y de solidaridad con sus hermanos en dificultades. La lucha por el pobre es, a la vez, lucha contra la alienación y por la auténtica humanidad de los ricos.

El pueblo no es un objeto que pueda ser descrito con la misma objetividad con la que describimos, por ejemplo, una formación geológica. Puede considerarse un (casi) sujeto[8] que se constituye y reconstituye continuamente a través de actos humanos donde nos reconocemos como miembros del pueblo, o como individuos aislados contra el pueblo y, por tanto, como antipueblo.

---

8   Ontológicamente, el pueblo es un "casisujeto". Véase: Von Hildebrand, D. (1975). *Metaphysik der Gemeinschaft. Untersuchungen über Wesen und Wert der Gemeinschaft.* Stuttgart: Kohlhammer.

Con este movimiento, la teología del pueblo se libera a sí misma de la mediación del discutible análisis científico del marxismo, cuyo prestigio intelectual colapsaría tras algunos años debido al fracaso de las economías socialistas alrededor del mundo. En lugar de la mediación exterior de las ciencias sociales, la teología del pueblo encuentra, en su acercamiento a la realidad, otro tipo de mediación; una interna a la propia teología (y a la filosofía), que viene dada por la idea de justicia y de dignidad humana. Esto puede haber sido facilitado por el papel central que tiene la idea de justicia en el movimiento justicialista, pero tiene unas raíces muy sólidas no tan solo en la teología clásica, sino también en la historia de la evangelización de Latinoamérica en Bartolomé de las Casas, Montesinos, Francisco Vitoria, etcétera.

Podría objetarse lo siguiente: ¿Es este concepto del pueblo, y de la dignidad y la justicia, lo suficientemente concreto como para manifestarse en el mundo real?

Más aún: para construir una teología latinoamericana, estos conceptos deben ser tenidos en cuenta no como generalizaciones abstractas, sino en la forma concreta en que aparecen en la historia y cultura del pueblo latinoamericano, del pobre latinoamericano y su cultura.

La primera etapa de la teología del pueblo: Puebla

El 27 de enero de 1979, Juan Pablo II inauguró la III Conferencia General del Episcopado Latinoamericano en Puebla. En los discursos y homilías de su peregrinación a México y al Caribe, el entonces nuevo papa casi ofreció una encíclica regional que retomó Medellín precisamente en relación con los problemas que Medellín dejó abiertos. En ella se encuentran un *sí* y un *no*.

El *sí* se pronuncia a favor de una teología latinoamericana, a favor de una teología que medite sobre la forma en la que la fe penetró en el corazón de los pueblos latinoamericanos y sus pobres. Este *sí* abarca la valorización del pobre como un *locus theologicus*.[9] Desde el punto de vista del pobre, se puede ver mejor la verdad de una sociedad y su orden social. El papa polaco estaba acostumbrado a la idea de que Dios entra en la historia de una cultura

---

9   Iglesia católica. Papa Juan Pablo II (1987). *Sollicitudo Rei Socialis*. 42.

particular y le da vida desde dentro. Unos meses después, diría en Varsovia que no se puede entender la historia de Polonia sin la cruz de Jesucristo.[10] Solo con ella y en ella esta historia se convierte en historia de esperanza. Por tanto, no tenía objeción contra la idea de una teología del pueblo latinoamericana. El criterio de la praxis de la liberación tiene que referirse a la imagen cristiana del hombre que, a través de la evangelización, entra profundamente en el corazón del pobre latinoamericano y toma la forma de su autoconciencia y de la percepción de su propio valor y dignidad. No se pretende excluir el uso de las ciencias sociales, pero estas deben ser confrontadas con este criterio fundamental de juicio.

Los teólogos de la teología del pueblo se sintieron reafirmados en sus convicciones a través de las palabras del papa. Habían participado de forma activa en la preparación de la Conferencia y en la redacción de sus documentos. Puebla fue preparada por un grupo de trabajo de teólogos, filósofos y sociólogos en el que, además de argentinos, participaron también importantes académicos de diferentes países de América Latina (Alberto Methol Ferré fue el líder intelectual del grupo, pero estuvieron también, entre otros, Pedro Morandé, Hernán Alessandri, Joaquín Alliende, Guzmán Carriquiry...).

A través de su trabajo, apoyado en las palabras del papa y los documentos finales del congreso, la teología del pueblo adquirió una dimensión latinoamericana global además de ganar profundidad y enriquecerse. El proceso iniciado en Puebla continuó en la IV Conferencia General del Episcopado Latinoamericano, en Santo Domingo, y en la V Conferencia, en Aparecida. El hombre que lideró este proceso de Aparecida que involucró progresivamente a toda la Iglesia latinoamericana fue Jorge Mario Bergoglio, el papa Francisco desde 2013.

Teología de la revelación y teología del pueblo

Parece ser que la teología del pueblo está vinculada desde sus inicios con la actividad pastoral. No solo estaba conectada con la pastoral popular, sino que surgió en un contexto de conflictos dramáticos, como un intento de orientar las

---

10   Iglesia católica. Papa Juan Pablo II (2 de junio de 1979). *Homilía de Su Santidad Juan Pablo II.* Varsovia. Puede consultarse este documento en el portal *web* vatican.va.

luchas existenciales de toda una generación. No puede esperarse, por tanto, encontrar una biblioteca teológica ordenada en la que se alineen todos los tratados teológicos considerados "desde el punto de vista de la teología del pueblo". Sus mayores representantes fueron hombres de palabra viva que publicaron muy poco a pesar de haber escrito mucho (borradores de sus conferencias y clases, trabajos no finalizados, escritos para revistas clandestinas o semiclandestinas...). Solo ahora, gracias a los pacientes esfuerzos de algunos de sus amigos (recuerdo aquí los nombres de Carlo Maria Galli y Ramiro Podetti Lazcano), los trabajos de Lucio Gera, Alberto Methol Ferré y Rafael Tello están siendo publicados, y nos damos cuenta de lo enorme que fue su labor intelectual. Se da una excepción con Juan Carlos Scannone, quien se ubicó a sí mismo en la frontera entre la filosofía y la teología y tiene un perfil más académico.

Otra excepción (parcial) la constituye Rafael Tello, quien, en 1984, a causa de un enfrentamiento con su arzobispo, se retiró de toda actividad pública, pero siguió dando clases privadas y seminarios a sacerdotes implicados en la pastoral social. Estos documentos están ahora siendo publicados, y en ellos encontramos una primera reflexión orgánica sobre la revelación desde el punto de vista de la teología del pueblo.[11] En el centro del pensamiento de Tello se encuentra, en cierto modo, la homilía de san Juan Pablo II en Santo Domingo, de la IV Conferencia General del Episcopado Latinoamericano, y más en general, la doctrina que propuso desde Puebla hasta Santo Domingo.[12] Tello parece conocer bien el espíritu del pontificado de Juan Pablo II y, especialmente, su mensaje paralelo a Polonia. La Iglesia es la continuación de la encarnación de Jesucristo. A través del Espíritu y los sacramentos de la Iglesia, él quiere convertirse en la forma de vida de cada ser humano. Esto es solo posible a través de la cultura.[13] En los primeros siglos de la evangelización, la Iglesia traspasó las fronteras del judaísmo y entró en

---

[11]   Ciro, E. (2012). *Pobres en este mundo, ricos en la fe. La fe de los pobres de América Latina según Rafael Tello*. Buenos Aires: Agape.

[12]   "La pastoral popular y Santo Domingo". Documento inédito núm. 258. Citado en Albado, O. (2013). "La Pastoral Popular en el Pensamiento de Rafael Tello. Una contribución desde Argentina a la teología latinoamericana". En *Franciscanum. Revista de las ciencias del espíritu, 55*. 160. pp. 219-245.

[13]   Iglesia católica. Papa Pablo VI (1965). *Constitución pastoral* Gaudium et Spes. *Sobre la Iglesia en el mundo actual*. 53.

una relación vital con la gran Grecia y la cultura latina del mundo antiguo. Esto ha creado la magnífica síntesis de la teología clásica y encuentra, quizás, su mayor expresión en la *Summa Theologica* de santo Tomás de Aquino. Tello conocía y amaba en profundidad a santo Tomás. Esa herencia debe, sin embargo, ser repensada de forma radical y expandida a la luz de un nuevo evento: el encuentro (y también la lucha) con el indígena. Necesitamos una teología que abarque estas nuevas experiencias humanas. Tello cree que se puede encontrar y comprender al hombre dentro de su cultura.[14] Esta cultura es, para Latinoamérica, la cultura de los indígenas. Es, además, la cultura del mestizaje que surge del encuentro y enfrentamiento entre indígenas y españoles. Aunque Argentina es el país latinoamericano más europeo (junto con Chile y Uruguay), comparte con el resto del continente esta nueva y original cultura latina. Sería un error pensar que esta cultura tiene que ser producida por el esfuerzo consciente de un grupo de intelectuales o de una nueva escuela de teología; esta cultura ya se da a través de la piedad popular del pueblo y de los pobres. El teólogo, además de aprender del pueblo, tiene que escuchar lo que el Espíritu Santo ha realizado a través del trabajo de los santos que han dado forma a esta piedad popular.

Algunos de los santos que han dado forma a esta piedad popular ya están en los altares o son muy conocidos: desde Toribio de Mongrovejo a santa Rosa de Lima o a Motolinia, etc. Sin embargo, la gran mayoría de ellos es desconocida: son sacerdotes y laicos, madres y padres, hombres y mujeres que han vivido las alegrías, las penas y los dramas de su vida en la fe, y en la misma fe han educado a sus hijos y a su gente; han creado la religiosidad popular, que constituye la fe viviente del pueblo.

Las élites siempre han despreciado este sistema de creencias y prácticas devocionales, que siempre estuvieron bajo la sospecha de estar muy contaminadas y mezcladas con residuos de mitologías paganas precristianas. Tello no niega que pueda ser necesario purificarlas y que esa sea la tarea del teólogo. A pesar de ello, son de suma importancia. Se trata de la nueva síntesis de la fe

---

14 Este es el punto de convergencia fundamental que Tello tiene con san Juan Pablo II. Véase: Iglesia católica. Papa san Juan Pablo II (2 de junio de 1980). *Discurso del santo padre Juan Pablo II a la Organización de las Naciones Unidas para la Educación, la Ciencia y la Cultura –Unesco*. Puede consultarse este documento en el portal *web* vatican.va.

latinoamericana. El teólogo conoce el contenido objetivo de la fe (y esta es la razón por la que tiene que conocer a santo Tomás), pero el pueblo conoce la manera en que hay que creerlo, el método en que ese contenido objetivo se convierte en la forma subjetiva de la vida de los pueblos.[15]

En su teología, Tello se basa en una experiencia pastoral extraordinaria. Él fue, junto con Geraldo Farrell, el gran animador de la primera peregrinación juvenil a Luján. La peregrinación pasó de contar con la participación de unos pocos de miles de personas en 1975 a más de un millón en un periodo de tiempo comparativamente corto. Él tiene, además, un gran y sólido trasfondo intelectual. Parece sentir una profunda simpatía hacia las reflexiones de Giuseppe de Luca en Italia y Henry Brémond en Francia.[16]

La historia tiene muchas capas. Una de ellas es la historia política. Más profunda es la capa de la historia económica, la forma en que el hombre trabaja para reproducir su existencia material y constituir su civilización material. Una tercera capa concierne a la autoconciencia de los pueblos, la idea que tienen de sí mismos. De esta autoconciencia depende la capacidad del hombre para entrar en una interacción práctica con el entorno (trabajo) y también su capacidad de aprehender cognitivamente el mundo a su alrededor, así como constituir vínculos personales con otros seres humanos. Es posible que esta parte del pensamiento de Rafael Tello fuera influenciada por el trabajo de Justino O'Farrell,[17] quien trabajó en la relación entre la estructura y la superestructura. Comenzando con Gramsci y Lukács, terminó volviendo "bocabajo" la doctrina tradicional marxista de la relación entre la estructura y la superestructura y pavimentó el camino hacia una reflexión sobre la subjetividad del pobre y hacia una transición del concepto de proletariado hacia el de pueblo.

A través de los santos el evento original de Jesucristo acontece de nuevo en la historia de los pueblos y las nuevas culturas. La revelación se concluye

---

[15] Albado, O. (2010). La teología afectiva como modo de conocimiento del pueblo en la pastoral popular del padre Rafael Tello. En *Vida Pastoral, 287*.

[16] Véase: Brémond, H. (1968). *Histoire littéraire du sentiment religieux en France depuis la fin des guerres de religion jusqu'à nos jours*. París: Colin. Véase también: De Luca, G. (1962). *Introduzione alla storia della Pietà*. Roma: Edizioni di storia e letteratura.

[17] O'Farrell, J. (mayo de 1969). La cultura popular latinoamericana. En *Antropología del tercer mundo. Revista de ciencias sociales, 1. 2.*

en sí misma en sentido de que su contenido no puede cambiar y nada puede añadírsele. Este evento, sin embargo, sucede una y otra vez en la historia. La Iglesia, como institución, tiene el deber de proporcionar la garantía de que lo que suceda ahora en América Latina se corresponda exactamente con el evento original en la Palestina del primer siglo después de Cristo. Esta visión no implica ningún relativismo o la creación de una nueva Iglesia. Al contrario. Añade una nueva dimensión de comprensión de la fe común de todos. El contenido esencial de la revelación es dado, de una vez por todas, desde el comienzo. El significado esencial del evento, sin embargo, se despliega a través de la historia de la evangelización.

¿Cuáles son las principales características de la religión popular que la diferencian de la religión de las élites? Tello piensa que la religión de las élites ha sido ajustada dentro de una cosmovisión más amplia que adopta ante el mundo, y también ante el hombre, una actitud objetivante.[18] El otro hombre es visto como objeto en función de la actividad y la capacidad productiva que posee. El hombre se relaciona con sus semejantes, pues, como si fueran objetos, de la misma forma que lo hace consigo mismo. La acción no se vive desde dentro, sino que, en cierto sentido, se observa desde fuera. El problema fundamental de la vida cristiana parece consistir en el cumplimiento de un conjunto de reglas rigurosamente determinadas. Esta actitud objetivante se puede conectar fácilmente con la preocupación de maximizar los resultados. Si usamos una terminología marxista, puede decirse que coincide con el privilegio dado al valor de cambio sobre el valor de uso. Los sentimientos propios, anhelos y demandas se colocan entre paréntesis. El peligro es, por un lado, que aquellos que no son necesitados para maximizar la producción son descartados (marginados), y los ganadores del juego pierden la capacidad de regocijarse en la vida y hacer uso de su riqueza para cualquier buen propósito (terminan alienados). A través de la posesión de bienes pierden la capacidad de experimentar la participación en una auténtica comunidad humana.

---

[18]   Tello, R. (2016). *El cristianismo popular. Ubicación histórica y hecho inicial en América*. Buenos Aires: Fundación Saracho-Agape.

El punto de vista de una cultura popular es el opuesto. Comienza con la experiencia del sujeto, con su demanda de felicidad y de reconocimiento de su dignidad humana. Con sus anhelos, expectaciones y esperanzas. Comienza con las necesidades y los deseos humanos. En lenguaje marxista, podría afirmarse que lo que halla en el centro es el valor de uso. Se ve en la experiencia de una fiesta, donde las cosas se comparten y se dan con objeto de expresar la propia alegría y en como uno se recrea en la felicidad del prójimo. La cultura popular está mucho más cerca que la cultura ilustrada de la experiencia de la *gratia gratis data*; la gracia dada sin ninguna razón previa por Dios, que anticipa todos los méritos posibles.[19] Esta idea tiene relación con la de la humillación injustamente sufrida y el anhelo de liberación. En la cultura popular permanece el trauma de la conquista y la exigencia de que sea de alguna forma reparado. Esta exigencia histórica puede encontrar al final tan solo un cumplimiento escatológico. Un signo de este cumplimiento escatológico es la experiencia de la fiesta y la comunidad, la eucaristía y la peregrinación, pero también aparece en la lucha por construir y conquistar condiciones de vida más humanas para los pobres.

Una importante diferencia con otras teologías de la liberación es la distinción entre el "escatón" y sus signos históricos. Esto preserva la teología del pueblo del milenarismo mientras que, a la vez, alienta la lucha por la liberación. Esta lucha adquiere, sin embargo, una dimensión específica, no ideológica. El camino queda abierto para la lucha por políticas de reforma realistas.

Para un mayor desarrollo de este enfoque, hay que considerar dos problemas. Uno de ellos está en la oposición entre la cultura de las élites y la de los pobres latinoamericanos. Tello propone una crítica ética del capitalismo, que lo liberaría de las limitaciones de la crítica "científica" marxista, la cual fracasó, y de la obligación de imaginar una transición al comunismo y al sistema social comunista. Es el mismo enfoque de *Laborem Exercens* y *Centesimus Annus*. Esto le deja, sin embargo, frente al problema de integrar en la cultura popular el momento de la organización racional de la producción.

---

[19] Tello, R. (2017). *El cristianismo popular II. Las virtudes teologales. La fiesta*. Buenos Aires: Fundación Saracho.

La cultura popular, por regla general, expresa políticas redistribucionistas cuando entra en contacto con la política, pero no tiene la capacidad de formular políticas de crecimiento económico. Esto implica una incapacidad para el gobierno. ¿Es posible incorporar dentro de la cultura popular el momento de la consideración y organización objetiva de los factores productivos? El problema podría formularse también de las siguientes formas: ¿puede la cultura popular integrar en sí misma los momentos de creatividad individual y responsabilidad de la producción?, ¿cómo puede el pobre adquirir una cultura de gobierno, convertirse en clase dominante o expresar una clase dominante coherente con su cultura?

La capacidad de pensar un mundo de objetos puros es la principal característica de la ciencia moderna, tanto en el campo de las ciencias naturales como en el de las ciencias sociales. ¿Puede el pobre latinoamericano interiorizar esta dimensión sin perder su alma y su identidad cultural? No se puede continuar aquí este curso de razonamiento porque llevaría demasiado lejos del alcance del presente trabajo. Debe ser suficiente señalar que quizás algunas respuestas a estas preguntas puedan encontrarse en los trabajos de otro representante de la teología del pueblo: Alberto Methol Ferré.

La segunda pregunta que Tello deja abierta es la de la inculturación de la fe cristiana en la cultura de los vencidos, de los colonizados. ¿Cómo sucedió? ¿Cómo fue posible? Es importante recordar en este punto que se está hablando de un hecho. No es algo que tenga que ser producido a través de una inteligente estrategia cultural y pastoral. Es algo que ha sido realizado por el Espíritu. Si queremos cooperar con el Espíritu, debemos intentar comprender la forma en que operó, y aún opera, en la historia.

La teología del pueblo y la teología india

Si la cristiandad tuviera que entrar en relación vital con la cultura de los vencidos, tendría que superar un obstáculo fundamental: su cultura estaba esencialmente ligada con la religión, la mitología y la cosmogonía de las culturas indias, las cuales eran todas paganas y, en cierto modo, directamente opuestas a la fe y a la moral cristianas.

Para tener mejor visión de este controvertido problema, hay que salir de Argentina. Ya se ha enfatizado que Argentina es uno de los países más europeizados de América Latina. Con objeto de profundizar en la comprensión del mestizaje latinoamericano, conviene acudir a países que han vivido de forma más cruda y directa esta experiencia histórica. Entre ellos están Perú, los países de América Central o México. Optaremos por México, y la causa de esta elección se revelará pronto.

En la década de los 90, una nueva corriente teológica irrumpió en las discusiones dentro de la Iglesia latinoamericana. En cierto sentido, puede ser vista como una variante de la teología de la liberación que pretende tomarse muy en serio la inculturación de la fe cristiana en las culturas americanas originales.

En 1992 hubo celebraciones generalizadas por el quinto centenario del descubrimiento de América. Muchos representantes de las culturas aborígenes se sintieron indignados. Para ellos, la memoria del descubrimiento va unida a la de la violencia sufrida a manos de los conquistadores.[20] Corren el riesgo de olvidar que la piedad popular latinoamericana ya ha creado algo nuevo que no puede reducirse ni a cultura de conquistadores, ni a cultura de conquistados. Tienen, sin embargo, el mérito de traer a colación el problema teológico sobre si la fe cristiana puede florecer en el seno de las culturas aborígenes indias o dentro de la cultura popular latinoamericana que se deriva parcialmente de ellas, sin que pierdan su identidad o se destruya la de dichas culturas.

Para buscar una respuesta a esta pregunta, debemos considerar tanto la historia de la evangelización como ciertos aspectos estructurales de la religiosidad popular latinoamericana.

En la piedad popular de los latinos, el rol de la Virgen María es absolutamente central. En todos los países católicos, la devoción mariana ha sido alentada por la jerarquía católica a modo de defensa contra el protestantismo. La piedad mariana latinoamericana tiene rasgos absolutamente originales.[21] Se encuentra bajo la sospecha de ser el receptáculo de restos apenas camuflados de religiones paganas precristianas. Sin duda, también en Europa, el culto

---

[20] Bottaso, J. y Beozzo, J. (1993). *La Iglesia y los indios: ¿500 años de diálogo o de agresión?* Roma: MLAL.

[21] Vences, M. (2009). Manifestaciones de la religiosidad popular en torno a tres imágenes marianas originarias: la unidad del ritual y la diversidad formal. En *Latinoamérica. Revista de estudios latinoamericanos, 49.* pp. 97-126.

a la Virgen María y a los santos fue sospechado de criptopaganismo, y esta es la razón por la que fue rechazado por los protestantes. En América Latina, esta acusación ha resurgido y su impacto es mucho mayor. Lo que queda del paganismo pertenece a una cultura que practicaba sacrificios humanos en sus rituales y que, además, había sido exorcizada por los españoles como demoniaca. ¿Qué relaciones pueden hallarse entre esta cultura y la fe cristiana? ¿Cómo puede la fe cristiana encontrar una inculturación en esta cultura?

Una primera respuesta viene de la historia de la evangelización en México. En los primeros años tras la Conquista, la sociedad de las primeras culturas mesoamericanas colapsó.[22] Los españoles impusieron su dominio con violencia. Eran menos y temían que la rebelión de las masas oprimidas pudiera acabar de forma súbita con su poder y con sus vidas. Mucho peor que los españoles fueron la viruela y otras enfermedades traídas por los europeos para las que los indios no habían desarrollado ningún tipo de inmunidad.

Un tercer factor, quizá tan importante o incluso más, fue el colapso del orden simbólico que sustentaba a las culturas mesoamericanas.[23] Estas culturas estaban dominadas por un sentimiento muy agudo de contingencia. ¿Por qué el sol se alza cada mañana? ¿Podemos darlo por garantizado? Y si es así, ¿por qué? ¿Cómo podemos estar seguros de que las semillas germinarán y producirán cultivos a su debido tiempo para permitir nuestra subsistencia durante otro año? Todo esto se remonta a los dioses, que dan su sangre para que el sol disponga de la energía necesaria para salir, para repeler las sombras y fertilizar la tierra. Los dioses que dan su vida por el sol tienen la necesidad de recibir la vida, a su vez, de la sangre de los hombres. Se da una economía circular basada en la sangre, donde los humanos ofrecen su sangre a los dioses y estos ofrecen sus vidas al sol. El sol da a la tierra el poder de producir frutos y mantener la vida humana en la tierra.[24] Cuando este ciclo simbólico es interrumpido, la realidad en su conjunto se vuelve carente de sentido. El hombre ya no

---

22 León-Portilla, M. (1992). *The Broken Spears: the Aztec Account of the Conquest of Mexico*. Boston: Beacon Press.

23 Lacan, J. (1997). *Ècrits: a Selection*. London: Routledge.

24 León-Portilla, M. (1990). *Aztec Thought and Culture: A Study of the Ancient Nahuatl Mind*. Norman: University of Oklahoma Press.

puede encontrar su lugar en la totalidad cósmica. El caos gana su lucha contra el orden y el cosmos, y ya no merece la pena ni trabajar ni vivir. Muchos mexicas dejaron de defenderse y permitieron su propia masacre sin oponer resistencia. Muchos se suicidaron, otros dejaron de labrar sus tierras y se dejaron morir. Cuando la autoconciencia de la gente se rompe, las interrelaciones con otros seres humanos y con la naturaleza dejan de funcionar.[25]

En este contexto, las conversiones al cristianismo fueron muy pocas. Entonces, la Virgen se apareció en el Tepeyac a un indio cuyo nombre era Juan Diego. Como señal de su presencia, plasmó su imagen en el manto del indio. Ella le dijo a Juan Diego que era su madre, madre de su gente. Quería que se erigiera un templo en su honor en la colina donde se encontró con Juan Diego. Su deseo era tener un hogar cerca de sus hijos para poder escuchar sus demandas y consolar sus penas. Después de muchas vicisitudes, Juan Diego convenció al arzobispo Juan de Zumárraga para construir la basílica de Guadalupe.[26] Somos libres, por supuesto, de creer o no en la historia de esta aparición sobrenatural. No podemos dudar, sin embargo, del hecho de que, tras la aparición, el número de indios que pidieron ser bautizados aumentó gradualmente. En apenas unos años, la totalidad de la población indígena de México fue bautizada y fue integrada en un nuevo orden social, aunque en el nivel más bajo. ¿Qué había ocurrido?

La colina del Tepeyac fue una vez el lugar del santuario de otra madre que no fue la madre de Jesús. Ella fue la madre de los dioses y hombres mexicas, Tonantzin. No está claro cuáles eran las principales características de esta diosa. El pensamiento mítico no acepta una soberanía rígida del principio de no contradicción. En general, Tonantzin parece ser una madre amable y perdonadora y, como tal, no quiere que se den sacrificios humanos. Sin embargo, se dan excepciones a esta regla general. Esta diosa es reverenciada con diferentes nombres, y algunos de ellos pueden mostrar cualidades feroces. Quizás Tonantzin no sea una diosa, sino una cualidad divina común a una pluralidad de diosas. En todo caso, Tonantzin no es una divinidad típica mexica. Seguramente,

---

[25] Garibay, A. (1987). *Historia de la literatura náhuatl*. México: Porrúa.

[26] Galera, J. (2001). *Nican Mopohua. Breve análisis literario e histórico*. México: Porrúa.

tiene raíces más antiguas, provenientes de la más amplia cultura mesoamericana, y su recepción en el panteón mexica debe haber sido complicada, cosa que explicaría las incertidumbres y contradicciones que detectamos en torno a su figura. No se pretende aquí profundizar en estos intrincados problemas por interesantes que resulten, por lo que conviene dejarlos a los especialistas de la cosmología y mitología mesoamericana.[27]

La colina de Tepeyac no fue solo el lugar de un antiguo santuario dedicado a Tonantzin. La imagen milagrosa de la Virgen, así como lo que se transmite de la aparición, exponen aparentes parecidos con las características de Tonantzin. Algunos teólogos han cuestionado la autenticidad de la aparición y la devoción a la Virgen de Guadalupe como una forma inaceptable de sincretismo.[28]

Conviene mencionar que hay también algunos rasgos que diferencian con claridad a la Virgen de Tonantzin. El primero radica en el hecho de que la Virgen proclama con claridad que es "la eterna Virgen, madre del dios verdadero". No es la madre de varios dioses, sino de uno. Este dios, además, es el verdadero, y parece implicar con ello que los otros dioses son falsos.

La imagen tiene un nivel de realismo que es ajeno a las representaciones comunes de los dioses mesoamericanos y muestra también una relación diferente y más calmada en relación al cuerpo humano en general, y el femenino en particular.

La señora de Guadalupe es una virgen y Tonantzin no. Esta virgen, sin embargo, es eterna, y María fue, de acuerdo con la doctrina cristiana, una mujer real nacida en Palestina unos quince o veinte años antes del nacimiento de Cristo. ¿Qué significa que la Virgen es eterna? Aquí hallamos una dificultad que es característica del cristianismo. Los mexicas (al igual que los romanos) no tenían mayor dificultad en añadir a sus respectivos panteones dioses de otros pueblos. Los dioses eran personificaciones de diferentes fuerzas de la naturaleza, y no era difícil imaginar que la misma fuerza de la naturaleza hubiese sido venerada por otros pueblos bajo otro nombre. Así, por ejemplo, el

---

27   Lafaye, J. (2006). *Quetzalcóatl y Guadalupe: la formación de la conciencia nacional en México*. México: Fondo de Cultura Económica.

28   Chauvet, F. (1978). *El culto guadalupano del Tepeyac: sus orígenes y sus críticos en el siglo XVI*. México: Centro de Estudios Bernardinos de Sahagún.

arquetipo de maternidad puede haber sido venerado por los mesoamericanos con el nombre de Tonantzin y por los cristianos con el de María. En este sentido, todos los arquetipos de las religiones naturales son eternos. El cristianismo, al contrario, es una religión histórica donde el eterno entra en un tiempo concreto, en un momento preciso y en el lugar adecuado. María no es un arquetipo. Es una mujer. La desconfianza de algunos teólogos hacia la aparición en Tepeyac no carecía de motivación.

Se ha tratado el evento de Guadalupe con cierta extensión porque parece tener, para la Iglesia latinoamericana y para la autoconciencia latina, un carácter fundacional. Algo ocurrió que fue totalmente inesperado, al margen de la pastoral regular planificada por la Iglesia. La autoridad de la Iglesia está llamada a reconocer este evento como una representación auténtica del evento original y verdadero de Jesucristo, o bien a repudiarlo. El libro de la revelación está cerrado y nada puede serle añadido. Las revelaciones privadas (y la de Guadalupe es una de ellas) solo pueden confirmar o contradecir el contenido original de la revelación.

Para la teología católica no hay duda de que María fue una mujer real. ¿Puede ser al mismo tiempo la virgen eterna? ¿Puede una mujer real ser a la vez la concretización de un arquetipo?

En las escrituras encontramos dos lugares en que María aparece y asume la connotación de un arquetipo. El primero es el libro del Génesis. Dios pone enemistad entre la semilla de la mujer y la semilla de la serpiente.[29] En primera instancia, esto puede parecer extraño porque la mujer no tiene semilla (o al menos esta era una convicción generalizada en el mundo antiguo). La semilla de la mujer parece aludir al hijo de la Virgen, generado a través del poder del Espíritu Santo. Hay algo en la mujer que resiste el poder de Satán y anticipa la piedad de Dios. María incorpora en una mujer realmente existente este arquetipo. El segundo lugar en que María aparece como arquetipo es en el Apocalipsis.[30] En él vemos como se completa lo que fue anunciado en el Génesis.

---

[29] Gn. 3: 15.
[30] Ap. 12.

¿Podemos considerar a Tonantzin como un arquetipo natural de la madre de Dios, para que así la María de Guadalupe pueda, en cierto sentido, ser identificada con la diosa mesoamericana sin perder su determinación histórica? Para responder esta cuestión, los resultados de la excelente tesis doctoral de Pedro de Alarcón Méndez serán de gran ayuda.[31] Su título, *El amor de Jesús vivo en la Virgen de Guadalupe*, puede dar la impresión de que se trata de un libro devocional, pero no es así. Se trata de una investigación antropológica y teológica muy sólida. Junto a este libro, puede usarse para profundizar en el asunto el excelente libro del cardenal Jean Daniélou sobre el misterio de la salvación de las naciones.[32] No negaré que, además, como trasfondo de esta investigación, residen algunas intuiciones de C.S. Lewis y J.R.R. Tolkien. Quizá puedan ser discutidas en otra ocasión.

Daniélou llama nuestra atención sobre el hecho de que la historia de la alianza de Dios con el hombre no comienza con Abraham. Las palabras de Dios en el paraíso terrenal contienen cierto tipo de promesa de salvación al mencionar que la descendencia de la mujer golpeará la cabeza de la serpiente. Después de esto se da la alianza de Dios con Noé, quien se convierte en el padre de toda la humanidad tras el Diluvio Universal. Esta alianza está inscrita en la estructura misma del mundo que nos rodea y en la del corazón humano, por un lado, y por el otro, continúa en todas las religiones naturales. En estas, hay que tener en cuenta que la revelación original a Noé se conserva, pero también se adultera. Dios anuncia en su revelación la positividad del ser y la victoria definitiva del bien sobre el mal. Hay, sin embargo, en un mundo corrompido por el pecado original, muchas buenas razones para pensar que Dios no será fiel a su promesa o bien porque no quiere (no es bueno), o porque no puede (no es omnipotente). El diablo entra en la estructura interna de las religiones naturales esparciendo la duda sobre la bondad y la omnipotencia de Dios. Las religiones naturales son, entonces, un compromiso inestable entre el bien y el mal, entre lo divino y lo demoniaco.[33] Están atravesadas por una tensión interna en-

---

31 De Alarcón, P. (2019). *El amor de Jesús vivo en la Virgen de Guadalupe*. Edición del autor.

32 Daniélou, J. (1972). *Le mystére du Salut des Nations*. París: Ed. du Seuil.

33 Jung, C. (2008). *Acerca de la psicología de la religión occidental y de la religión oriental*. Madrid: Trotta.

tre elementos que son *semina Verbi* y preludio del evento de Cristo y elementos que se le oponen. Cristo es el sí definitivo de Dios y soluciona el enigma constituyente de cada religión natural.[34]

A la luz de estas reflexiones puede entenderse mejor el significado de la aparición de Guadalupe. La Virgen eterna, la Virgen como contenido de la promesa de Dios en el jardín del Edén, está de alguna forma contenida en Tonantzin, pero desfigurada. María hace uso de un arquetipo de la cultura mesoamericana y muestra como puede ser leído ante la perspectiva de la venida de Cristo. A la vez, purifica el arquetipo y reorienta su significado. Esto se corresponde con la idea católica de la Inmaculada Concepción de la Virgen. Precisamente por este hecho, puede llevar a todas las culturas humanas y religiones a sus significados originales y, de esta forma, permitir que sean capaces de recibir la presencia del Hijo.

Las culturas mesoamericanas solían pensar que había ciclos en la historia humana, y que cada uno estaba destinado a terminar con una catástrofe final. La Conquista española sería la catástrofe que terminó con la era de los mexicas. Cada vez que terminaba una era, surgía la duda legítima de si se encontraría un nuevo balance cósmico, o si la vida del hombre desaparecería para siempre de la faz de la tierra.

María de Guadalupe dice a los pueblos mesoamericanos que una nueva era comienza, y que un nuevo balance ha sido hallado.[35] Jesús ha pagado con su sangre el precio de la afirmación definitiva de la positividad del ser. Los sacrificios humanos se hacen innecesarios. En la misa se ofrece el cuerpo y la sangre de la única víctima, y este sacrificio reconstituye el vínculo vivo entre los poderes cósmicos y el hombre, así como de los hombres entre sí. El sentimiento de estar abandonado en un mundo de contingencia absoluta es superado. De nuevo tiene sentido labrar la tierra con la razonable seguridad de que dará frutos, curar las enfermedades con la razonable esperanza de recuperar la salud, casarse y tener hijos con la razonable esperanza de que crecerán y madurarán.

---

[34] 2 Cor. 1: 19-20.

[35] León-Portilla, M. (2000). *Tonantzin Guadalupe: pensamiento náhuatl y mensaje cristiano en el "Nican mopohua"*. México: Fondo de Cultura Económica.

Todas estas esperanzas no dependen del intercambio de favores divinos por sangre humana. Son confiados a la misericordia infinita del único Dios verdadero a través de la intercesión de su madre.

Un nuevo universo simbólico ha sido reestructurado. El indio puede hacerse cristiano sin renunciar a su identidad cultural; no tiene la necesidad de convertirse en español para hacerse cristiano. La cultura popular del pobre latinoamericano nació en Guadalupe. Aquí nos hallamos en las raíces del mestizaje.

Parece que para desarrollar al máximo sus potencialidades, la teología del pueblo ha de encontrarse con la teología india, ya que le proporciona el sentimiento del hecho de que el Espíritu está activo en la historia, y que el teólogo tiene que comenzar con lo que realmente sucedió, y no con la afirmación abstracta de como las cosas deberían haber sucedido en un mundo ideal.

Resumamos ahora los resultados de nuestra investigación:

La historia tiene múltiples capas. La más profunda es la autoconciencia humana. Esta autoconciencia se configura a través de la relación que el sujeto establece con lo absoluto, lo incondicional. La historia de la religiosidad vivida o de la piedad popular (no necesariamente de la teología culta) es, por lo tanto, de vital importancia para comprender la historia humana en general.

La teología del pueblo aprecia esta verdad y trata de comprender al latinoamericano pobre a la luz de su autoconciencia fundamental, formada a través de la evangelización.

En este punto, la teología del pueblo se enfrenta a un problema: la cultura originaria de los latinoamericanos pobres, que es en gran medida pagana y no cristiana. Por tanto, hay que asumir y depurar esta cultura pagana mesoamericana. En el caso de los mundos griego y latino, este proceso se dio principalmente (aunque no solo) en el ámbito cultural, a través de las mediaciones de Platón, Aristóteles, san Agustín y santo Tomás. En el caso latinoamericano, ocurrió en la cultura popular mediante el evento de la aparición de Guadalupe.

Para comprender este evento de forma reflexiva, debemos repensar el concepto de la revelación. Para ello, podemos confiar en el trabajo teológico de Jean Daniélou. Debemos redescubrir, asimismo, la idea de la alianza y la promesa original de Dios, a través de Noé, con toda la humanidad. Esta promesa continúa vigente en las diferentes religiones y culturas humanas, aunque adulterada. Después de Jesucristo, estas tradiciones pierden su valor: deben reconocer o rechazar a Jesús como la realización de la promesa de Dios. Ahora bien, "después de Jesús" quiere decir después de la segunda venida del Señor. El tiempo presente, el tiempo de la Iglesia, es el tiempo dado a los hombres para el arrepentimiento y la conversión. En él, Cristo debe ser predicado a todos los pueblos, pero solo Dios puede decidir cuándo se agota el tiempo de misericordia. Esta es también la base del diálogo interreligioso en el que se fundamenta la positividad de las religiones no cristianas en esta etapa de la historia de la salvación.

2

Platón, Nietzsche
y la Virgen de Guadalupe

1. Las perfecciones puras y la postmodernidad
Consideraciones filosófico-teológicas

Josef Seifert ha afirmado y demostrado que la teoría de las perfecciones puras constituye el núcleo esencial de la filosofía de Platón.[1] Las propiedades que experimentamos en el mundo son todas, por su naturaleza misma, limitadas. Pero no son limitadas tan solo desde un punto de vista factual, son limitadas por esencia.

Una limitación factual consiste en que una propiedad existe tan solo en cierta medida en un objeto dado. Por ejemplo, un levantador de pesas es fuerte, pero puede haber otro que lo sea mucho más porque la medida de su fuerza es cuantitativamente limitada.

Una limitación esencial, por su parte, consistiría en el hecho de la contradicción de pensar cierta propiedad como infinita y considerarla, a la vez, como una propiedad positiva; como una perfección. Si pensamos, por ejemplo, en unos músculos grandes y robustos, puede decirse que son tan hermosos como quien tiene una estatura alta. Sin embargo, los griegos eran bien conscientes del hecho de que eso es cierto solo dentro de cierto límite. Más allá de ese límite, la ventaja se transforma en un defecto, a saber, que cuando

---

[1] Seifert, J. (2002). The Idea of the Good as the Sum-total of Pure Perfections. A Nueva Perso-nalistic Reading of Republic VI and VII. En *Nueva Images of Plato: Dialogues on the Idea of the Good*. pp. 407-424. Recuperado de: https://www.academia.edu/6037799.

141

los músculos no mantienen una relación proporcional entre sí no son hermosos, sino feos, o que una estatura excesiva y desproporcionada es horrorosa.

Los griegos siempre prestaron especial atención a la belleza del cuerpo humano; incluso desarrollaron un canon de su belleza, determinando en este las justas proporciones de las diferentes partes del cuerpo entre sí.[2]

Michel Foucault dirigió nuestra atención hacia el papel central del cuidado del cuerpo en la antigüedad helenística. Sin embargo, el cuidado del cuerpo nos introduce en una dimensión más allá del cuerpo mismo.[3] Lo que constituye la belleza de este no son sus elementos materiales constitutivos, sino el valor inmaterial que se da en la armonía. Los componentes materiales son hermosos en la medida en que ejercen su función como partes componentes. Asimismo, la belleza de las partes depende de la belleza de la totalidad de la cual forman un todo. Fuera de las justas proporciones, las partes pierden la cualidad de ser perfecciones, es decir, de perfeccionar la totalidad de la que forman parte.[4]

La validez de esta cuestión se extiende no solo a la belleza, sino también a la fuerza. Cualquier médico deportivo sabe muy bien que la fuerza es una propiedad del cuerpo en su conjunto. Una masa muscular desproporcionada que no mantenga una justa proporción con la totalidad del cuerpo no podrá expresar su fuerza en el ejercicio atlético, y acabará sufriendo distensiones musculares. Aristóteles hace una clara distinción entre el cuerpo bien entrenado y hermoso del hombre libre y las masas musculares desproporcionadas, que sirven solo para ejecutar algunos trabajos extremadamente pesados, y que hacen feo el cuerpo del esclavo.[5]

Las perfecciones del cuerpo (y en general todas las perfecciones materiales) no pueden ser perfecciones puras no solo en acto, sino que tampoco esencialmente (es decir, a causa de su propia esencia).

---

2   Berger, E., Müller-Huber, B., Thommen, L. (1996). Der Entwurf des Künstlers. Bildhauerkanon in der Antike und Neuzeit. En *L'Antiquité Classique, 65* (1). pp. 533-534.

3   Foucault, M. (2019). *Historia de la Sexualidad: vol. 2. El uso de los placeres*. Madrid: Siglo XXI.

4   Leonardo da Vinci estableció esta idea de proporción en el centro de su actividad científica y artística. Véase: Perissa, A. (2009). *Leonardo. L'uomo vitruviano fra arte e scienza*. Venecia: Marsilio.

5   Aristóteles. *Política*. 1254b.

¿Dónde pueden encontrarse entonces las perfecciones puras? Por supuesto que en el espíritu. Una primera perfección pura, que es probablemente la primera y la decisiva, ya ha sido mencionada: es la armonía. ¿Puede tenerse la intuición de una armonía infinita? Sí. ¿Hay una contradicción esencial en la idea de una armonía pura? No. Tenemos una intuición inmediata de una situación *de facto* necesaria: la armonía puede ser pensada como infinita. Igualmente, tenemos una intuición inmediata en el hecho de que siempre es mejor tener más armonía que menos. Ambas funcionan como las dos caras de la misma moneda. A una armonía podemos renunciar solo en nombre de otra más alta que deba ser realizada a través de esta renuncia provisoria.

Hay otras perfecciones que pueden ser pensadas como infinitas. Las que se mencionan más frecuentemente son la belleza, la verdad y el bien. En cierto sentido, la belleza es lo mismo que la armonía. La verdad, por su parte, es un requisito previo e indispensable de la armonía. ¿Podemos quedar satisfechos con una armonía solo simulada y no verdadera? ¿O acaso con un amor que es falso y no auténtico? El bien es lo que todos los entes persiguen para conseguir la perfección. Es el cumplimiento de la dinámica interna de todos los entes.

Cada una de estas perfecciones requiere de las otras para poder ser ella misma. Las tres perfecciones mencionadas pueden subsistir solo en una relación recíproca entre ellas. Esta relación es, propiamente, la armonía que se ha establecido al principio de esta argumentación.

En la concepción platónica, estas tres perfecciones convergen en la idea más alta que resume en sí todas las ideas: la idea de Dios. El espíritu humano puede elevarse hasta ella. La idea de Dios es la armonía en que todo converge. Esta es también la *idea del uno*. El uno es también una perfección pura, quizás la más importante. Puede decirse que el uno es el nombre metafísico de la armonía más alta que involucra todo en sí.

Fuera del uno, las otras perfecciones puras no pueden subsistir porque podrían ser dirigidas y opuestas las unas a las otras. El uno es la idea de la recíproca pertenencia entre las perfecciones puras.

¿Es el ser también una perfección pura? Esta es una cuestión delicada. ¿Es siempre cosa mejor el *ser* que el *no ser*? En la vida encontramos lo que es negativo, feo, malo, horroroso... ¿Cuál es el estatuto ontológico de lo negativo, es decir, su sistema de definiciones y reglas? Si el mal propiamente *es*, es difícil decir que el ser es siempre mejor que el no ser. Jesús dijo de Judas que para él hubiera sido mejor nunca haber nacido.[6] ¿Hubiera sido mejor un mundo sin Judas?

San Anselmo está convencido de que el ser es una perfección pura. Está tan convencido que atribuye esta propiedad a Dios no solo en sentido de que Dios la posee, sino además en sentido de que él la posee necesariamente. Un ser absolutamente perfecto debe existir por necesidad, y el ser pertenece necesariamente a su perfección. Este ser absolutamente perfecto sería Dios.[7]

La idea de Platón es así identificada con el Dios del Antiguo y del Nuevo Testamento.

La postura de san Anselmo es absolutamente coherente desde su cristiandad. El dios cristiano es quien ha creado el cielo y la tierra de la nada. Él es un dios creador, y todo cuanto ha creado también lo ha aprobado y declarado explícitamente como bueno.[8] Esta afirmación de la positividad del ser ha sido confirmada en la alianza de Dios con Noé en primer lugar, y después con Abraham.[9] Lo malo no pertenece esencialmente al ser.

¿Y de dónde viene entonces el mal? Porque no puede negarse que el mal también *es*; es una inevitable experiencia de la vida. La respuesta judeocristiana es sencilla: Dios ha querido en el mundo la libertad, y esta es una característica esencial de la realidad que Dios ha creado. La libertad implica, sin embargo, la capacidad de decir "no" a la realidad, al ser y a Dios mismo. La libertad también es una perfección pura, pero ella contiene en sí la posibilidad de destruirse a sí misma y de corromper el ser del mundo. Un mundo en que exista la libertad es absolutamente mejor que un mundo sin ella. Sin embargo, un mundo con libertad es un mundo en el que el mal es posible. De hecho, podemos expresar la misma situación con

---

6   Mt. 26: 24.

7   San Anselmo de Aosta (Canterbury). *Proslogion.* V.

8   Gn. 1: 4, 10, 12, 18, 21, 25, 28. Es quizás interesante observar que en Gn. 25, después de que Dios haya creado "todos los reptiles de la tierra según su especie", el autor expresamente comenta "y vio Dios que era bueno". Entre "todos los reptiles de la tierra" está incluida también la serpiente.

9   Véanse, respectivamente, Gn. 9: 1-17 y Gn. 17.

otras palabras: Dios dejó el mundo inacabado y ha confiado a los seres libres la tarea (otorgándoles también el poder) de completar la creación. Satán (y el hombre) hizo, sin embargo, un mal uso de este poder, empleándolo no para completar sino para destruir. No se completó la creación según el proyecto de Dios, sino que se subvirtió según un proyecto propio que acabó por destruirla (al menos parcialmente). He aquí el origen del mal. El ser es esencialmente bueno. El mal es una degeneración del ser, originariamente positivo, causada por el mal uso de la libertad. El mal, explicado mediante la libertad, no se caracteriza por una presencia, sino más bien por la ausencia; por la falta de una respuesta del ente libre al don del ser.[10]

La dificultad originaria se resuelve con la introducción de la distinción entre el mal ontológico y el mal moral. El ser creado por Dios es ontológicamente bueno, las perversiones del ser causadas por la intervención del diablo y del hombre pueden ser malas.

Ahora se entiende que no puede decirse que un mundo sin Judas hubiera sido mejor. Podemos (y debemos) decir que un mundo con un mejor Judas habría sido un mundo mejor. Judas se transformó a sí mismo en el traidor en que se convirtió.

Como cristiano, san Anselmo no solo tiene una explicación razonable del misterio del mal, sino que tiene también una solución para él. El misterio del mal contiene en sí cierta contradicción entre la omnipotencia de Dios y la libertad del hombre. La solución de este misterio es la encarnación, la cruz y la resurrección del Hijo de Dios, Jesucristo. Para vencer la resistencia de la libertad sin destruirla, Dios apuesta por otro tipo de omnipotencia; la omnipotencia del amor. El amor abraza la libertad de la persona amada y la convence sin violentarla.[11]

---

[10] Se puede decir que lo malo es resultado de un acto de *descreación* por parte de seres libres: Satanás y el hombre. Véase: Santo Tomás de Aquino. *Quaestiones disputatae de malo*, q.1.

[11] Dante Alighieri: *"Amor che a nullo amato amar perdona"* (amor que no permite al amado no amar). Es posible también otra interpretación del verso de Dante más relacionada con los celos, pero me parece menos próxima a la visión de Dante y no es filosóficamente relevante. También es posible traducir la frase como "amor que no perdona a ningún amado", pero según esta traducción, el amor no permitiría al amado amar a nadie más, y en este punto, el amor que se menciona es el de Gianciotto (el marido de Francesca), quien la matará. Esta lectura implica identificar el amor con la posesión, y no se corresponde con la leyenda. De acuerdo con la leyenda, Gianciotto embauca a Francesca en un matrimonio por motivos políticos, pero él no la ama. La traducción que aporto es coherente con la leyenda (Paolo es el amor verdadero

Hasta aquí llega san Anselmo, y con él, los filósofos y teólogos cristianos. Ahora cabe preguntarse: ¿es esta filosofía o teología del uno la auténtica filosofía de Platón? Hay buenas razones para dudarlo. El dios de Platón no es el creador del mundo; reposa en sí mismo y no tiene ningún interés por el mundo de los hombres. El mundo en que vivimos está hecho por otro dios subordinado: el demiurgo.[12]

En Platón no se da una creación desde la nada. La materia es increada y eterna. El demiurgo imprime en ella la forma que ha contemplado en el mundo de las ideas. Los objetos del mundo que así surgen tienen semejanza con las ideas que han servido como modelo para su fabricación. Esta semejanza es, sin embargo, limitada. La materia se resiste a la forma. La forma intenta hacer volver a la unidad a la infinita diversidad de las cosas del mundo, así como hacerlas visibles para el intelecto. Cuando el demiurgo cree haber conseguido su fin, debe ver una y otra vez como la materia no queda satisfecha con la forma que él le ha impuesto y se rebela. Así, todo el proceso inicia de nuevo. Esta manera de pensar corresponde a una tendencia generalizada del espíritu griego. El mundo emerge en la lucha infinita entre *peras* (el límite, la determinación) y *apeiron* (lo ilimitado e indefinido). La armonía marcada por el equilibrio es siempre inestable y provisional; debe siempre ser reafirmada y reconquistada de nuevo. El cosmos (el mundo ordenado por la razón) está circundado por el desmesurado desorden del caos. Los gnósticos añadirán posteriormente que el cosmos, al final, se hunde en el caos.

Si consideramos la filosofía de Platón desde este punto de vista, ya no se trata de una filosofía del uno. Es una filosofía del uno y, sin embargo, también del dos y de la lucha infinita entre ellos. Es una filosofía de la díada.[13]

Platón intenta superar la tensión del espíritu griego entre el principio apolíneo y el dionisiaco. Por medio del reconocimiento de las perfecciones puras, él separa las divinidades olímpicas de las ctónicas. Él establece un concepto purificado de lo divino y realiza una separación clara entre lo divino y

---

de Francesca), pero también con la tradición de los Minnesänger y del *amor cortese* sobre el poder del amor.

12 Platón. *Timeo*. 28c.

13 Gaiser, K. (1980). Plato's Enigmatic Lecture 'on the Good'. En *Phronesis, 25*. 1. p. 5 y ss.

lo demoniaco. Lo divino puede tan solo poseer perfecciones puras y debe ser incondicionalmente bueno, verdadero y bello. En relación a la idea originaria griega de lo divino, esto es una revolución. Una única propiedad caracterizaba antes lo divino: el poder. Los dioses no eran moralmente mejores que los hombres. Eran, simplemente, más fuertes y poderosos. Eran dioses y diablos al mismo tiempo. Los demonios, los dioses negativos, eran dioses con igual derecho que los dioses positivos. Es imposible dar cuenta del tamaño de esta revolución. Platón, sin embargo, no consiguió llevar a cabo su propósito.

¿Se puede considerar, pues, en Platón, al ser como una "perfección pura"? Parece que no. Lo negativo también posee al ser como materia que se opone a la forma. Este ser no puede ser considerado como una perfección pura. No puede decirse siempre, y bajo todas las circunstancias, que es mejor poseer el ser que no poseerlo. No poseer el ser no creado por Dios es mejor que poseerlo. El ser ideal, el ser de las ideas puras, es una "perfección pura". El ser material, el ser de la materia, no lo es.

Una consecuencia necesaria de la argumentación que hemos expuesto es que el dios de Platón no podría ser todopoderoso. Satán, es decir, la fuerza de lo negativo, sería tan poderoso como Dios, y la lucha de ambos principios entre sí sería infinita.[14]

Los gnósticos sacaron la conclusión de que nacen mundos, florecen civilizaciones que reducen el caos a cosmos, pero después de un tiempo, decaen y se hunden, y al final desaparecen nuevamente en el caos para dar paso a un nuevo eón. Esto es el eterno retorno de lo mismo.[15]

---

[14] Vittorio Hösle argumenta la superioridad del uno frente al dos (véase: Hösle, V. (1984). *Wahrheit und Geschichte*. Stuttgart: Frommann Holzboog. p. 459 y ss.). Heinz Happ opina que los dos principios son equivalentes (véase: Happ, H. (1971). *Hyle: Studien zum aristotelischen Materie-Begriff*. Berlín: De Gruyter. p. 141 y ss.). Hand Joachim Kramer y Giovanni Reale consideran una interacción compleja de los dos principios (véanse, respectivamente, Kramer, H. (1980). Neues Zum Streit um Platons Prinzipientheorie. En *Philosophische Rundschau*, 27. p. 1 y ss. y Reale, G. y Seifert, J. (2000). *Zu einer neuen Interpretation Platons: eine Auslegung der Metaphysik der grossen Dialoge im Lichte der ungeschriebenen Lehren*. Paderborn: F. Schoningh. p. 207 y ss., p. 309 y ss.

[15] Eliade, M. (2011). *El mito del eterno retorno: arquetipos y repetición*. Madrid: Alianza. Véase especialmente el capítulo relativo a los ciclos cósmicos y la historia.

A pesar de su enorme progreso filosófico, Platón no pudo superar el dualismo del espíritu griego.[16]

Friedrich Nietzsche acusó a Platón de haber desvirtuado el espíritu griego al expulsar fuera del mundo los poderes ctónicos. De las fuentes ctónicas era de donde tomaban los dioses olímpicos la energía para crear las obras de la civilización y del arte. Sin Dioniso, Apolo también debe morir. Ya se ha explicado como este reproche es, al final, carente de motivo. Platón deseaba superar el dualismo, pero no consiguió hacerlo. Él racionalizó la vieja mitología, pero sin poder vencerla por completo.[17]

La filosofía coherente del uno inicia solo con el platonismo cristiano, pues los cristianos tomaron la teoría platónica de las perfecciones puras y la trasplantaron en el fértil suelo de la teología de la creación del Antiguo y del Nuevo Testamento. Leamos las primeras palabras del Evangelio de san Juan: Ἐν ἀρχῇ ἦν ὁ λόγος, καὶ ὁ λόγος ἦν πρὸς τὸν θεόν, καὶ θεὸς ἦν ὁ λόγος. 2οὗτος ἦν ἐν ἀρχῇ πρὸς τὸν θεόν. 3πάντα δι' αὐτοῦ ἐγένετο, καὶ χωρὶς αὐτοῦ ἐγένετο οὐδὲ ἕν ὃ γέγονεν.[18]

---

[16] Pero, ¿pertenece el dualismo tan solo al espíritu griego? No sería difícil mostrar la presencia de este dualismo en muchas (¿todas?) otras cosmologías. Véase: Eliade, M. (2011). *El mito del eterno retorno: arquetipos y repetición*. Madrid: Alianza.

[17] En este punto, sería posible plantear el problema de si necesita siempre la filosofía apoyarse en una mitología previa que le proporcione los materiales iniciales de su reflexión. También cabría preguntar cuál es el ámbito propio de la autonomía de la filosofía. Por ahora, basta con mencionar el hecho de que este será un tema fundamental en la controversia entre Hegel y Schelling.

[18] Jn. 1: 1-3. "En el principio era el Verbo, y el Verbo era con Dios, y el Verbo era Dios. Este era en el principio con Dios. Todas las cosas por él fueron hechas, y sin él nada de lo que ha sido hecho fue hecho".
La versión del pasaje aquí presentada no se corresponde con la traducción castellana usual del pasaje de Juan, no porque no esté de acuerdo con la elección interpretativa de las traducciones al español, sino porque me parece más pertinente utilizar una traducción que muestre la gran semejanza y al mismo tiempo diferencia de significado que se da entre Platón y Juan. Véase este fragmento extraído en una Biblia traducida al español para que podamos comparar: "Al principio era el Verbo, y el Verbo estaba en Dios, y el verbo era Dios. Él estaba al principio en Dios. Todas las cosas fueron hechas por él, y sin él no se hizo nada de cuanto ha sido hecho". La traducción española nos transmite desde el principio la idea de inclusión del Verbo "en" Dios. La traducción usual traduce πρός τόν θεόν con "en Dios". En griego πρός puede significar "en" pero mas frecuentemente significa "cerca de", "al lado de". El texto que estamos examinando tiene la tensión dramática de la transición entre la visión platónica y la visión cristiana (trinitaria) de Dios. Platón no diría que el demiurgo está en Dios, sino que es cercano a Dios. Nunca diría que el demiurgo es Dios ("el Verbo estaba en Dios"). Esta tensión se

Es evidente que aquí se presenta una atmósfera platónica. No es difícil identificar al Logos con el demiurgo platónico. Al principio, el demiurgo está al lado de Dios, lo que es perfecto en una visión platónica. Pero llega a continuación una sorpresa revolucionaria que lo abarca todo: "y Dios era el Logos". El Logos no es, pues, un dios subordinado, como en Platón. Él es Dios mismo. Sin embargo, no hay dos dioses, sino uno solo. Para un buen discípulo de Platón, aquí todo empieza a tambalearse. Dios ya no aparece aislado en su autorreflexión infinita. Él no es solo un objeto contemplativo y un arquetipo para el demiurgo, sino que entra en relación directa con el mundo. Y después hay otro gran terremoto: "todas las cosas fueron hechas mediante la palabra". Filosóficamente, quizá sería mejor traducir "todas las cosas comenzaron a ser por medio de la palabra". El demiurgo queda abolido en un instante; se anuncia la Trinidad de Dios, se revela que Dios es el creador y el dualismo sale de la escena. Aquí, por fin, el platonismo se desvincula de su herencia mitológica y echa nuevas raíces en el suelo bíblico.

¿Se traslada ahora contra el platonismo cristiano el reproche de Nietzsche de haber cortado el contacto con la carne y la sangre, y haberse así vuelto estéril? ¿Es el cristianismo una acabada y exangüe ideología del uno? Parece que también en este caso la respuesta debe ser negativa. La antigua mitología griega tuvo que legitimar lo demoniaco para no renunciar a la carne y a la sangre. Platón se rebela exactamente contra esta mezcla de lo divino y de lo demoniaco, pero sin conseguir un nuevo equilibrio. En el cristianismo, la carne no es lo negativo porque es creada por Dios y es partícipe de su creación divina. Esta se corrompe a causa del pecado, pero no ha perdido su esencial positividad. Mediante la encarnación y salvación de Cristo, la carne recupera su connotación positiva originaria. La carne (y el mundo de la materia en general, es

pierde parcialmente en la traducción castellana usual. Yo intento evidenciar que hasta "y el Verbo era Dios", la frase es perfectamente compatible con una teología platónica.

Sin duda, aquí aparece otro matiz que conviene aclarar. Platón no podría decir nunca que el dios supremo es el demiurgo. Sí que podría decir, sin embargo, que el demiurgo era un dios, en el sentido griego de una deidad menor. La incompatibilidad de Juan con Platón emerge del hecho de que la palabra *theos* alude, en Juan, al dios de Israel y no a una deidad griega.

Platón nunca llama a Dios *'o theos*. Él escribe *to theion* (neutral). Para él, Dios no es una persona. En Juan, *to theion* se convierte en Dios (no neutral, sino personal) y, a la vez, el demiurgo entra en Dios. Para Juan, Dios es el Dios personal de Israel y no solo el *to theion* de Platón.

decir, toda la creación) es purificada de lo demoniaco. El intercambio orgánico entre materia y espíritu es restablecido.[19]

¿Se ha equivocado entonces el pobre Nietzche (y con él todo el postmodernismo), y su polémica se pierde, por lo tanto, en un vacío? Quizás no sea así.

Resulta suficiente con colocar a Nietzsche en el contexto de su tiempo histórico para ver con toda claridad que el objetivo de su polémica es el humanismo de su tiempo. Tanto la teología liberal como la filosofía de la inmanencia se fundan sobre un platonismo desarraigado. La filosofía de las perfecciones puras es aceptada sin tener conciencia de su problemática, y es desligada de sus presupuestos en la teología cristiana con la convicción ingenua de que pueda sobrevivir y florecer aislada en sí misma. El denominador común entre dos idiosincrasias tan diferentes —pero representativas de la mentalidad común de la época liberal— como las de Ludwig Feuerbach[20] y Benedetto Croce[21] es exactamente la convicción de que un dios trascendente no existe, pero los atributos trascendentales de Dios (es decir, las perfecciones puras) persisten como atributos del espíritu humano. En el espíritu del tiempo se afirma una religión indeterminada de la humanidad donde las perfecciones puras son entendidas no como atributos de Dios, sino del hombre; como categorías trascendentales del espíritu humano. Este humanismo y progresismo ingenuo es el adversario inmediato de Nietzsche. Él ve claramente que esta ideología descolorida no es capaz de movilizar las energías vitales del hombre, ya que las propiedades apolíneas del espíritu pierden la conexión con las ctónicas/dionisiacas; el espíritu es arrancado de la carne y se espera que subsista por sí mismo. En el cristianismo, sin embargo, el espíritu no se desliga de la carne; la carne es redimida. El espíritu pierde su conexión con las deidades ctónicas, pero se vincula con la carne de Jesucristo, el resucitado. Un cristianismo sin Cristo y un platonismo

---

[19] ¿Flotaba esta idea en la cabeza de Hölderlin cuando identificó a Cristo con Dioniso? La hipótesis es fascinante, pero ahora no podemos profundizar en ella. Véanse: Hölderlin, F. (1940). *Andenken*. Dinard: Deberny & Peignot, y Hölderlin, F. (1977). *Brot und Wein*. Darmstadt: Techn. Hochsch.

[20] Feuerbach, L. (2013). *La esencia del cristianismo*. Madrid: Trotta.

[21] Croce, B. (1998). *Perché non possiamo non dirci "cristiani"*. Turín: Centro Panunzio.

sin raíces en el mito griego son enemigos de la vida. Podemos estar de acuerdo con Nietzsche en este punto.

Por supuesto, Nietzsche no conoce la posibilidad de un ligamen entre lo apolíneo y un Dioniso purificado mediante la cruz. Su visión de la crisis de la modernidad es, pese a esto, instructiva. Puede asemejársele al aprendiz de hechicero que quiere evocar las fuerzas dionisiacas, pero tiene miedo al monstruo que puede aparecer desatando a Dioniso. Nietzsche habla de Dioniso, pero su figura no es ni la única, ni la más tremenda de los poderes ctónicos. No se puede liberar a Dioniso sin abrir, a la vez, el camino que va del mundo de los hombres hacia el de los titanes, Cronos, y todas las fuerzas del infierno. Nietzsche quería liberar a Dioniso para reconciliarlo con Apolo y crear las condiciones para el nuevo florecimiento de una civilización clásica restaurada. Sin embargo, a veces Nietzsche tiene el presentimiento de un posible mundo sin reconciliación en el que el conflicto continúa hasta la destrucción del principio apolíneo, bien en la forma trágica de los totalitarismos del siglo XX, o en la forma cómica de la infinita vulgaridad y mezquindad de la modernidad fluida y de la sociedad líquida del siglo XXI.[22]

Yendo más allá de Nietzsche, puede decirse que lo primero que el postmoderno se cuestiona es la positividad del ser, después el uno y, al final, todas las perfecciones puras. Se regresa a la Grecia originaria, pero con una dirección de movimiento opuesta a la clásica. En la mitología vemos la marcha victoriosa de los dioses olímpicos que vencen a los poderes ctónicos: los someten, les imponen su dominio y acaban exiliándolos en el infierno (y en las grutas subterráneas bajo los volcanes). En el postmodernismo se da la rebelión de los dioses anteriormente desplazados al mundo subterráneo.

Cuando el uno (Dios como base y unidad de los trascendentales) es cuestionado y abolido, las perfecciones puras (los trascendentales) quedan aisladas las unas de las otras y pueden ser llevadas a un conflicto mutuo, al igual que ocurre con los dioses de la mitología griega. No es casual que en el arte postmoderno lo bello quede en segundo plano a favor de lo raro y lo sorprendente; que en lugar de la armonía se busque la disonancia; en vez de la totalidad

---

[22] Baumann, Z. (2010). *Modernidad líquida*. Buenos Aires: Fondo de Cultura Económica.

significante, el desorden de las partes que rechazan la regla de la unidad. En el campo de la razón histórica, las diferentes perspectivas de las diversas culturas son absolutizadas y contrapuestas las unas a las otras, y la posibilidad de una síntesis queda excluida por principio. Cada cultura (y al final cada hombre) se cierra en sí misma en nombre de su identidad narcisista propia. Falta una medida común (el Logos)[23] que haga posible el intercambio y la comprensión recíproca entre los hombres y las culturas. También queda perturbada la relación entre el mundo externo de los objetos puros y el mundo interior de los deseos y las necesidades humanas. La verdad se opone al amor y viceversa.[24] La distorsión mayor la sufre la relación entre el bien y el ser, que se hace problemática y a la vez contradictoria.

Demasiado superficial es la convicción de la teología liberal, y del humanitarismo que la acompaña, de poder identificar el bien con el ser. Esa superficialidad achica de una manera inaceptable el misterio del mal y de lo demoniaco (*mysterium iniquitatis*). El principio *"ens et bonum convertuntur"* es, por un lado, evidente en sí mismo; por el otro, sin embargo, se dan en la vida acontecimientos que ponen esto en cuestión. La percepción existencial del hecho de que ser es mejor que no ser presupone una multitud de precondiciones que se fundamentan en los primeros años de la vida, en la relación con la madre (y después también con el padre). Si estos fundamentos faltan, el sujeto padece terribles sufrimientos psíquicos que, esencialmente, limitan o anulan la percepción de la positividad del ser. Los eventos dramáticos de la historia, por otro lado, ofrecen igualmente buenas razones para dudar de esta positividad. ¿Puede creerse en la positividad del ser después del Holocausto o después de Hiroshima, el Gulag y otros eventos similares?[25] Sin una evidencia frontal de la positividad del ser, toda la teoría de las perfecciones puras es sacudida hasta los cimientos. Podría, quizás, sostenerse como teoría de un mundo ideal, pero su relación con el mundo

---

23 Cuando aquí escribimos "Logos", aludimos tanto al sentido cristiano de la palabra como al griego. Si bien en el inmanentismo de Spinoza, y más tarde en la filosofía Alemana, se intenta reducir el Logos cristiano al griego, en el postmodernismo se pierden ambos sentidos.

24 Algo directamente opuesto a las palabras de san Pablo en la epístola a los efesios. Véase: Ef. 4: 15.

25 Peters, T. (1995). *Nach Auschwitz von Gott sprechen*. Hamburgo: Katholische Akademie Hamburg.

de lo empírico y de la historia sería muy problemática. En este contexto no se puede minimizar el desafío de la postmodernidad.

No quiero decir que el postmoderno tenga razón al rechazar las perfecciones puras. Tampoco quiero decir que una demostración puramente filosófica —y no teológica— de la teoría de las perfecciones puras sea imposible. Tan solo quiero manifestar que una demostración puramente filosófica de las perfecciones puras es extremadamente difícil. Las perfecciones puras parecen ser una de las doctrinas de las cuales santo Tomás de Aquino dice que son accesibles al intelecto humano, pero son también objeto de la revelación divina porque, de otra manera, podrían ser tan solo conocidas por un pequeño grupo y no por todos los hombres, y además estarían mezcladas con no pocos errores.[26] Platón, por supuesto, vio y conoció esta doctrina, pero su fundación definitiva era solo posible sobre la idea de un dios creador del mundo (y es exactamente esta idea la que falta en el horizonte de pensamiento griego y del mismo Platón). Sin la idea de un dios creador, las perfecciones puras no se pueden fundamentar de manera adecuada.

La modernidad ha renunciado a la idea de Dios y ha imaginado que puede mantener sin él la idea de las perfecciones puras. Nietzsche y la postmodernidad han visto claramente la incongruencia de esta posibilidad. Sin las perfecciones puras, cae la muralla conceptual construida por Platón para separar lo divino de lo demoniaco, y este es exactamente el tema de la postmodernidad y de la disputa con ella.

San Pablo escribió que Jesús es el *sí* definitivo de Dios al mundo.[27] Es comprensible que, antes de su venida, los hombres se balanceasen entre el sí y el no; que variasen entre la afirmación y la negación de la positividad del ser. La presencia de Cristo en la historia —a través de su encarnación, muerte y resurrección— es la confirmación definitiva de la positividad del ser. Esta confirmación teológica completa la empresa filosófica iniciada por Platón para separar lo divino de lo demoniaco y conectarlo con lo humano.

---

[26] Santo Tomás de Aquino. *Summa Theologica*. I, q.1.
[27] 2 Cor. 1: 19-20.

2. San Pablo entre el sí y el no

Las palabras clave del primer capítulo de la segunda epístola de san Pablo a los corintios parece que sean "sufrimiento" y "consuelo". El apóstol de los gentiles recuerda todas las aflicciones recientes que ha tenido que soportar junto a sus compañeros, entre las que se incluye una sentencia a muerte, y establece un paralelismo entre ellas y las que ha sufrido la comunidad de los corintios. Más fuerte que las tribulaciones es el consuelo que viene de Dios. Confiando en este consuelo, continuará de forma inquebrantable en sus empeños apostólicos. Aquí se exponen las palabras sobre las que volcaremos nuestra atención:

> Porque el Hijo de Dios, Cristo Jesús, a quien os predicamos Silvano, Timoteo y yo, no fue sí y no; en él no hubo más que sí. Pues todas las promesas hechas por Dios han tenido su sí en él; y por eso decimos por él Amén a la gloria de Dios.[1]

¿Qué quiere decir que para Jesús no fue sí y no?

Para comprender el significado de estas palabras, debemos responder, en primer lugar, la pregunta sobre qué es (o ha sido) el "sí y no".

En una aproximación inicial, parece que puede decirse que "sí y no" es la Ley antigua.

Dios llamó a Abraham y lo sacó fuera de la tierra de Harán. Prometió darle una tierra a su progenie[2] y hacer de él el padre de una multitud de pueblos,[3] además de bendecir en él y mediante él a todos los pueblos de la tierra.[4] Abraham, sin embargo, caminó por un tiempo a través del desierto; fue un inmigrante en Egipto, donde casi perdió a su esposa,[5] y se suponía que su sirvien-

---

[1]   2 Cor. 1: 19-20.

[2]   Gn. 12: 7; 13: 15; 15: 18; 17: 8; 26: 3; 28: 13; 35: 12; 48: 4.

[3]   Gn. 18: 18; 22: 18; 26: 4; 28: 14.

[4]   Gn. 13: 16; 15: 5; 17: 4-6; 22: 17; 26: 4; 26: 24; 28: 14; 35: 11; 47: 27; 48: 4.

[5]   Gn. 12: 10-20.

te sería su heredero. Al final, su hijo nació, pero Dios lo pidió en sacrificio, a pesar de que luego perdonó su vida.[6]

A su muerte, Abraham no había visto cumplida la promesa.[7]

A Moisés no le fue mucho mejor. Tuvo su momento de gloria cuando lideró a los judíos fuera de la tierra de Egipto y pasó las aguas del mar Rojo sin mojarse tan siquiera los pies, pero nunca entró en la Tierra Prometida, el lugar sagrado donde fluía leche y miel.[8] El pueblo de Israel poseerá al final la tierra, pero nunca en paz. A menudo, sus gentes fueron sometidas por opresores, siendo los últimos los filisteos.

David también recibió una promesa; que sus descendientes poseerían la tierra para siempre. Sin embargo, en los últimos días de su reinado vio traición y muerte, violaciones y guerra civil en el seno de su propia familia. Tras su muerte, la casa de David perdió de inmediato la lealtad de todas las tribus con excepción de la de Judas, aunque el reino de Judas tampoco duró demasiado.

Podríamos continuar el relato, pero un hecho parece estar siempre ahí: la historia de Israel está hecha de "sí y no".

Hay buenas razones para pensar que Dios es leal y que al final satisfará todas sus promesas, pero también las hay para pensar que, o bien Dios es un traidor, o que no es omnipotente. En los salmos escuchamos la autoconciencia del pueblo de Israel, que repite su confianza en el cumplimiento de la promesa. Esa misma repetición es índice del resurgimiento continuo de la duda.

En la Carta a los hebreos, especialmente en el capítulo 11, san Pablo relee la historia del pueblo de Israel a la luz de la desproporción entre la amplitud de la promesa y los escasos éxitos. El dios de Abraham hizo una promesa mucho más ambiciosa que las promesas comunes que los dioses paganos solían hacer a los hombres. Estos dioses paganos prometieron a Eneas que fundaría una ciudad, y lo hizo. El dios de Israel prometió que se convertiría en padre de multitud de pueblos y que en él se bendecirían todas las naciones de la tierra... y el resultado es tan solo una pequeña e insignificante provincia

---

[6]   Gn. 22.

[7]   Heb. 11: 13.

[8]   Dt. 34.

del Imperio romano. La única forma en que Abraham podría realmente poseer la tierra prometida es a través de la fe, y ésta es la razón de que sea el padre de la fe. Sin embargo, la fe está abierta a un cumplimiento que aún no ha llegado... hasta la resurrección del Señor. O bien entendemos la historia de Israel como una expectativa de adviento, o es la historia de un fracaso. No posee equilibrio en sí misma. Está estructuralmente sesgada hacia algo que está aún por ocurrir. Puede inclinarse a un evento que aún no ha sucedido (o más bien, que está sucediendo ahora mismo, con la resurrección de Jesús), o se trata tan solo de una ilusión.

Sin Jesús, es difícil evitar esta impresión de que la historia de la salvación oscila entre el "sí y el no".

En términos modernos, podríamos decir que esta historia oscila entre la afirmación y la negación de Dios, entre la creencia religiosa y el ateísmo.

Los antiguos, con muy pocas excepciones, no podían imaginar un mundo privado de lo sagrado; un mundo sin dioses. Frente a la contradicción entre la promesa y su cumplimiento, ellos extrajeron dos conclusiones diferentes. La primera es que los dioses hacían trampa; tan solo jugaban con el destino de los hombres. La otra es que Dios no era omnipotente. El dios de Abraham tenía que oponerse a otro dios igual de poderoso, y la lucha igualada entre ambas fuerzas sería el elemento que explicase la alternancia entre el bien y el mal en la vida humana y en la historia.

En diferentes formas de gnosticismo vemos distintas combinaciones de estas dos respuestas. Una afirma que el dios maligno es, al mismo tiempo, el impostor. La gnosis, no el ateísmo, es la respuesta de los antiguos al misterio no resuelto del mal. La negatividad penetra en la esencia de lo divino. Podemos ver esto en la historia bíblica de Job. El demonio y Dios discuten entre ellos como si estuvieran en pie de igualdad, y apuestan por el destino de Job. Por supuesto, el autor del libro es un judío devoto y preserva tanto la superioridad de Dios sobre el demonio, como la oposición entre ellos. La pregunta fundamental para la razón de por qué el hombre tiene que sufrir no encuentra, a pesar de todo, una respuesta. Aquí también hay buenas razones para creer que Dios es omnipotente y justo, pero las hay también para dudarlo. Como en el caso de Abraham, Job puede salvar el honor de Dios solo a través de un acto de fe.

¿De dónde viene el gnosticismo? Algunas fuentes consideran su inicio en la desilusión apocalíptica judía sucesiva a la destrucción del templo por parte del general Tito allá por el año 70. Otros lo ubican en fuentes más antiguas que van hasta los mismísimos orígenes de la humanidad. Quizá haya verdad en ambas hipótesis y la gran desilusión de la destrucción del templo lleve al redescubrimiento de una tradición más antigua.

Encontramos huellas de una revelación que es anterior a Abraham y que también se encuentra en las Escrituras judeocristianas.[9] Melquisedec, rey de Salem, era sacerdote del dios verdadero y amigo de Abraham, aunque no sabemos de dónde obtuvo su conocimiento del dios verdadero. Los judíos identifican a Melquisedec con Sem, hijo de Noé. A través de él hay una tradición que se remonta a la alianza de Dios con Noé.[10]

Después del diluvio, Dios estableció una alianza con Noé e hizo una promesa con él:

Dios dijo a Noé y a sus hijos con él: "He aquí que yo establezco mi alianza con vosotros, y con vuestra futura descendencia, y con toda alma viviente que os acompaña: las aves, los ganados y todas las alimañas que hay con vosotros, con todo lo que ha salido del arca, todos los animales de la tierra. Establezco mi alianza con vosotros, y no volverá nunca más a ser aniquilada toda carne por las aguas del diluvio, ni habrá más diluvio para destruir la tierra".[11]

Se trata de un nuevo tipo de creación que se sella con una promesa. Esta alianza no termina con un pueblo elegido, sino con toda la humanidad. Va incluso más allá de los límites de la humanidad, extendiéndose por el mundo de la naturaleza y todos los seres vivientes. Su contenido principal es la voluntad positiva de Dios de preservar a todos los seres vivos en el ser. Es fácil volver a conectar esta alianza con el primer juicio que Dios repite en las distintas

---

[9] Gn. 14: 18; Heb.7: 13-17.
[10] *Bereishit Rabbah* 43: 6.
[11] Gn. 9: 8-11.

etapas de su creación: "y vio que era bueno". Quizá podría decirse que el contenido principal de esta revelación original es la positividad del ser. Puede expresarse en términos más filosóficos con la expresión tradicional "*ens et bonum convertuntur*".[12]

Jean Daniélou ha insistido en la importancia de esta tradición original. Él conecta el Antiguo Testamento con el Corán y con el Nuevo Testamento. También está en relación con un pilar de la filosofía clásica.[13]

Pero, ¿podemos aceptar incondicionalmente este principio?

Por un lado, parece corresponderse con la propia naturaleza del hombre. El mismo hecho de existir y luchar para mantenernos en la existencia, de la experiencia fundamental de respirar, de satisfacer las funciones vitales fundamentales, de entrar en contacto con la belleza cautivadora del ser, parece confirmar esta verdad. A través del acto de vivir, damos testimonio de la fundamental positividad del ser. Nacemos con la expectación natural de la futura felicidad, apreciamos la belleza del universo, buscamos la verdad y nos enorgullecemos de nuestra capacidad para detectarla, nos enamoramos y regocijamos con el encanto de la persona amada...

A pesar de todo, hay muchas buenas razones para dudar de esta convicción primitiva. Dios prometió nunca destruir la tierra de nuevo. Hasta ahora no lo ha hecho. Sin embargo, ha estado cerca de renegar de su palabra.

Diluvios parciales, terremotos, hambrunas y rebeliones de la naturaleza contra el hombre han asolado la tierra en varias ocasiones, por no hablar de guerras, persecuciones, limpiezas étnicas y otras destrucciones causadas por la mala voluntad del hombre.

Voltaire, en su *Cándido*, ridiculiza la fe ingenua de Leibniz en la positividad del ser y la bondad omnipotente de Dios. El terremoto de Lisboa de 1755 debió de ser suficiente para trazar, como mínimo, ese signo de interrogación sobre la convicción de la positividad del ser.

---

[12] Santo Tomás de Aquino. *De Veritate*. q.1, a.1. En realidad, no se trata solo de *"ens et bonum"*, sino que todos los trascendentales coinciden.

[13] Daniélou, J. (1953). *Essai sur le mystère de l'histoire*. París: Les Éd. du Cerf.

¿Es cierto que vivimos porque experimentamos la positividad del ser?, ¿por qué seguimos cierta esperanza de felicidad que anida en nuestros corazones? Por supuesto que sí, pero lo contrario podría ser también verdadero. Mucha gente, al fin y al cabo, se suicida, y no olvidemos que otro buen número de personas no lo hacen porque tienen miedo de la muerte o de un destino peor después de ella.

Escuchemos la voz de Hamlet:

... Morir para dormir; no más; ¿y con dormirnos
decir que damos fin a la congoja
y a los mil choques naturales
de que la carne es heredera?
Es la consumación
que habría que anhelar devotamente:
morir para dormir. Dormir, soñar acaso;
sí, ahí está el tropiezo: que en ese sueño de la muerte
qué sueños puedan visitarnos
cuando ya hayamos desechado
el tráfago mortal,
tiene que darnos que pensar.
Esta es la reflexión que hace
que la calamidad tenga tan larga vida.

Muchos viven no porque disfruten de la vida, sino porque sencillamente están asustados de la muerte. Una voz paralela a la de Shakespeare en la literatura mundial es la de Dostoyevski en *Los hermanos Karamazov*. ¿Cómo puede un dios justo y omnipotente tolerar el sufrimiento de los inocentes, de los niños? La alternativa gnóstica cobra importancia: o bien no es bueno, o no es omnipotente.

La revelación original de Dios a Noé no parece ser transmitida mediante una institución específica, una escritura o un cuerpo de estudios. Más bien está contenida en la muy existencial condición del hombre, y corresponde a la ley que Dios ha escrito en el corazón de cada ser humano. Es, sin embargo, una luz abigarrada de sombras. Va siempre acompañada de una duda legítima.

A pesar de toda su parafernalia positivista y científica, Sigmund Freud sigue siendo un verdadero hijo de Abraham que intenta explicar esta estructura del corazón humano basándose en el proceso constitutivo de la subjetividad del individuo. Nacemos como un conjunto de impulsos instintivos. Sin embargo, carecemos por completo de la capacidad de satisfacer esos impulsos. Durante un buen tiempo, dependemos por completo de nuestros padres para satisfacerlos. Nos alimentan y se hacen cargo de nosotros. A la vez, nos enseñan como funciona la civilización, nos educan. Nos obligan a desviar nuestra energía de la búsqueda directa de nuestra propia satisfacción a la realización de tareas que nos permitan obtener gratificación de forma modificada. Nos presentan el principio del rendimiento: si quieres comer, tienes que trabajar. Este principio de actuación da por supuesto que quieres vivir. Esa es la experiencia metafísica original de la equivalencia entre el ser y el bien.

La razón por la que se quiere vivir es por la confianza en la satisfacción de los impulsos. Estos impulsos, sin embargo, ya han sido transformados. Han cedido una parte de su energía, que se ha convertido en trabajo. La satisfacción inmediata ha sido interceptada con el fin de canalizar la energía hacia el trabajo.

A este proceso, Freud lo llama represión y sublimación.[14] Para transformar los impulsos instintivos, la mera represión no es suficiente. Esta bloquea un canal de satisfacción, pero debe haber algo que se abra e indique otro camino. Esta es la atracción de valores. Se buscará en vano una fenomenología de los valores en Freud, o incluso la palabra *valor*. Sin embargo, el niño tiene, además de todos los impulsos orientados al placer, un deseo fundamental de ser amado por su madre (y posteriormente por su padre). Este deseo se mezcla con el miedo de que pueda perder el amor de su madre y ser abandonado, sin ayuda, en un entorno hostil donde sufrirá y morirá a causa de los distintos monstruos que habitan el mundo exterior. Hay en ello, sin embargo, un elemento diferente, más alto y puro: el reconocimiento del valor de la persona de la madre y también la intuición del valor de la propia persona. El salmista

---

[14] Freud, S. (1936). *Malestar en la civilización*. Santiago: Extra. Versiones más recientes traducen el título de este libro como *El malestar en la cultura*. Véase: Freud, S. (2020). *El malestar en la cultura*. Madrid: Biblioteca Nueva.

dice: "en tu luz vemos la luz".[15] De igual forma, en la sonrisa de nuestra madre se nos presenta la primera intuición del valor de nuestra persona. Ya en el vientre de esta tenemos la primera experiencia fundamental de ser aceptados y protegidos. Se continúa en ese vientre espiritual que es la familia, y en el amor de nuestros padres tenemos la primera experiencia altruista y desinteresada del valor de la persona; de nuestra persona y de la de aquellos a quienes amamos. Cada ser humano recibe de nuevo la revelación de la positividad del ser: es bueno ser. Esta revelación contiene una promesa: es el presentimiento de algo que está aún por llegar. Lo maravilloso en relación con la feminidad no se agota en la relación con la madre. Otra mujer llegará después a nuestra vida, y será tan significativa como lo fue nuestra madre al comienzo de nuestra infancia, y con ella tendremos nuevos hijos...

El misterio de la feminidad nos acompaña durante toda nuestra vida. Quizá esto es lo que Goethe tenía en mente cuando escribió las últimas líneas de *Fausto*: "el eterno femenino nos conduce al cielo".

Así, estar con la *madre* (con la madre biológica, la esposa o cualquiera de las mujeres que conforman el misterio de lo femenino) es la revelación natural de la positividad del ser.

No puede esperarse de Freud, por supuesto, una exaltación ingenua del amor maternal puro. En el psicoanálisis (al igual que en la vida) nada es puro. El elemento desinteresado y altruista del amor coexiste al lado de la manipulación y la instrumentalización del otro. Al hijo se le puede abortar o se le puede negar la protección. Las amenazas contenidas en muchas fábulas de abandonar al niño a los lobos y otras criaturas del bosque fueron reales en algún momento. Sin llegar a tales extremos, la madre castrante puede coexistir en la misma persona con la madre dadora de vida. Sin la afirmación original de la positividad de su ser, el niño puede hallar obstáculos en su desarrollo, llegando incluso a negarse a vivir, a negar la positividad de su ser y del ser en general. Sería interesante investigar la gnosis a través de los instrumentos conceptuales de la psicología profunda... y a la inversa. G. Jung intentó hacerlo,

---

[15] Sal. 35.

llegando a algunos resultados reseñables, aunque su psicología profunda se distanció bastante de la de Freud.[16]

Aristóteles advierte de que aquellos que se niegan a aceptar los primeros principios, evidentes por sí mismos, no pueden ser convencidos de hacer uso de los instrumentos habituales de la argumentación filosófica.[17] Rechazan la validez de dichos principios. El único argumento posible con ellos es la reducción al absurdo. Es necesario extraer de su rechazo de los primeros principios consecuencias tan absurdas y monstruosas que se vean obligados a negarlas y, por tanto, a reconocer la validez de los primeros principios. Así, quienes se niegan a reconocer el principio *ens et bonum convertuntur* deberían, sencillamente, negarse a vivir, a hablar, a entrar en contacto con otros seres humanos... o incluso suicidarse. De hecho, muchos lo hacen.

Otros, probablemente la gran mayoría de los hijos de Adán, habitan en el crepúsculo entre la afirmación y la negación. La positividad del ser es la hipótesis fundamental con la que se nos dota cuando entramos en el mundo del ser, pero no puede darse por garantizada como tal desde el principio. En cierto modo, la vida es el lugar en que se comprueba esta hipótesis.

Me parece que ya han sido identificadas las dos raíces del gnosticismo. Una es la desilusión que sucede a la destrucción del templo. La otra es la duda que acompaña desde el principio a la afirmación de la positividad del ser. La destrucción del templo parece testificar el fracaso de la promesa de Dios a Abraham, lo que nos conduce hacia atrás, a la situación existencial del hombre anterior a Abraham.

Esto debería ayudarnos a comprender mejor el alcance de la revolución religiosa que Dios produce cuando llama a Abraham.

La situación existencial del hombre antes de Abraham se caracterizaba por dos aspectos aparentemente contradictorios: la afirmación de la positividad del ser, por un lado, y por el otro la experiencia de la negatividad y de la traición. Esas dos experiencias no se oponen la una a la otra. La corrupción de la revelación original, la duda que ha penetrado en la autoconciencia de la

---

[16]   Jung, C. G. (2009). *Arquetipos e inconsciente colectivo*. Barcelona: Paidós.

[17]   Aristóteles. *Ética a Nicómaco*. 1440 y ss.

humanidad, ha producido una nueva amalgama, un nuevo concepto de divinidad. Lo negativo ha sido integrado en el concepto de divinidad. Esta es la abominación del politeísmo, no tanto la afirmación de una pluralidad de dioses como la integración de lo demoniaco en lo divino.

Para los antiguos, para las mitologías de los pueblos, el concepto de lo divino no es personal. Incluso para Platón, el mayor dios no es una persona, no es un 'o theos, sino más bien un 'to theion; lo divino que, en griego, es neutral e impersonal. Todas las distintas deidades participan de lo divino: aquellas que ejemplifican las mayores virtudes del ser, así como las que incorporan las pasiones humanas más bajas, las más viles, las más lascivas y las más inmundas. Y son igualmente divinas.

Jung se acerca a este estado de las cosas cuando afirma que el diablo debería ser integrado de alguna manera en la Trinidad.[18] Las religiones preabrahámicas, por supuesto, no tienen ni el concepto de Trinidad, ni tan siquiera el del dios único. Si lo tuvieran, integrarían lo demoniaco en el dios único, y de tener el concepto de Trinidad, añadirían a Satán en ella.

Hoy, estamos acostumbrados (y con buenas razones) a señalar los aspectos positivos de las religiones no cristianas y de las así llamadas religiones naturales. Contienen *Semina Verbi*, anticipaciones de la revelación. Puede decirse que contienen elementos de la revelación original otorgada a Adán y, más tarde, a Noé. Corremos, sin embargo, el riesgo de olvidar la otra cara de esas religiones; un aspecto que impresionó con gran fuerza a los primeros misioneros que entablaron contacto con ellas y que, de igual manera, escandalizó a los primeros cristianos en sus contactos con el mundo pagano. Se trata de un aspecto demoniaco que, bajo ciertas circunstancias, podría ser buenamente comprendido como una suerte de adoración del demonio. Estos dos aspectos conviven uno al lado del otro.

De nuevo en el libro del Génesis, Dios quiere que Abraham le ofrezca en sacrificio a su propio hijo, el hijo de la promesa: Isaac.

Kierkegaard brinda un magistral comentario filosófico sobre la situación existencial de Abraham ascendiendo el monte Moriah para realizar ese

---

[18] Jung, C. G. (2011). *Psicología y religión*. Barcelona: Paidós.

holocausto.[19] Cornelio Fabro añadió una bonita interpretación de este pensamiento de Kierkegaard sobre Abraham.[20]

Aunque sean muy valiosos por mérito propio, estos textos obvian, a pesar de todo, el mensaje más directo que transmiten. Desconozco si Abraham estaba en realidad tan sorprendido y atónito cuando Dios le pidió que sacrificara a su hijo Isaac para él, pues los sacrificios humanos (y los de los primogénitos) eran algo habitual en Oriente Medio y otros lugares. Muchos dioses querían ser honrados a través de la destrucción de las propiedades más valiosas y queridas de sus fieles, y ¿qué tiene más valor que la vida humana y es más preciado que la de un primogénito? La verdadera sorpresa llega después: Dios no desea la sangre de Isaac. Organiza todo el escenario de la ascensión del monte Moriah para enseñar a Abraham una lección: "No quiero la sangre de tu hijo, no quiero la sangre de ningún ser humano. Yo me regocijo en la vida y no en la muerte". Si Dios hubiera omitido la petición del sacrificio, Abraham podría haber pensado que Dios se había olvidado. Habría pensado que, por alguna razón, Dios habría renunciado a un derecho tan habitual como era este. Es así que ahora Abraham tiene la certeza: su dios es un dios de vida y no de muerte. El previo concepto de la deidad se quiebra: la verdadera divinidad está, por fuerza, separada de lo demoniaco.

El problema real de nuestro tiempo no es tanto el ateísmo como el gnosticismo, o el ateísmo como camino hacia el gnosticismo y, por consiguiente, a la reincorporación de lo demoniaco en lo divino. Corremos el riesgo de perdernos el mensaje de Dios a Abraham en el monte Moriah.

Por supuesto, esta revolución conceptual es introducida en el nombre de la tolerancia y de la igualdad de derechos de todas las fes y formas de religión. También se conecta, a menudo, con la convicción de que el fenómeno religioso es bueno en sí mismo. La religión pura es buena en sí misma, pero tratamos siempre con la religión impura. La religión tiene que ver con la lealtad máxima que la gente reconoce. Cualquier error, por mínimo que sea, en la determinación adecuada del objeto al que se debe esta lealtad puede tener

---

19   Kierkegaard, S. (1992). *Temor y temblor*. Barcelona: Labor.
20   Kierkegaard, S. (1972). *Timore e tremore*. Milán: Rizzoli.

tremendas consecuencias prácticas. Lo sagrado es peligroso y debe ser manejado de forma cuidadosa, ya que contiene la raíz de todas las energías humanas tanto para el bien, como también para el mal.

Platón realizó, en relación con los griegos y la mitología clásica, una operación conceptual muy parecida a la revolución espiritual provocada por la revelación de Dios a Abraham.[21] Él reformuló el concepto de lo sagrado y la idea de lo que es divino. Aunque el dios de Platón no sea personal, es bueno. El orden moral y el orden religioso se reconcilian el uno con el otro, y el mal es expulsado fuera del dominio de lo divino. De este dios no puede decirse que esté más allá de la distinción entre el bien y el mal. Kierkegaard, en *Temor y temblor*, está en lo cierto al afirmar la distinción entre el orden religioso y el orden moral.

La esencia de la historia de Isaac no consiste en la distinción de los dos órdenes, sino en su conexión, y esto tiene un significado religioso específico. A través de la distinción y la conexión, los dos órdenes quedan por primera vez propiamente establecidos, y el demonio es expulsado del dominio de lo divino. Platón hace esto en términos puramente filosóficos, aunque la idea de la derivación de un conocimiento más antiguo (especialmente egipcio) perdura en la mente de muchos, y también en la de los Padres de la Iglesia.[22] La revelación original en su forma más pura está escrita en el corazón humano, y es por tanto accesible a la razón humana. Ahora bien, no se puede descartar la idea de que también se ha transmitido a través de canales directos desde nuestros antepasados hasta nuestros días. Probablemente, estas dos fuentes se han entremezclado en diferentes momentos y se han apoyado mutuamente. Es importante, sin embargo, enfatizar que ambas fuentes, en sus formulaciones históricas concretas, parecen estar viciadas por elementos erróneos.

René Guénon ha intentado apelar a la tradición originaria, a un conocimiento secreto cuya autoridad debería ser mayor que la de las Escrituras

---

21 Ciholas, P. (1978). Plato: The Attic Moses? Some Patristic Reactions to Platonic Philosophy. En *The Classical World, 72*. 4. pp. 217-225.

22 Véase, por ejemplo, san Agustín. *La ciudad de Dios*. b. VIII, c.4.

sagradas y la revelación cristiana.[23] Su proposición no puede aceptarse por dos motivos.

El primero es que no hay forma de distinguir entre la revelación original pura y la impura, tanto en la forma en que podemos recuperarla estudiando las diferentes religiones, como en la que está contenida en el corazón humano. Ambas fuentes están corrompidas y producen el agua pura de la verdad mezclada con las aguas residuales del error.[24] La segunda razón es que esta revelación original nos lleva de vuelta al punto de inicio de esta reflexión, es decir, al fracaso de la promesa de Dios a Abraham, y este fracaso incluye, por supuesto, el resto de promesas de Dios: la de Noé y la inicial y misteriosa promesa en el Jardín del Edén.[25]

Pero, ¿realmente Dios falló? La carta de Pablo a los judíos nos presenta una lectura diferente de toda la historia. Dios intentó renovar con Noé, con Abraham y con Moisés y David la alianza que originalmente estableció con Adán y Eva. Lo intentó en vano. El hombre estaba demasiado corrompido como para ser capaz de poder entrar en una alianza con Dios. Abraham vendió a su esposa al faraón y luego tomó otras esposas además de Sara, que le darían hijos no relacionados con la promesa. Abraham se convirtió en padre de multitud de pueblos... que lucharían entre sí hasta el actual choque de civilizaciones. Moisés fue incapaz de impedir que su pueblo cayese en la idolatría. David cometió un asesinato para encubrir su adulterio... Dios no puede mantener su promesa porque el hombre no le es fiel.

Sin embargo, Dios se mantiene fiel a su promesa, y al final resolvió convertirse él mismo en hombre para ser capaz de pactar con el hombre. Jesús es el nuevo Adán. Él puede hacer una alianza con Dios en nombre de la humanidad porque él es realmente un hombre, pero podrá mantenerse fiel a la alianza porque a la vez es Dios. Dios hace un pacto consigo mismo, pero el sí mismo con el que hace dicho pacto es un hombre. Esta alianza no se verá amenazada. Es puesta a prueba en la cruz y gana.

---

[23] Guénon, R. (1969). *Símbolos fundamentales de la ciencia sagrada*. Buenos Aires: Editorial Universitaria de Buenos Aires.

[24] Santo Tomás de Aquino. *Summa Theologica*. I, q.1.

[25] Gn. 3: 14-16.

Esta es la razón de que Jesús sea el sí de Dios. Frente a la inconclusión de las otras alianzas, solo hay dos respuestas posibles: Una es la desesperanza de la gnosis,[26] la otra es la fe en Jesucristo.

---

[26] Como se desprende de los argumentos anteriores, no excluimos la posibilidad de una gnosis cristiana, es decir, de un retroceso a la revelación original en Noé o en la estructura misma del corazón humano. Solo señalamos el hecho de que: 1. Es casi imposible que tal investigación produzca un resultado impecable, libre de la impureza y la contaminación, y 2. Aunque este fuera el caso, aún sería necesaria la salvación de Jesucristo.

3. El punto de partida de la búsqueda humana de Dios
La visión griega entre Apolo y Dioniso

Platón y la filosofía del uno

Platón puso en el centro de su filosofía la idea de bien y concibió a Dios como el bien en sí mismo.[1] Quizás sea más correcto decir que en el centro está la idea del uno, en la que convergen todas las perfecciones puras (el bien, la verdad, la belleza y el ser). Dios es el uno en el sentido de que es la suma de todas las perfecciones puras que en él convergen. Las perfecciones puras son atributos (o cualidades) que es siempre mejor poseer que no poseer. La conveniencia de la mayor parte de las cualidades es regulada por la mesura: es bueno poseerla hasta cierto grado. Más allá de ese grado, las cualidades se transforman en inconveniencias. Por ejemplo, admiramos los brazos fuertes de un joven, o el pecho bien formado de una mujer. Sin embargo, si no mantienen una proporción con la totalidad del cuerpo, no son hermosos, sino más bien feos.

Los griegos sentían un profundo rechazo instintivo por todo lo que estuviese fuera de la justa medida. Ellos contrapusieron el *peras* (lo definido, limitado, circunscripto) al *apeiron* (lo ilimitado, indefinido). El *peras* circunscribe el cosmos, el mundo que se deja definir y dominar por la razón. El *apeiron* es el señor del caos en el que el hombre se pierde y su humanidad misma se descompone en sus partes constituyentes, en las diferentes tendencias instintivas y en las pasiones que entran a componer su unidad.[2]

El ideal platónico es que el hombre tiene que ser uno. Todos sus actos deben ser coherentes entre sí, y esto solo es posible si todas las diferentes pasiones se someten al gobierno de la razón. Las partes resultan hermosas solo si son proporcionadas entre sí. La belleza no está, pues, en las particularidades de las partes, sino en la *harmonía* del todo. El todo es el cuerpo humano, pero lo es también la totalidad del ser o del ente.[3]

---

[1]   Platón. *República*. 508e 2-3.

[2]   Platón. *Filebo*. 17d y ss.

[3]   La diferencia entre el ser y la totalidad del ente en el pensamiento de los griegos no está bien establecida.

El hombre es un microcosmos (un pequeño cosmos gobernado por el mismo principio de la armonía que gobierna también al macrocosmos). Refleja en la belleza de su cuerpo y en la virtud de su alma el orden eterno del universo. El canon es la regla de la belleza, y en esta regla participa el hombre. Parece que la regla del uno tenga una función regulativa en relación a la doctrina de los trascendentales. Puras son las perfecciones que pueden ser pensadas como atributos del Absoluto.

Platón y Noé

De aceptar esta visión de la filosofía de Platón, nos encontraremos en una posición espiritual muy cercana a la revelación original de Noé y también a la religión de Abraham. El asunto no es no atribuir a la divinidad actos que no sean conformes con el bien absoluto, la verdad absoluta y la belleza absoluta. En realidad, Platón crea un nuevo concepto de la divinidad que corta a través del viejo concepto de lo que es divino. Lo demoniaco queda expulsado de lo divino en un paralelismo estricto con la revelación del dios de Abraham sobre el monte Moriah.

A continuación, se formulan dos preguntas:

1. ¿Es esta realmente la filosofía de Platón?
2. ¿Corresponde la visión de Platón a la totalidad de la visión griega?

No cabe duda, en mi opinión, de que lo explicado se corresponde con la intención de Platón; es lo que él quiere hacer. Pero, ¿ha logrado tal propósito?

La forma más alta de la divinidad para Platón no consiste en un dios personal, sino en un estado impersonal de las cosas. Es la *Idea*, es decir, el sistema de las ideas conectadas entre sí. Consiste en un modelo de perfección absoluta que no puede compartir activamente con nadie dicha perfección. Hay que tener en cuenta que tampoco produce ninguna perfección de forma activa.

En Platón, la forma más alta de lo divino no es creadora; se regocija en su propia perfección y no se preocupa por el mundo. Lo que conecta al dios supremo con el mundo es un dios inferior, el demiurgo.[4] Este produce los ob-

---

[4]   Platón. *Timeo*. 28a y ss.

jetos de la tierra, utilizando la materia del mundo, según el modelo de las ideas que contempla en el dios supremo.

No puede usarse la palabra "creación" para indicar la actividad del demiurgo. Él moldea la materia preexistente del mundo conforme a las ideas. El resultado de la operación, por tanto, no puede ser perfecto. La materia se resiste a la acción del espíritu, y todas las cosas terrenales participan de la materia y del espíritu. El demiurgo intenta reconducir el elemento irracional al interior del límite de la razón y transformar el caos en cosmos, pero su trabajo se parece al de Sísifo; no termina nunca.

Quizás nadie entendió este aspecto de la filosofía de Platón tan bien como Hegel. La dialéctica es el esfuerzo infinito para afirmar la unidad del ser y de la razón.[5] Después de cada triunfo de la razón, sin embargo, el poder infinito de la negación se reafirma y todo el proceso comienza de nuevo.[6] Puede sacarse la conclusión optimista de que la historia es el progreso infinito de la razón. De la misma forma, se puede sacar la conclusión pesimista de que todas las conquistas de la razón son provisionales, y que al final siempre prevalece la nada.[7] No se trascendieron los límites del sí y el no.

Ahora puede abordarse la segunda pregunta. La respuesta es compleja y se compone de una afirmación y de una negación. La intención de Platón es la de trascender la visión de los griegos y afirmar la soberanía del bien. Él entiende muy bien su oposición a la cosmovisión de sus compatriotas. Al fin y al cabo, esa es la razón por la que Sócrates fue condenado a muerte bajo el cargo de ateísmo. Sin embargo, la empresa platónica fracasa y este cae en la dimensión del sí y el no. No es casualidad que la Media Academia se inclinara hacia el escepticismo[8] y, posteriormente, que los filósofos platónicos tuvieran contactos con la gnosis.[9]

---

5   G.W.F. Hegel. *Enciclopedia de las ciencias filosóficas.* § 79.

6   G.W.F. Hegel. *Fenomenología del espíritu.* § 19.

7   Wahl, J. (1929). *Le malheur de la conscience dans la philosophie de Hegel.* París: Rieder.

8   Sexto Empírico. *Esbozos Pirrónicos.* Libro 1, capítulo 33, sección 232.

9   Narbonne, J. M. (2011). *Plotinus in dialogue with the Gnostics. (Studies in Platonism, Neoplatonism and the Platonic Tradition).* 11. Leiden; Boston: Brill.

Es posible preguntarse si el destino de Platón no es el destino de la filosofía. Por medio de la filosofía, el hombre intenta ir más allá de los límites de su naturaleza herida. Podemos comparar el hombre a un náufrago en una isla desierta; un Robinson Crusoe que construye una balsa con los restos de un barco naufragado. Crusoe navega buscando el continente, pero las olas, implacables, aplastan su balsa y lo empujan hacia atrás, hacia la misma playa de la que sale una y otra vez, y de la que no podrá salir hasta que llegue un barco bien construido que pueda llevarlo a un puerto seguro. La playa hacia la que la balsa de Platón es empujada es la mitología griega, de la que quería escapar.

Zeus, con los dioses celestes, gobierna los cielos desde su palacio situado en el monte Olimpo. A pesar de que encontramos en los dioses del Olimpo muchos residuos de inmoralidad, estos ofrecen un ideal clásico de armonía y de belleza. Zeus, aunque engañe a menudo a su mujer, Hera, mantiene cierta medida de lealtad y justicia (*diké*) entre los dioses y los hombres. Sin embargo, el poder de Zeus no es indiscutible. Él ha conquistado su reino a través de una encarnizada lucha contra los dioses ctónicos (del subsuelo y los infiernos), los titanes y los gigantes, que habitan en las entrañas oscuras de la tierra y esperan el tiempo y la ocasión para vengarse. Asimismo, Zeus comparte el poder con sus hermanos Poseidón y Hades. El primero gobierna las aguas insondables del mar. El segundo, a los muertos. El espacio de la armonía, de la belleza, de la verdad y de la justicia está circundado por el caos y tiene su lado oscuro.

La filosofía platónica, pues, racionaliza, pero no consigue superar el gnosticismo y dualismo intrínseco del espíritu griego.

Abraham, los griegos y Freud

Tanto en el caso de Abraham como en el del espíritu griego, no es difícil tratar un paralelismo con Freud. En el psicoanálisis freudiano, el *yo* se corresponde con los dioses del Olimpo. La energía caótica de las pulsiones instintivas es disciplinada por la razón, y así se realiza el orden del cosmos (del microcosmos humano). Esta empresa no logra un éxito total. Una parte de las energías del instinto están reprimidas, pero no sublimadas (no reorientadas a fines aprobados por la razón); persisten y fermentan en el inconsciente y están siempre preparadas para una rebelión que cuestiona con fuerza disruptiva el equilibrio de la (supuesta) armoniosa y madura personalidad del *yo*.

Si es correcta la representación de la filosofía platónica y de la relación con el espíritu griego que se ha propuesto, ¿por qué se ha consolidado como una interpretación no problemática que la lee como filosofía del bien?

El platonismo cristiano

La respuesta es fácil: leemos a Platón a través de las lentes de una fe cristiana más o menos conscientemente presupuesta. Le atribuimos un dios creador y personal y vemos en el demiurgo el Logos de san Juan a través del cual todas las cosas fueron hechas así en el cielo como en la tierra.[10] Esta gran operación intelectual se la debemos a los Padres de la iglesia[11] y, especialmente, a san Agustín.[12] Ellos bautizaron a Platón. Vieron en él al Moisés de los paganos y dejaron de lado los aspectos de su pensamiento que en una perspectiva cristiana eran superfluos o contradictorios. No cabe duda de que los Padres evaluaron correctamente la función de Platón en la preparación del mundo clásico para recibir el mensaje cristiano, y yo no pretendo cuestionar en lo más mínimo su derecho de utilizar conceptos platónicos (adecuadamente reajustados) para formular su filosofía. Sin embargo, esta gran operación conceptual de los Padres de la Iglesia fue la base para un desarrollo sucesivo menos afortunado. El Renacimiento y el clasicismo intentaron desvincular el espíritu griego de la teología cristiana, y acusaron a los cristianos de haber ocultado por miles de años la positividad de la visión griega con el pesimismo trágico de la idea cristiana del pecado original. Pero es el espíritu griego que ellos recuperan un espíritu incompleto. Lo que ellos recuperan es el momento apolíneo, no el momento dionisiaco del espíritu griego, y esta separación es exactamente el motivo de la crítica de Nietzsche.

Se piensa que sea un regreso al paganismo identificado con una especie de estado de naturaleza pura no cargado con el peso del pecado original,

---

10   Jn. 1: 3.

11   Lesyk, L. (2013). "Plato as Greeks' Moses in Clement's of Alexandria Conceptualization". En *Littera Antiqua*, 7. pp. 66-80.

12   San Agustín. *Confesiones*. §. 7, 9, 13 y ss.

y presentado como un tipo de nueva juventud y nuevo florecimiento del espíritu humano.

En realidad, este tipo de neohelenismo ignora totalmente el lado oscuro (mucho más oscuro que la idea cristiana de pecado) del pensamiento clásico.

Nietzsche y el mundo griego

Nietzsche tuvo el mérito de redescubrir y representar el otro lado del pensamiento griego. En su libro *El nacimiento de la tragedia*,[13] traza un perfil impresionante de la verdadera visión del mundo griego. No debemos exigirle acribia filológica. Él tenía una capacidad extraordinaria de entrar en resonancia con el objeto de su investigación, y nos mostró en esta obra una mente griega dramáticamente desgarrada.

Apolo es el dios del sol y de la luz; es quien trae la luz y expulsa las tinieblas de la noche. Es bien conocido que las metáforas de la luz y del sol son centrales en la filosofía platónica. El sol representa la razón y el bien; en su luz se puede ver y distinguir lo que es cierto de lo que es falso. En las tinieblas no vemos, y todas las percepciones se confunden. El sol es el origen de la luz y del calor. Da vida. Él significa luz, así como bien. También guarda relación con la belleza; no solamente es bello en sí mismo, sino que en los rayos del sol todas las cosas brillan en su esplendor y son bellas. La belleza es el esplendor divino de la verdad. Apolo afirma la positividad del ser.

Apolo es, sin embargo, solo un lado de la realidad. Cada mañana, el sol surge y disuelve la oscuridad y las tinieblas de la noche. Su gloriosa victoria no dura más que un día. Al ocaso regresa la noche, con su oscuridad atenuada tan solo por la luz de las estrellas y la luna. Esta también desaparece en días de luna nueva, dando paso así a una noche cerrada; incluso la válida hermana de Apolo, Artemisa, desaparece y abandona la noche al poder de la oscuridad.

Según Nietzsche, la otra cara del espíritu helénico es Dioniso. Si Apolo es el dios de la mesura (*peras*) que se manifiesta en la luz del día, Dioniso es el dios de la desmesura, del instinto que rompe y elude las censuras y quebranta

---

13   Nietzsche, F. (2001). *El nacimiento de la tragedia*. Madrid: Alianza.

las cadenas con que la razón intenta frenarlo. Es la energía incontrolada de las fuerzas originarias de las pulsiones que arrasan los límites de la razón.

La filosofía de Platón es la filosofía del uno. Sin embargo, es, al mismo tiempo, una filosofía del dos, de la díada o de la dualidad.[14]

Cada vez que la razón consigue capturar con sus conceptos la pluralidad indefinida del ser y la reduce a la unidad de la idea, emergen acontecimientos nuevos, hechos nuevos, experiencias nuevas, y sobrepasan los límites de esta sistematización conceptual, causando que de nuevo emerja el caos. La resistencia de la materia, en Platón, es meramente *pasiva* (este es el principio de la dualidad). En la forma originaria del espíritu helénica es *activa*.

Nietzsche encarna esta resistencia activa en la figura de Dioniso. Según los manuales tradicionales de mitología, Dioniso es hijo de Zeus y de Sémele (que, según una rama de la tradición, es también una divinidad ctónica). Otra tradición, quizás más antigua y seguramente más reveladora, dice que la madre de Dioniso es Perséfone, reina del Hades y esposa de su dios, el señor de los muertos.[15] Si aceptamos esta tradición, Dioniso es el mediador entre la vida y la muerte. Pero, ¿realmente Zeus ha seducido a la mujer de su hermano Hades, el rey de los muertos? ¿O es Hades quizás el otro lado, el lado nocturno de Zeus; el Zeus de la noche y de los muertos? Esta hipótesis no debe sorprendernos. No sería la única vez en que los dioses griegos tienen una doble cara y pertenecen al mismo tiempo al mundo de la luz y al de las tinieblas. Pensemos, por ejemplo, en el mismo Apolo: ¿es él Artemisa, diosa de la noche y de la luna y su hermana gemela, o su segunda cara?

Dioniso es, en todo caso, el dios de la duplicidad. Uno de los epítetos con los cuales es venerado es *lyaeus*, que significa "el que desata los nudos". ¿Cuáles son los nudos que Dioniso desata? Las limitaciones del concepto regladas por el principio de (no) contradicción. No en vano él es también *pseudaner* (falso varón, es decir, varón y mujer al mismo tiempo). Él es el dios del vino. El vino desata los vínculos; los vínculos de la lógica y de la conciencia y la

---

14 Gaiser, K. (1980). "Plato's Enigmatic Lecture 'on the Good'". En *Phronesis, 25*. 1. pp. 5-37.

15 Kerényi, K. (1976). *Dionysos Archetypal Image of Indestructible Life*. Princeton: Princeton University Press.

moralidad, y permite satisfacer los deseos inconscientes y escondidos. Dioniso es el instrumento del caos, y a la vez, el dios del caos.

Si vemos a Dioniso en su oposición y también en su relación con Apolo, vemos el mundo griego como una tensión entre la forma y lo informe. La forma renace siempre y de nuevo de lo informe, y de eso deriva su energía.

Nietzsche acusa a Platón de haber destruido este equilibrio cortando el nexo entre Apolo y Dioniso. El mundo de la razón, el hiPerúranio (más allá del cielo) de Platón es, si lo comparamos con el Olimpo de la mitología griega más antigua, exangüe: ha perdido la fuerza de la pasión.

Nietzsche pone su redescubrimiento del auténtico espíritu helénico en relación con la música de Wagner. La música es la realidad que está entre el mundo de Apolo y el mundo de Dioniso. Ambos dioses son músicos, pero muy diferentes en su música el uno del otro. Apolo toca instrumentos de cuerda y su música es regular, previsible, armoniosa y capaz de calmar las tempestades del alma (a Platón no le gustan los instrumentos de cuerda más complejos, y quiere prohibir la cítara. Más aún le incomodan los instrumentos de viento o percusión)[16]. Dioniso toca instrumentos de viento y percusión que excitan las pasiones del alma hasta un frenesí en el que se pierde la conciencia de la identidad y de la responsabilidad personal (le gustarían los grupos de *heavy metal* de hoy).

En el mito, Ágave lidera una banda de ménades (sacerdotisas de Dioniso) a descuartizar a Penteo, su propio hijo, en un rapto de intoxicación y de locura. La música de Wagner saca su fuerza de ambas fuentes: resucita las fuerzas ctónicas debilitadas por los siglos de represión platónica y cristiana y, al mismo tiempo, las reconcilia creando un nuevo cosmos que deriva su energía del caos que ha superado y que continuamente supera. El mundo es creado nuevamente, y el artista (después el *superhombre*) es el creador de este mundo.

Ambigüedad de Nietzsche

El sentido del redescubrimiento operado por Nietzsche de la tensión dramática del espíritu griego es profundamente ambiguo. Su filosofía es un trabajo inconcluso que puede ser continuado en direcciones diferentes e incluso opuestas.

---

[16] Platón. *República*. 398 y ss.

Una dirección posible es la de la reintegración de las dimensiones corpóreas y sensibles en la totalidad de la vida personal del hombre. Lo que es corpóreo no debe ser despreciado o ignorado, sino reconocido en sus derechos propios e integrado. Cierto ascetismo platónico ignora los derechos de la carne y del mundo emocional humano. Sus energías han sido reprimidas y negadas. Ahora tienen que ser reconocidas y canalizadas para dar fuerza a los conceptos de la razón.

Esta interpretación corre el riesgo de no hacer justicia, en una perspectiva puramente filosófica, al poder inmenso de la negación que Nietzsche quiere evidenciar. Esto implica que, en última instancia, los poderes ctónicos terminarán cediendo a la fuerza de la razón, y Dioniso se someterá a Apolo.

Hay una consigna en la revuelta estudiantil que expresa claramente el estado de ánimo correspondiente a esta visión: "haz el amor y no la guerra", que implica que las fuerzas instintivas humanas se convierten en algo malo a causa de la represión en vez de ser reprimidas por ser malas. Sería bastante con liberar los instintos para que deviniesen buenos; su aspecto cruel y egoísta desaparecería. Pero eso no se puede dar por sentado. Freud conoce una verdad más profunda: matar, destruir e infligir sufrimiento es causa de un placer similar, pero distinto e independiente al del sexo.[17]

Por otro lado, es necesario cierto nivel de represión con objeto de prohibir formas de satisfacción destructiva y desviar las energías del instinto hacia las tareas de la civilización que, entre otras cosas, aseguran la persistencia del hombre en la tierra.[18]

Una posible segunda interpretación es que la lucha entre Dioniso y Apolo sea infinita. En este caso, lo negativo sería legitimado en pie de igualdad con lo positivo. En Dioniso encontramos, mezcladas entre sí, dos reivindicaciones diferentes.

La primera es la exigencia de la rehabilitación de la carne. La otra es la de la rehabilitación de la carne corrupta, de los deseos impíos, de la pretensión del espíritu rebelde de prevalecer contra Dios. Esta pretensión es expresada

---

17   Freud, S. (2002). *Más allá del principio del placer*. Barcelona: RBA.

18   Freud, S. (2020). *El malestar en la cultura*. Madrid: Akal.

con suprema claridad en el lema satánico *non serviam* (no obedeceré). En esta segunda interpretación de Nietzsche, este lema también queda restaurado. Lo demoniaco tiene igual legitimidad que lo divino. Lo demoniaco es en sí mismo divino. La distinción de esencia entre ángeles y demonios desaparece. Esta distinción puede, por supuesto, ser restablecida por el superhombre, que recrea un mundo propio de valores. Además, cada superhombre crea su mundo, que es igual de legítimo que el de los demás, y tan solo a través de la lucha se decide no tanto cuál es verdadero, sino cuál de ellos merece sobrevivir. Con esta interpretación puede conectarse la predisposición de la filosofía de Nietzsche a justificar el nacionalsocialismo.

Hölderlin: Dioniso y Cristo

Al presentar la primera interpretación de Nietzsche, se muestra que esta no se toma suficientemente en serio la potencia de lo negativo; da por descontada la disponibilidad de Dioniso a someterse a Apolo además de aceptar cierta inocencia última de la carne.

Hölderlin propone una visión muy parecida a la de Nietzsche, si bien cuenta con ciertas diferencias.[19] Él ve cierta hermandad, y quizás una identificación entre Jesucristo y Dioniso. ¿La identificación de un posible portaestandarte de Satán y Cristo? ¿Cómo es posible?

Ya se ha evidenciado la insuficiencia de la interpretación que Nietzsche nos da del platonismo. En cierto sentido, él recibe al Platón de los Padres de la Iglesia. La interpretación que estos dan de Platón es la de un profeta de paganos. Todo lo que no es útil para esta interpretación es dado de lado. Separada de la revelación, esta filosofía platónica no puede subsistir autónomamente y tiene todos los defectos que Nietzsche evidencia. La revelación cristiana, sin embargo, tiene plenamente en cuenta el drama cósmico y existencial de la mitología griega. Cristo ha asumido la carne del hombre, y con ella la carne del mundo. Los Padres saben que nuestra carne no es la carne que Dios concedió al hombre en los tiempos de la creación del mundo. Nuestra carne está

---

[19] Hölderlin (1968). *Patmos*. París: Lettres Modernes. v. 76 y ss.; 146 y ss. Para una traducción en castellano, véase: Navarro, E. (19 de octubre de 2009). *Patmos*. Versión a partir del texto original en alemán. Recuperado de: navarroarte.blogspot.com.

corrupta por el pecado. Fue creada por Dios, pero en cierto sentido, recreada por el hombre a través de un acto de voluntad libre que lo alejó de Dios para acercarlo al demonio. La primera interpretación ingenua de Nietzsche ignora esta condición de la carne humana; su duplicidad de significado. La carne merece ser rehabilitada, pero el hombre no tiene la capacidad de restituir su pureza ontológica original. Es su propia carne, y el hombre no puede elevarse sobre sí mismo. Ahora bien, lo que no le es posible al hombre sí lo es para Dios, quien asumió la carne del hombre y la purificó a través de un acto de obediencia a Dios *usque ad mortem, mortem autem crucis* (hasta la muerte, la muerte en la cruz).[20] Cristo asumió la carne de Dioniso, la redimió de contaminación y la liberó de la tiranía del demonio.

La primera revelación hace conocer al hombre que Dios es bueno, y acaba así la confusión entre lo divino y lo demoniaco en él. De esta forma, manifiesta algo que siempre fue verdadero desde el inicio; una verdad olvidada y desfigurada por el demonio. La segunda revelación es, en primer lugar, un hecho histórico. Dios ha asumido la carne del hombre. Con este acto, Dios disuelve la alianza entre lo humano y lo demoniaco, libera al hombre de esta cadena y hace posible la reconciliación entre él mismo y la humanidad. Solo sobre este trasfondo se puede comprender y legitimar la interpretación que san Agustín da de Platón.

Nietzsche y Wagner

Regresemos ahora, por un momento, a Nietzsche y Wagner. De la misma forma que Nietzsche, Wagner también es susceptible de una pluralidad de interpretaciones. Él libera los poderes ctónicos, a los que cede la palabra.[21] Si se consideran las obras dedicadas a la saga de los nibelungos, puede parecer que la música de Wagner está totalmente en contra de la herencia cristiana y proclama el inicio de una nueva época en la historia del mundo. Este es el Wagner que Nietzsche aprecia y venera, pero después hay un desplazamiento en la

---

20   Fil. 2: 8.
21   Especialmente en la tetralogía *El anillo de los Nibelungos*.

música de Wagner, y Nietzsche se indigna con él.[22] En este punto, las potencias ctónicas son evocadas y reconciliadas por medio del sacrificio y de la renuncia. Según Nietzsche, esa es una traición flagrante de la inspiración original y auténtica de Wagner. Es una especie de regreso al cristianismo.

Se puede dudar de que haya semejante contraposición dramática en la visión de Wagner. Si acudimos a los inicios de su música, encontramos *El holandés errante*. En esta ópera se narra la historia de un marinero holandés que quiere cruzar el cabo de Buena Esperanza a pesar de una enorme tormenta y de los ruegos de su tripulación. El marinero afirma que lo logrará, aunque le tome hasta el fin del mundo, aun si va contra la voluntad de Dios.[23] Como castigo por su blasfemia a Dios, es condenado a errar para siempre por los océanos de la tierra. Sin embargo, un ángel le hace una promesa en nombre de Dios. Cada siete años, él podrá pisar tierra. Si encuentra a una mujer que lo ame con lealtad y sinceridad y se casa con ella, será liberado, pero si la mujer lo engaña, ella caerá al fondo del infierno y él deberá continuar su viaje eterno por el mar. Por otro lado, si el marinero decide no casarse, se perderá para siempre en su maldición.

Ya muchas mujeres habían perecido en el infierno cuando el holandés se encuentra con Senta. Senta tiene una premonición sobre la verdadera identidad del extranjero misterioso que la corteja, pero su amor por él la lleva a querer salvarlo. El holandés escucha una conversación entre ella y Hendryck, un cazador que es su amigo de la infancia y, además, la ama. El marinero se equivoca pensando que Senta corresponde al amor del cazador y, para salvar el alma de su amada, decide darle la oportunidad de ser feliz con él y zarpar hacia el océano más profundo sin casarse con ella. El holandés renuncia a su esperanza de salvación con un acto puro de amor hacia Senta. Senta, para seguirlo, se zambulle en las olas cantando: "Alaba tu ángel y su promesa. / Aquí estoy yo, fiel a ti hasta la muerte".

Ambos ascienden al cielo.

---

22 Nietzsche, F. (2002). *El caso Wagner*. Madrid: Siruela.
23 Tan solo un poco disfrazado, el holandés errante reaparece en el capitán Achab, de *Moby Dick*.

La música presenta dos temas: uno es apolíneo y melódico: el tema de Senta. El otro es dionisiaco: el tema del holandés. Al final, el tema del holandés queda reabsorbido en el de Senta. Encontramos aquí una promesa: la afirmación de la positividad del ser original, que se realiza en el desenlace.

Esta ópera es una de las primeras de Wagner y antecede a la tetralogía de los nibelungos. Al adquirir conciencia de que el tema cristiano es precedente a la tetralogía, el reproche de Nietzsche a Wagner de haberse traicionado a sí mismo pierde su fuerza. Se abre así el camino a una interpretación completamente diferente de la música de Wagner. No consiste en la lucha del espíritu alemán para recuperarse a sí mismo después del cristianismo y contra él, sino en la lucha del espíritu alemán para recuperarse a sí mismo en el cristianismo, y salvarse a través de él del destino de autodestrucción que es presagiado en *El crepúsculo de los ídolos*.

En este texto no puede interpretarse en profundidad la música de Wagner y su controversia con Nietzsche. Solo pretende evidenciar como la tentativa de Nietzsche de conducirnos fuera del cristianismo a una época postcristiana recae en una forma precristiana del espíritu humano. En este sentido, Wagner es más profundo que Nietzsche.

Postmodernidad y reforma desde los orígenes

Muchas veces escuchamos cierta pretensión de que la humanidad ha entrado en una etapa de su historia que es postreligiosa. Planteo la siguiente cuestión: si el postcristianismo es, en realidad, un regreso al precristianismo, ¿es posible que lo que realmente necesitemos sea un cristianismo renovado? ¿La "reforma desde los orígenes" de la que hablaba Guardini, o acaso una ortodoxia radical como la que propone John Milbank?

4. La cosmología de los mexicas y la Virgen de Guadalupe
En las raíces de la teología del pueblo

Hemos explicado que existe una teología natural de los pueblos que precede a la revelación cristiana, tanto mediante los ejemplos de los pueblos de Oriente Medio de los que Abraham se diferenció al obedecer las órdenes de Dios y dejar la casa de su padre, como a través de los de las mitologías griega y latina.

Esta teología natural no coincide con la teología natural de los *prolegomena fidei*; de los conceptos racionales que constituyen un tipo de introducción a la fe. Algunos contenidos son comunes, otros son diferentes.

También hemos retrocedido hasta la revelación de Dios a Noé buscando esta teología natural de los pueblos. Apenas nos damos cuenta de que somos hijos de Noé, pero además lo somos de Adán. Todos los hijos de Adán perdieron la vida en el gran diluvio con la única excepción de Noé. Quienes viven hoy son descendientes, pues, de Noé. Fue con él con quien Dios selló también una alianza, y esta no abarca solo al pueblo elegido, sino a todos los pueblos de la tierra.[1]

El contenido de la alianza de Dios con Noé es similar al de su alianza con Abraham. En cierto sentido, la alianza con este último es una renovación de la que le hizo a Noé; una forma de recordarla después de que hubiera sido adulterada u olvidada. En otro sentido, por supuesto, la alianza con Abraham es una especificación histórica de la alianza con Noé, y esto constituye el contenido peculiar de la alianza con el pueblo elegido de Dios. A pesar de todo, la alianza con Noé no deja de existir por la nueva alianza con Abraham. Continúa incluyendo a todos los pueblos de la tierra.

El contenido principal de esta alianza es, a su manera, filosófico. Concierne a la esencia del ser; a la positividad fundamental del ser. El mal parece a menudo dominar en la historia del hombre, y en ocasiones resulta tan interconectado al bien que parece imposible diferenciarlos entre sí. Dios, sin embargo, confirma que esta distinción no será destruida, y que al final los verdugos

---

[1] Daniélou, J. (1950). Sacramentum futuri: *Études sur les origines de la typologie biblique*. París: Beauchesne.

no triunfarán sobre sus víctimas inocentes. Si este es el contenido de la alianza de Dios con Noé, no es así como dicha alianza se nos presenta. La experiencia religiosa del hombre se divide entre esta afirmación y la promesa de Dios, por un lado, y la duda que el demonio introduce en el corazón del hombre por el otro: Dios promete y sigue prometiendo, pero no cumple, o como mucho, lo que ofrece es tan solo un anticipo; una realización parcial del alcance total de su promesa. Esto nos lleva a pensar que Dios no es omnipotente; él quiere cumplir con su promesa, pero no puede. El demonio sería tan poderoso como lo es Dios.

Se presenta otra posibilidad, y es que Dios no sea bueno; el auténtico Dios permanecería más allá de la distinción del bien y del mal. Así, quizá Dios y el demonio no sean más que dos caras de la misma realidad, o quizá tan solo jueguen con el destino del hombre.

En todas las grandes religiones de la humanidad se encuentran estos diferentes elementos entremezclados los unos con los otros. Las religiones (y las civilizaciones) no son bloques monolíticos y coherentes, sino más bien puntos de equilibrio bastante precarios con tensiones divergentes. Esta es la razón por la que es correcto decir que todas las religiones contienen *semina Verbi*, los vestigios de la revelación original de Noé, y son, por tanto, sagradas. Sin embargo, es igual de válido decir que son demoniacas, porque la revelación original está presente en ellas junto a la deformación y la negación que es consecuencia del pecado original.

Es importante añadir que esta revelación original está presente también en la filosofía. Está escrita en el corazón del hombre y, por tanto, puede ser leída en él además de en los documentos históricos de las religiones del mundo.

Mircea Eliade[2], Julien Ries[3] y René Girard[4] son, quizás, los estudiosos que han hecho las mayores contribuciones a una fenomenología del fenómeno religioso y a una historia de la religión. A partir de ellos y de muchos otros, hemos aprendido a reconocer algunos patrones que son comunes a la mayoría

---

[2]   Eliade, M. (2011). *El mito del eterno retorno. Arquetipos y repetición*. Madrid: Alianza.

[3]   Ries, J. (2015). *El origen de las religiones*. Madrid: LIBSA.

[4]   Girard, R. (1987). *Things Hidden since the Foundation of the World*. Stanford: Stanford University Press.

de religiones naturales, refiriéndonos con "religiones naturales" a aquellas que no se han desarrollado a partir de la gran corriente de las religiones abrahámicas, y también a las religiones abrahámicas, si bien de una forma modificada.

También hemos visto como la revelación cristiana ha entrado en el mundo espiritual del paganismo. Ha asumido el mundo religioso clásico a través de una alianza con algunos de sus componentes, lo que ha llevado a una interpretación completamente nueva y a una purificación que implica la exclusión de otros elementos. La cristiandad ha asumido, confirmado y definitivamente establecido la afirmación de la positividad del ser: el mundo es esencialmente bueno, los poderes divinos y demoniacos son, en esencia, diferentes, y se oponen mutuamente. Al final, el bien prevalecerá: *portae inferi non praevalebunt* (las puertas del infierno no vencerán).[5] En lenguaje más filosófico, esto coincide con la afirmación de los trascendentales; de las perfecciones puras.[6] Sin embargo, en el curso de nuestra exposición hemos aprendido que, contrariamente a las convicciones de la filosofía clásica, podemos dudar de los trascendentales, y es solo a través de la fe en Jesucristo que estos reciben su fundamento y confirmación definitivos. Esto contradice una convicción bastante común que afirma que las virtudes cardinales deberían ser enseñadas y practicadas antes que las virtudes teologales, y que estas últimas deben llegar solo al final como premio otorgado a una personalidad moral, madura y bien formada. Al contrario: las virtudes cardinales solo pueden ser establecidas firmemente sobre la base de las virtudes teologales.[7] No se pretende afirmar aquí que no haya experiencia de las virtudes cardinales en un mundo no cristiano. Sin embargo, permanecerán a la sombra de una duda razonable hasta que sean confirmadas a través de la cruz de Jesucristo. Una consecuencia de este hecho es que la autonomía de la filosofía con respecto de la teología es tan solo relativa: la base de toda metafísica, esto es, la percepción positiva del ser, depende, en última instancia, del evento

---

[5]   Mt. 16: 18.

[6]   Seifert, J. (2002). The Idea of the Good as the Sum-total of Pure Perfections. A Nueva Personalistic Reading of Republic VI and VII. En *Nueva Images of Plato: Dialogues on the Idea of the Good*. pp. 407-424. Recuperado de: https://www.academia.edu/6037799.

[7]   Giertych, W. (2011). Pedagogy and Moral Formation. En Farey, C. E. *et al.* (eds.). *The Pedagogy of God: Its Centrality in Catechesis and Catechist Formation*. Ohio: Emmaus Road Publishing. pp. 109-124.

de la redención. La filosofía y la teología mantienen un vínculo más estrecho del que normalmente suponemos. Es un gran mérito de la ortodoxia radical haber llamado la atención sobre este punto.[8]

De este enfoque teórico dependen muchas consecuencias pastorales prácticas. La elección de leer la filosofía platónica como si fuera una especie de Antiguo Testamento de los griegos fue fundamental para la inculturación exitosa del Evangelio en el mundo clásico, y para el triunfo de la misión entre los paganos. Es un modelo que debe repetirse cada vez que un discípulo misionero de Jesús entra en un nuevo entorno cultural.

Centremos ahora nuestra atención en un tipo diferente de misión para los paganos. Queremos considerar la misión para los pueblos de América Latina y el significado particular que en este contexto debe ser otorgado a la aparición de la Virgen de Guadalupe.

Los conquistadores querían ser también misioneros. Querían el oro y las tierras para sí mismos, pero también llevar la fe a los pueblos que habían conquistado. Los primeros resultados de las actividades misioneras fueron menos que alentadores. Por supuesto, hubo muchas dificultades.[9] Una de ellas fue el simple hecho de que no les era fácil hablar de la salvación cristiana a pueblos cuyas riquezas acababan de robar y cuyo orgullo y honor habían humillado. Por supuesto que este no era un obstáculo insuperable. Los aztecas y los incas eran pueblos beligerantes; admiraban la proeza militar de los españoles tanto como les temían, y el hecho de que el dios de los cristianos había demostrado en el campo de batalla su superioridad sobre los dioses de la tierra era un argumento que pudieron apreciar con toda su fuerza.

Otro obstáculo fue que los misioneros no pudiesen hablar el lenguaje de la gente a la que estaban intentando convertir. Los franciscanos, dominicos, maristas y jesuitas comenzaron muy rápido a estudiar su lenguaje y a producir gramáticas y diccionarios. Obstáculos parecidos ya habían surgido en las

---

[8] Smith, J. K. A. (2005). *Introducing Radical Orthodoxy: Mapping a Post-Secular Theology*. Grand Rapids, Michigan: Baker Academic. p. 10 y ss. Con prólogo de John Milbank.

[9] Ricard, R. (1966). *The Spiritual Conquest of Mexico: an Essay on the Apostolate and the Evangelizing Methods of the Mendicant Orders in Nueva Spain: 1523-1572*. Berkeley: University of California Press.

misiones de los pueblos bárbaros del norte de Europa, como por ejemplo en la de los sajones, y habían sido superados. Pero eso no sería suficiente. Lo que estaba sucediendo en Latinoamérica era algo totalmente nuevo. Todo un pueblo parecía perder las ganas de vivir y se preparaba en silencio para la muerte. La población de lo que hoy es México descendió dramáticamente en los primeros años después de la conquista. Solo hasta cierto punto fue consecuencia de la brutalidad de los conquistadores. En mayor medida, la causa fueron las enfermedades y pestilencias que los españoles trajeron consigo desde Europa, para las que los nativos americanos no estaban inmunizados. Pero la razón principal pudo ser otra. Una estructura social había sido quebrada. Un sistema de creencias que conectaba la tierra con los dominios de los muertos y con los cielos de los dioses había sido lacerada. Una conciencia trágica de la contingencia amenazante de todas las cosas se convirtió en el estado de ánimo dominante de aquellas almas. Se perdió la cohesión de las relaciones humanas. La violencia aumentó, no solo la de los españoles hacia los indígenas, sino también la de ellos entre sí e incluso dentro de los núcleos familiares.[10] La identidad cultural de los pueblos había sido aniquilada, y estos habían perdido la convicción de la positividad del ser.[11] No querían vivir más en un mundo que se había vuelto incomprensible y lleno de amenazas.[12]

Los españoles habían quedado absolutamente escandalizados con su primer contacto con la religión azteca. Se basaba en el sacrificio de sangre y corazones humanos. En las festividades mayores, cientos y cientos de seres humanos se sacrificaban a las deidades mayores del panteón de los mexicas, y el sacrificio incluía, a menudo, las torturas más brutales. Los cuerpos de las víctimas eran devorados entonces. No sin razón, los misioneros vieron en aquellas prácticas

---

[10] Gaither, C. M. y Murphy, M. S. (2012). Consequences of Conquest? The Analysis and Interpretation of Subadult Trauma at Puruchuco-Huaquerones, Perú. En *Journal of Archeological Science, 39*. 2. pp. 467- 478.

[11] Garibay, A. M. (1971). *El trauma de la Conquista (1521-1750)*. México: Porrúa.

[12] Este estado de ánimo queda muy bien reflejado en los versos recopilados y transmitidos por Miguel León-Portilla: "Tal vez a nuestra perdición, tal vez a nuestra destrucción, / es solo a donde seremos llevados. / [Mas] ¿A dónde deberemos ir aún? Somos gente vulgar, / somos perecederos, somos mortales, / déjennos pues ya morir, / déjennos ya perecer, / puesto que ya nuestros dioses han muerto". Véase: Léon-Portilla, M. (1974). "Testimonios nahuas sobre la conquista espiritual". En *Estudios de cultura náhuatl*. 11. p. 147.

claros signos de un culto a Satán que intentaron erradicar sin piedad. Los mismos ritos eran, sin embargo, la base de la autoconciencia de aquellos pueblos, de su cohesión social, de su percepción de la positividad del ser, de su seguridad existencial en el mundo.

Entonces, la Virgen se apareció a un indio, Juan Diego, y le ordenó reunirse con el obispo Juan de Zumárraga y decirle que la Virgen, madre de Dios, quería que se erigiese una iglesia en Guadalupe, donde pudiera reunirse con sus hijos de México y mostrarles la piedad. La iglesia se levantó, y desde aquel momento, el número de conversiones creció enormemente en México y en toda América Latina.

Estamos en deuda con Pedro de Alarcón Méndez, SM por un magnífico libro que ha servido para ampliar nuestra comprensión del evento de Guadalupe.[13] Alarcón Méndez nos hace tomar conciencia, en primer lugar, de la complejidad y las tensiones internas que articulan las cosmovisiones de los mesoamericanos. *Semina Verbi et semina Diaboli* (las semillas del Verbo y las de Satán) están presentes y entretejidas de tal forma que es muy difícil desenmarañarlas. Estamos, en cierto sentido, en la misma etapa que en las culturas de Oriente Medio antes de Abraham. Dios lo es todo y el hombre apenas surge de la nada. Debemos a Dios (o más bien a los dioses) nuestro ser, todos nosotros. Los dioses nos preservan de la amenaza de volver a la nada que a menudo nos acompaña y nos rodea. El sacrificio es el reconocimiento de nuestra pertenencia a los dioses; del hecho de que nada de lo que poseemos nos pertenece en realidad, ya que todo es de ellos, y nosotros lo reconocemos devolviéndoles las cosas más preciadas que poseemos. ¿Qué es más preciado que la vida humana, que el corazón y

---

[13] De Alarcón, P. (2019). *El amor de Jesús vivo en la Virgen de Guadalupe*. Edición del autor. El título no es muy apropiado por dos razones. La primera es que da la impresión de ser una publicación devocional. Al contrario, se trata de una rigurosa investigación científica sobre el significado cultural y teológico del evento de Guadalupe, visto tanto desde la perspectiva tradicional de las cosmologías mesoamericanas, como de las Escrituras cristianas. La segunda razón por la que el título no parece muy apropiado es que, en realidad, Jesús no es el centro del evento de Guadalupe. Todo lleva a Jesús, pero el núcleo es más bien la preparación del anuncio cristiano. La elección del título refleja, posiblemente, la preocupación de evitar que se pensase que la Virgen de Guadalupe fue no tanto la representación de la madre de Dios cristiana, sino la de una deidad mesoamericana.

la sangre del hombre? Comiendo juntos la carne de la víctima, nos convertimos en uno con el dios y entre nosotros mismos.

En las religiones mesoamericanas hay una justificación más para el sacrificio. Los dioses no son omnipotentes; tienen que luchar para preservar el orden del cosmos. No hay garantía de que el sol vaya a salir mañana de nuevo, o de que la tierra, en el próximo verano, dé las cosechas que permitan al hombre alimentarse. La estabilidad existencial del cosmos (y de la sociedad humana) es el resultado de las luchas entre dioses y de su sacrificio. Los dioses se sacrifican por los hombres para que estos puedan vivir. Es justo que los hombres, a su vez, se sacrifiquen para dar a los dioses la fuerza que necesitan para preservar el mundo contra el peligro de caer en la nada y en el caos.

La afirmación de la positividad del ser se vincula con la necesidad del sacrificio y con la conciencia de la infinita superioridad de Dios en relación con el hombre.

¿Qué es cierto aquí y qué no? O mejor aún, ¿qué falta?

Dios reveló en Abraham que no quiere sacrificios de sangre humana. Él es todo y el hombre es nada y, sin embargo, Dios ha amado esta nada, que es algo apreciado y precioso a sus ojos.

Dios prometió a Noé que no habría otro diluvio, otra rebelión de la naturaleza contra el hombre. No solo Dios no aprecia los sacrificios humanos, sino que no los necesita para afirmar su poder contra las fuerzas ctónicas. Dios es omnipotente, y el poder de la oscuridad no prevalecerá.

El orden de los sacrificios no queda del todo abolido, pero sí que es profundamente transformado; puesto bocabajo. Dios se da a sí mismo en la forma de su hijo para ser sacrificado por el hombre. Comiendo su carne y bebiendo su sangre, une a los hombres con él y entre sí. El sacrificio que Dios espera de los hombres es el de un corazón puro ofrecido de forma desinteresada para servir a los demás, en unidad con el sacrificio en la cruz del Hijo, Jesucristo. Gran parte del antiguo orden simbólico de las culturas mesoamericanas se conserva, pero es transfigurado; adquiere un significado completamente nuevo. Mantiene las prefiguraciones de la eucaristía, el *semina Verbi*, pero se suprime el derramamiento de sangre humana.

Las cosmologías mesoamericanas nos dan un vivo ejemplo del *sí* y *no* del que san Pablo nos habló. Se trata de un compromiso entre la afirmación de la positividad del ser, de la validez de los trascendentales y su negación. Como consecuencia, es un compromiso entre Dios y el diablo. La cultura mesoamericana siente profundamente la angustia de la muerte rodeando el mundo de la vida. El pensamiento de la muerte es omnipresente y generalizado. Para preservar la posibilidad de la vida para muchos, algunos tienen que morir. La vida viene de los muertos.[14] Se da un sentimiento muy fuerte de solidaridad de los hombres entre sí, de ser un organismo común. Mucho menos clara queda la percepción del valor singular e infinito de cada ser humano. El individuo queda absorbido por el colectivo, y la tensión entre individuo y comunidad que constituye el orden mundial personalista aún no se enfoca adecuadamente.

Sobre este trasfondo, es posible entender mejor los eventos que siguen a la Conquista y la aparición de la Virgen de Guadalupe. La prohibición de los sacrificios desestabilizó el orden simbólico del cosmos mesoamericano. La sangre de los sacrificios no fluiría más para los dioses y, por consiguiente, los dioses no podrían garantizar el orden del cosmos, ni la sucesión de las estaciones, presupuestos naturales del trabajo humano y la civilización. La sangre de los dioses tampoco fluyó más hacia el mundo de los hombres. La humanidad no podía resistir más a la muerte. Muchos no cultivaron los campos, pues no podrían ser fructíferos sin los ritos adecuados, y no resistieron las enfermedades. Se dejaron morir. El fin del mundo había llegado.

La Virgen que se apareció a Juan Diego tenía los rasgos de una mujer indígena. Hablaba náhuatl y se presentaba como la madre de Dios. Tenemos una historia escrita del encuentro con Juan Diego en el *Nican Mopohua*, y también tenemos la imagen de la dama impresa milagrosamente en el manto de Juan Diego; en su tilma, hecha de fibras de agave. El significado del evento debe ser interpretado mediante lecturas combinadas de la imagen y el relato.

---

14 Podemos encontrar la misma aguda percepción de la relación entre los vivos y los muertos en los primeros versos de *Orpheus. Eurydice. Hermes* escritos por R. M. Rilke, cuya traducción al castellano puede leerse a continuación: "Era la maravillosa mina de las almas. / Como silenciosas rayas plateadas iban ellos / como venas a través de su oscuridad. / Entre las raíces brotó la sangre / que fluye hacia los humanos / y pesado como el púrpura parecía estar en la oscuridad". Traducido por Daniel Zapata Fuentes.

La virgen estaba vestida como una princesa india. ¿Era una diosa india? La hipótesis se ha adelantado.[15] La colina de la aparición, Tepeyac, estuvo una vez consagrada a Tonantztin, una diosa madre de los mexicas. ¿Es Nuestra Señora de Guadalupe en realidad Tonantzin? No es sencillo responder con un simple sí o no.[16] Muchos de sus atributos se repiten en la Virgen de Guadalupe. Los aztecas y las otras culturas mesoamericanas no tienen el amor por el cuerpo humano y el gusto por el realismo que se despliega en la imagen de la Virgen. Sus dioses están muy estilizados y poseen una fuerte mezcla de rasgos ctónicos. Este aspecto falta por completo en ella. La dama da la espalda al sol y es rodeada por sus rayos. No adora al sol, sino más bien es el sol quien la sigue a ella. Las estrellas aparecen en el manto y la luna aparece bajo sus pies. Es un resumen de los símbolos naturales de las religiones mesoamericanas. Estos no son negados, sino más bien guiados hacia alguien que viene. La idea de alguien que viene no es ajena a los mexicas. Quetzalcóatl, el dios que se opuso a los sacrificios humanos, se marchó, pero un día volverá y establecerá un reino de paz.[17] Sin embargo, quien viene no es solo Quetzalcóatl; es más bien el niño que hay en el vientre de la mujer, en cuyo cuello, además, hay una cruz que cuelga.

Nuestra Señora de Guadalupe tiene rasgos de una diosa mesoamericana, pero carece de otros. Expresa una inconfundible afirmación de la positividad del ser. El sol la acompaña, o más bien, el sol que se había perdido en los días de la Conquista se alza de nuevo con ella para nunca abandonar a la humanidad de nuevo. La alianza de Dios con Noé es renovada. Se renueva en la esperanza del que está por venir y que el vientre de la dama contiene. El orden del cosmos ha sido restaurado. Los rayos de sol y la sangre de los dioses fluyen de nuevo por las venas del mundo, aunque los hombres ya no ofrecen más sacrificios humanos. Aún no queda por completo claro como es esto posible, aunque

---

[15] Nebel, R. (1995). *Santa María Tonantzin Virgen de Guadalupe: continuidad y transformación religiosa en México*. México: Fondo de Cultura Económica.

[16] Lafaye, J. (1977). *Quetzalcóatl y Guadalupe: la formación de la conciencia nacional en México*. México: Fondo de Cultura Económica.

[17] *Ibid.* p. 140. Sin embargo, esta tradición no es indiscutible. Véase: Read, K. A. (2002). *Mesoamerican Mythology: A Guide to the Gods, Heroes, Rituals, and Beliefs of Mexico and Central America*. Oxford: Oxford University Press. p. 225.

el crucifijo que cuelga del cuello de la dama alude a un tipo distinto de sacrificio. Sin embargo, la evidencia de un nuevo comienzo llama a la humanidad de nuevo a trabajar, a continuar con la responsabilidad de su vida bajo la protección del manto de la dama que revela ser su madre.

¿Cómo puede ser que la dama sea y no sea Tonantzin? Quizá la razón esté en que Tonantzin fue desde el principio la dama. Las interpretaciones teológicas del evento de Guadalupe han sido, por lo general, convertidas en referencias al Apocalipsis, y con buenas razones. Pero es en este punto que conviene volver al libro del Génesis.[18] En él aparece la primera promesa de un salvador que golpeará la cabeza de Satán y será el hijo de la mujer. Esta promesa permanece en las religiones de los pueblos. Cada niño que nace podría ser el salvador o el padre del salvador o, como poco, padre de alguien que le conocerá y sabrá quién es, y en este también se salvará la esperanza de sus antepasados. En Tonantzin, algo de esta esperanza y de esta promesa se ha preservado, y cuando María se apropia de algunos de sus rasgos, solo retoma algo que le pertenecía desde el principio. Por supuesto, esta reapropiación implica una purificación.

Lo que ocurre en Guadalupe no es solo la reapropiación de la Virgen María de ciertos rasgos de Tonantzin. Todo el orden simbólico de las culturas mesoamericanas es reestructurado. Su polaridad constitutiva se pone de manifiesto, y lo divino se separa de lo demoniaco, haciendo posible de esta manera recibir la revelación cristiana. De hecho, en los años que siguieron a la aparición de Guadalupe y la constitución de la basílica, millones de mujeres y hombres pertenecientes a las culturas mesoamericanas fueron bautizados, y este movimiento se extendió más allá de las fronteras de Mesoamérica, abarcando de diferentes formas la totalidad de lo que iba a ser conocido como América Latina.

En cierto sentido, puede decirse que Nuestra Señora de Guadalupe realizó una tarea similar a la de la revolución socrática para las civilizaciones griegas y latinas, o a la del Antiguo Testamento para las culturas de Medio Oriente: separó lo divino de lo demoniaco y preparó el terreno para la proclamación del Evangelio.

---

[18] Gn. 3: 15.

En otro sentido, puede conectarse a Guadalupe con el dogma (que fue proclamado varios siglos después) de la Inmaculada Concepción de María. Para que el hijo de Dios naciera, la pureza original de la carne humana tenía que ser restaurada en María. María mantiene la misión de purificar los corazones humanos y las culturas para que puedan encontrar a su salvador.

Muchos intelectuales y teólogos doctos han expresado su desconfianza hacia la veneración de la Virgen de Guadalupe. Reservas similares se han expresado hacia la devoción mariana y la religiosidad popular en general. Siempre existe la duda de que estas devociones puedan incorporar elementos de religiones naturales e incluso del politeísmo; de que amenacen la centralidad y la unicidad de la mediación de Jesucristo. Esta preocupación ha llevado a los protestantes a rechazar la devoción mariana.

La religiosidad natural es, por supuesto, impura. Necesita ser purificada. Pueden encontrarse ejemplos de devociones hacia la Virgen María y también hacia algunos santos que parecen ser cultos apenas velados de deidades precristianas. La Iglesia siempre ha tenido que luchar contra supersticiones de distinto tipo y, sin duda, un auténtico trabajo que sirva para arrojar luz sería pertinente.

Nuestra religiosidad burguesa sin embargo corre el riesgo de un complejo de superioridad injustificado hacia la religiosidad popular. La religiosidad popular necesita ser purificada, pero tiene también algo importante que enseñar. Nosotros, los instruidos, corremos el riesgo de perder el vínculo vivo entre la alianza de Noé, la de Abraham y la de Jesucristo. La alianza de Jesús complementa, pero no invalida las otras dos. María es el puente entre las alianzas. Ella pertenece a la gente de Israel. A través de ella, Jesús es hijo de Abraham. Ella es, además, la mujer prometida en el Génesis y manifestada en el Apocalipsis. A través de ella, Jesús es uno de los hijos de Adán.[19]

La religiosidad popular mariana constituye la introducción a la fe cristiana, pues presenta de forma existencialmente convincente los *prolegomena fidei*. No son presentados de forma filosófica sino a través de la purificación del

---

[19] Encontramos una hermosa expresión poética de este concepto en la Anunciación, de R. M. Rilke, a través de la voz del ángel: *"Ich bin der Tag/ ich bin der Tau/du aber bist der Baum"*. La traducción sería: *"Yo soy el día, yo soy el rocío / pero tú, tú eres el árbol"*.

entendimiento de los fenómenos fundamentales de nacer, ser aceptado y criado mediante el amor de una madre, y de adquirir la convicción fundamental de la positividad del ser.

Esto presenta una dimensión histórica: sucede de nuevo con cada encuentro entre la fe y una determinada cultura cristiana. Esta es la razón de por qué necesitamos tener tantos santuarios. En este encuentro no solo se salva el individuo, sino también su cultura. El evento de Guadalupe es, pues, el encuentro de la cultura mesoamericana con Cristo a través de su madre.

La teología del pueblo de América Latina acepta aprender del pueblo esta promesa de redención contenida en su cultura desde el principio. Es por ello que la devoción a los santuarios, a los peregrinajes y, ante todo, a Nuestra Señora de Guadalupe, ocupa un lugar tan destacado en la nueva teología latinoamericana.

5. La apuesta filosófica y el acto de fe. La lógica de la encarnación del universal en el particular

La filosofía del uno y la demostración de la existencia de Dios

Platón inició la filosofía del bien. Él vio con nitidez las perfecciones puras del ser; las propiedades que es siempre mejor poseer que no poseer, como la verdad, la belleza y el bien. Estas convergen en el ser de Dios, quien es confluencia y unidad de las propiedades trascendentales del ser.[1]

Kant vio que era absolutamente deseable que un ser como Dios existiera; que tuviera una existencia real. Pero eso no daba una garantía de que existiese en realidad. Toda la estructura esencial de nuestro ser nos induce a desear y esperar que Dios exista, pero no podemos tener certeza de su existencia.[2]

Hubo muchas tentativas de demostrar la existencia de Dios. Algunas de ellas dependieron de la física aristotélica, que hoy está pasada de moda. Otras utilizaron el argumento ontológico de san Anselmo de Aosta (para los anglosajones, de Canterbury), que ha sido recientemente recuperado por J. Seifert[3] y por Kurt Gödel.[4]

El argumento ontológico de san Anselmo afirma que el ser absolutamente perfecto debe existir necesariamente, pues si no existiese, carecería de la perfección de la existencia. Las perfecciones puras tienen una relación recíproca intrínseca y convergen necesariamente en el uno que es Dios. Este argumento pone en evidencia la esencia de la filosofía de Platón. Es un argumento conveniente... hasta cierto punto. Kant[5] y santo Tomás[6] lo criticaron porque

---

[1] Seifert, J. (2002). The Idea of the Good as the Sum-total of Pure Perfections. A Nueva Personalistic Reading of Republic VI and VII. En *Nueva Images of Plato: Dialogues on the Idea of the Good.*

[2] Kant, I. (2006). *Crítica de la razón práctica.* Salamanca: Sígueme.

[3] Seifert, J. (2000). *Gott als Gottesbeweis. Eine phänomenologische Neubegründung des ontologischen Arguments.* Heidelberg: Winter.

[4] Godel, K. (1995). Unpublished essays and lectures. En *Kurt Gödel Collected Works.* Vol. III. Oxford: Oxford University Press. pp. 403 y ss.; 429 y ss.

[5] Kant, I. (1970). *Crítica de la Razón Pura.* Madrid: Bergua. b 667.

[6] Santo Tomás de Aquino. *Summa Theologica.* I, q.2.

presuponía una correspondencia perfecta entre el orden del ser y el orden del pensamiento. Si pensamos en Dios, debemos necesariamente pensarlo como existente, pero... ¿hemos necesariamente de pensar en Dios? ¿Tenemos la obligación de pensar en Dios por necesidad? Y, ¿cuál es la razón, la motivación de esta obligación?

Una buena respuesta puede ser la siguiente: la idea de Dios es la piedra angular de todo el sistema de las perfecciones puras. Sin esta idea, todo el sistema se encuentra tanteando en el vacío. Todas nuestras evaluaciones morales, que fundamentan los valores básicos de nuestra existencia civilizada son, en última instancia, dependientes de la convicción de la realidad de las perfecciones puras. Las perfecciones puras están, además, íntimamente ligadas con toda la esfera de las esencias puras, que son objeto de la intuición intelectual y tienen el mismo fundamento. Si estas no son reales, no solo caerían la metafísica y la ciencia filosófica de la ética, sino que también se perderían las matemáticas y las ciencias naturales, además de la tecnología basada en ellas. Si no hay un Dios y un ser necesario, vivimos en un mundo de contingencias puras en que todo es posible. Sin la razón absoluta y eterna, falta la precondición originaria de nuestra tentativa de entender el mundo como un cosmos ordenado por leyes accesibles al intelecto humano.

El método de esta respuesta es la *reductio ad absurdum*. No se puede argumentar con alguien que niegue la evidencia porque este se coloca más allá de los límites de la razón; no quiere jugar según las reglas del juego de la razón.

El poder infinito de la negación

Sin embargo, surge una pregunta: ¿es posible negarse a jugar al juego de la razón?

Aristóteles define al hombre como un animal racional. Él reconoce, a pesar de todo, que hay algunos hombres (y no pocos; más bien la mayoría del género humano) que no participan de la razón o lo hacen solo de forma limitada. Para empezar, las mujeres, según él, no participarían plenamente de la razón, y ellas son ya de por sí la mitad del género humano. También muchos varones, los llamados "esclavos por naturaleza", tampoco lo harían. Debemos saber que los esclavos por naturaleza eran todos los bárbaros (es decir, quienes no hablaban griego). Parece, pues, que solo los varones griegos estarían plenamente dotados de razón, pero ellos conformaban solo una pequeña parte de la totalidad de seres humanos existentes.[7]

Dejemos de lado el asunto de las mujeres. Yo soy profesor en un instituto de filosofía que se conoce como "Edith Stein". Que una institución como esta reciba el nombre de una pensadora parece ser, por sí mismo, signo bastante elocuente del talento filosófico de las mujeres y de su práctica de la razón. Mejor concentremos nuestra atención sobre la pretensión de que los bárbaros fueran esclavos por naturaleza. ¿Fue esta solo una forma ingenua de chovinismo griego? En cierto sentido, sí. Otros pueblos desarrollaron formas de pensamiento racional refinado. Sin embargo, estos fueron tan solo una pequeña minoría. La gran mayoría de la gente (varones griegos libres incluidos) tenía una manera muy diferente de pensar de la de aquellos que habían aprendido el método de las disciplinas filosóficas o del pensamiento científico.[8] La expresión natural e inmediata de la sabiduría popular es el mito, y el pensamiento mítico rechaza muchas de las vinculaciones del pensamiento racional, la primera es la de la validez universal e incondicional del principio de (no) contradicción.[9]

El hombre primitivo (aunque todos los hombres sean, por lo menos, un poco primitivos) posee interés por el misterio y la belleza del universo. Hay, sin embargo, un obstáculo epistemológico fundamental para el desarrollo del pensamiento racional, y este es el interés genuino por la propia supervivencia y el bienestar. El pensamiento objetivo inicia cuando el hombre consigue dejar de lado esta preocupación dominante y asumir una posición contemplativa frente al objeto del conocimiento. Esto implica cierto tipo de ascesis. Platón afirma que sufrir una injusticia es cosa mejor que hacerla. Él nos pide que miremos desde el punto de vista de la justicia; que miremos al mundo y a nosotros mismos desde el punto de vista del universal y no desde el punto de vista del ser humano singular que cada uno de nosotros somos. Nos encontramos aquí con la raíz del sistema de las perfecciones puras. ¿Preferimos realmente, siempre y

---

[7]   Aristóteles. *Política*. 1254 y ss.

[8]   Heráclito parece tener una opinión similar: "permaneciendo ajena a la razón vive la gente / como si cada uno tuviera su sabiduría propia". Véase: Diels, H. (2019). *Die fragmente der Vorsokratiker: griechisch und deutsch*. fr. 2.

[9]   Levy-Bruhl, L. (1972). *La mentalidad primitiva*. Buenos Aires: La Pléyade.

en cualquier circunstancia, una vida en la verdad a una vida en la mentira? ¿La preferiríamos también si esta verdad nos condenase?

Es posible tomar el punto de vista del universal

Platón es consciente de esta dificultad. En el mito de la caverna, nos dice que el filósofo que quiera decir la verdad al pueblo debe aceptar ser rechazado, humillado y al final crucificado. No es simple o fácil tomar el punto de vista del universal. Es, quizás, imposible. Podemos concebir esta posibilidad abstracta; podemos sentir la fascinación de una vida en la verdad, pero si somos honestos con nosotros mismos, debemos reconocer que no somos adecuados para esta tarea. Esta reflexión converge con la idea de Platón como el Moisés de los paganos que ve de lejos la Tierra Prometida de la salvación del hombre, pero no puede entrar en ella. Él no conoce el camino que conduce hacia ella; el método (método, del griego, "*odos meta*", es "*camino hacia*") para llegar. El método es Jesucristo. Él es el siervo de Dios que es perfectamente obediente a la verdad porque él es la verdad misma, y a través de él podemos participar de la verdad eterna. En Platón podemos tener una prefiguración de Cristo, pero no su presencia. El resultado es que podemos tener una intuición del mundo de las perfecciones puras, pero no podemos poseerlo. Habitamos en su umbral.

Platón trata de resolver la ambigüedad del mundo mítico. Si lo consiguiera, nos conduciría nuevamente a la alianza originaria de Dios con Noé. Sin embargo, esta alianza contiene más una promesa que su cumplimiento. Aunque Platón hubiese tenido éxito, la alianza recuperada sería vulnerable por los mismos factores (fundamentalmente la corrupta naturaleza del hombre) que ya la primera vez la habían manchado y corrompido. Platón no consigue, pues, restaurar la alianza originaria en su plenitud. Lo divino que contemplamos en Platón es un mundo ideal. Sin embargo, la relación de lo ideal con lo real sigue siendo problemática. El dios de Platón no crea la materia ni el mundo material. Ello (el dios de Platón es un "ello" y no un "él") se halla perfectamente tranquilo en sí mismo y no se preocupa de nosotros. Entre el mundo ideal y el mundo real está el demiurgo, que no es omnipotente. Él modela el mundo real en una lucha infinita con la materia, que se resiste a sus buenos propósitos. Sobre esta base no es difícil entender la hipótesis de algunos gnósticos que afirman que debe existir un dios (o semidiós) de la materia con poderes iguales a los del demiurgo. En realidad, la filosofía de Platón no es una filosofía del uno, sino una filosofía de la dualidad, de la díada, en la que la tensión entre los dos polos permanece sin resolución. La hipótesis de que la razón sea solo una ilusión y que el mundo sea absurdo queda a la orden del día como una posibilidad real.[10]

La cosmogénesis mítica de muchas culturas se encuentra con una penumbra en la que el primado del logos se cuestiona. Estas culturas oscilan entre la afirmación y la negación del mundo ideal.

Algo parecido se puede observar también en el ámbito individual. Muchos seres humanos no consiguen ordenar los poderes ctónicos de su alma de una manera que permita a la razón dirigir sus acciones. Mas, en general, la afirmación de la positividad del ser, que es en cierto sentido la presuposición fundamental de todos los trascendentales, no es plenamente aceptada por muchos y es rechazada de forma absoluta por otros.

Pascal y el acceso a la verdad como acto moral

La positividad del ser es la hipótesis fundamental con que estamos equipados cuando entramos en la aventura de la vida,[11] pero hay una diferencia entre una hipótesis y una certeza apodíctica. La experiencia de la vida es el laboratorio en que esta hipótesis es probada.

Nadie penetró en este drama radical de la vida humana más profundamente que Pascal. El acto que afirma la verdad no es para él solo un acto del intelecto, sino también un acto de la voluntad. Un adagio escolástico afirma que *"nihil volitum ni praecognitum"*.[12] Parece que Pascal da la vuelta a esta fórmula: nada puede ser objeto de un acto del intelecto si antes no fue objeto de un acto de la voluntad. Pero si profundizamos más en la naturaleza del acto de conocimiento de la verdad, la impresión de una contraposición total se disuelve

---

[10] Camus, A. (2021). *El mito de Sísifo*. Barcelona: Random House.

[11] Giussani, L. (1998). *El sentido religioso*. Madrid: Encuentro.

[12] "Nada puede ser objeto de un acto de la voluntad si no fue anteriormente objeto de un acto del intelecto". Santo Tomás es más prudente y diferenciado. Véase: Santo Tomás de Aquino. *Summa Theologica*. I, q.82, a.4.

y reconocemos más bien la naturaleza compleja del acto de conocimiento de la verdad. Ese acto no es el resultado de la operación de la sola facultad cognitiva. La voluntad tiene que confirmar lo que el intelecto ha visto. Algunas veces hay verdades que la voluntad es incapaz de aceptar. En estos casos rechazamos dar nuestro consentimiento a lo que nuestras facultades cognitivas nos proponen. Podemos retrasar nuestro visto bueno y procrastinar de forma indefinida el momento de nuestra decisión. A menudo, esto se hace distrayendo nuestra atención para no concentrarnos en la desagradable verdad. El análisis que hace Pascal del *divertissement*[13] (distracción) explica claramente el mecanismo de esta autoilusión. La voluntad no puede cambiar el contenido del acto cognitivo, y lo que reconocemos como verdadero nos vincula. Pero nosotros controlamos nuestra capacidad de atención y podemos distraernos infinitamente de la verdad que no queremos ver. Aquí está la dificultad fundamental de un pensamiento puramente platónico u objetivista. Es la contradicción entre el "bien en sí mismo" y el "bien para nosotros". Se nos pide identificarnos con el "bien en sí mismo", pero descubrimos siempre, una y otra vez, que no podemos, y no aceptamos una realidad que no contenga la perspectiva de una salvación para nosotros. En Kant encontramos la misma dualidad: es la oposición entre la ley del deber y el deseo de la felicidad. Parece que Kant opina que podemos obedecer la ley del deber de una manera totalmente independiente de nuestro deseo de felicidad, y en ese punto parece no adentrarse tan profundamente como Pascal en la tragedia de la existencia humana. Pero si leemos a Kant y a Pascal con detenimiento, más allá de la diferencia de su terminología filosófica, encontramos una fuente común en san Pablo. La ley no salva, la ley solo nos hace conscientes de nuestro pecado.[14] Lo que salva es la presencia del amor de Jesús; un amor tan fuerte y dulce que no podemos resistir, y que nos impulsa a corresponderlo y a amar. El amor *de* Jesús y el amor *a* Jesús dan al corazón humano la apertura necesaria para reconocer la verdad incondicionalmente, y para hacer de la "verdad en sí misma" la "verdad para nosotros" o mejor dicho, la "verdad de nuestras vidas".

---

[13] Pascal, B. (2019). *Pensamientos*. Madrid: Alianza. § 168-171.

[14] Rm. 7: 1 y ss.

¿Cuál es la verdad relativa del relativismo?

Volvamos ahora al punto de partida de nuestras consideraciones, es decir, a la verdad relativa del relativismo. ¿Qué es la verdad relativa del relativismo?

Muchas verdades decisivas no son aprióricas

Un primer sentido de esta frase es que hay muy pocas verdades *a priori* que podamos conocer con certeza apodíctica absoluta. La gran parte de las verdades que conocemos son verdades *a posteriori*, empíricas y contingentes. Habrían podido ser diferentes. No las conocemos con certeza apodíctica. Eso no significa que en ellas no haya verdad alguna y que solo tratemos con opiniones imprecisas. Podemos conocerlas con certeza moral a través de la cuidadosa acumulación de experiencias e interpretaciones de nuestras experiencias humanas, organizadas también con la ayuda de las verdades apodícticas que podemos conocer. Estas verdades empíricas, aunque sean contingentes, no son por ello menos importantes que las verdades apodícticas. La verdad de que nuestros parientes y/o nuestras esposas (o maridos) nos amen, y que nosotros también los amemos, y a su vez amemos a nuestros hijos e hijas, así como la verdad de que una persona, y no otra, sea culpable de cierto crimen, tienen la máxima trascendencia para nuestras vidas aun siendo totalmente contingentes. Absolutamente contingente es, también, el acontecimiento de la encarnación del Hijo de Dios y de la salvación de la humanidad.

A la relevancia de las verdades empíricas para la experiencia humana del mundo alude Pascal cuando dice que "el corazón tiene razones que la razón no conoce". En este ámbito tenemos certezas morales, pero no apodícticas.[15]

La delectatio veritatis *(el amor a la verdad que es el logos) necesita ser sustentada por el amor de la persona de Cristo*

Existe también un segundo significado para la verdad relativa del relativismo, y es el contenido principal de estas investigaciones.

En la apologética usual de los filósofos y teólogos católicos, encontramos, en primer lugar, la demostración de los *praeambula fidei*; de las verdades racionales preliminares al entendimiento de la fe cristiana. Estos argumentos, derivados de Platón y Aristóteles y tocados por la mediación de san Agustín y santo Tomás, tienen un papel muy relevante.

En primer lugar, tenemos la demostración racional de la existencia de Dios; después vienen las virtudes cardinales. Al final, encontramos la revelación y las virtudes teologales. Una presuposición tácita sustenta esta metodología: se trata de la presuposición de una naturaleza pura del hombre que utiliza una razón también pura y desinteresada. Pero este no es el hombre realmente existente; hay que considerar que este método apologético ignora casi por completo las severas limitaciones impuestas a la búsqueda humana de la verdad por el estado de *natura lapsa* (discapacitada a causa del pecado) y el desorden emocional provocado por el pecado. La idea de una filosofía pura da por sentada la capacidad de la razón humana de asumir el punto de vista de la razón pura, desinteresada y objetiva, y de poner entre paréntesis la preocupación existencial relativa a la salvación propia y el propio destino. Si esta razón pura fuese realmente posible, *cur Deus homo* (¿por qué se habría encarnado Dios?) No se está negando la capacidad de la razón humana de conocer la verdad (la verdad filosófica) sin ayuda de la gracia. Tan solo se dice que la razón humana, *in actu exercito* (en su actuar concreto en relación en sinergia con la voluntad), necesita ser purificada o, mejor dicho, necesita actuar en sinergia con un corazón purificado para poder cumplir plenamente con su tarea.[16] Será fácil convencerse de que Dios existe para hombres que tienen un corazón que ya ama y desea a dicho Dios. Y estos hombres practicarán con mucha más facilidad las virtudes cardinales si su corazón está ya purificado por las virtudes teologales.

En la metodología que se está criticando se pierde también la conexión vital entre filosofía y mito. La filosofía griega es una purificación de la cosmogonía de la mitología griega. Es a través de este vínculo con la mitología que la filosofía de Platón se relaciona con la revelación y la promesa original de Dios

---

16   Santo Tomás de Aquino. *Summa Theologica*. I, q.1.

a Noé.[17] Desconectar la filosofía de la mitología griega es una operación posible y fecunda si al mismo tiempo se la conecta con la revelación y la teología cristiana. Solo por sí misma no puede subsistir.

El existencialismo moderno ha planteado una pregunta radical sobre el individuo aislado y su destino. Michel Foucault nos ha invitado a iniciar nuestra investigación no con los sanos, sino con los enfermos. El enfermo es aquel que no puede reconocer incondicionalmente la positividad del ser; que no puede fácilmente amar la realidad y que invierte sus energías en el sueño de otra realidad.[18]

Cualquier psicoterapeuta o estudioso de psicopatología puede darnos muchos ejemplos de esta incapacidad de adhesión emocional de uno a su realidad propia.[19] En cierto sentido, todos estamos enfermos, o al menos oscilamos entre la salud y la enfermedad. El diálogo entre la teología y el enfoque postmoderno fue difícil porque el postmodernismo cuestiona radicalmente la unidad del sujeto y la positividad del ser. Los trascendentales se fundamentan en la positividad del ser, y esa es también la base del triunfo de la razón que reconduce a la unidad y la armonía hacia la totalidad del ser. Pero también experimentamos la negatividad del ser y la derrota de la razón; la victoria de la pluralidad desordenada contra la tentativa de la razón de reconducir a la unidad el mundo que es objeto de nuestro conocimiento. Tomamos experiencia de esto en nuestra historia individual y en la historia general de la humanidad.

¿Por qué vale la pena vivir y no morir? ¿Estamos seguros de que el ser es preferible a la nada?

Esta es la pregunta que algunos existencialistas formularon en los años cuarenta del siglo XX.[20] De forma menos dramática, esa cuestión se ha popu-

---

[17] En todas las religiones naturales, la alianza con Noé está presente, aunque corrompida y mezclada con elementos demoniacos. Al realizar una racionalización de la mitología griega, la filosofía platónica mantiene un vínculo con la revelación original a la vez de intentar recuperar su pureza original.

[18] Foucault, M. (2013). *Historia de la locura en la época clásica*. Madrid: Biblioteca Nueva.

[19] Virginia Wolf describió con exactitud maniaca esta condición clínica en el personaje de Septimus Warren Smith en la novela *Mrs. Dalloway*. Véase Wolf, V. (1998). *Mrs. Dalloway*. Barcelona: Plaza & Janés.

[20] Camus, A. (2012). *El mito de Sísifo*. Madrid: Alianza.

larizado y ha adquirido una dimensión masiva: ¿por qué esforzarse en ser los protagonistas de la propia vida y no dejarse llevar sin más? ¿Por qué resistirse a la fascinación morbosa de la nada?

Cristo es la respuesta a la fragilidad de la verdad que el postmodernismo descubre

Usando el lenguaje de san Pablo: si el mundo oscila entre el sí y el no, ¿por qué tomar partido por el sí? Su respuesta es simple y no es un argumento, sino un hecho; un acontecimiento. Si se prefiere, no se trata de una certeza apodíctica, sino una certeza moral: Jesucristo es el sí de Dios. En la vida de uno de entre los miles de millones de hijos de Adán se ha verificado un acontecimiento que es absolutamente decisivo para toda la humanidad y su destino. Este aconteci-miento quiere repetirse en la vida de cada ser humano, y manifiesta la profun-didad definitiva de la vida de cada ser humano.[21] En el destino de cada uno está en juego toda la humanidad. La totalidad está contenida en un fragmento, y este fragmento se expande para aunar y restaurar la unidad de los hombres con Dios y entre sí mismos. Según esta perspectiva, vemos que la escuela post-moderna de pensamiento no avanza realmente hacia una filosofía postcristia-na. Jesucristo es la última y definitiva palabra de Dios, y no hay nada después de él. Los postmodernos regresan, más bien, a un tiempo anterior a Cristo. Re-descubren, a través de Nietzsche, la visión gnóstica de un mundo que no pue-de superar la escisión entre el sí y el no, y regresan a una visión de lo divino en que lo que es divino y lo que es demoniaco se mezclan inextricablemente.

El auténtico adversario del postmodernismo es el neopelagianismo

La alternativa en el seno de la cultura dominante de hoy parece consistir en un tipo de neopelagianismo.[22] Este neopelagianismo converge, en cierto sentido, con el tipo de apologética que se ha criticado. Separa la filosofía platónica del dogma cristiano y así intenta ponerla en la base del orden social existente. Piensa

---

[21] Wojtyla, K. (1983). *Redemption Seeking your Form to Enter into Man's Anxiety*. En *Collected Poems*. Nueva York: Random House.

[22] Iglesia católica. Papa Francisco (2013). *Evangelii Gaudium*. p. 94.

que el hombre puede conseguir la perfección moral por sí mismo, solo, y sin ayuda de la gracia. Este platonismo es una filosofía del uno y no de la díada. De esta forma, se pierde la conexión entre el platonismo y la condición trágica y verdadera del hombre. Pero es imposible pretender que el hombre pueda conseguir la perfección moral mediante la observación de la ley sin adaptar la ley a las capacidades reales del hombre vulnerado por la caída inicial: la ley también debe corromperse, sus pretensiones reducirse, pero en este proceso se reduce también la promesa contenida en la ley. La carne es rehabilitada sin haber sido redimida, y eso explica la convergencia paradójica entre el gnosticismo y el pelagianismo.

La encíclica *Redemptor Hominis* de san Juan Pablo II inicia con las palabras "El redentor del hombre, Jesucristo, es el centro del cosmos y de la historia".[23] El significado de la creación, es decir, de la totalidad de lo que es, depende de un hecho que es absolutamente contingente; de la vida y de la muerte de un hombre que nació en un lugar concreto (Belén), en un tiempo específico, totalmente situado en el ámbito de la contingencia que es la historia. El intelecto humano no podía preverlo. Solo *post factum* (después), es decir, en una perspectiva no filosófica, sino teológica, podemos afirmar que este acontecimiento absolutamente contingente es, no desde el punto de vista del intelecto humano, sino del intelecto divino, absolutamente necesario; es la finalidad a la que desde el comienzo estaba orientada toda la obra de la creación. Este hombre es la sabiduría de Dios. Por medio de esta sabiduría y en conformidad con ella, todas las cosas fueron creadas en el cielo y en la tierra.[24] Esto sería una locura para los griegos.[25] Entraría en contradicción con todo el trabajo de la Ilustración griega. La filosofía griega trata de enuclear la médula racional de los mitos para traducirla del lenguaje narrativo al conceptual. Lo que *es* realmente, debe ser atemporal y necesario. Por eso, la narración de san Pablo debe, por necesidad, parecer a los filósofos griegos un regreso al mito. Desde la perspectiva de san Pablo, al revés; la filosofía, al extraer el núcleo racional del mito, prepara la escena para el drama de la salvación, pero no puede proporcionar su contenido propio. Este

---

23   Iglesia católica. Papa Juan Pablo II (1979). *Redemptor Hominis*. 1. 1.

24   Jn. 1: 3

25   1 Cor. 1: 23.

contenido es absolutamente histórico y contingente. El universal se ha hecho particular; lo absolutamente necesario es devenido en contingente.

Una nueva alianza

El hombre no p.uede entrar en relación con el Absoluto y restaurar la alianza originaria de Dios con Adán. Ello excede el poder de la naturaleza humana, herida por el pecado. La nueva alianza es una alianza de Dios consigo mismo. El "sí mismo" con el que el pacto es sellado es un hombre, y en cuanto hombre, puede admitir a otros hombres en la intimidad de su amistad, y permitirles devenir en una cosa sola con él a través del amor.[26] Esta amistad es la Iglesia, la matriz en que el hombre nuevo es regenerado. Los griegos ya sabían que la totalidad se refleja en cada una de las partes que la componen; que en la totalidad del cosmos se refleja el hombre.[27] El hombre refleja el universo en su alma, y ordenando esta, ordena, en cierto sentido, todo el universo. Participando en el acto receptivo de Cristo (o rechazándolo), cada hombre decide el significado del universo entero; se crea a sí mismo como caos o como cosmos. El acontecimiento de la salvación continúa entonces en la historia de la Iglesia.

Si Jesús es el sí definitivo de Dios, en el pacto con él, todas las alianzas precedentes son contenidas y confirmadas: la alianza con Abraham y la alianza con Noé, que es conservada en las culturas de los pueblos de la tierra. Estas culturas deben ser releídas, reinterpretadas y reorientadas hacia Cristo. Necesitamos una teología de los pueblos que relea su historia en relación al centro, que es Cristo.

La verdad definitiva no se puede conseguir solo a través de la filosofía

En este punto descubrimos una verdad ulterior (relativa) del relativismo. La verdad definitiva no se puede conseguir tan solo a través de la filosofía. La verdad del relativismo consiste en el rechazo de una verdad que sea solo abstracta, que no contenga la perspectiva de mi salvación.

---

26   Wojtyla, K. (1997). *La fe según san Juan de la Cruz*. Madrid: BAC.

27   Plotino (1975). *Enéadas*. Buenos Aires: Aguilar. V. 8.

Una verdad que está en el particular

La cuestión real planteada por los relativistas no es si hay o no una verdad objetiva, sino más bien si, y como, la verdad objetiva puede ser una verdad para ellos. Los relativistas rechazan una verdad que sea solo objetiva y que no contenga la esperanza de la salvación para el sujeto. Para superar esta objeción, la verdad debe particularizarse; debe entrar en las diferentes culturas de los pueblos, y en última instancia, en la vida de cada persona. Debe ofrecer la prueba de su capacidad de leer en los corazones de los hombres, tal y como hizo Jesús con la samaritana en el pozo de Jacob,[28] o con Natanael.[29] El camino que conduce al corazón del hombre no es el de la demostración teorética, sino el de un testimonio contundente.

El misterio de la libertad

Nos encontramos aquí con el misterio de la libertad. La verdad que hemos reconocido nos vincula, tenemos una obligación para con ella. El acto del reconocimiento de la verdad es, sin embargo, un acto de nuestra libertad, y depende del reconocimiento del camino que la verdad en sí se haga reconocer como verdad para mí. La libertad puede negarse a reconocer la verdad y necesita ser persuadida.

Hemos iniciado con la constatación de un hecho: el mundo oscila entre el sí y el no, y Dios parece ser infiel a su promesa. Jesús es el sí definitivo de Dios.

¿Por qué Dios parece ser infiel y el mundo oscila entre la afirmación y la negación? La justificación está en el hecho de que el dios de Jesucristo es un dios que ama la libertad. Un dios que ama la libertad debe renunciar a imponer su voluntad; debe aceptar que un ser libre pueda rechazar su amistad, y eso ocurrió: la primera vez con Satán, después con el hombre. Pero no existe solo la omnipotencia del poder y de la fuerza. Está también la omnipotencia del amor. Por medio de la encarnación del Logos, de su pasión y muerte

---

28 Jn. 4: 4 y ss.
29 Jn. 1: 45 y ss.

sobre la cruz, Dios ejerce este otro tipo de omnipotencia. **Karol Wojtyla** expresó este concepto con las palabras siguientes: "si la palabra no convenció, convencerá la sangre".[30]

---

[30] Wojtyla, K. (1987). *Stanisław*. Lublin: Towarzystwo Naukowe Katolickiego Uniwersytetu Lubelskiego.

3

Apuntes para una interpretación transpolítica de la historia

1. La historia política como lucha por el poder y acción de las élites políticas dominantes

La historia política como lucha por el poder. ¿Qué es la historia?

Barajemos, en primer lugar, la siguiente pregunta: ¿qué es la historia? Podría preguntarse por qué comenzamos con la historia si nuestro interés principal no es esta, sino la política. He aquí la respuesta: la política es historia *sucediendo* mientras que la historia es la presentación abreviada de los hechos políticos del pasado.

La palabra "historia" viene del término griego "*istoriein*", que significa "contar". La historia trata de los eventos que han ocurrido en el pasado. El idioma alemán presenta, además, una segunda palabra para significar historia. Ellos poseen la palabra "*Historie*", que se corresponde muy de cerca con "historia", pero también tienen otra: "*Geschichte*". Esta última es una palabra puramente alemana. Tiene raíz común con el verbo "*geschehen*", que significa "suceder". Así, "*Geschichte*" son los hechos que han sucedido; el correlato objetivo de las historias que contamos. Si consideramos los significados etimológicos de "*Historie*" y "*Geschichte*" a la vez, vemos las dos caras diferentes y complementarias de la historia: el hecho y la narración. Estos conceptos no se corresponden necesariamente el uno con el otro.

Las categorías de relevancia

No es posible registrar y plasmar en papel todos los hechos que constituyen la experiencia humana del mundo. Consideramos instintivamente algunos hechos como relevantes y dignos de ser recordados, mientras que otros los catalogamos como irrelevantes o indignos de mención. La memoria humana es selectiva; recordamos unas cosas y olvidamos otras. ¿Por qué (algunas veces de forma inconsciente) elegimos recordar algunos hechos y no otros? Parece que poseemos ciertas categorías de relevancia de acuerdo a las cosas que recordamos, o más bien que olvidamos.

Heródoto

Al comienzo de su libro *Historias*, el primer historiador griego, Heródoto, explica qué categorías de relevancia considera y, a la vez, expone sus motivaciones personales para escribir sobre la historia.[1] Él quiere conservar la memoria de acciones nobles, tanto de griegos como de extranjeros (así elegimos traducir la palabra griega *"barbaroi"*, que suele traducirse como "bárbaros").

Hay ciertas acciones humanas que estimulan una reacción de admiración en nosotros porque en ellas brilla la grandeza del hombre. Las admiramos y nos sentimos alentados a reproducir tal grandeza en nuestras vidas. Por regla general, en esas acciones el sujeto va más allá de los límites de sus intereses particulares egoístas, los cuales sacrifica en busca de un bien superior que le una con otros hombres. Dietrich von Hildebrand diría que se da aquí una respuesta de valor.[2] En este punto, las categorías de relevancia se asocian estrictamente con respuestas de valor. Los valores brillan a través de los hechos que se recuerdan. La función de la historia es hacernos mejores hombres. Sin embargo, las asociadas con los valores no son las únicas categorías de relevancia de acuerdo a las cuales se puede escribir la historia.

---

[1]   Heródoto. *Historias,* vol. I, 1.

[2]   Buttiglione, R. (1992). The Philosophy of History of Dietrich von Hildebrand. En *Aletheia. An International Journal of Philosophy, V.* pp. 170-185.

Tucídides

No muchos años después del libro *Historias*, de Heródoto, otro libro con la misma relevancia en la historia de la historiografía occidental fue escrito: *Historia de la guerra del Peloponeso*, de Tucídides. Tucídides pretendió comprender las razones por las que las cosas ocurrieron de la forma en que lo hicieron. Estaba interesado en la cadena de causas que llevaban a sucesos específicos. Es sencillo, pues, conectar al enfoque de Tucídides una investigación adicional: ¿qué debe hacerse para conseguir un resultado concreto?

Quien comenzó con esta nueva investigación fue Nicolás Maquiavelo.[3] Para dar el paso que separa a Tucídides de Maquiavelo, debemos introducir un elemento que no se hace explícito en el primero. Este elemento es la creencia de que existe cierto tipo de regularidad en los eventos humanos, por lo que las mismas causas deben siempre producir los mismos efectos. Maquiavelo estudia la historia con el propósito de descubrir las regularidades que constantemente se representan en los acontecimientos humanos, es decir, las leyes que gobiernan la historia. La consideración de la historia se convierte, pues, en el punto de partida de una ciencia de la política sobre la base del presupuesto de la inmutabilidad de la naturaleza humana.

Varias categorías de relevancia

El método de escribir historia de Heródoto es diferente al de Tucídides. La principal razón es la diferencia de sus categorías de relevancia. Muchos hechos que son importantes y merecen ser recordados para Heródoto son completamente irrelevantes para Tucídides; cuentan algo referente a la nobleza de los sujetos que realizan la acción, pero no profundizan en las causas de esta.

Por supuesto, hay varios tipos de historia dependiendo de las distintas categorías de relevancia según las que seleccionamos los hechos que merecen ser recordados. Aunque la historia se ocupa propiamente de la narración de los eventos humanos, podemos hablar también de historia cuando registramos una sucesión de acontecimientos significativos en el tiempo.

---

3   Maquiavelo, N. (2015). *Discursos sobre la primera década de Tito Livio, I*. Madrid: Alianza. pp. 1-48.

Historia natural

Hablamos, pues, de historia natural para señalar la evolución del universo o del planeta tierra, o de las diferentes especies animales y vegetales que pueblan el planeta.

Diferentes tipos de historia interfieren entre sí, en sentido de que, por ejemplo, la historia del cambio climático puede darnos información relevante para comprender las razones para la prosperidad o la decadencia de la civilización humana.

Historia humana

Ahora pensemos en la historia humana. En ella también hay muchas secciones independientes, pues existen multitud de perspectivas, o lo que es lo mismo, diferentes categorías de relevancia que podemos aplicar al estudio de la historia. Considerando en líneas generales estas secciones, podemos hablar de la historia de la civilización material teniendo en cuenta los diferentes productos de la labor humana y las tecnologías a través de las que han sido producidos; podemos hablar de historia de la economía si consideramos los intercambios de mercancías y bienes materiales, así como las relaciones humanas a través de las que se han organizado la producción y el intercambio; podemos contemplar la historia de la política, que es el estudio de como principados, reinos e imperios han surgido o desaparecido; también puede tenerse en cuenta la historia de las estructuras familiares a través de la forma en que las relaciones entre sexos han sido reguladas y como se ha garantizado así la reproducción de la sociedad. También existe la historia de la cultura y la religión, y la de la literatura y la filosofía (es decir, de las modalidades a través de las que el hombre ha concebido su relación con lo divino, su propia autoconciencia y el orden y significado del universo).

Existen muchas historias. Todas convergen en el ser humano y dan respuestas parciales a las grandes preguntas que le conciernen: ¿quién es el hombre? ¿Qué debe hacer para poseer plenamente su humanidad? ¿Cómo se organizan las sociedades humanas? ¿Cuáles son las causas del auge y decadencia de las sociedades humanas y civilizaciones?

Para resolver estas preguntas fundamentales, las historias deben ordenarse y organizarse entre sí, en una relación significativa.

Homero y la virtud

Ya se ha señalado el papel de Heródoto como padre de la historia occidental. Cada historia, sin embargo, tiene una prehistoria. En cierto modo, la historia emerge de la poesía. Antes de Heródoto, Homero ya había contado la historia de la guerra de Troya. Homero elaboró una gran cantidad de historias de los diferentes pueblos griegos. Cada una de ellas registró las gloriosas hazañas de sus antepasados a través de las que la tierra había sido conquistada o defendida. La categoría de relevancia principal que podemos detectar en Homero es la de la gloria o, más bien, la virtud, como propiedad de la acción humana que merece ser honrada.[4]

Las acciones registradas son las de los héroes. La palabra griega para la virtud es "*areté*". La raíz de dicha palabra es "ar-", que coincide con la raíz de otra palabra: "*anér*", que significa hombre (varón). La virtud pura para los griegos significa originalmente virilidad, y encuentra su expresión propia en la fuerza. El héroe posee una fuerza física extraordinaria y, a través de ella, somete a sus enemigos. Este, además, pone su fuerza al servicio de sus compatriotas. La fuerza, por otro lado, no es suficiente para conseguir la victoria, ya que debe ir acompañada de coraje y de la capacidad de soportar dificultades, además de un espíritu intrépido. Desde el inicio, el héroe debe poseer no tan solo fuerza bruta, sino un tipo de fuerza que va acompañada de ciertas cualidades espirituales que cooperen para el logro de la victoria.

Estas categorías de relevancia que están siendo señaladas en el mundo griego, y más especialmente en Homero, son comunes en muchos otros pueblos y culturas. Las encontramos en Aquiles al igual que en Beowulf, o en los guerreros de las sagas nórdicas, así como en muchos otros relatos épicos de tiempos ancestrales, caminando por la frontera que separa la prehistoria de la historia.

---

[4] Finkelberg, M. (1998). Time and Arete In Homer. En *The Classical Quarterly, 48*. 1. pp. 14-28.

La virtud homérica

¿Y por qué están los pueblos antiguos (o primitivos) tan fascinados por la fuerza física? Nosotros estamos menos interesados en un mero despliegue de fuerza física, aunque continúa siendo un componente importante en los deportes actuales y el mundo del espectáculo. Es, además, innegable que no disfrutamos tanto como nuestros antepasados de las detalladas descripciones de como los héroes masacraban a sus enemigos. Un gran filósofo italiano, Giambattista Vico, nos ayuda a comprender la razón de esta diferencia antropológica entre nosotros y los personajes de los poemas homéricos. La naturaleza humana no ha cambiado con el tiempo, pero a través del proceso histórico, diferentes aspectos de esta naturaleza han pasado a primer plano.[5]

Intentemos imaginar un mundo sin policía, ni leyes, ni jueces; un mundo donde no existan garantías que aseguren nuestra vida o propiedad. Cualquier hombre que apareciese podría matarnos, violar a nuestra mujer e hijos, destrozar nuestra propiedad... La única defensa sería la fuerza física: la nuestra y la de otros hombres de nuestra propia familia o la del clan. Además, la principal fuente de riqueza sería la guerra. En tiempos de hambre, cuando surgiese una buena oportunidad, quedaríamos expuestos a la fuerte tentación de asaltar las tierras de los vecinos y saquear sus propiedades. Esta tentación aumentaría por la ausencia de leyes de la propiedad, ya que no estaría determinado dónde terminan los derechos del prójimo y dónde comienzan los nuestros. El hombre que en este contexto poseyera una fuerza y un coraje inusuales, aparecería como el salvador en tiempos de angustia, y como fuente de riqueza en tiempos de prosperidad.

Algo de este estado mental aparece plasmado en la vieja expresión bíblica "Señor de los ejércitos", que a menudo ha sido omitida en las traducciones contemporáneas de las Escrituras. El ejército es la fuerza armada y lista para la batalla, y la batalla es el momento en que todo el destino de un hombre está en juego. Aún habiendo hecho todo cuanto estaba en nuestra mano, y habiéndonos esforzado al máximo y con todas nuestras fuerzas, la victoria aún está por

---

5   Vico, G. (2002). *Principios de Ciencia nueva, II*. Barcelona: Folio. Cap. 3 y ss.

decidir. Él es el Señor de esa situación existencial, y en ella reconocemos que él es el Señor de nuestro destino.[6]

La virtud de Aquiles, la de Héctor...

Si la principal característica del héroe homérico es la virtud en el sentido de virilidad, este no es el único elemento que llama nuestra atención.

En la *Ilíada*, Aquiles es el protagonista indiscutible, pero hay dos coprotagonistas. Uno es Héctor. Héctor posee la virtud en ese sentido de virilidad, aunque es claramente inferior a Aquiles en fuerza. Tiene, sin embargo, otro tipo de humanidad que no encontramos en Aquiles.[7] Él no lucha por la gloria, sino por defender a su familia y a su país. Héctor ama la paz más que la guerra, e intenta en vano encontrar una forma de eludir el conflicto. A través de él aprendemos que hay pasiones más nobles que el amor a la gloria.

...y la de Odiseo

El otro coprotagonista es Odiseo,[8] quien es mucho más débil físicamente que Aquiles, pero es capaz de superar a los campeones más fuertes a través de su astucia. Al final conquista Ilión con la famosa estratagema del Caballo de Troya, la enorme estatua de un caballo que podía alojar a varios guerreros en su barriga. Los troyanos arrastraron la estatua al interior de la ciudad como muestra de victoria. Por la noche, los guerreros recorrieron la ciudad para reducirla a cenizas. La astucia es importante. De cara a proteger a nuestros seres amados y derrotar a nuestros enemigos, quizá más que la fuerza física.

En la *Odisea*, Odiseo se convierte en el protagonista. Desde el principio, Homero lo presenta al lector como *anér polýtropos*: un hombre con muchas facetas. Así, la inteligencia de Homero entra en nuestro campo de observación a través de la astucia de Odiseo.

---

[6] Véase 1 Samuel 17: 45.

[7] Redfield, J. M. (1994). *Nature and Culture in the Iliad: The Tragedy of Hector*. London: Duke University Press.

[8] Finley, M. I. (2008). *El mundo de Odiseo*. México: Fondo de Cultura Económica.

¿Poseen virtud las mujeres? Andrómaca y Penélope

Héctor y Odiseo cimentan el camino hacia un cambio sustancial en la idea griega de virtud. Es difícil imaginar que una mujer pueda poseer la virtud de Aquiles. Aquí la virtud es *areté* en el puro y no contaminado significado etimológico de la palabra. El caso de Héctor es diferente. Él es marido y padre. Su esposa, Andrómaca, participa del lado más humano de la gloria de Héctor.[9] Lo mismo puede decirse de Penélope, la mujer de Odiseo. Ella es, como mínimo, tan embaucadora como su marido, y para mantenerse fiel a este, engaña a sus pretendientes con su famoso sudario. Promete casarse con uno de los pretendientes una vez terminado el sudario que desea tener listo para el funeral de Laertes, su anciano suegro. Sin embargo, de noche ella deshace todo el progreso realizado durante el día para que la prenda permanezca siempre sin acabar.[10]

¿Puede entonces una mujer ser virtuosa? Si contemplamos el modelo de Aquiles, no. Si consideramos los diferentes y convergentes modelos de Héctor y Odiseo, tenemos que aceptar dicha posibilidad.

Es importante señalar una diferencia muy relevante entre Andrómaca y Penélope. Andrómaca introduce el tema de las virtudes femeninas que complementan las del héroe masculino. Hay un área en que estas virtudes femeninas se superponen con las virtudes del héroe, lo que implica que hay un lado femenino del héroe. La diferencia entre Aquiles y Héctor consiste exactamente en este lado femenino que Héctor posee y Aquiles no. Esto nos hace apreciar a Héctor y lo humaniza. Penélope, por otro lado, es una mujer que se vale por sí misma. Su marido la dejó sola durante veinte años, y por diez de ellos, ni tan siquiera supo si estaba vivo o muerto. A pesar de todo, consiguió proteger tanto los bienes familiares como a su hijo, así como defender la pretensión de Telémaco a la realeza de su padre. Ella nos ofrece una versión femenina de las virtudes. Es complementaria a su esposo, pero también posee una personalidad completamente autónoma.

---

9   Homero. *Ilíada*. VI, 405 y ss.

10   Penélope es una de las muy pocas mujeres, o puede que la única, a la que podemos calificar con la palabra *areté* en los poemas homéricos. Véase: Mactoux, M. (1975). *Pénélope: Lègende et Mythe*. París: Les Belles-Lettres.

Platón, sobre la virtud

El hombre que dio la vuelta al concepto griego de virtud fue Platón. La idea original de la virtud se refería a la excelencia del cuerpo. Platón cambió el foco de atención del cuerpo hacia el alma. Para él, *areté* es la fuerza o excelencia del alma, y esta excelencia se basa principalmente en la capacidad de buscar la verdad; en contemplar la verdad que habita en nosotros. El cambio es facilitado por el hecho de que, en la visión griega, el cuerpo y el alma están estrictamente conectados. Los que son hermosos tienen que ser buenos, y a la inversa. La belleza del cuerpo es consecuencia del ejercicio, la gimnasia. Los griegos inventaron la gimnasia y la filosofía casi al mismo tiempo. La gimnasia es el ejercicio sistemático del cuerpo. Mediante este ejercicio, damos al cuerpo una forma, que es el resultado del entrenamiento que nuestra voluntad le impone. Nos hacemos bellos porque nuestra voluntad refrena nuestras pasiones, y aquí ya hay un atisbo de la virtud moral. Encontramos el mismo concepto en una palabra griega que se ha hecho bastante común en la actualidad: "dieta". A través de la gimnasia y la dieta, damos forma a nuestro cuerpo.[11] A través de la filosofía, damos forma a nuestra mente. La virtud es, en esencia, el conocimiento y el dominio de las pasiones.

Si adoptamos el concepto platónico de la virtud, entonces las mujeres pueden ser virtuosas al igual que los hombres, y esta es la razón por la que, en el Estado platónico, la mujer es aceptada en la clase gobernante en pie de igualdad con el hombre.[12]

Del estado de naturaleza al estado de civilización

Esta evolución del concepto de virtud va de la mano con un cambio en las condiciones de vida generales de la humanidad. La *polis* garantiza, de acuerdo con Aristóteles, seguridad externa, seguridad interna, bienestar económico y la posibilidad de llevar una buena vida.[13] Las instituciones públicas toman de forma progresiva el lugar de las relaciones de familia y del clan en la defensa

---

[11] Stephen Miller, S. (2004). *Arete: Greek Sports from Ancient Sources*. Berkeley: University of California Press.

[12] Platón. *República*. V.

[13] Aristóteles. *Política*. 1326a y ss.

de estos bienes primarios de la vida civilizada, y cierta idea de justicia (si bien rudimentaria) reemplaza al sistema de represalias y venganza que dominaba el modo de vida anterior a la civilización.

Estamos acostumbrados, por ejemplo, a pensar que la responsabilidad criminal es personal, y que nadie debería ser castigado por un crimen perpetrado por otra persona. En una sociedad precivilizada, sin embargo, este principio apenas tiene validez. Identificar y castigar al autor de un crimen es, a menudo, imposible. No hay policía ni detectives. La única forma de disuadir de la repetición de un crimen es a través de las represalias contra el grupo social o la familia del criminal. La medida de este castigo queda, por supuesto, indeterminada. A través de las represalias y la venganza, un clan espera intimidar a los otros y disuadirles de cometer futuros actos hostiles. A veces funciona, pero en otras ocasiones no. Muy a menudo, las represalias del grupo afectado son consideradas por quienes sufren dicho acto de venganza como una agresión injustificada que debe ser respondida, y así, las peleas continúan, llegándose a prolongar, en ocasiones, por cientos de años.[14]

Esta situación precivilizada ha sido categorizada por algunos filósofos de los siglos XVII y XVIII como "estado de naturaleza". El estado de naturaleza no debe ser considerado como una situación existente tan solo al principio de la historia de la humanidad. Se parece, más bien, al diablo descrito por san Pedro que camina rugiendo y caza a su presa.[15] En la crisis del estado civilizado, el estado de naturaleza siempre aparece listo para reafirmarse. Thomas Hobbes vio el estado de naturaleza en las guerras civiles que devastaron el reino de Inglaterra en el siglo XVII, y esta es la razón por la que él estaba dispuesto a aceptar cualquier sacrificio con el propósito de reestablecer el orden del estado de civilización.[16]

---

[14]   Para un ejemplo de derecho consuetudinario conservado hasta nuestro siglo, véase Dukagjini, L. The *Code of Leke Dukagjini*. Gjonlekaj Pub Co.

[15]   1 P. 5: 8-9.

[16]   Hobbes, T. (1983). *Leviatán*. Madrid: Editora nacional. XIII, 9.

Nicolás Maquiavelo y la ciencia política

El hombre que entendió más concretamente los dinamismos del estado de naturaleza y categorizó los problemas de la transición de este al de civilización fue Nicolás Maquiavelo. Él fue el fundador de la ciencia moderna de la política y sistematizó las categorías de relevancia que utilizamos al escribir la historia política.

Maquiavelo conoció de primera mano el estado de naturaleza. Al principio del siglo XVI, grandes extensiones de la península itálica estaban a merced de bandas de mercenarios y barones sin escrúpulos que luchaban entre sí para saquear la tierra.

Maquiavelo y Savonarola

Maquiavelo vio en Florencia un intento de restaurar la ley y el orden y las condiciones para una vida civilizada a través de la apelación a los valores éticos y la fe religiosa. Durante un tiempo, la República de Florencia había sido gobernada, aunque de forma indirecta, por Girolamo Savonarola, un monje dominico y reformador religioso a quien al final quemaron en la hoguera.[17] La sanación de las heridas de la sociedad a través de la negación de la violencia falló. Maquiavelo afirmó que Savonarola tenía razón en su propósito, pero no en los medios que eligió para llevarlo a cabo. Fue un profeta desarmado que se equivocó, ya que (para Maquiavelo) no se puede reformar la sociedad sin hacer uso de la fuerza. Maquiavelo quería ser un reformador, pero uno armado.[18]

Del reformador religioso al político revolucionario

Con Maquiavelo, tenemos una transición de la figura del reformador religioso a la del político revolucionario. En una situación de anarquía, lo primero que debe hacerse es la creación de un monopolio de la fuerza. Los malhechores deben ser desarmados, y el hábito de tomar represalias y vengarse ha de ser erradicado con energía y sin piedad. Debe erigirse un fuerte poder centralizado,

[17] Logan, O. (2017). Donald Weinstein, Savonarola: The Rise and Fall of a Renaissance Prophet. En *European History Quarterly, 47*. 3. Yale University Press. pp. 600-602

[18] Maquiavelo, N. (1993). *El príncipe*. Madrid: Alianza. Cap. VI.

y todas las formas de coerción han de concentrarse en sus manos. Solo cuando este primer paso haya sido dado, se podrá introducir el estado de derecho.

Maquiavelo y Platón...

Se da en este punto una sorprendente similaridad entre Maquiavelo y Platón. El punto de inicio del proyecto de reforma política de Platón es que un tirano posee en sus manos todo el poder, tras lo que, o bien se convierte en un filósofo, o bien muere y su hijo y sucesor es quien lo hace.[19] Platón es muy consciente del hecho de que la unidad de mando es el prerrequisito necesario del estado de civilización. En esto coincide con Maquiavelo. Sin embargo, también hay una importante diferencia. Platón no investiga la forma en que estos prerrequisitos pueden llegar a darse.[20] Maquiavelo sí lo hace. Él opina que un modo de vida nuevo y civilizado puede ser introducido tan solo mediante la absoluta y completa aniquilación de los distintos centros de poder que dominaban en el mundo precivilizado. Para restringir y reducir al orden y disciplinar el mundo de malhechores, el nuevo príncipe debe hacerse más cruel, despiadado e implacable que todos los malhechores de poca monta que está determinado a eliminar.[21]

Se presentan, pues, dos conjuntos de reglas aparentemente contradictorias: los que se obtienen en la anarquía previa a la civilización y los que se alcanzan en la sociedad civilizada para mantener el estado de derecho.

No podemos comprender los dinamismos internos de hoy de Oriente Medio, o incluso de Rusia, si los contemplamos exclusivamente desde el punto de vista del estado de derecho, ignorando el hecho de que su primer y principal problema político es la construcción de una unidad de mando. Esta es la razón por la que dictadores como Putin pueden ser populares en sus propios países: ponen fin a la anarquía. El gobierno autoritario de uno es a menudo

---

[19]   Platón. *República*. 473 y ss.; 503 y ss.

[20]   Si consideramos que el filósofo o rey se supone hijo de un tirano, podemos imaginar que Platón no pasa por alto el salvajismo y los medios poco escrupulosos a través de los que se ha obtenido la unidad de comando.

[21]   *El príncipe* nos da una teoría de la transición del estado de naturaleza al estado civilizado. Los *Discursos sobre la primera década de Tito Livio* nos muestran como esta unidad de mando debería ejercerse de acuerdo con el estado de derecho.

preferible al dominio de muchos pequeños tiranos que luchan entre sí y oprimen al pueblo.[22]

...y sus problemas sin resolver

Hay, sin embargo, una aporía o problema sin solución en la teoría de Maquiavelo. De vez en cuando, él mismo parece ser consciente de ello, pero su formulación más brillante puede encontrarse en Corneille. En su drama *Cinna o la clemencia de Augusto*, Corneille pone en escena al emperador que desea renunciar al poder absoluto y restaurar la República romana, pero no puede. El pueblo, que ya no está acostumbrado al gobierno de las leyes, volvería a caer en una situación de anarquía. Augusto conquistó el poder mediante la violencia y no puede cambiar la naturaleza de la estructura política que ha creado. Aquí encontramos un problema que Maquiavelo (y Platón) no previó. Es el problema de la transición. La unidad de mando es, sin duda, un prerrequisito necesario del estado de derecho. ¿Es el único prerrequisito? ¿Es suficiente que el sucesor del tirano introduzca buenas leyes? Todo régimen político tiene una base de poder estrictamente dependiente de la forma en que ese poder se conquistó y se ejerció. Incluso el dictador más autoritario no puede librarse de las limitaciones de esta base de poder. Un líder que se separa de su propia base de poder para introducir un régimen político diferente puede ser eliminado con facilidad por los partidarios de su propio régimen autoritario. Es también posible que la transición falle y la gente se sumerja de nuevo en el más auténtico estado de anarquía. Maquiavelo parece ser consciente del problema cuando analiza la historia del Imperio romano en el periodo de la gran anarquía militar.[23] La base del poder de los emperadores era, en aquel periodo, tan solo el apoyo de los soldados, y ello impedía toda transición a un sistema de libertades civiles. El rey o filósofo bienintencionado que conquista el poder para realizar una gran reforma civil puede quedar preso del sistema de poder que él mismo crea o hereda.[24] Queda claro, pues, que Maquiavelo carece de una teoría adecuada sobre la transición.

---

22 Santo Tomás de Aquino. *Del gobierno de los príncipes*. I § 6.

23 Maquiavelo, N. (1993). *El príncipe*. Madrid: Alianza. Cap. XIX.

24 Véase también el ejemplo de Agatocles en *El príncipe*, capítulo VIII.

Quizás Maquiavelo liquidó a Savonarola con demasiada rapidez

Demos una ojeada a las múltiples experiencias de transición desde una estructura política autoritaria o totalitaria a una de las democrático-liberales que hemos tenido en el siglo XX. La transición rara vez surgió de la iniciativa de un líder autoritario. El único ejemplo que me viene a la cabeza es el de Francisco Franco.[25] La mayoría de transiciones requirieron una compleja interacción de factores diversos, entre los que la apelación a los valores morales y religiosos ostentó, con claridad, un papel relevante.

¿Liquidó Maquiavelo a Savonarola, el profeta desarmado, con demasiada rapidez? Al fin y al cabo, Juan Pablo II, quien influyó tanto en la transición del comunismo a la democracia en los países de Europa central y del este como en la transición a la democracia en Latinoamérica inspiradas por la doctrina de la seguridad nacional, fue una especie de Savonarola.

El rol de la cultura en la transición necesita ser reevaluado. El fracaso de Savonarola muestra que no es suficiente por sí mismo, pero los eventos del siglo XX hacen aparente su relevancia. Este rol no puede liquidarse con tanta facilidad como Maquiavelo hace en las pocas líneas que dedica a Savonarola en *El príncipe*.[26] No tenemos aún una forma de pensamiento que vincule de forma convincente estos diferentes elementos en una teoría de la transición coherente y exhaustiva.

Maquiavelo ofrece un sistema de categorías de relevancia que se centra en la historia política

Se da cierta continuidad en el proceso que va desde Homero a Maquiavelo. En ambos, el problema central es el de la fuerza. En Maquiavelo, sin embargo, no tratamos con fuerza física, sino política. La fuerza política no se basa en una excepcional capacidad física; más bien en la capacidad de añadir una base de poder, es decir, un grupo de personas que esté listo para luchar por el príncipe. Se reúnen en torno a la generosidad del mismo y a la promesa de recompensas aún mayores en el futuro. Este grupo compite con otros por el poder. Esta

---

25   Y de Gorbachov, pero él fracasó parcialmente.

26   Maquiavelo, N. (1993). *El príncipe*. Madrid: Alianza. Cap. VI.

competencia, en un estado inicial de anarquía, no tiene reglas. Para ganar, el príncipe debe mantener la cohesión de su banda de seguidores, distribuyendo recompensas adecuadas y castigando sin piedad a los verdaderos traidores o a aquellos susceptibles de serlo. Un posible traidor es un hombre que no está conspirando en el presente contra el príncipe, pero ha logrado una posición de poder tal que podría permitirle confabular con probabilidades de éxito considerables. El príncipe no debe permitir que ninguno de sus subordinados alcance tal posición, y si alguno lo logra, debe eliminarlo.

La historia clásica ofrece abundantes ejemplos de esta circunstancia. El más conocido es el de Germánico. Tras la terrible derrota en el bosque de Teutoburgo, un general, Germánico, casi consigue reconquistar la provincia de Germania. El emperador, Tiberio, ordenó que regresara a Roma y lo envió a Siria, donde mandó que lo eliminaran con discreción.[27] El emperador no pudo liderar en persona el ejército para conquistar Germania, pero no podía permitir que nadie obtuviese una victoria que le granjeara tanta gloria y prestigio como para amenazarle. Cuando algunos años después, otro general, Corbulón, logró notables victorias contra los germanos, decidió por sí mismo renunciar a la posibilidad de alzarse con nuevas conquistas y detuvo a sus ejércitos. Tendría después la posibilidad de realizar grandes conquistas en el este, pero sabiamente se contuvo. Este prudente comportamiento, a pesar de todo, no previno que el emperador Nerón le ordenara suicidarse.[28]

El pueblo

Por lo general, en la mayoría de casos (no siempre), los intereses del príncipe y los del pueblo coinciden. El príncipe quiere eliminar a sus competidores para liderar en solitario. La gente desea también deshacerse de los otros barones para que no les opriman. Es mejor tener un líder que muchos pequeños tiranos en conflicto generando violencia y aumentando las dificultades que cualquier persona común debe soportar. Esta es la razón por la que el nuevo príncipe debe siempre intentar ser visto como liberador. Bajo ciertas circunstancias, puede serlo en

---

27 Tácito (2017). *Anales*. Madrid: Alianza. II, 42-82; III, 3-15.
28 *Ibid.*, IV/XVI.

realidad. El pueblo es una tremenda fuerza, y el príncipe tiene, para mayor beneficio suyo, el gran interés de ganarse su favor. Sin embargo, el pueblo está desorganizado, dividido en varios grupúsculos, y es incapaz de actuar como unidad. Para organizar al pueblo, el príncipe necesita una clase dominante. A pesar de la necesidad de ella, el príncipe tiene buenas razones para temerle. A dicha clase le interesan los privilegios y servirá bajo la condición de obtener recompensas por su servicio. De otra forma dicho, la clase dominante quiere oprimir al pueblo. El pueblo, por el contrario, no desea ser oprimido. El príncipe debe mantener un complicado equilibrio entre el pueblo y la clase dominante.

Las categorías de la historia política

Las categorías de la historia política se han delineado en el curso de una larga evolución. Hemos considerado sus orígenes en Heródoto y Tucídides y su formulación en Maquiavelo. Sin embargo, se han desarrollado más a través de Polibio y Plutarco, Livio y Tácito y muchos otros. El escenario central de este tipo de historia es, con raras excepciones, ocupado por reyes y emperadores, generales políticos y gobernantes, que compiten entre sí para gobernar y preservar su poder; por la alteración o por la restauración del orden político.

Virtud y fortuna[29]

Dos son los factores principales del juego de poder que describe Maquiavelo. El primero es la virtud en el sentido que ya hemos explicado, donde la virilidad se conjuga con la astucia y la prudencia política. El segundo es la fortuna, que controla más de la mitad de los eventos humanos, y los controlaría por completo de no ser por los límites y defensas que la virtud erige ante su prepotencia. La fortuna no es solo casual, es el evento que no puede ser predicho, y el que destroza la intriga política mejor orquestada. La fortuna es esto y también algo más; es el marco general de la acción humana que determina la posibilidad de la acción y sus posibles resultados.

Imaginemos a César en el siglo III antes de Cristo. Hablamos de, aproximadamente, dos siglos antes del periodo de su vida real. Con todo su enorme

---

[29] Maquiavelo, N. (1993). *El príncipe*. Madrid: Alianza. Cap. XXV.

talento político y militar, podría haber sido un gran general y líder político. Sin embargo, no podría haberse convertido en el fundador del Imperio romano. Las instituciones de la República romana eran aún fuertes e inquebrantables. No habría hallado la ocasión de imponer su gobierno autocrático, y de haberlo intentado, habría sido derrotado, condenado al exilio o incluso sentenciado a muerte. Tenemos certeza de esto porque entre el final del siglo III y el principio del siglo II antes de Cristo, hubo en la historia romana otro César: Publio Cornelio Escipión, el Africano, el único general romano que quizá fue más brillante que César, quien fue capaz de ganar a Aníbal, de triunfar sobre el rey Antíoco III el grande de Siria, de conseguir una posición de gran poder y prestigio y... al final se vio obligado a exiliarse y morir en Liternum.[30] Escipión estaba dotado de una virtud sin igual, pero no tuvo fortuna; los acontecimientos nunca le ofrecieron la oportunidad que sí brindaron a César.

Se ha dado una distinción entre fortuna accidental y fortuna estructural. Dejemos a un lado, por ahora, la fortuna accidental, y concentremos nuestra atención en la fortuna concebida como marco general de la acción política. La fortuna, en este sentido, está estrechamente vinculada con el concepto de oportunidad. La fortuna ofreció a César la oportunidad de tomar el poder absoluto en Roma. Era lo suficientemente virtuoso como para aprovechar la ocasión, pero toda esa virtud no podría haber producido ese efecto si la oportunidad no se hubiera presentado. Así, la fortuna es más fuerte que la virtud, y en cierto modo define la virtud misma. Las mismas cualidades de carácter que permiten a un hombre triunfar en cierto contexto pueden llevarle a la ruina en diferentes circunstancias.[31]

Por regla general, los hombres se guían por su temperamento: cuando las circunstancias se corresponden con su temperamento, un líder tiene éxito y es considerado virtuoso, pero cuando las circunstancias dejan de corresponderse con él, ese mismo líder puede convertirse en un fracasado y ser considerado

---

[30] Mommsen, T. (1879). *Die Scipionenprozesse*. En *Römische Forschungen, II*. pp. 417-510. Berlín: Weidmännische Buchhandlung.

[31] Es interesante observar que Maquiavelo tiene un agudo sentido de la libertad humana como libertad *en* la situación y *en diálogo con* la situación. Está lejos de la concepción moderna de la libertad como algo absoluto e ilimitado.

despreciable. La fortuna no solo abre el camino a la virtud, sino que también determina lo que es considerado virtud y lo que se considera vicio.[32]

¿De dónde viene la fortuna?

Queremos ahora responder dos preguntas. La primera se relaciona con las presuposiciones no políticas del análisis político de Maquiavelo. ¿De dónde viene la fortuna? ¿Cuáles son las fuerzas que dan forma a una situación política y crean las condiciones de las que surge la ocasión para la virtud? Probablemente, él daría una primera respuesta señalando la importancia de las instituciones. Las buenas instituciones refrenan los vicios humanos y ensalzan las virtudes; dan forma al entorno en que la acción política ocurre. Sin embargo, es difícil considerar satisfactoria esta respuesta. ¿Por qué decaen las instituciones políticas? ¿Podemos imaginar que las mismas instituciones que gobernaron Roma cuando apenas era una pequeña aldea de pastores y malhechores en la desembocadura del Tíber podrían haber gobernado la capital de un imperio mundial? ¿Cuáles son las fuerzas que configuran el escenario en que se desarrolla el drama político?

La segunda pregunta tiene que ver con la teoría de la transición. Ya hemos visto que el conjunto de normas que gobiernan el estado de anarquía es diferente del que se obtiene en una situación civilizada. En una situación precivilizada, la regla general es crear la unidad de mando como sea.[33] En un Estado civilizado, sin embargo, la regla fundamental es evitar volver a una situación de anarquía y mantener la soberanía de la ley sobre las pasiones desenfrenadas de los hombres.

---

32 Por supuesto, aquí estamos usando la palabra "virtud" en sentido maquiavélico. De hecho, la virtud no es tan solo una cuestión de temperamento, sino de que la razón dirige y controla las pasiones humanas. La razón tiene la tarea de dirigir el temperamento de tal forma que la persona pueda dar una respuesta adecuada a las circunstancias cambiantes. No obstante, sigue siendo cierto que es muy difícil modificar los temperamentos humanos de acuerdo a la razón, especialmente cuando se han consolidado en el tiempo.

33 Posteriores teóricos políticos etiquetarán esta situación como "estado de necesidad" o "estado de excepción".

Maquiavelo ha engrandecido nuestra comprensión de la realidad política y ha extendido nuestra capacidad de comprender los procesos constitutivos del Estado moderno.

2. La economía como requisito previo de la historia política

Sobre la fortuna

Maquiavelo muestra que la fortuna gobierna en gran parte de los asuntos humanos. A primera vista, parece que la fortuna coincide con lo accidental, con lo imprevisible; con aquello que no puede ser categorizado y por ello ni puede anticiparse, ni regularse por la prudencia política. Sin embargo, si se piensa mejor, sí que podemos dar cuenta de cierto orden en esta locura.

Cuando se consideran acontecimientos históricos como, por ejemplo, la decadencia y caída del Imperio romano, vemos fuerzas que derriban las instituciones políticas viniendo desde afuera del orden político.

La victoria de los Campos Cataláunicos y la caída del Imperio

Maquiavelo estaba muy atento al balance de las fuerzas militares. Durante los siglos IV y V hubo enormes migraciones armadas de pueblos germánicos que atravesaron los confines del Imperio. Los romanos trataron de resistir y consiguieron importantes victorias. La última batalla del Imperio en los Campos Cataláunicos contra Atila, en el año 451, fue una gran victoria, pero al año siguiente, Atila regresó con un gran ejército y los romanos no pudieron detenerlo porque aún no se habían recuperado de las bajas de su victoria anterior.[1] Pocos años después, la parte occidental del Imperio dejó de existir.

La derrota de Cannas y el ascenso de Roma como poder mundial

En la última parte del siglo III a. C., en la II Guerra Púnica, Aníbal derrotó a los romanos no solo una vez, sino varias. En la batalla de Cannas sufrieron la peor masacre de toda su historia militar. Sin embargo, continuaron batallando cada vez con nuevos ejércitos e iniciaron nuevas campañas de guerra contra Aníbal. Al final fueron capaces de alzarse con la victoria.

---

[1] Kim, H. J. (2013). *The Huns, Rome and the Birth of Europe*. Cambridge: Cambridge University Press.

¿Cómo pudieron mantener tal ritmo frente a Aníbal y no contra Atila? Hay que tener en cuenta la diferencia entre la Roma del siglo III a. C. y la del siglo V de la era cristiana. Muchos historiadores piensan que la diferencia está en los cambios de costumbres e idiosincrasia de los romanos entre estos periodos.

Otrora, todos los romanos eran soldados

De forma general, podemos afirmar que una forma de vida (una época) había cambiado. En el siglo III a. C., los romanos eran campesinos de pequeños territorios. Cultivaban su tierra y criaban familias numerosas. Luchaban por la República romana con la misma energía con la cual habrían luchado para defender su propiedad o ganar otra nueva. En el siglo V, sin embargo, los romanos vivían en las ciudades; el campo lo cultivaban los esclavos, quienes no podían ser fácilmente transformados en soldados y que, además, preferían no tener hijos. La floreciente vida ciudadana había captado a los romanos, quienes se acostumbraron con facilidad a llevar vidas más cómodas a cambio de perder las virtudes militares de sus antepasados. El ejército se componía de soldados profesionales que, a menudo, se amotinaban si no recibían su sueldo con regularidad. Los emperadores tenían que establecer impuestos altos para poder pagar al ejército y para la administración del Imperio. Cuando un ejército era derrotado en batalla, era muy difícil enrolar a nuevos reclutas y encontrar el dinero necesario para poder equipar a los soldados. Muchas veces se enrolaba a los bárbaros, a quienes podía resultar muy fácil hacer causa común con los invasores, sobre todo si el salario no era pagado con regularidad.

Los romanos perdieron su superioridad tecnológica

En los siglos I y II de la época cristiana, los romanos tenían, sin duda, una clara superioridad tecnológica sobre sus adversarios: poseían armas de hierro y de acero, escudos y corazas, máquinas de guerra, instrumentos para construir con rapidez fortificaciones impresionantes además de un elaborado sistema logístico. Eran disciplinados y estaban entrenados. Paulatinamente, perdieron todas estas ventajas. Uno de los pueblos invasores, los hunos, tenía la ventaja de contar con un nuevo tipo de arco con flechas capaces de penetrar las corazas desde tal distancia que las legiones podían ser diezmadas con facilidad antes de entrar en combate cuerpo a cuerpo.

La virtud militar y política de los zulúes no sirvió de nada frente a la superioridad tecnológica de los británicos

He aquí otro ejemplo: el fundador del Imperio zulu, Shaka, fue un genio político y militar comparado incluso con Napoleón. Sus sucesores fueron políticos sagaces y grandes guerreros. Los bóeres y los británicos, sin embargo, los destruyeron porque tenían una superioridad tecnológica y logística aplastante. Los hombres de Estado romanos del siglo V, así como los caudillos zulúes del siglo XIX, tuvieron que luchar contra una fortuna que desbordaba toda la virtud que ellos pudieran haber desplegado para contenerla. Maquiavelo da cuenta, justamente, de que la historia la hacen grandes líderes e instituciones bien diseñadas, pero...

Marx dice a Maquiavelo que la política es estructuralmente dependiente de la economía

Marx señala que los líderes e instituciones dependen de un presupuesto fundamental, a saber, el modo en que los hombres trabajan para producir y reproducir su vida en la tierra. Por medio de su trabajo, los hombres transforman el ambiente en el que viven: secan las marismas, aplanan montañas, crean un mundo nuevo que es efecto o producto del trabajo. Esto lo logran utilizando instrumentos que elaboran para satisfacer mejor sus necesidades.

El hombre es un animal tecnológico, y la tecnología es un componente fundamental de la vida y de la civilización humana. Por otro lado, el hombre es también un animal social. Los hombres trabajan juntos. La productividad humana crece con el progreso en la división del trabajo. Mientras que algunas personas se especializan en la producción de ciertos bienes, otras lo hacen en la de otros. Posteriormente, intercambian entre sí los productos de su trabajo. En sociedades muy primitivas, cada grupo familiar produce todos los bienes necesarios para sobrevivir. En sociedades muy desarrolladas, cada unidad productiva es especializada en el desempeño de una función productiva, vende su producto en el mercado y paga a sus trabajadores, quienes compran después los bienes de consumo que necesitan.

Con el crecimiento del bienestar, crecen y cambian las necesidades que los hombres quieren satisfacer. Marx está convencido, y tiene buena parte de razón, de que las formas de la cooperación humana dependen de los instrumentos tecnológicos que están a su disposición. En las sociedades primitivas, tenían fundamentalmente dos formas de apropiarse de los medios necesarios para satisfacer sus necesidades: producirlos directamente, o robarlos a los vecinos en un acto de guerra. Esa es la razón por la que la guerra era tan relevante en sociedades primitivas. Con el crecimiento de la división del trabajo, una tercera forma de adquisición de riquezas se hace dominante: la producción no para consumo directo, sino para el mercado, la industria y el comercio. La industria y el comercio necesitan protección y, por tanto, apoyan a líderes políticos que defienden la propiedad y la libertad de comercio. Así, comunidades políticas más amplias, a saber, reinos e imperios, son creados y ocupan el espacio político de la historia.[2]

La dialéctica de las fuerzas productivas y de las formas de producción

Según Marx, la historia es dominada por la dialéctica entre las fuerzas productivas y formas de producción. Las fuerzas productivas son los hombres, y las tecnologías que estos han desarrollado son los instrumentos de producción. La industria textil nos proporciona un ejemplo clásico. Si conocemos solo el telar manual, en cada familia, las mujeres producirán los textiles necesarios para abastecerse y quizás un poco más para venderlo a un mercader, que a su vez lo revenderá en la ciudad. Cuando se inventa el telar mecánico, movido por el motor de vapor, se vuelve más conveniente contratar a tiempo completo a gente que trabaje en el mismo espacio físico, unos al lado de otros, para aprovechar la energía de la máquina de vapor. Se hace conveniente, pues, construir una fábrica. Si la gente tiene que trabajar tiempo completo en ella, no puede vivir a grandes distancias, en el campo; tiene que hacerlo en la proximidad inmediata de la fábrica. Es así como crecen rápidamente nuevas ciudades o barrios

---

[2]   Marx, K. y Engels, F. (2014). *La ideología alemana*. Madrid: Akal.

industriales al margen de las viejas ciudades. Con el tiempo, cambia la manera de vivir de toda la nación. Se forman nuevas jerarquías de poder y de riqueza, nuevos partidos políticos y nuevas instituciones políticas que expresan las exigencias de los nuevos grupos sociales. Las nuevas fuerzas productivas lucharán para construir un nuevo orden político y social que corresponda a su naturaleza, mientras que las viejas estructuras de poder lucharán para defender el sistema existente que confirma su predominio.

Las nuevas fuerzas productivas chocan, así, con la antigua forma de producción. De las nuevas fuerzas productivas nace una nueva clase social: la burguesía liderada por los dueños de las fábricas. Ellos reforman la sociedad poniendo en el centro la fábrica y el modo de producción industrial. Los terratenientes tratarán de resistir y defender el viejo sistema centrado en la granja y en el castillo, donde ellos tenían la mayor parte del poder y de la riqueza social.

Este estado de cosas se refleja también en el orden internacional. El primer Estado que adopta la nueva forma de producción adquiere una gran superioridad frente a los otros. Sus fuerzas productivas están más desarrolladas, dispone de mayores recursos económicos y puede financiar fuerzas militares más grandes y eficientes. Por último, le será posible remodelar el orden mundial en conformidad a sus necesidades. La Revolución Industrial del siglo XVIII es la base del Imperio británico. Esta es la razón por la que Marx dice que la historia es lucha de clases determinada por la dialéctica de fuerzas productivas y formas de la producción.[3] Si realmente queremos entender la historia, debemos cruzar las fronteras de la historia política y estudiar la historia de la economía y de la tecnología; debemos estudiar la civilización material de la humanidad.

Los líderes políticos actúan con los materiales proporcionados por las fuerzas económicas dominantes de sus tiempos y tienen éxito si están en sintonía con estas fuerzas. Si intentan contrariarlas, están destinados al fracaso. Las instituciones políticas persisten mientras contienen y expresan estas fuerzas. Cuando dejan de hacerlo, son barridas y sustituidas por otras instituciones.

---

[3]   Marx, K. (2013). *Contribución a la crítica de la economía política:* introducción (1857) y prólogo. Madrid: Minerva.

Se ha dado el ejemplo del descubrimiento del telar mecánico y de su tremendo impacto sobre la historia humana. Sería también posible usar el ejemplo de las tecnologías de la información y comunicación que están transformando el mundo de hoy de una manera que, probablemente, es aún más profunda y tiene consecuencias que irán más allá en las próximas generaciones.

Todas las formas de producción y consumo están del revés; surgen nuevas y enormes acumulaciones de poder y de riqueza, y algunas veces se resuelven con igual rapidez. Las jerarquías tradicionales entre naciones están destrozadas. Se nos presenta aquí una experiencia directa del impacto de la economía en la historia del mundo y de la dependencia de la historia política de la historia de la economía.[4]

El determinismo económico y los apologistas del capitalismo

Hemos atribuido a Karl Marx las ideas que brevemente han sido expuestas. No cabe duda de que Marx expresó estas ideas y las formuló con el máximo de fuerza y de capacidad de convicción. No sería correcto, sin embargo, pretender que estas ideas sean el núcleo del marxismo. En buena medida, son universalmente aceptadas en la ideología materialista y positivista del siglo XIX. Las encontramos en las obras de muchos apologistas del capitalismo, y también en las de Auguste Comte.[5] El rasgo característico de la visión de Marx es que el capitalismo ha entrado en tiempo de crisis porque su modo de producción se ha vuelto incompatible con las fuerzas productivas que ha desatado. Marx diferencia su materialismo dialéctico del materialismo ordinario de los apologistas del capitalismo. A ellos les basta con describir el proceso que lleva a una sociedad capitalista. Por el contrario, Marx anticipa el futuro dando las razones por las que el capitalismo tiene que colapsar, y como de dicho colapso ha de surgir un nuevo modo de producción. Sin embargo, esta predicción no ha sido confirmada por la historia. Esta es la razón por la que muchos marxistas se han convertido recientemente en apologistas del capitalismo. En lo que respecta a la

---

[4]   Lievrouw. L. A. y Livingstone, S. (eds.) (2006). *Handbook of Nueva Media: Social Shaping and Social Consequences of ICTs*. Londres: SAGE Publications.

[5]   Comte, A. (2006). *La filosofía positiva*. México: Porrúa.

visión económica de la historia, no hay distinción real entre los marxistas y los apologistas del capitalismo. La distinción se refiere solo a la predicción marxista de una nueva sociedad socialista.

Sobre la prioridad de la historia económica sobre la historia política, estamos de acuerdo con Marx

Sobre la prioridad de la historia económica sobre la historia política, pienso que podemos estar, en líneas generales, de acuerdo tanto con Marx como con los materialistas ordinarios. En lo referente a la superioridad de un orden económico socialista frente a uno capitalista, sí estamos de acuerdo con los materialistas ordinarios, pero no con Marx: el socialismo ha fallado, y puesto que esta predicción se halla en el centro de la visión científica de la historia de Marx, podemos decir con seguridad que el marxismo ha fallado. Si nos tomamos las palabras de Marx al pie de la letra, él no quería ser filósofo, sino científico social. Y lo es, ciertamente.

Apliquemos a Marx los parámetros que, según Karl Popper, definen una teoría científica. Una teoría es científica si y solo si de ella pueden deducirse proposiciones capaces de ser sometidas a prueba experimental. Si la prueba no confirma la proposición, entonces la teoría es falsada. Por el contrario, si la prueba confirma la proposición, la teoría se valida. Cabe destacar que la validación es siempre provisional, ya que cabe la posibilidad de que, en el futuro, de la misma teoría se deriven otras proposiciones que no puedan superar la prueba de la confirmación empírica. Entonces, la teoría sería falsada. Esta es la razón por la que la verdad de las teorías científicas nunca es definitiva. La ciencia no nos ofrece verdades definitivas.[6] Marx era un científico *sui generis*. No pudo verificar su teoría en una labor. Su labor fue en la historia humana, en la que se puso a prueba su predicción, que probó ser errónea.

La mentalidad actual no ha asimilado la revolución epistemológica iniciada por Karl Popper. La mayoría de la gente piensa que, si una teoría es científica,

---

[6] La teoría de Popper se aplica originalmente a las ciencias naturales, pero puede ser extendida a todas las ciencias empíricas. Véase: Popper, K. (2008). *La lógica de la investigación científica*. Madrid: Tecnos.

debe ser verdadera. No obstante, el marxismo es el ejemplo perfecto de teoría científica que resulta ser falsa.

Contradicciones en el pensamiento de Marx sobre la cultura y la crítica ética del capitalismo

Hay que tener en cuenta que Marx no fue siempre un científico social. Cuando era joven, desarrolló una crítica diferente del sistema capitalista. Dicha crítica afirma que con la creciente división del trabajo, el hombre se arriesga a perder el control del sistema productivo. Cada individuo es condenado a realizar solo una acción concreta correspondiente a una tarea especializada. El empresario controla una sección del proceso productivo y coordina las acciones de un determinado número de trabajadores. Sin embargo, esta sección es pequeña. Los productos son luego intercambiados en el mercado. El mercado es la mejor forma de detectar y satisfacer las necesidades humanas. A pesar de todo, este solo puede detectar un tipo de necesidades; las de quienes tienen poder adquisitivo. Las necesidades de quienes no tienen poder adquisitivo quedan ocultas, y lo mismo ocurre, al menos parcialmente, con la de aquellos que tienen un poder adquisitivo modesto, cuyas necesidades no pueden ser ni satisfechas ni localizadas de forma adecuada.

El dinero se convierte en la medida de todas las cosas. Cuando el mercado media en todas las relaciones humanas, las relaciones basadas en la gratuidad y en el encuentro altruista entre seres humanos quedan radicalmente devaluadas. En estas relaciones, sin embargo, es donde el hombre se reconoce y se descubre a sí mismo como tal. El sistema capitalista causa una alienación creciente. El hombre se convierte en un desconocido para sus semejantes, terminando también de igual forma para sí mismo. Pierde su subjetividad y se convierte en un objeto tanto para sí mismo como para los demás. El sistema social es movido de forma exclusiva por el ánimo de lucro: por el deseo de acumular dinero. Esta motivación puede, no obstante, entrar en conflicto con otros valores importantes tales como la aspiración humana de tener una buena vida. Marx no estaba solo en esta crítica ética del sistema capitalista. Ideas similares fueron compartidas por muchos socialistas no marxistas, y algunas de ellas serían sistematizadas años después en la doctrina social cristiana.

La teoría de la alienación que se ha esbozado sumariamente se halla en los *Manuscritos económicos y filosóficos de 1844*,[7] los cuales Marx nunca publicó.

Tiempo después, Marx descartaría por completo la teoría de la alienación. Puede encontrarse la razón de este rechazo en los mismos manuscritos. Una crítica ética de la sociedad capitalista implicaría la existencia de una medida ética de juicio que se aplicara a la sociedad. Deberíamos tener, pues, una idea de justicia y dignidad humanas y confrontar la sociedad existente con esta medida ideal, lo que conllevaría reconocer un tipo de trascendencia del espíritu humano que tenga intuición de verdades eternas y juzgue la presente situación con respecto a estas verdades sobre la justicia y la dignidad humanas. Lo que ocurre es que las verdades eternas son, en última instancia, atributos de un dios trascendente, y Marx quiere, pese a todo, ser consecuente con su ateísmo, hecho que queda claro en los *Manuscritos económicos y filosóficos de 1844*. Por tanto, se ve en la necesidad de renunciar a la ética crítica del capitalismo y continuar su camino hacia su fallida crítica científica.

Nuestras diferencias con los apologistas del capitalismo

Conviene señalar aquí una diferencia entre los apologistas del capitalismo y nosotros. Los apologistas están de acuerdo con el juicio del Marx maduro, a saber, una crítica ética del capitalismo es imposible, y si la crítica marxista científica ha fallado, no hay, por tanto, crítica posible. El capitalismo es el fin de la historia. Yo creo, por el contrario, que una crítica ética sigue siendo factible y, además, es necesaria. Sin embargo, esta crítica es imposible sobre la base de una presuposición ateísta-naturalista. Depende de una cosmovisión religiosa más amplia.[8]

La crítica ética no pretende invalidar toda la ciencia económica así como tampoco pretende poseer un nuevo modo alternativo de producción. Simplemente sostiene que la economía es tan solo una rama de la actividad humana y, por tanto, no puede pretender el dominio de la ley, de la política y de la cultura. A la luz del lenguaje marxista, puede decirse que la producción por el valor

---

7   Marx, K. (1975). *Manuscritos filosóficos y económicos de 1844*. La Habana: Pueblo y Educación.

8   Esta es, quizás, una idea relevante para comprender el pontificado del papa Francisco.

de cambio debe subordinarse a la producción por el valor de uso. En esencia, la producción de los bienes debe ser utilizada para satisfacer las necesidades humanas y ponerse al servicio de la vida humana. La economía debe ser regulada por la ética a través de la política. Su autonomía metodológica debe ser respetada, pero ello no puede significar que no necesite integrarse en una visión más amplia del bien común.

La teoría marxista de la estructura y la superestructura

Debemos considerar ahora otro aspecto de la visión marxista de la historia. Marx no solo muestra que la historia política depende de la historia económica, sino que afirma que, además, la totalidad de la historia de la cultura, la filosofía, el arte y la religión dependen de la base económica.

Para Marx, la economía constituye la estructura fundamental de la sociedad. La cultura es tan solo una superestructura que no tiene realmente historia propia. Todos los cambios en la cultura son solo reflejo de los cambios que ocurren en la estructura económica. Los deseos humanos que no pueden ser satisfechos dentro del orden social existente se proyectan hacia otro mundo más allá de este, que es el reino de la poesía, la filosofía y la religión. Además, el hombre sabe que el éxito de sus esfuerzos y la propia continuidad de su vida dependen de factores que no pueden controlar, y encarna estas fuerzas en forma de dioses. Esta es la razón por la que en todas las culturas existentes hay una cultura religiosa dominante, y por la que las filosofías ateas son una extraña excepción a la regla general más que una fuerza cultural significativa. Lo contrario sería verdad, de acuerdo con Marx, en la futura sociedad comunista. Será entonces cuando el hombre habrá obtenido, a través de la tecnología, el completo control del mundo de la naturaleza; todas las fuerzas naturales se hallarán a su servicio y no se sentirá amenazado por ninguna de ellas. Todos sus deseos serán satisfechos *aquí* y no se encontrará en la necesidad de imaginar otros mundos donde pueda disfrutar de una felicidad que se le niega en esta tierra. Además, en el comunismo, el hombre, tal y como lo conocemos, desaparecerá para dar paso a una clase diferente de hombre: aquel que no se percibe a sí mismo como individuo, sino solo como un miembro de la sociedad; no poseerá una conciencia de sí individual, sino que participará de la autoconciencia colectiva de la sociedad. De esta forma, desaparecerá el último sustento de la religión: la preocupación por el destino del alma individual (o personal) después de la muerte.

Las dudas de Marx y las posibilidades de reformas políticas

Hay, sin embargo, un texto de Marx en el que afirma una duda sobre su propia teoría. Podemos encontrarla en el prefacio no publicado de 1857 de su libro *Contribución a la crítica de la economía política*.[9] Aquí considera Marx el hecho de que los poemas homéricos fascinan a los espíritus de los hombres de todas las épocas. Estos dependen, claramente, de las condiciones generales de la era en que fueron escritos y, sin embargo, expresan una verdad humana que trasciende las condiciones específicas de su producción. ¿Significa ello que existe algún tipo de naturaleza humana más allá de las limitaciones del tiempo y el espacio? ¿Existe algún dominio de la poesía, y del arte en general, que no dependa de la constelación de hechos económicos característicos de una época histórica? La pregunta continúa sin respuesta, y el texto fue publicado años después de que muriese su autor. El punto señalado está estrictamente correlacionado con lo que hemos mencionado al respecto de la crítica ética del capitalismo. La rígida correlación de estructura y superestructura imposibilita a Marx que considere que la posibilidad de que los defectos del mercado o los males de un sistema capitalista puedan recibir una corrección ética y política. Si la ética y la política dependen de la economía, es inconcebible que puedan corregir el inevitable curso del desarrollo económico. Esta convicción es compartida por la mayoría de partidarios de una concepción económica (si bien no marxista) de la historia.

La economía (y por tanto la historia) obedece a leyes de hierro (a veces dicen de bronce) que no pueden ser doblegadas por los esfuerzos o los deseos humanos. Se puede responder que doblar hierro o bronce no es tarea fácil, pero que tampoco es algo imposible. El valor de la autonomía de las leyes económicas no debería ser nunca infravalorado; esto no significa, sin embargo, que no puedan rendirse ante intereses políticos y éticos bien concebidos.

---

9   Marx, K. (2013). *Contribución a la crítica de la economía política*: introducción (1857) y prólogo. Madrid: Minerva.

La escuela de Fráncfort

El dogma de la visión económica de la historia fue cuestionado en la década de los treinta por la escuela de Fráncfort. En algunos artículos del *Zeitschrift für Sozialforschung*, Erich Fromm, ampliando la perspectiva freudiana de la dimensión individual a la social, sostuvo que el hombre posee una estructura psicológica que no puede adaptarse ilimitadamente a las cambiantes demandas del desarrollo económico.[10] Esta estructura psicológica puede resistir ciertos desarrollos evolutivos y entrar en contradicción dinámica con la estructura económica.

La tesis de Fromm puede ser interpretada de forma restringida o de forma ampliada.

La reinterpretación restringida de la tesis de Fromm

En su forma restringida, la teoría de Fromm nos dirige a una teoría del choque cultural.

Imaginemos que una civilización es confrontada con la necesidad de adaptarse a un modo de producción completamente diferente del que acostumbraba. Si el estrés excede la capacidad de adaptación a las circunstancias cambiantes, esa civilización podría, sencillamente, perecer. Un buen ejemplo puede hallarse en las culturas indígenas americanas enfrentadas a la conquista española. Muchas no pudieron adaptarse al nuevo contexto y se dejaron morir.

En esta primera y limitada forma, la teoría de Fromm no es del todo incompatible con la teoría económica evolucionista de la historia. Es una regla general del evolucionismo darwinista que la evolución progrese a través del ensayo-error. Quienes no puedan adaptarse a nuevos entornos deben, sin más, morir.

La interpretación ampliada de la tesis de Fromm

Es posible, no obstante, formular la teoría de la escuela de Fráncfort en términos más generales. Podemos imaginar que la evolución económica, las leyes de

---

[10] Fromm, E. (1932). "Methode und Aufgabe einer analytischen Sozialpsychologie". En *Zeitschrift für Sozialforschung I*, pp. 28 y ss. y Fromm, E. (1932). "Die analytische Charakterologie und ihre Bedeutung für die analytische Sozialpsychologie". En *Zeitschrift für Sozialforschung I*, pp. 253 y ss.

maximización de la producción de bienes, entra en absoluta contradicción con las leyes que gobiernan la psique humana. El resultado sería no solo la caída de una civilización humana en particular, sino la de toda la humanidad como tal. La civilización humana existe y puede ser preservada solo mientras pueda mantenerse cierto equilibrio entre las demandas de la economía y las de la estructura psicológica del hombre, o más bien, de su corazón.

En esta formulación ampliada se hace más evidente que el hombre no puede ser reducido a un cuerpo y sus necesidades materiales. Hemos reintroducido el concepto de psique, que tiene sus propias exigencias, y que no puede ser reducido al cuerpo y sus necesidades materiales. "Psique", que es una palabra que viene del griego (*psyché*), puede traducirse como "espíritu". También puede ser traducida como "alma". No queremos ir tan lejos. Es suficiente con confirmar la existencia de otro principio, irreductible a la economía, que gobierne la formación y preservación del sujeto humano. Le damos a este principio el nombre de cultura. La cultura no es tan solo una superestructura dependiente de la base económica; tiene estructura propia.

La recíproca independencia e interdependencia de la cultura y la economía

No se pretende en lo más mínimo negar la influencia de la economía en la cultura. Cada cultura humana depende de la sociedad en que se desarrolla, y proporciona a los seres humanos valores y orientaciones que se corresponden con sus necesidades específicas. Recibe de sus circunstancias económicas una forma específica. Sin embargo, esta forma se superpone a una estructura original y debe corresponder a sus características fundamentales. Por lo tanto, la estructura psíquica también influye en la estructura económica. La subjetividad humana no está formada unilateralmente por las condiciones materiales de su existencia, sino que moldea activamente esas condiciones. El hombre es un producto de su medio y de su propia praxis, que lo transforma. Esta praxis, sin embargo, encuentra un doble límite.

En primer lugar, el entorno tiene una estructura propia que debe ser respetada por la praxis humana. Nuestro poder sobre la naturaleza no es absoluto. El ambientalismo moderno ha señalado con énfasis este hecho. Si no aceptamos este límite creacional de nuestra acción, terminaremos destruyendo tanto el entorno como a nosotros mismos.[11] Podemos también interpretar este hecho a la luz de la narración del Génesis sobre el pecado original.[12] La fruta prohibida del jardín del Edén es exactamente el poder de subvertir de forma arbitraria las leyes de la naturaleza. La naturaleza tiene una estructura y dignidad propias que merecen ser respetadas.

La estructura objetiva de la subjetividad humana

El segundo punto que debe considerarse es que el hombre tiene también una estructura propia. El cuerpo humano, por supuesto, está sujeto a las leyes comunes de la naturaleza, pero además está dotado de un espíritu, el cual tiene demandas propias que son tan vinculantes como las del cuerpo.[13]

Observaciones finales

Deseo ahora resumir los resultados de nuestra investigación en algunas observaciones finales.

La economía configura el contexto de las acciones políticas y ofrece a la política sus presupuestos fundamentales.

La economía también configura la cultura, pero la cultura, a su vez, influye tanto en la política como en la economía. La influencia aquí es recíproca. Podemos intentar clarificar este punto a través del ejemplo histórico de la Gran Depresión de 1929, que afectó a Alemania y a Estados Unidos de formas ampliamente comparables. En Alemania, el efecto político fue el nacionalsocialismo; en los Estados Unidos, el *Nueva Deal* de Franklin Delano Roosevelt. ¿Cuál es la causa de la diferencia? Debe buscarse en las diferentes culturas de Alemania y Estados Unidos.

La autonomía de la cultura es la base de una crítica ética del orden económico existente así como de políticas de reforma que corrigen los fallos de

---

[11] Véase: Iglesia católica. Papa Francisco (2015). *Laudato si'*.

[12] Gn. 3: 1-19.

[13] Wojtyla, K. (2007). *Persona y acción*. Madrid: BAC.

dicho orden. Marx no podía concebir tales políticas porque no reconocía ninguna autoridad a la cultura en relación con la economía.

Economía, política y cultura tienen, cada una, una estructura propia regulada por sus propias leyes. Los principios de estas leyes pueden ser objeto de pura intuición esencial. Tenemos, por tanto, una ciencia pura de la economía, una ciencia pura de la política y una ciencia pura de la cultura (o de las diferentes subdivisiones de la cultura, como por ejemplo la ética). En las decisiones humanas concretas, estas leyes interfieren entre sí. Entramos aquí en un dominio que no es el de la ciencia pura, sino el de la decisión prudente y práctica. Esta es la razón por la que decimos, por ejemplo, que la política no es solo una ciencia, sino también un arte, o que hay una diferencia necesaria entre teoría y práctica.

3. Cultura y religión como las capas más profundas de la historia

¿Cuál es la fuerza que mueve la historia?

En 1845 es publicado el primer libro de Marx y Engels: *La sagrada familia, o crítica de la crítica crítica contra Bruno Bauer y consortes*.[1]

El citado texto fue escrito contra su viejo amigo Bruno Bauer, uno de los líderes de la izquierda hegeliana, y muy a menudo ha sido pasado por alto por los estudiosos del marxismo a pesar de que se encuentra en una encrucijada decisiva para el desarrollo de la visión de la historia de Marx. El principal problema que presenta es cuál es la fuerza que mueve la historia. Los filósofos mencionados son todos estudiantes de Hegel y tienen un trasfondo hegeliano. En Hegel, lo que mueve la historia es el espíritu. Sin embargo, este nunca dejó claro qué es el espíritu.[2]

La respuesta de Bauer es que el espíritu consiste en la autoconciencia del hombre.[3] La de Marx apunta a que se trata, sin embargo, del sistema de fuerzas productivas y modos de producción, en cuyo conflicto sin fin la historia se mantiene en perpetuo movimiento.

La verdad de Marx: la dialéctica de las fuerzas productivas y los modos de producción

Hemos visto que hay algo de verdad en la respuesta de Marx. El hombre tiene que producir y reproducir su vida en la tierra (si no lo hace, muere y desaparece de ella). Lo hace cooperando con sus congéneres humanos, pero también luchando contra ellos. Cada modo de producción implica una modalidad específica de cooperación entre los hombres, y esta modalidad, a su vez, conlleva una jerarquía y una distribución del prestigio social y la riqueza. Cuando surge

---

[1] Marx, K. y Engels, F. (1975). *La sagrada familia, o crítica de la crítica crítica contra Bruno Bauer y consortes*. Buenos Aires: Claridad.

[2] Hegel, G. W. F. (2021). *Lecciones sobre la filosofía de la historia universal*. Madrid: Alianza Editorial.

[3] Rosen, Z. (1978). *Bauer and Marx*. La Haya: Nijhoff.

un nuevo modo de producción, se sacuden los fundamentos del orden social existente, y el grupo social que era privilegiado dentro del antiguo orden tratará de resistir. La fuerza que mueve la historia es el conflicto entre los representantes del viejo y del nuevo orden de producción.

La verdad de Bauer: el rol de la razón especulativa: tecnología y ciencia

También hay algo de verdad en la visión de Bauer. El nuevo modo de producción es concebido, en primer lugar, en la cabeza (el espíritu) de alguien. La evolución de la economía depende, en gran medida, de la tecnología. Los instrumentos, sin embargo, no se crean a sí mismos. Su descubrimiento depende de los conceptos a través de los que comprendemos el mundo de la naturaleza. La situación económica puede crear condiciones que sean favorables para el uso de ciertos instrumentos, pero no determina la aparición de una nueva idea. La historia de la economía depende de la de la tecnología, mientras que la historia de la tecnología depende de la ciencia. No puede negarse, a pesar de todo, que en la base de la empresa científica se halla la curiosidad; un deseo de entender el mundo, un momento puramente especulativo que se relaciona más con el juego que con el trabajo. Un invento no tiene impacto económico si la situación general no es propicia para explotarlo. Puede surgir, por el contrario, en un contexto desfavorable: el motor de vapor fue descubierto en el mundo griego y no se utilizó con fines económicos. Era tan solo un juguete para niños. Sin embargo, el mero hecho de que fuera descubierto hace evidente que el descubrimiento posee una lógica propia, teórica y especulativa.[4]

El papel de la conciencia moral

Podemos realizar una pregunta adicional: ¿por qué era el contexto griego desfavorable para este descubrimiento?

Hay varias respuestas a esta cuestión. Lo que sucede (y lo que no) obedece a más que a una causa. Una de las razones para este hecho es especialmente interesante para nosotros: los griegos poseían esclavos. No tenían ningún

---

4   Popper, K. (2008). *La lógica de la investigación científica*. Madrid: Tecnos.

interés particular en escatimar en la labor humana porque esta (así como la misma vida humana) era extremadamente barata en su sociedad.[5]

Ya hemos visto la forma en que la conciencia teórica del hombre tiene un ámbito autónomo; un reino propio que se sitúa en la base del fenómeno social que llamamos ciencia. Ahora vemos que también la conciencia moral tiene autonomía y tiene influencia sobre la historia de la tecnología. Profundizaremos en este punto después.

Técnica contra tecnología

Ahora queremos considerar la diferencia entre nuestra era y tiempos anteriores. El fenómeno de la técnica es universalmente humano. Lo hallamos en todas las civilizaciones y en todas las etapas del desarrollo de la humanidad. Sin embargo, hay una importante diferencia entre la técnica y la tecnología. La tecnología es la aplicación sistemática del conocimiento científico a los procesos de producción.

En la sociedad griega, se despreciaba la producción para otros.[6] El conocimiento se buscaba por sí mismo. Entre el mundo de las consideraciones teóricas y el de la técnica, los contactos fueron esporádicos y poco frecuentes. La innovación técnica fue el resultado de las reflexiones de los artesanos sobre su propio trabajo. En nuestra era, invertimos conocimientos de forma sistemática en la búsqueda de propósitos prácticos.[7] Contamos con instituciones de aprendizaje que congregan sistemáticamente todas las formas del conocimiento y las evalúan desde el punto de vista de su posible aplicación práctica. La universidad y los institutos de investigación dan el impulso decisivo a nuestra competitividad en los mercados mundiales. El éxito de nuestra ciencia aplicada depende, sin embargo, de la ciencia pura, donde la investigación es conducida por los dinamismos internos de la ciencia, y el investigador es apenas consciente de las posibles aplicaciones comerciales de sus descubrimientos. La ciencia natural es una expresión de la subjetividad humana y no es, en sus raíces, dependiente de la economía.

---

[5]   Laberthonnière, L. (1904). *Le réalisme chrétien et l'idéalisme grec*. París: Lethielleux.

[6]   Véase, por ejemplo, Platón (2017). *Cármides*. Santiago de Chile: Editorial Universitaria de Santiago de Chile.

[7]   Stehr, N. (2002). *Knowledge and Economic Conduct. The social Foundations of the Modern Economy*. Toronto: Toronto University Press.

El papel del espíritu emprendedor

Las humanidades, la filosofía, la poesía y la religión no pueden ser explicadas en términos económicos. ¿Puede ser al menos la economía entendida solo en términos económicos? Pongamos un ejemplo. Heródoto sabía que en la tierra de los asirios había un extraño tipo de líquido que podía arder. Fue solo siglos después que a alguien se le ocurrió que aquella sustancia (hoy llamada petróleo) podía ser utilizada para producir energía. Esa persona se encargó de la tarea de extraer el aceite, transportarlo a las grandes ciudades donde había una demanda creciente de energía, popularizar sus posibles usos y venderlo al público.

Algo que carecía por completo de valor se transformó en una de las más valoradas comodidades de nuestro tiempo, convirtiendo a ese hombre en alguien extremadamente rico. Así, descubrimos otro aspecto del espíritu hegeliano combinado con la autoconciencia humana: el espíritu emprendedor.[8]

El espíritu emprendedor y la teoría del valor

Marx estaba convencido de que el valor de una mercancía estaba determinado por la cantidad de trabajo necesaria para producirla. Si todas las unidades productivas trabajan con la misma tecnología y producen los mismos productos, esta afirmación es cierta. Pero si alguien invierten en su trabajo un mayor nivel de conocimiento, esto deja de ser verdad. Ese mayor nivel de conocimiento puede depender de la ciencia o del espíritu emprendedor (la capacidad de descubrir nuevos deseos humanos o nuevos y mejores métodos de satisfacer las necesidades conocidas). La creación de valor está contenida no solo en las manos de los trabajadores, sino también en el ojo del empresario y en el cerebro del científico. No en vano decimos que la economía del futuro es la economía del conocimiento y que los grandes protagonistas de la economía de nuestro tiempo reúnen en sí las características del científico y del empresario: Bill Gates, Mark Zuckerberg, Larry Page...

Parece que tanto Marx como Bauer tenían parte de razón. La fuerza que mueve la historia tiene componentes tanto objetivos como subjetivos. La historia

---

8   Kirzner, I. (1973). *Perception, Opportunity and Profit. Studies in the Theory of Entrepreneurship*. Chicago: University of Chicago.

parece obedecer tanto a la causalidad material como a la formal. Aquí se da una diferencia entre la historia y las ciencias naturales. Las ciencias naturales modernas tienen un paradigma metodológico que excluye las causalidades formales y finales. Esto les permite darnos una descripción rigurosa de un mundo de objetos puros.[9] La historia, no obstante, no está hecha de objetos puros; se compone de objetos y sujetos. En ella se tiene una causalidad material y eficiente, pero también una causalidad formal y final.

Cuando afirmamos la irreductibilidad ontológica y epistemológica del lado subjetivo (espiritual) al lado objetivo de la acción humana, no pretendemos en lo más mínimo que estas facetas de la acción humana no se relacionen entre sí. Esta falsa presuposición se correspondería con un sesgo platónico. El sujeto real de la acción es el hombre, y en la acción humana, los lados objetivo y subjetivo de la acción están estrictamente correlacionados entre sí, de la misma forma en que en el hombre, el cuerpo y el alma constituyen a un ser humano individual.

Weber y la venganza de Bauer

A lo largo del siglo XIX, Marx dominó sobre Bauer. En cierto modo, su éxito sobrepasó sus deseos. El lado dialéctico de su propio materialismo era a menudo obviado y confundido con un mero materialismo burgués. En el marxismo de finales del siglo XIX había mucho de Comte y su positivismo.

Una relevante respuesta a Marx llegó de forma indirecta a través de Max Weber. Su obra principal, *La ética protestante y el espíritu del capitalismo*,[10] es un libro extraño. Su contenido ha sido contradicho en gran medida por investigaciones posteriores,[11] pero desde el punto de vista metodológico, sigue siendo una obra fundamental; una obra maestra sin igual. Weber afirma que la economía moderna nació de la Reforma protestante. Los protestantes, mantiene, trabajan más duro que los católicos porque ven en el éxito terrenal la confirmación del hecho de que han sido elegidos. Es una paradoja: creen que han sido

---

[9]   Bachelard, G. (2002). *The Formation of the Scientific Mind*. Manchester: Clinamen.

[10]   Weber, M. (2020). *La ética protestante y el espíritu del capitalismo*. Madrid: Biblioteca Nueva.

[11]   Véase, por ejemplo, Blum, U. y Dudley, L. (2001). *Religion and Economic Growth: Was Weber Right?* Montreal: Université de Montréal.

predestinados por Dios sin tener mérito propio. Sin embargo, ven en el éxito terrenal el signo de su predestinación. La consecuencia es que trabajan todo lo que pueden para conseguir el éxito. Además, presuponer su predestinación les hace más audaces. Toman fácilmente riesgos razonables y por ello suelen ser mejores empresarios. No trabajan para disfrutar mejor de las comodidades de la vida. El éxito se convierte para ellos en algo valioso en sí mismo, y esa es la razón por la que continúan trabajando duro aun cuando se han hecho ricos y podrían retirarse. En una versión alternativa del espíritu protestante del trabajo encontramos el acto de la penitencia. La espiritualidad ascética de los monjes es interiorizada por el laico. Esto produce una disposición para trabajar más de lo que es necesario para la satisfacción de las necesidades básicas humanas.

Esta fuerte contraposición entre las éticas de trabajo católica y protestante no ha sido confirmada por estudios posteriores. El espíritu capitalista tiene una génesis más complicada que va desde las ciudades italianas del Renacimiento, con sus grandes dinastías comerciales, hasta la *devotio moderna* en Flandes y en las regiones de alrededor del Rin y nuevamente hasta la Reforma católica. El catolicismo y el protestantismo están más estrechamente relacionados de lo que Weber suponía.

La metodología propuesta por Weber, sin embargo, ha confirmado su validez y es exactamente esta la que convierte a *La ética protestante y el espíritu del capitalismo* en obra maestra y piedra angular de la sociología moderna.

La disposición para trabajar depende de la autoconciencia

Weber nos explica que el trabajo humano, la actividad a través de la que el hombre produce y reproduce su vida, está inherentemente determinado por la autoconciencia religiosa del trabajador, por el mundo de representaciones religiosas que él cree verdadero. El hombre no trabaja tan solo para sobrevivir. Si trabajase tan solo con ese propósito, se detendría en el momento exacto en que tuviese el mínimo garantizado para subsistir. El hombre trabaja para responder a impulsos psicológicos que constituyen su conciencia interior.

En su explicación del capitalismo, Marx presupone un elemento que no puede ser explicado tan solo en términos materialistas. Este elemento es un deseo ilimitado de riqueza completamente separado de los impulsos instintivos para satisfacer los impulsos del cuerpo. ¿De dónde surge este deseo? Weber otorga una respuesta convincente: es la estructura religiosa de la mentalidad protestante la que hace la adquisición de riqueza un fin en sí mismo. Ello explica la separación entre el valor de uso y el valor de cambio. El capitalista moderno no trabaja por el valor de uso. Su meta es aumentar de forma indefinida el valor de cambio que genera. Más tarde, este espíritu se consolidaría en las instituciones de la economía capitalista,[12] pero al principio surgió en la estructura psicológica de cierto tipo de hombre. En lenguaje hegeliano, podríamos decir que esto surge primero en el espíritu subjetivo de algunos individuos, y luego se consolida en el espíritu objetivo de un sistema de derecho y una época histórica.

Queremos ir más allá de las intenciones subjetivas de Max Weber y desarrollar más aún las consecuencias de su descubrimiento. En cierto modo, Weber puede leerse como una respuesta de Bauer a Marx. El impulso hacia el cambio histórico viene ahora del sujeto[13] y no del objeto.[14] Profundizando más, podemos decir que la relación entre el sujeto en conciencia con el Absoluto, condiciona su actitud hacia el trabajo, y a través del trabajo, hacia el entorno que lo rodea. El hombre se da forma a sí mismo (y al mundo que lo rodea) de acuerdo a la imagen de Dios que venera en su corazón. Esta imagen, por supuesto, puede ser consciente o inconsciente, así como la religión interna del corazón puede etiquetarse a sí misma como ateísmo. Esto no cambia el fondo de la cuestión. En la medida en que uno vive, tiene algo en sí mismo que hace su existencia valiosa y su vida digna de ser vivida.[15] Este algo es Dios. El hombre puede percibir su valor personal tan solo reflejándose en el espejo de un alguien o algo a quien (o a lo que) le dé su lealtad incondicional.

Este algo puede ser un objeto. Al principio, para el espíritu religioso protestante, el dinero era signo del favor de un dios trascendente. Más tarde, en las instituciones del capitalismo, el dinero puede convertirse en un dios en sí mismo; en un ídolo. El hombre no tiene por qué tener tan solo un dios. Puede

---

12   Considérese el concepto de sociedad anónima, por ejemplo.

13   De la autoconciencia.

14   De la sustancia en el lenguaje hegeliano o de la materia en el marxista.

15   Giussani, L. (1997). *El sentido religioso*. Madrid: Encuentro.

venerar a varios ídolos e ir pasando de uno a otro. Esto no cambia en lo más mínimo la estructura religiosa del espíritu humano.

Freud y el malestar de la cultura

Volvamos ahora nuestra atención a un pequeño libro de Sigmund Freud: *El malestar en la cultura*.[16] Encontramos en él una confirmación y una profundización de la posición que estamos tratando de elaborar.

De acuerdo con Freud, el niño es un caos de necesidades instintivas que no puede satisfacer. Sus padres (al principio la madre) le proporcionan lo que necesita para sobrevivir. La madre es la mediadora indispensable entre su hijo y el entorno. Más aún: durante el embarazo, la madre es, literalmente, el entorno del niño.

Los padres satisfacen las demandas de su hijo, pero a la vez lo disciplinan. Le enseñan la forma en que debe pedir lo que necesita para ser propiamente satisfecho y castigan los intentos del niño de lograr una satisfacción impropia o autodestructiva.

La pedagogía moderna ha adoptado una retórica antirrepresiva. Es un hecho que la represión es una herramienta fundamental a la hora de enseñar al niño el arte de la supervivencia. Nuestros deseos originales son confusos y, en ocasiones, se contradicen unos con otros. En todo caso, la suma de su total excede por mucho la energía que podemos dedicar a satisfacerlos.

Debemos aprender a organizar nuestros deseos de manera coherente, sacrificando de los menos relevantes a los más importantes. Debemos aprender que el trabajo es ley de vida. Al principio, nuestros padres nos dan los bienes que necesitamos. Cuando crecemos, debemos aprender (y ellos deben enseñarnos) que hay que trabajar para conseguir lo que queremos. El placer inmediato debe ser sacrificado a favor de deseos más importantes y mediados. De esta forma, construimos en nosotros una mentalidad coherente y madura.

El instinto de supervivencia y la fascinación por los valores

Este complejo proceso es liderado por una combinación de conocimiento abstracto e instinto de supervivencia. Sabemos qué curso de acción puede preservar

---

16   Freud, S. (2020). *El malestar en la cultura*. Madrid: Biblioteca Nueva.

nuestras vidas, contenemos las necesidades que podrían llevarnos a la muerte y canalizamos esa energía hacia el trabajo para adquirir los recursos y crear las condiciones necesarias para nuestra vida. Reconocemos que la supervivencia tiene más valor que la satisfacción inmediata de nuestros impulsos instintivos. Hay, sin embargo, otro factor que da forma a la autoconciencia de un hombre civilizado. Reconocemos que ciertas formas de satisfacción del instinto son inherentemente superiores a otras. La carne cruda y las verduras pueden tener el mismo valor nutricional que una hamburguesa con patatas fritas o una lasaña, y preferimos, no obstante, lo último. El impulso instintivo es igualmente satisfecho con la masturbación, el sexo esporádico o mediante una gran historia de amor con todas las complicaciones que conlleva el cortejo: enamorarse, hacer el amor, formar una familia, etc. Preferimos, a pesar de todo, esa gran historia de amor con todas sus complicaciones. La autopreservación no es el único valor que reconocemos como digno a la hora de hacer sacrificios. Con un lenguaje más filosófico, podemos decir que la belleza, la verdad y la bondad también dan forma a nuestra personalidad e indican formas de satisfacción que son preferibles por ser más humanas.

El hombre satisface sus necesidades de una forma específicamente cultural

Podemos ahora formular un principio general: satisfacemos nuestras necesidades de formas específicamente culturales porque somos humanos. Estas formas culturales no son iguales en todos los lugares ni en todas las épocas. Expresan la herencia de la experiencia que una generación transmite a la siguiente. Difieren las unas de las otras, y a pesar de ello, podemos reconocer en ellas una estructura común: son como ramas de un mismo árbol, y este árbol es la cultura humana como tal. La interpretación de la naturaleza (biológica) y la cultura en el hombre es tan profunda, que en el caso del ser humano no podemos hablar de instintos, sino más bien de tendencias instintivas reguladas por la razón (cultura).[17] Puede hallarse una expresión típica de esto en los tabúes de la comida

---

[17] Podríamos establecer aquí una distinción entre los procesos orgánicos que ocurren en el hombre sin la participación de su voluntad consciente, que santo Tomás definiría como *actus hominis*, y los actos humanos conscientes que catalogaría como *actus humanus*. Los primeros

que encontramos en distintas culturas. En nuestra cultura social europea no comemos carne de perro o de gato, ni mucho menos humana. Lo que es comida y lo que no, no depende tan solo de nuestra estructura biológica; lo hace también de nuestra cultura. La cantidad de energía que un hombre puede invertir en su trabajo depende de como es su personalidad, de la cantidad de energía instintiva que puede canalizar hacia el desempeño de tareas relevantes para la civilización. Cada civilización fomenta y privilegia diferentes tipos de personalidades. Como hemos visto, esto guarda una estricta correspondencia con el tipo de familia y de relaciones entre los sexos y entre padres e hijos que se incorporan a las instituciones de dicha civilización.

Queremos ahora delinear dos estructuras fundamentales de la cultura humana. La primera es la familia.

La estructura fundamental de la personalidad humana se constituye en la familia

Freud argumentó convincentemente que la estructura personal y fundamental del ser humano se forma en la complicada relación entre el padre, la madre y el niño, o lo que es lo mismo, en el contexto de la familia. Es en este donde el niño interioriza la presencia del padre y de la madre. Estas relaciones se convierten en un componente fundamental de la personalidad adulta. La familia funciona como un tipo de útero espiritual en el que el niño se adentra cuando sale del vientre materno. El nacimiento psicológico del niño, cuando abandona el escudo protector de la familia, es tan doloroso como el primer nacimiento en que el niño renuncia al útero de su madre. El útero, en ambos casos, puede hacerse demasiado estrecho y sofocar el crecimiento posterior del niño. Por ello tiene que liberarse. Esto no ocurre, por regla, sin conflicto, y este conflicto es fisiológico y nada de lo que avergonzarse. A la hora de afrontar este conflicto, el joven afirma su completa autonomía y llega a negar las relaciones que son constitutivas de su propio ser. Después se reconcilia con su familia original y establece una relación adulta y madura con sus padres. Al final de este proceso, alcanza la madurez para

---

podrían definirse como instintivos, pero para los segundos no sería posible esta consideración. Véase: Wojtyla, K. (2007). *Persona y acción*. Madrid: BAC.

convertirse, a su vez, en padre o madre. Un importante signo de la patología de nuestra civilización es el hecho de que muchas personas prolongan de forma artificial su adolescencia; no buscan la reconciliación y no crean una familia. Algunas formas del ateísmo de hoy parecen expresar el increíble deseo de no tener padre o madre, o de ser el propio padre o madre de uno mismo. La forma de la familia condiciona, en todo caso, la forma de la civilización. Y la familia es el lugar en el que la transmisión de la cultura ocurre; es la sede de la tradición.[18] En la familia, entre otras cosas, aprendemos nuestros roles sexuales y el significado del sexo. Aprendemos no tanto a través de una educación formal, sino mediante ósmosis, simplemente observando como nuestros padres se relacionan entre sí.

La segunda estructura fundamental es la religión

La religión es la segunda estructura fundamental. Está en el centro de la cultura en el sentido de que la forma en que nos paramos ante el Absoluto condiciona todas las formas en que realizamos las diferentes tareas de nuestra vida cotidiana. Lo hemos visto con claridad a partir de los análisis de Max Weber en el caso del trabajo. Freud ha mostrado algo similar en el caso de la familia. Ahora bien, el instinto de supervivencia y el instinto sexual son dos instintos básicos y las dos fuerzas fundamentales de la vida humana. En ambos casos hemos visto como encuentran su formulación concreta en la cultura. No queremos añadir a estos dos instintos un tercero; un instinto de la cultura, o del Absoluto, o de la verdad... Eso sería inapropiado. La cultura no es ni un instinto ni una fuerza. El hecho de que no podamos vivir o actuar según nuestros instintos al margen de la cultura nos da idea de la estructura ontológica del ser humano. No diré que la cultura sea la evidencia de la naturaleza espiritual del ser humano, o más bien, de forma más apropiada, que el hombre tenga una forma y sea un compuesto de forma y materia. Los dinamismos del cuerpo se integran en la totalidad de la praxis humana a través de la forma. La cultura, como tal, no nos proporciona esta explicación metafísica. Sin embargo, es innegable que esta hipótesis parece explicar mejor que ninguna otra el fenómeno de la cultura, y se presenta por sí misma a la mente inquisitiva si es que no

---

[18]   Horkheimer, M. (2001). *Autoridad y familia y otros ensayos*. Barcelona: Paidós.

nos contentamos con describir los dinamismos de la cultura, sino que queremos comprender la razón por la que la cultura es como es.

La relación con el Absoluto en Hegel...

La relación con el Absoluto, de acuerdo con Hegel, está contenida en el arte, la religión y la filosofía. Esta relación es constitutiva de la autoconciencia de la persona. Si queremos entender las energías que una civilización moviliza y los propósitos para los que las moviliza, tenemos que estudiar su religión. Para ser completamente sinceros, debemos decir que en la visión de Hegel, la religión está subordinada y es reabsorbida por la filosofía. La religión presenta, en forma de representaciones sensibles, las mismas verdades que la filosofía expresa como conceptos. La formulación de Hegel es bastante aristocrática. La verdad se encarna no en la ingenua fe de la gente, sino en el conocimiento abstracto de unos pocos: de los filósofos. Sin embargo, es difícil imaginar que los conceptos filosóficos abstractos puedan motivar a hombres y mujeres reales a la acción; ni para las acciones históricas de la vida pública, ni tan siquiera para despertarse cada mañana e ir al trabajo para satisfacer a sus familias. Hegel es consciente de esta dificultad y es esta la razón por la que dice que la historia humana puede expresarse en conceptos solo después de que haya tenido lugar. Si la filosofía es el propio tiempo expresado en pensamientos, el tiempo que encuentra su expresión en la filosofía es el pasado: el búho de Minerva emprende el vuelo solo cuando las sombras de la noche se van alzando.[19]

... y en Max Weber

Si consideramos a Max Weber, debemos decir entonces que la religión nos permite entender la historia en su elaboración; en el momento de su producción. La religión que nos brinda esta posibilidad no es, sin embargo, la religión de los hombres sabios y de los teólogos eruditos. Si realmente queremos entender la estructura espiritual concreta de una civilización, debemos estudiar la religión de los pueblos, esto es, el sistema de creencias de la gente llana en su día

---

[19]   Hegel, G. W. F. (2009). *Filosofía del derecho*. Buenos Aires: Claridad. Véase el prefacio.

a día: no solo los tratados de los teólogos, sino las devociones que motivaron y animaron la vida de la gente.

A veces, los intelectuales, tanto de dentro como de fuera de la Iglesia, han despreciado la religiosidad popular que en ocasiones se entremezcla con la superstición o los residuos de cultos de carácter precristiano. Los protestantes prohibieron el culto a la Virgen y a los santos precisamente porque temían esta impureza conceptual. Es ahí, sin embargo, donde podemos discernir la forma en que el espíritu modela concretamente la vida de un pueblo, o más bien, la crea. ¿Debemos entonces aprender del pueblo la doctrina de la Iglesia del pueblo y oponerla a la Iglesia jerárquica de los obispos y de los teólogos, como ha sido propuesto desde algunas corrientes de la teología de la liberación? No necesariamente. Entre la teología escolar y la religiosidad natural hay un vínculo necesario. El papa Francisco ha expresado oportunamente esta relación diciendo que los obispos (y los teólogos dogmáticos) conocen y enseñan la verdad objetiva sobre la Virgen María, pero la gente conoce y enseña la forma en que esta debe ser amada; conoce la forma en que la fe se convierte en una experiencia viva y da forma a la vida de las personas.

Don Giuseppe De Luca ha formulado el programa del estudio general de la piedad popular de una nación como herramienta fundamental para comprender su historia y la estructura del carácter de su gente.[20]

Las religiones seculares

Ya se ha señalado el hecho de que aquí se entiende la religión en sentido sociológico. Se trata del sistema de creencias empíricamente dadas en el seno de una sociedad determinada. En este sentido, las ideologías políticas pueden ser a su vez religiones en tanto que presenten ciertos valores como definitivos y absolutos, y pretendan para tales valores lealtad incondicional. A este respecto, podemos decir que el nacionalismo, el fascismo y el comunismo son religiones seculares, pero religiones al fin y al cabo.

Las religiones caracterizan los sistemas políticos totalitarios en el siglo XX. ¿Puede el totalitarismo coexistir con las religiones trascendentes y las

---

[20] De Luca, G. (1962). *Introduzione alla Storia della Pietà*. Roma: Edizioni di Storia e Letteratura.

Iglesias cristianas? Parece que sí, pero esa coexistencia no es sencilla. El fascismo italiano adoptó una actitud similar a la de Hegel. La religión expresa de formas imaginativas la misma verdad que la filosofía (en este caso la filosofía fascista del Estado) presenta de forma conceptual. La religión enseña al individuo que debe superar la preocupación egoísta de sí mismo y comprenderse a sí mismo en relación con Dios. La superación del egoísmo implica la subordinación a las autoridades legítimas. La filosofía explica que el dios en la tierra es el Estado, y que este determina lo que es bueno y lo que es malo, lo que debería y no debería ser hecho, quién es amigo y quién el enemigo, y lo más importante, quién merece vivir y quién morir. La religión trascendente se reduce a un *instrumentum regni* al servicio de la religión inmanente del Estado.

El comunismo ha adoptado una solución diferente, pero similar. Los sectores más atrasados de la sociedad aún necesitan una religión trascendente, y este es el motivo por el que provisionalmente se tolera. Las clases más avanzadas deben criarse exclusivamente en la religión inmanente del futuro.

La irreligiosidad occidental

La situación en las sociedades consumistas de hoy parece ser distinta. Estas critican y combaten el totalitarismo tan solo por su aspecto religioso. La religión no es formalmente perseguida, pero la presión omnipresente de los medios de comunicación propone una nueva religión de la liberación de los instintos. ¿Sigue siendo una religión secular? Sí. Es una religión politeísta. Cada momento y cada forma de disfrute tienen su propio dios. La personalidad es distorsionada y dividida y, sin embargo, vive en función de una relación omnipresente, aunque provisional, con un Absoluto. Solo el análisis concreto de las estructuras de personalidad que se obtienen en una sociedad determinada nos da una pista de su comprensión global.

4. La interpretación transpolítica de la historia[1]

Un inicio hegeliano

Hegel dijo una vez que la filosofía es su propio tiempo expresado en forma de pensamiento.[2] Esta afirmación fue criticada por muchos y acusada de relativista. Parece negar a la filosofía la posibilidad de conocer verdades que trascienden el tiempo y afirmar la equivalencia de la verdad ("*aletheia*" en griego) con la opinión momentánea (en griego, "*doxa*").

En este texto se trata de esclarecer qué es cierto y qué no en lo que respecta a la tesis hegeliana recién formulada. Por tanto, no es un ensayo de filología hegeliana sino un ensayo en que se utiliza una de las sugerencias hegeliana para aproximarnos a una cuestión filosóficamente relevante. Que el resultado de la investigación coincida o no con el sentido exacto de esta proposición en el sistema hegeliano es una cuestión que dejamos abierta, aunque el autor está convencido de que el pensamiento hegeliano es más sutil y complejo de lo que opinan la mayoría de sus críticos.

La filosofía se mueve en el espacio intermedio entre la verdad eterna y la autoconciencia del tiempo

Iniciemos con una observación preliminar: es diferente afirmar que la filosofía es su propio tiempo expresado en forma de pensamiento, que afirmar que la filosofía es *solo* su propio tiempo expresado en forma de pensamiento. Nada nos prohíbe pensar que la filosofía sea su propio tiempo expresado en forma de pensamiento y, al mismo tiempo, algo más.

Si tomamos en serio esta observación, delineamos tres visiones diferentes de la filosofía, o quizá tres filosofías diferentes. La primera es la filosofía que

---

[1] Este artículo fue concebido como un pequeño homenaje a Urbano Ferrer. El resto de contribuciones de dicho homenaje pueden encontrarse en: García, P., Miñón, A. R. y Ferrer, U. (2019). *La humildad del maestro: Homenaje a Urbano Ferrer*. Madrid: Encuentro.

[2] Estas palabras aparecen en el prefacio a las *Líneas fundamentales de la filosofía del derecho*, que ahora se pueden leer en la colección Biblioteca de Grandes Pensadores: Hegel, G. W. F. (2010). *Líneas fundamentales de la filosofía del derecho; Lecciones de filosofía de la historia*. Madrid: Gredos.

255

se reduce a la autoconciencia del tiempo; la segunda pretende ser conciencia pura de la verdad eterna; la tercera piensa ser conciencia de la verdad eterna en el tiempo y autoconciencia de la propia época histórica.[3]

Esta tercera posición parece estar en una conexión estrecha con Platón, que nos dice que la filosofía es hija de Poros y de Penia. Poros era el dios de la riqueza, Penia la diosa de la indigencia.[4]

El espíritu humano se mueve en el espacio entre la totalidad de la verdad, que no podemos conseguir, y la ausencia de la verdad, en la cual no podemos vivir. Lo que se encuentra entre la ausencia y la plenitud de verdad es el deseo. La filia que encontramos en la palabra filosofía es exactamente ese deseo. La posición entre la plenitud de la verdad y la nada de la verdad corresponde a una situación que se sitúa entre la verdad eterna y el tiempo. Penetramos en la verdad eterna a partir del tiempo e intentamos iluminar el tiempo con la luz de la verdad eterna.

La posición exacta de la filosofía está entre dos desviaciones posibles: el relativismo absoluto que niega la verdad, y el dogmatismo o la pretensión del saber absoluto que pretende poseerla. Con una inteligente paradoja, Alice von Hildebrand reivindica la "verdad relativa del relativismo".[5]

Tenemos que defender sin reservas las cosas que se presentan por sí mismas al intelecto como verdaderas, pero debemos siempre ser conscientes del hecho de que nuestro conocimiento no implica todas las dimensiones del objeto al cual nos dirigimos, y que pueden existir otras dimensiones de la verdad de las cosas que no hemos visto. Esto nos debe llevar a ser muy prudentes en las generalizaciones que derivamos de nuestras intuiciones intelectuales, y a considerar siempre, con mucha atención, el testimonio de la conciencia del otro. Implica ello una actitud de simpatía crítica hacia este testimonio con la preocupación *no solo* y *no tanto* de condenar su error, sino más bien de evidenciar

---

3   Me permito remitir a un libro mío que es relativamente reciente: Buttiglione, R. (2019). *Die Wahrheit im Menschen. Jenseits vom Dogmatismus und Skeptizismus*. Wiesbaden: Springer.

4   Platón. *El banquete*. 203b-206a.

5   Alice von Hildebrand (Jourdain como soltera) fue la mujer de Dietrich von Hildebrand y una de las grandes defensoras de la verdad objetiva. Véase: Von Hildebrand, A. (2014). *Memoirs of a Happy Failure*. Charlotte: St. Benedict Press.

su verdad y de reconciliarla con la verdad de mi propia experiencia, lo cual supone la preocupación de distinguir entre lo que el otro realmente ha visto y las generalizaciones conceptuales inadecuadas en las que ha dado expresión a su intuición. Esto implica mi disposición a reconsiderar mis marcos conceptuales y corregirlos para poder acomodar la verdad del otro. Por eso el diálogo es una dimensión constitutiva de la búsqueda humana de la verdad, lo que supone la superación de cierto solipsismo ligado a algunas interpretaciones del *cogito* y el reconocimiento de la presencia del otro en mí mismo. Así podemos pasar de la experiencia del yo a la experiencia del nosotros, o a la experiencia humana en general.[6]

El conocimiento humano es necesaria e intrínsecamente prospectivo

Nosotros vemos el objeto del conocimiento desde afuera e intentamos penetrar hacia adentro, de acuerdo con la etimología tradicional del verbo *intelligere* (*intus legere*). Dios ve el objeto del conocimiento desde adentro porque lo conoce en el mismo acto en que lo crea. El conocimiento divino es arquetípico y sin perspectiva o, mejor dicho, se da al mismo tiempo desde todas las perspectivas posibles. En la idea del objeto, Dios ve todas las etapas del desarrollo del sujeto real; todas sus acciones. En la forma, Dios ve todo el movimiento del contenido. Nosotros nos movemos de la percepción del contenido material hacia la intuición de la forma, y por eso en nuestra percepción de la forma no está incluida la totalidad de sus contenidos posibles, sino solo algunos de ellos: los que fueron objeto de intuición inmediata por parte nuestra y las generalizaciones legítimas que pudimos derivar de nuestra experiencia. Por eso, hay una diferencia insuperable entre intelecto divino e intelecto humano, y el saber absoluto es, para el sujeto humano, inaccesible.[7]

---

[6] Véase la introducción y el capítulo sobre la experiencia del hombre en: Wojtyla, K. (2007). *Persona y acción*. Madrid: BAC.

[7] Santo Tomás de Aquino. *Summa Theologica*. I, q.79 a.2.

Lo que nos dice santo Tomás

Santo Tomás de Aquino nos da una interesante explicación metafísica de esta característica del conocimiento humano. Afirma que el alma es una sustancia espiritual unida a un cuerpo físico como su forma.

Que el alma sea una sustancia espiritual lo vemos en el hecho de que pueda entender conceptos espirituales. El concepto no es objeto de aprehensión sensible.[8] Cuando en la naturaleza vemos un objeto triangular, no vemos propiamente un triángulo. Si medimos los ángulos internos del objeto, la sumatoria nunca nos dará 180 grados. En el triángulo empírico, la sumatoria dará siempre un poco más (o un poco menos) de la sumatoria de los ángulos internos del triángulo ideal. Platón señala que, al entrar en el mundo de la materia, la idea siempre padece cierta deformación necesaria. Sin embargo, el intelecto humano ve en el objeto sensible la idea espiritual que constituye el modelo originario del objeto sensible. De este modo, podemos ver leyes ideales eternas que se aplican (con la desviación sistémica que hemos mencionado) al mundo empírico. Añadiendo al triángulo diferentes figuras auxiliares, el geómetra puede aproximarse infinitamente al objeto sin llegar nunca a coincidir con este. El alma humana, que puede recibir en sí la forma ideal del objeto, debe estar hecha de la misma sustancia ideal del objeto y, por lo tanto, es una sustancia espiritual.

El alma humana es una sustancia espiritual sin contenido

Todas las otras sustancias espirituales (es decir, los ángeles y los demonios) tienen un contenido intelectual propio. El alma humana tiene una particularidad: es la única sustancia espiritual totalmente vacía; desprovista de contenido. Santo Tomás nos dice que el alma humana es una *tabula rasa*, una pizarra en la que no hay nada escrito. Esta pizarra se llena mediante la experiencia de la vida. Bajo el estímulo de la experiencia sensible, el alma produce los conceptos espirituales correspondientes. Platón nos da una explicación un tanto mítica de este hecho: él indica que el alma, antes de nacer, contempló en el mundo del HiPerúranio todas las formas de las cosas, y que es en el encuentro con el objeto sensible cuando "recuerda" lo que vio. Aristóteles y santo Tomás, en un lenguaje

---

8   Platón. *Menón*. 81c-86c.

menos poético y más técnico y filosófico, nos dicen que el alma no contiene en acto ningún concepto, pero sí los contiene todos en potencia, y el contacto sensible con el objeto hace pasar este conocimiento de la potencia al acto. Por eso, el alma, que es (en acto) una *tabula rasa*, es también, en potencia, todas las cosas (*anima est quodammodo omnia*).[9] A este respecto, el alma es *imago Dei*: refleja y recapitula en sí misma (imperfecta y tentativamente) la totalidad de la verdad, de la belleza y del bien que se halla diseminada en las cosas materiales del mundo.

Sin la experiencia sensible del cuerpo, el alma no puede recibir ningún contenido. El cuerpo es, por lo tanto, esencial al alma, así como el alma lo es para el cuerpo. El alma es forma del cuerpo y principio de su unidad. Al nacer, el alma es una *tabula rasa*. No obstante, cuando el hombre muere, el alma está llena de contenido. Este contenido espiritual es la totalidad de las cosas, de los valores y de los desvalores que el hombre ha encontrado en su vida y ha registrado en su alma a través de sus acciones libres. En cierto sentido, el contenido es la historia de la persona; lo que el hombre ha hecho de sí mismo a través de su historia.

Para completar esta breve peregrinación sobre los presupuestos de la filosofía de la historia en santo Tomás, es importante comentar el modo en que este identifica al sujeto humano. Existe una única verdad de la realidad, pero una multiplicidad de sujetos humanos. Todos estos sujetos son *tabulas rasas* al inicio de la vida. Al final, son sustancias espirituales que tienen como contenido la verdad del mundo que han conocido en el curso de la vida. ¿Cómo se diferencian estas almas entre sí, si tienen todas el mismo contenido espiritual? Podríamos encontrar una diferencia en el hecho de que algunas almas reconocieron y aceptaron la verdad mientras que otras la rechazaron. Eso diferenciaría a los salvados de los condenados, pero presentaría tan solo dos personas colectivas y no una pluralidad infinita de personas individuales. La solución de santo Tomás es diferente. Él nos dice que cada sujeto humano (y por lo tanto, cada alma de cada sujeto humano) se diferencia en la *"materia signata"*.[10] Esta es la materia del cuerpo que el alma asume como su forma; lo que diferencia

---

9   Santo Tomás de Aquino. *Comentario al "Libro del alma" de Aristóteles*. III, 8, lect. 13.

10   Santo Tomás. *De ente*. c.2.

un alma de otra. Decir cuerpo y materia es decir tiempo y espacio. A través de la materia del cuerpo nos situamos en el tiempo y en el espacio; nos situamos en la historia. Es la historia lo que nos da nuestra única perspectiva sobre la verdad eterna. El hombre reconstruye la *imago Dei* no solo en su experiencia individual; la reconstruye a través de la totalidad de su historia, en el diálogo entre sí de las generaciones y de las civilizaciones. Cada generación captura un lado del poliedro infinito que es la casa de Dios entre los hombres. Es interesante que el papa Francisco utilizase esta expresión del poliedro de la verdad.[11] Las palabras son nuevas, pero lo cierto es que el concepto no lo es, y podemos encontrarlo en el pensamiento de santo Tomás. Es interesante observar que puede encontrarse una idea similar en la interpretación delnociana del *Risorgimento* italiano.[12]

La diferencia entre santo Tomás y Hegel

Tenemos ahora que plantearnos una pregunta. ¿Qué diferencia hay, si es que la hay, con la visión de Hegel que se ha expuesto previamente? Para Hegel, la dialéctica es también el proceso en el cual la palabra va de un hombre a otro y se enriquece con su respuesta. En la historia universal se constituye el saber absoluto, tan absoluto como Dios mismo, así que al final, el espíritu en sí mismo que precede la historia, y el espíritu en sí y por sí que la concluye, se identifican mutuamente y son un único espíritu. ¿Dónde está la diferencia entre Hegel y santo Tomás?

En Hegel, el curso de la historia parece estar predeterminado filosóficamente. En santo Tomás, el curso de la historia está predeterminado teológicamente. Esto significa que Hegel tiene la idea de una naturaleza pura del hombre en la que también el pecado original es superado en el curso de la historia humana mediante el progreso humano. En santo Tomás, el pecado original no es "superado", sino redimido por un hombre que es, a su vez, el hijo de Dios. El proceso de la reunificación del género humano es un proceso que

---

11 Iglesia católica. Papa Francisco (2013). *Evangelii Gaudium.* §. 236.

12 Del Noce, A. (1969). "Gentile e la poligonia giobertiana". En *Giornale critico della filosofia italiana.* pp. 222-285.

necesita la gracia y es, además, un proceso agónico de lucha entre el bien y el mal hasta el final. Solo la segunda venida de Cristo concluirá el proceso. Por eso, en Hegel tenemos una filosofía y en santo Tomás una teología de la historia. La reconciliación absoluta es obra del hombre nuevo, que es hombre y dios en Jesucristo, y el cuerpo de la humanidad reconciliada es el cuerpo de Cristo, que es la Iglesia.

Filosofía de la historia e interpretación transpolítica de la historia

Las filosofías de la historia de corte hegeliano fracasaron con el colapso del marxismo en 1989 (la última filosofía de la historia posible de este tipo), la última filosofía que pretendió predeterminar el curso de la historia. ¿Podemos derivar de la filosofía de santo Tomás algunos elementos para una filosofía de la historia que no se confunda con una teología de la historia? Es probable que sí, aunque esta filosofía de la historia tiene tal forma que quizá convenga cambiarle el nombre y llamarla de otra forma. Su descubridor, que fue Augusto Del Noce, la llamó "interpretación transpolítica de la historia contemporánea". Del Noce no nos da una teoría de esta manera de hacer filosofía; él la muestra *in actu exercito*, y somos nosotros quienes ahora intentamos fijar algunos elementos metodológicos.[13]

El primero es la natural historicidad del ser humano y la constitutiva diferencia entre el intelecto divino y el intelecto humano. El contenido del intelecto humano constituye la autoconciencia del sujeto. Esta autoconciencia está formada por intuiciones intelectuales y por generalizaciones e inferencias que suman entre ellas las intuiciones en un cuerpo de supuestos más o menos consistente. Esta totalidad significativa de convicciones constituye una forma que puede ser objeto, a su vez, de una intuición intelectual. Del Noce aplica a la historia un método fenomenológico y nos dice que hay esencias históricas que pueden ser objeto de intuición intelectual. Así se conforman categorías históricas como fascismo, comunismo, consumismo, etcétera.

La historia se compone de una pluralidad de niveles diferentes. El nivel económico, tal y como dice Marx, es más profundo y fundamental que el

---

[13] Sí que podemos encontrar, al menos, una tentativa de sistematización en Del Noce, A. (2017). *Modernidad: Interpretación transpolítica de la historia contemporánea*. Madrid: Encuentro.

nivel político, al que determina. Sin embargo, el nivel económico no es el más profundo y fundamental. Los elementos materiales económicos siempre están asumidos por la autoconciencia del sujeto, y por eso, el modo en que dos sociedades diferentes asumen la misma situación económica puede ser diferente: en los años treinta, la gran depresión económica asumida por la cultura alemana generó el nazismo de Hitler. La misma depresión también afectó a la cultura americana, y terminó por generar el *Nueva Deal* de Roosevelt. Así, el nivel más básico y fundamental para la historia es el de la autoconciencia, es decir, el de la cultura. No es difícil ver que esta filosofía de la cultura está muy cercana al modo en que san Juan Pablo II, en su Magisterio, habló de la cultura y de la historia.[14]

Una esencia histórica tiene modalidades propias de funcionamiento. A partir de algunos axiomas fundamentales, evoluciona en correspondencia con los acontecimientos históricos, que interpreta según principios propios. Las esencias históricas evolucionan, pero tienen un espacio definido de evolución y de adaptación a la realidad. Si la realidad se distancia demasiado de la esencia y contradice sus supuestos fundamentales, la esencia misma no evoluciona, sino que colapsa. Así, si por ejemplo tomamos el comunismo, que tenía cierto espacio de adaptación al cambio histórico, podemos darnos cuenta de que cuando la distancia entre la realidad y el modelo superó ciertos límites, este simplemente fracasó. Una esencia histórica no se puede oponer solo a una crítica teórica interna. El modelo de la crítica práctica es decisivo. Las esencias históricas pueden endurecerse y convertirse en ideologías. Una esencia histórica asume como básicos cierto número de evidencias o de datos originarios. Estos contienen, normalmente, intuiciones intelectuales auténticas, pero pueden contener también generalizaciones inadecuadas o equivocadas. No es posible contestarlos sin poner en crisis toda la modalidad de funcionamiento de la esencia histórica. Una esencia histórica organiza la vida de una sociedad, y por eso agrega potentes intereses sociales que sustentan la esencia misma. Las esencias históricas "tradicionales" aceptan, por lo menos en principio, poder

---

[14] Véase, por ejemplo, Iglesia católica. Papa Juan Pablo II (2 de junio de 1980). *Discurso del santo padre Juan Pablo II a la Organización de las Naciones Unidas para la Educación, la Ciencia y la Cultura –Unesco.*

ser criticadas a partir de una discusión teorética de sus presupuestos. Si pretenden fundarse sobre la verdad, deben aceptar una crítica a partir de la verdad. Las ideologías que niegan la idea de verdad teórica pueden ser objeto solo de crítica práctica, la cual es precisamente la demostración del hecho de que la ideología criticada no funciona en la praxis. La praxis es siempre un elemento fundamental de la crítica, y se hace aún más decisivo en el caso de las ideologías que solo aceptan este criterio como adecuado.[15]

La interpretación transpolítica de la historia no es una filosofía de la historia en el sentido hegeliano ya que no implica una metafísica inmanentista y evolucionista de la historia. No pretende saber cuál es el curso necesario de la historia. Sin embargo, nos permite ver como se articula efectivamente el porvenir histórico y comprender la historia a partir de la autoconciencia de los actores históricos. Nos ofrece una metodología para las ciencias históricas y nos permite ver la relación entre filosofía e historia.

Las categorías de relevancia histórica

La palabra "historia" deriva del verbo griego "*historiein*", que significa contar. El historiador cuenta los acontecimientos del pasado. ¿Qué acontecimientos? ¿Todos? No es posible. Para contar todo lo que pasó sería necesario más tiempo del que dura una vida. Además, nuestra memoria es selectiva y no recordamos todo lo que pasó. Heródoto de Halicarnaso, que fue el primer historiador occidental, nos dice al comienzo de *Historias* que "*...presenta aquí los resultados de su investigación para que el tiempo no abata el recuerdo de las acciones humanas, y que las grandes empresas acometidas, ya sea por los griegos, ya por los bárbaros, no caigan en el olvido*".[16] No todas las acciones humanas, sino solo las grandes. El texto griego no dice solo grandes (*megala*), sino también maravillosas, que merecen ser admiradas (*thomastá*).

¿Qué cosas merecen ser admiradas (y recordadas)? No se puede escribir historia sin tener criterios y categorías de relevancia que nos indiquen lo que

---

[15] Del Noce, A. (1964). "La non-filosofia di Marx e il comunismo come realtà política", en *Il Problema dell'Ateismo*. Bologna: Il Mulino.

[16] Heródoto. *Historias,* vol. I, 1, 1.

merece ser recordado, diferenciándolo de lo que no lo merece. Heródoto parece seleccionar sus categorías de relevancia con un criterio más bien estético. Tucídides nos introduce a la investigación de las causas de los acontecimientos.[17] Las categorías de relevancia de la historia moderna se acercan más bien al camino indicado por Tucídides. Está claro que la identificación de las categorías de relevancia implica una antropología. Por eso la historia es una ciencia filosófica, o al menos lo es la metodología de las ciencias históricas.

Iniciamos con una cita de Hegel que dice que la filosofía es su propio tiempo expresado en forma de pensamiento. Creo que ahora podemos entender mejor su sentido y la conexión de la filosofía con el tiempo. La expresión hegeliana a la que nos referimos (como muchas veces ocurre con este autor) tiene múltiples niveles de sentido.

En primer lugar, nos muestra la unidad de la filosofía con el tiempo. La filosofía realmente vivida por los pueblos es la raíz de la acción histórica. Una vez me preguntaron para qué sirve la filosofía. Recuerdo haber contestado, de acuerdo con Platón y Aristóteles, que la filosofía no sirve para nada; no es un bien instrumental para conseguir otro bien ulterior, sino que es un bien en sí misma. Esto es, en realidad, un poco exagerado. La filosofía no es la felicidad, pero sí es la búsqueda de la felicidad última, que es la presencia de Dios. Otra respuesta que sería igualmente válida es que la filosofía sirve para dar forma al tiempo, es decir, a la vida humana, o lo que es lo mismo, a la historia. La verdad conocida se hace historia a través de la acción humana.

Al mismo tiempo, la cita de Hegel nos recuerda la diferencia entre el intelecto humano y el intelecto divino: nuestro conocimiento está radicalmente ligado a nuestra perspectiva particular sobre la vida y, por lo tanto, es radicalmente histórico. Conocemos la verdad eterna, pero siempre desde un lugar enraizado en la historia; desde un *Sitz im Leben*. La sociedad a la cual pertenecemos nos influye necesariamente, así como influye nuestra perspectiva sobre la verdad.

Cada época histórica debe buscar su propio camino hacia la verdad eterna a partir de su propio lugar en el tiempo. Por eso puede decirse que la

---

17 Tucídides. *Historia de la guerra del Peloponeso*. I, 22.

filosofía es la forma más abstracta de una cultura o de un periodo histórico, y que resume en sí misma las características fundamentales de este. Nos ofrece la llave para interpretar la historia. Si por un lado la filosofía es radicalmente histórica y refleja en sí misma el tiempo al cual pertenece, por el otro, la historia es radicalmente filosófica. La fuerza que íntimamente forma la historia es la autoconciencia humana. La filosofía (y la teología), la idea que el hombre tiene de su relación con el Absoluto, plasma su relación con el mundo de las cosas y la civilización que su espíritu crea.

Hay que situar la filosofía en el interior de la cultura humana en su conjunto para entender la relación creativa entre filosofía e historia. Lo que hace a la historia no es la filosofía abstracta, sino la filosofía práctica, esto es, la filosofía en relación con las diferentes formas de cultura popular, y en particular con la jurisprudencia, es decir, la filosofía práctica de las naciones, y con la religiosidad popular. Esa es la relación con el Absoluto en la vida de los pueblos.[18] La filosofía docta, la filosofía académica y la filosofía (y la teología) de los profesores participa de este proceso en la medida en que proporciona cuadros de referencia y herramientas conceptuales para las diferentes formas de la cultura popular, y en particular para el derecho y la religiosidad popular. Es importante ver la filosofía desde una perspectiva interdisciplinar; como una oficina en la cual se construyen los instrumentos que otras disciplinas utilizan para comprender el mundo. En los siglos pasados, las diferentes disciplinas reivindicaron su autonomía de la filosofía para poder organizar con más libertad su campo de investigación *iuxta propia principia*. Hoy, con la crisis del cientificismo positivista, las ciencias se sienten cada vez más llamadas a reflexionar sobre sus propios principios metodológicos. La filosofía debe recuperar su rol de metodología general del conocimiento. Hemos intentado, en este sentido, realizar una contribución limitada al campo de las ciencias históricas.

La historia de la filosofía es una ciencia filosófica

Una consecuencia importante de lo que hemos dicho es que la historia de la filosofía es una ciencia filosófica. En Hegel, la historia de la filosofía es la

---

18   De Luca, G. (1962). *Introduzione alla Storia della Pietà*. Roma: Edizioni di Storia e Letteratura.

ciencia filosófica por excelencia porque la ruta del espíritu se refleja en la historia de la filosofía.[19] La filosofía es, esencialmente, su historia, y el criterio de verdad de una filosofía es su capacidad de resumir en sí misma las filosofías precedentes de las cuales es superación (*Aufhebung*). Los que no aceptan la perspectiva hegeliana, consideran usualmente la historia de la filosofía como un relato de las diferentes opiniones de los filósofos que no contiene en sí mismo un auténtico contenido filosófico. La interpretación transpolítica nos permite identificar esencias filosóficas y seguir su evolución necesaria. Pero la evolución necesaria se da solo en el interior de la esencia, y la relación entre esencias diferentes no se entiende, como en Hegel, como efecto simplemente de un proceso teorético, sino también como efecto de la capacidad o incapacidad de explicar el porvenir de la historia y, por lo tanto, de orientar la vida práctica de los hombres.

La filosofía no es tanto una doctrina sino más bien una actividad

La última observación que quiero hacer es que la filosofía no es tanto una doctrina, sino más bien una práctica, es decir, una experiencia. Si la filosofía se mueve entre la autoconciencia situada en el tiempo y la verdad eterna, esta debe cambiar continuamente en el tiempo no porque cambie la verdad eterna, sino porque continuamente cambia su punto de partida en el tiempo, es decir, el conjunto de evidencias o de pseudoevidencias dadas en el seno de una sociedad concreta. Cambian también los errores típicos y enraizados que es necesario deconstruir, y por ello cambian también los frentes de polémica que se imponen a una filosofía en una etapa histórica dada. La filosofía no se puede repetir, pero se puede (y se debe) redescubrir: podemos (y muchas veces debemos) llegar a las mismas conclusiones de los grandes del pasado, pero a partir de la condición existencial de nuestro tiempo, que es diferente al de aquellas etapas históricas.

En cierto sentido, eso no es nada nuevo. Ya Platón explicó que sus doctrinas más importantes nunca las escribió, y no pensaba escribirlas nunca

---

[19] Hegel, G. W. F. (1995). *Lecciones sobre la Historia de la Filosofía, I*. México: Fondo de Cultura Económica. p. 8.

porque no se podían escribir sobre un papel, sino solo en las almas de los hombres mediante un camino hecho de amistad, y a través de compartir la experiencia de la vida.[20] Más que una doctrina, la filosofía es una experiencia de vida, y se comparte no solo (y no tanto) por medio de la palabra escrita, sino a través de la palabra viviente que va de persona a persona, e ilumina la vida porque se ejemplifica interpretando y esclareciendo los acontecimientos de la vida. El libro se hace vivo solo si es animado por la palabra vivificadora del maestro.

[20] Platón. *Carta séptima.*

4

Personalismo y teología del pueblo

1. El pensamiento personalista frente al nuevo capitalismo

¿Qué es el personalismo?

El personalismo es una forma de pensamiento que otorga a la persona humana el valor más alto en el orden de la creación.

La persona humana es un ser inteligente y libre, y a través de la inteligencia y la voluntad libre, tiene la capacidad de trascender el orden de las cosas y de ordenarlo. La persona ve en las cosas instrumentos con los que realizar su voluntad, pero también valores que piden ser reconocidos y afirmados por sí mismos. El valor más alto está en la persona misma; en nosotros y en los otros hombres. El reconocimiento del valor del otro genera comunidad entre los hombres. El otro no es únicamente un valor como los demás, sino que es mayor. El encuentro con el otro genera un nuevo descubrimiento del ser; en la relación, al otro se le presenta un mundo de valores que pertenece a ambos hombres al mismo tiempo y que hace que, además, se pertenezcan mutuamente. El pertenecer al otro en el amor, es decir, a través del libre don de sí, no es la negación, sino el cumplimiento de la libertad humana. La persona es un individuo, pero también una comunidad en el sentido de que ser parte de una comunidad, pertenecer a otros en el amor, es un elemento constitutivo de la persona.

Me parece que, con algunas diferencias en la formulación, todos los personalistas estarían de acuerdo sobre estos principios.

El cristianismo es personalista...

Esta idea entra en gran medida en la historia con el cristianismo. San Ireneo de Lyon nos dice *"Gloria Dei vivens homo"*,[1] y en el Concilio Ecuménico Vaticano II se comenta que la persona solo puede realizarse en plenitud a través de *"la entrega libre de sí misma a los demás"*.[2]

...pero no todos los personalistas son cristianos

Eso no significa ni que esta sea una doctrina teológica y no filosófica, ni tampoco que todos los personalistas sean cristianos. Ya en la filosofía antigua aparecen muchos elementos que anticipan el personalismo, y en la filosofía contemporánea hay muchas tentativas de ofrecer una fundación puramente filosófica del personalismo. Santo Tomás de Aquino diría que la del personalismo es una verdad accesible a la razón humana, pero una verdad difícil. Exactamente por ese motivo es también objeto de la revelación cristiana.

¿Qué es el personalismo iberoamericano?

Pero en esta ocasión no pretendemos hablar simplemente de personalismo, sino de personalismo en Iberoamérica. Aún más: queremos hablar de personalismo iberoamericano.

¿Qué es el personalismo iberoamericano? Una primera respuesta a esta pregunta puede ser que se trata del pensamiento de algunos filósofos que viven y actúan en Iberoamérica.

Por un largo tiempo, la filosofía iberoamericana mantuvo una relación de dependencia con la filosofía europea. El personalismo también vino a Latinoamérica desde Europa, más o menos en torno a la segunda mitad del siglo XX. El pensamiento de Jacques Maritain fue muy impactante, pues inspiró a muchos líderes intelectuales, eclesiales y políticos.

Debemos preguntarnos, sin embargo, si un personalista iberoamericano es lo mismo que uno europeo (ya sea alemán o francés), con la única diferencia

---

[1]   San Ireneo. *Adversus haeres.* IV. 20, 7.

[2]   Iglesia católica. Papa Pablo VI (1965). *Constitución pastoral* Gaudium et Spes. *Sobre la Iglesia en el mundo actual.* 24.

de su lugar de residencia (México, Perú o cualquier otro país de ese lado del Atlántico).

Hoy, en tiempos del primer papa iberoamericano, quizás debamos explorar otro significado del lema "personalismo latinoamericano". En el camino de Medellín a Aparecida, la Iglesia latinoamericana es tentada a no ser simplemente una Iglesia reflejo de las Iglesias europeas, sino una Iglesia matriz; una Iglesia que piensa su misión a partir de su encarnación en la historia y en la vida de su pueblo. Eso, por supuesto, no es posible fuera del contexto de la historia mundial. Pensar a partir de la encarnación de la fe en la historia del pueblo latinoamericano implica la tarea de pensar, a partir de esa historia, no solo Latinoamérica, sino el mundo. Ese es el proceso que ocurre desde Medellín a Aparecida. A medias de este proceso está Puebla.

La vocación iberoamericana del personalismo

¿Qué significa este proceso para la filosofía personalista latinoamericana? Es posible decir que nada. Este proceso es eclesiástico; la filosofía es independiente. Pero la historia de la Iglesia y la del mundo están íntimamente interconectadas especialmente en Latinoamérica, donde no es fácil negar que esta situación, cargada de una fascinación aún más grande con el primer pontificado de un papa latinoamericano, sea un estímulo y una provocación para la filosofía personalista iberoamericana.

En cierto sentido, los filósofos personalistas latinoamericanos son llamados a pensar la filosofía personalista iberoamericana no como la filosofía de los personalistas que por origen son latinos, sino como la filosofía de los iberoamericanos que son personalistas.

Un desafío a pensar la historia

Esta llamada contiene un desafío múltiple. Es un desafío a pensar la historia, lo que no siempre hicieron los personalistas. También es un desafío a pensar la historia de Iberoamérica. Y es un desafío a enraizar el personalismo en la historia latinoamericana como llave originaria de la cultura de América Latina.

¿Implica todo esto la necesidad de separarse de la cultura europea como piden algunos indigenistas? Por supuesto que no, pero hay que repensar históricamente la relación con Europa.

"Iberoamérica" es una palabra que nace de la conjunción de dos raíces distintas: "Íbero" y "América". Es la unión de España (que es Europa) y América. La herencia europea es constitutiva de Latinoamérica, pero de una forma histórica específica (la española) y en una relación también específica (con América, es decir, con el indio).

La cultura del pueblo latinoamericano

Aprendí de Pedro Morandé buena parte de lo poco que conozco sobre la cultura popular iberoamericana. Es una cultura enraizada en el alma del pueblo más que en la cultura escrita. Es una cultura muchas veces analfabeta, pero es una cultura en el sentido de que tiene una medida de lo que es propiamente humano; del sentido de la vida, es decir, del sentido del nacer, del enamorarse, del tener hijos, del trabajar, del pelear, del jugar y del morir. En el centro de esa cultura está la idea de la dignidad de la persona humana.

¿Tiene el personalismo la capacidad de interpretar esta cultura popular latinoamericana? ¿Posee la capacidad de leer e interpretar la historia y la idiosincrasia latinoamericana? Más aún: ¿tiene el personalismo iberoamericano la capacidad de leer la esencia del hombre en general a partir de la experiencia del hombre latinoamericano?

Este desafío tiene múltiples niveles de sentido. El primero es metodológico.

El personalismo como metafísica

El personalismo se entiende a sí mismo (muchas veces, aunque no siempre) de una manera principalmente metafísica. Quiere reivindicar la dignidad trascendente de la persona humana frente a los reduccionismos que ven en el hombre solo un epifenómeno de la realidad material o de sujetos colectivos. La dignidad de la persona humana es frecuentemente cuestionada en la historia, y la estrategia de defensa del personalismo es reafirmar su dignidad, que trasciende la historia. Esta dignidad es la misma en todas las épocas históricas y en todas las colocaciones geográficas.

Lo que ahora pedimos no es que el personalismo renuncie a esta base metafísica, sino que amplíe sus horizontes a la historia para leerla como historia de la lucha para afirmar la dignidad humana.

El personalismo como método de interpretación de la historia

No queremos una filosofía de la historia que tenga la pretensión de captar la historia en un esquema *a priori*, pero sí una interpretación transpolítica de la historia contemporánea que vea en ella el papel protagónico de la autoconciencia humana. La historia es, por supuesto, historia de relaciones de poder político, y es también historia de modos de producción y de fuerzas productivas. La primera fuerza productiva del hombre es el hombre mismo. La idea que este hombre tiene de sí es lo que moviliza y sustenta sus energías en la tarea del trabajo y de la construcción social. Es por eso que Juan Pablo II nos pide entender al hombre a partir de la cultura. La idea que el hombre tiene de su relación con el Absoluto es, además, el centro de su autoconciencia, y de aquí desciende el papel fundamental de la religión para la comprensión de la cultura.

El filósofo que más profundamente ha elaborado el método de la interpretación transpolítica de la historia contemporánea fue Augusto Del Noce. Quien primero lo aplicó a la interpretación de la historia latinoamericana fue Alberto Methol Ferré.

El personalismo latinoamericano está hoy frente a la tarea de pensar la historia: la historia de Latinoamérica; la historia del hombre a partir de la historia de Latinoamérica. Este debe repensarse a sí mismo para pensar la historia.

El punto de partida de una interpretación personalista de la historia latinoamericana

El segundo nivel de desafío se refiere al punto de partida. No es que estemos intentando superponer a Latinoamérica un criterio interpretativo ajeno que no haga justicia a su estructura real. ¿Hay un punto de encuentro entre filosofía personalista e historia de Latinoamérica?

Me parece que, simbólicamente, este punto de encuentro, que es también el punto de partida para una lectura transpolítica de la historia latinoamericana, es la disputa de Valladolid del año 1550 entre Bartolomé de las Casas y Juan Ginés de Sepúlveda.

Scheler, Wojtyla y la universalización de la cualidad de ser persona

Lo que aquí está en cuestión es un asunto fundamental de la filosofía personalista: la universalización de la cualidad de ser persona. Max Scheler ha proporcionado una asombrosa fenomenología del ser personal, ha explicado la riqueza extraordinaria que se manifiesta en la persona. Todos los personalistas tienen una deuda de gratitud para con él, pero hay una pregunta fundamental que en Scheler no halla respuesta: ¿son todos los individuos de la especie humana personas? En verdad, solo tenemos experiencia directa de la personalidad de pocos de los hombres que encontramos en nuestra vida. ¿Cómo podemos afirmar los derechos como personas de seres humanos que conocemos muy superficialmente, o que no conocemos de nada y que pueden ser viciosos, violentos, engañadores, asesinos en serio o caníbales? La respuesta la dio **Karol Wojtyla** en la discusión moderna sobre la fenomenología personalista. Las cualidades y los valores que nos atraen en la persona son el resultado de la activación de potencialidades inherentes a la sustancia humana. Todos los que participan de esta sustancia poseen, por lo menos potencialmente, estas cualidades. Aunque yo no las vea, puedo saber que están ahí y merecen un reconocimiento análogo al que doy a las personas de cuyos valores hago experiencia personal. Aquí, en **Wojtyla**, la dimensión fenomenológica se encuentra con la metafísica aristotélico-tomista de la potencia y del acto. Todos los miembros de la especie humana son personas. Todos... También los indios.

Bartolomé de las Casas y el personalismo iberoamericano

Esta es exactamente la tesis de Bartolomé de las Casas. Con el pensamiento de los derechos naturales del ser humano, se entra en el momento medular de la formación de la conciencia del hombre latinoamericano.

En este reconocimiento puede verse el comienzo de un personalismo iberoamericano: el hispánico y el indio se encuentran en el reconocimiento de la común dignidad humana, y por eso pueden iniciar el proceso de formación de un pueblo nuevo.

Pero Bartolomé de las Casas no es un sujeto aislado. Él es la expresión madura de la Escuela de Salamanca, y el pensamiento iusnaturalista será el centro de la visión latinoamericana de los derechos y de la dignidad del hombre.

Por otro lado, la Escuela de Salamanca no se puede pensar propiamente fuera del acontecimiento del descubrimiento de Latinoamérica. Esta filosofía es también una reflexión sobre la nueva dimensión del humano que brota no solo de este hecho, sino, en mayor medida, del reconocimiento de la humanidad de los indios.

El descubrimiento de América como inicio de la modernidad

Hay muchas maneras de pensar el inicio de la modernidad, pero el más contundente es pensar la modernidad como efecto de la ampliación de la autoconciencia humana a causa del descubrimiento del "mundo nuevo". Si entendemos eso, vemos también el inicio católico de la modernidad, y que la filosofía de la Segunda escolástica española se convierte en la primera filosofía de la modernidad. Si aceptamos esta perspectiva, cambia también la manera en que pensamos la Contrarreforma: no solo y no tanto como reacción a la Reforma protestante, sino como primera formulación de la modernidad católica.

El Barroco

El culmen de la modernidad católica es el Barroco.

La arquitectura románica es fundamentalmente unidimensional: el espacio está orientado hacia el altar como la historia camina hacia Cristo, quien atrae hacia sí todo el cosmos y toda la historia.

El gótico introduce la dimensión vertical. El hombre está en el pueblo y participa de su historia y, sin embargo, cada uno tiene su especial relación con Cristo. En el altar se cruzan las dos dimensiones.

En el Barroco es diferente. El espacio no es unidireccional. Hay muchos caminos que se cruzan. El Verbo entró en la historia en un evento único e irrepetible, en Palestina, en el tiempo de Jesús. Aquí, historia y eternidad se encuentran de una vez por todas. Eso es un *ápax legómenon*, que es dado una única vez y no se repite nunca. Pero en la Iglesia barroca hay muchas capillas, muchas historias particulares, muchos acontecimientos en que el evento único se hace presente de nuevo. El santo es un *alter Christus*. Con él, la historia de la salvación se hace nuevamente presente; tiene un nuevo inicio. Ese inicio es el único inicio que se representa, pero es nuevo para los hombres que lo encuentran. Así, la Virgen de Guadalupe inicia la historia del pueblo cristiano de América latina. El indio se hace cristiano a través de ella, sin dejar de ser indio, y lleva en su fe también el sufrimiento y la humillación que ha padecido a manos de los conquistadores.

El Barroco es el arte de la complejidad, del dolor infinito y de la contradicción insuperable que solo se reconcilia en la cruz de Cristo. Cada uno de los pueblos, de cuya unificación en la cruz de Cristo nace la Iglesia, tiene su capilla, y de cada capilla sale un camino que confluye con los otros en el altar, en la cruz y en la resurrección del Señor.

El Barroco es el arte de la complejidad, por eso es la modernidad. Es también el arte de la escisión infinita.

La lucha de la modernidad católica y de la modernidad protestante

El siglo XVII y el XVIII son los siglos de la lucha entre la modernidad católica y la modernidad protestante, y es esta última la que termina triunfando. Con el triunfo de la modernidad protestante, queda definida también la subordinación latinoamericana. La modernidad católica pierde confianza en sí misma; se endurece, renuncia a pensar el futuro y se hace nostálgica del pasado. Entra en un hábito de sumisión intelectual.

Podemos leer la historia de Latinoamérica como una lucha por la identidad, pero esta lucha tiene un carácter dual: por un lado, es la lucha del elemento criollo contra la penetración anglosajona que tiene en los puertos su base de apoyo. Por el otro lado, sin embargo, es la lucha por la renovación de la cultura, para ser capaces de orientar el camino de sus propios pueblos hacia la modernidad. El atraso de Latinoamérica es el resultado de la lucha entre una modernización subordinada y una defensa de la identidad que no encuentra el camino de la modernización. Latinoamérica no es lo opuesto a la modernidad. Latinoamérica es una modalidad perdida (y preservada quizás como posibilidad) de la modernidad, un poco como "la novia olvidada" de Leopoldo Marechal.

Modernidad como problema

Quien más problematizó la modernidad fue Augusto Del Noce, quien afirma que esta no es solo una: hay muchas variantes posibles de la modernidad, y por lo menos una de ellas es católica. El horizonte del pensamiento de Del Noce es esencialmente italiano y francés, pero es exactamente la lectura plural de la modernidad lo que nos permite pensar la modernidad iberoamericana.

La modernidad es, de hecho, el encuentro de tensiones contradictorias que buscan un equilibrio. Hemos iniciado el camino de nuestra reflexión con la hipótesis del comienzo americano de la modernidad. Del descubrimiento de América parten dos líneas: la de América Latina y la de la América anglosajona.

La línea de América Latina marca el reconocimiento de la humanidad del indio, de la mezcla de las razas y de las culturas, del mestizaje, del Barroco... La de la otra América es más bien la reafirmación de la identidad y el exterminio de los indios. Esta visión sería unilateral, aunque en ella haya un elemento de verdad. El reconocimiento de la humanidad de los indios está necesariamente ligado con la confesión del pecado original. Es el pecado de los españoles y la terrible injusticia de la Conquista. Es también el pecado de los indios y los sacrificios humanos. La América anglosajona sueña un mundo sin pecado en que el ideal cristiano se afirme sin los límites que en Europa le impuso la estructura jerárquica de la sociedad feudal, lo que genera un nivel muy alto de moralidad, pero la incapacidad de confrontarse con el límite y de aceptarlo; de perdonarlo en sí mismo y en los otros.

El capitalismo anglosajón

Si el descubrimiento de América es un rasgo fundamental de la modernidad, no es posible negar que otros elementos ayudan también a constituirla. La dimensión más grande de lo humano, a la cual el descubrimiento nos introduce, pide una reestructuración de todas las dimensiones de la vida y de las categorías que utilizamos para pensarlas. El descubrimiento abre la época de la globalización.

Adam Smith es el hombre que piensa más profundamente la América anglosajona. El capitalismo es el sistema en que los hombres intercambian con libertad los productos de su trabajo, libres de todos los límites del sistema feudal de una economía de comando. Una economía de comando es un sistema en que los más poderosos se apoderan, a través de la ley, de una parte del producto del trabajo de los demás, lo que puede acontecer directa o indirectamente, con monopolios de cualquier tipo. En esta economía alguien toma lo que quiere al precio que él mismo decide, o vende al precio que él decide también a quienes no quieren comprar. La economía de la vieja Europa era de este tipo. En la América anglosajona florece la economía libre. El contrato es el instrumento que regula todas las relaciones en un mundo de hombres libres. Cuando los estadounidenses piensan en el capitalismo, lo que piensan, sobre todo, es en la economía libre.

El capitalismo latinoamericano

Latinoamérica se enfrentó al capitalismo de otra manera. La encomienda fue un sistema de economía de comando para explotar el trabajo de los indios. También las reglas del comercio fueron reglas de monopolio que sirvieron para apoyar la economía de la madre patria española. Cuando el capitalismo llegó a Latinoamérica, no revolucionó, sino que utilizó la estructura precedente. La libertad de empresa quedó reducida a capas sociales limitadas al servicio del imperialismo comercial anglosajón, que reemplazó al español en la modernización subordinada que ya se ha mencionado. Esa es la primera razón por la que el capitalismo ha tenido mala reputación en Latinoamérica. En otras palabras, el capitalismo ha tenido mala reputación en América Latina porque ha sido, en gran medida, un capitalismo monopolístico. Grupos cerrados han tenido el monopolio de la tierra, del conocimiento (no solo del científico, sino también del jurídico y de la posibilidad de defender sus derechos), de la libertad de empresa y del poder administrativo y político.

Las dos caras del capitalismo

Estas son las dos caras del capitalismo en general. Es el sistema de la libertad económica (lo que es muy personalista, ya que regula las relaciones entre hombres libres e iguales), pero su límite está siempre en el monopolio. Muchas veces, el sistema de la libertad genera el monopolio a causa de las prácticas restrictivas y de los vínculos que los vencedores en la competición imponen al mercado. En otras ocasiones, los vínculos derivan de situaciones naturales o de la imposición política. Las viejas capas dominantes aceptan la transición a la economía de mercado bajo la condición de que el monopolio de algunos recursos se quede en sus manos. En todo caso, mantener el mercado abierto y libre es una tarea política.

La regla del mercado es una regla que hay que defender no solo contra la vieja economía de mando o contra el uso de la violencia para apropiarse del fruto del trabajo del otro, sino que también hay que defenderla contra las restricciones monopolísticas que continuamente se presentan.

Economía del conocimiento y globalización

Karl Marx pensaba que la restricción monopolística fundamental era la de la posesión del capital. Hoy sabemos que no es exactamente así. Michael Novak ha tenido el mérito de explicar que poseer el conocimiento es más importante que poseer el capital. La economía del conocimiento, que es típica de nuestra etapa histórica, se funda por un lado sobre el principio de que la fuerza decisiva es la iniciativa libre, que descubre nuevas necesidades y nuevas formas de satisfacerlas, y por el otro en la aplicación sistemática del conocimiento a la producción de bienes.

La revolución informática abrió nuevos caminos que crearon una enorme cantidad de oportunidades. La globalización de la economía, que coincidió temporalmente con la revolución informática, permitió a miles de millones de hombres y a grandes naciones salir de la economía del subdesarrollo.

También en Latinoamérica, algunos países han conocido el desarrollo y la creación de riqueza, procesos positivos de cambio económico y social. En parte, especialmente al principio, esto fue resultado de procesos de deslocalización. Utilizando la caída de las barreras aduaneras, muchas empresas invirtieron en países subdesarrollados con costos de trabajo muy bajos para producir allí y, posteriormente, exportar a los mercados más ricos. Después, en los países que finalmente se van desarrollando, entra también la economía del conocimiento y la producción de bienes y servicios de nivel más alto.

¿Tienen razón los neoliberales?

¿Tienen razón los neoliberales? ¿Estamos siguiendo el camino hacia la sociedad perfecta? Desafortunadamente no es así.

Nuevas formas de monopolio

Han aparecido nuevas situaciones de monopolio que limitan las posibilidades positivas de desarrollo y crean nuevas injusticias y conflictos.

El mundo nuevo está lleno de oportunidades para los que tienen las herramientas para aprovecharlas. No hablamos tanto del capital sino del conocimiento y las relaciones para buscar las sinergias necesarias para realizar sus proyectos o participar en los de otros. El comienzo de la marginalización es estar desconectado. Muchos hombres no poseen estos conocimientos; carecen de los niveles de alfabetización informática necesarios para los empleos nuevos y bien pagados que se producen en la revolución de la economía del conocimiento. Al mismo tiempo, pierden valor de mercado muchas formas de conocimiento ligadas con empleos que ahora desaparecen. En los países más desarrollados, decenas y centenares de millones de trabajadores pierden sus empleos, que se deslocalizan a lugares donde el trabajo es más barato. Otros trabajadores deben aceptar salarios y condiciones peores que en el pasado para mantener sus empleos.

El monopolio de hoy es el monopolio del conocimiento. Como consecuencia, tenemos nuevas formas de marginación. Se señalan cuatro niveles del problema.

Los cuatro niveles de la marginación

Hablamos de un problema de niveles de educación. Muchos no tienen acceso a los niveles mínimos de alfabetización informativa que permiten entrar en las nuevas profesiones.

Este es un problema de la libre utilización de los productos del ingenio humano. La producción del conocimiento es incentivada por la posibilidad de explotación exclusiva de los descubrimientos tecnocientíficos. Sin este incentivo, el progreso del conocimiento sería mucho menos rápido. Esto puede

significar que haya quien obtenga una ventaja insuperable también en la adquisición de conocimiento.

El acceso a la red depende de factores técnicos que requieren inversiones adecuadas. Si estas faltan, no es posible beneficiarse de la economía del conocimiento y de la civilización informática. Si en un país falta una red infraestructural informática de gran capacidad y gran velocidad, sus ciudadanos no pueden beneficiarse de la economía del conocimiento.

Se crean grandes vectores de información que implican una enorme concentración de riqueza y de poder. El conocimiento es poder.

El problema del control de internet

Imaginemos que uno de nosotros quiera irse de vacaciones. Lo primero que hará será consultar un sitio especializado para encontrar un hotel. El que gestiona el sitio puede pedir una gran comisión sobre el valor de la transacción. Quien no está en Alibaba hoy, no vende en China. Y es importante no solo estar, sino estar en las primeras páginas con el máximo de visibilidad. ¿Quién decide el posicionamiento de un sitio *web*?

Otro elemento a tener en cuenta es el siguiente: cada uno de nosotros, al usar la red, deposita a diario en ella información que nos concierne. Quien gestiona esta información tiene un poder inmenso. Una empresa que quiera vender sus productos ya no necesita hacer publicidad en las televisiones para llegar a sus clientes potenciales entre los millones que verán su mensaje. El gestor de la información puede vender un paquete informativo que ya contiene a todos sus clientes potenciales. Lo mismo vale en la política. Para ganar las elecciones ya no se necesita intentar convencer a todos los electores. Puede enviarse a cada elector un mensaje adaptado a él, con el resultado de polarizar la vida política y privilegiar el prejuicio (la posverdad) sobre la dialéctica y el diálogo.

Si se leen las clasificaciones de los hombres más ricos (y más poderosos) del mundo, es fácil ver que casi todos los grandes patrimonios que emergieron en estas últimas décadas afectan no a hombres que producen bienes materiales, sino a hombres y compañías que gestionan la información (Bill Gates, Mark Zuckerberg...).

En los siglos XVI y XVII, la riqueza venía del mar. Las especias que se compraban en Yakarta por una moneda se vendían en Ámsterdam por diez. La diferencia cubría los costos del transporte y, sobre todo, el monopolio del comercio de las grandes compañías comerciales. Hoy, la red de redes (internet) es la fuente de la riqueza, es el nuevo mar de nuestro tiempo. En los siglos XVII y XVIII se produjo la controversia entre los partidarios del "*mare liberum*" y los del monopolio. Al final, Inglaterra controló los mares (*Britannia rules the Waves*) y ese fue el triunfo de la modernidad protestante. Hoy tenemos un problema parecido. ¿Quién controla internet?

El problema de la desigualdad

Cuando yo era joven, estábamos acostumbrados a pensar que los países ricos se hacían cada vez más ricos y los países pobres cada vez más pobres. A día de hoy, aunque algunos siguen repitiéndolo, no es cierto. La distancia entre países ricos y países pobres (por ejemplo entre China y Estados Unidos) se ha reducido mucho, así como también ha disminuido mucho el número de los que viven en condiciones de pobreza extrema.

¿Puede decirse entonces que ha disminuido la distancia entre los ricos y los pobres? Esta distancia ha crecido, de hecho, en los países ricos. Aproximadamente la mitad de la población se ha adaptado a la economía del conocimiento y a la globalización. La otra mitad se ha quedado en los sectores tradicionales de la economía y ha sufrido un empobrecimiento brutal. Aquí es donde podemos hallar la raíz de la radicalización de la política en Estados Unidos (y, parcialmente, en Europa).

En países que ya no son tan pobres o que ahora son casi ricos, el proceso no involucró a todos de la misma manera. También en Latinoamérica hay regiones que han llegado a un nivel de bienestar similar al de Estados Unidos y otras que casi no han conocido crecimiento. Y no debemos olvidar que es mucho más fácil quedarse pobre cuando todos lo son, que seguir siendo pobre cuando los vecinos se hacen ricos. La pobreza puede ser la misma, pero la frustración es mucho mayor.

Crece, fundamentalmente, la distancia entre los que están en la nueva economía y los que se quedan afuera.

La asimetría de la riqueza y del poder social

Los nuevos señores del mundo pueden tener patrimonios con valor de hasta cien mil millones de dólares, es decir, más que el producto interno bruto de muchas naciones independientes. Tienen una capacidad enorme de influir la opinión pública y el proceso político democrático. El espacio virtual en que viven y producen su riqueza y su poder no está sometido a la soberanía de los Estados, y por eso no pagan impuestos. ¿Quién tiene el derecho de hacer pagar impuestos sobre un valor agregado que se produjo en el espacio virtual, entre, por ejemplo, un comprador filipino y un vendedor islandés?

Repensar el capitalismo

No cabe duda de que el capitalismo ha ganado en el mundo, pero este triunfo no ha traído la felicidad del género humano. El éxito económico no ha superado la alienación humana, y la desigualdad creciente mina la cohesión de nuestras sociedades. La crisis tiene dimensiones tales que es necesario repensar la modernidad. El mundo se resiste a una globalización unidimensional; es necesario pensar una globalización barroca.

El problema no radica, por supuesto, en una venganza de la derrota histórica del siglo XVII-XVIII. Es necesario reconciliar las dos modernidades en un marco ecuménico, y me parece que esta es hoy la tarea del personalismo iberoamericano. Hay que destacar, a este respecto, el hecho de que hoy, en la síntesis de la identidad nacional de Estados Unidos, entran millones y millones de latinoamericanos. Este puede ser un factor decisivo para una nueva modernidad cristiana.

Personalismo y capitalismo

El personalismo siempre ha tenido problemas con el capitalismo. Lo ha visto como el poder de las cosas sobre el hombre. Además, en Iberoamérica se ha visto como la expresión de la otra modernidad; la modernidad que inicia su camino con la humillación de Latinoamérica.

Frente a la libertad del mercado, Latinoamérica se identificó mucho con el viejo orden corporativo anterior al capitalismo. Algunos personalistas, por otro lado, pensaron en un socialismo cristiano o también imaginaron una alianza con el proyecto de la revolución comunista. Muchos movimientos populares avanzaron, frente al mercado, una reivindicación en pos de la justicia contra sus mecanismos impersonales y anónimos. No se entiende la fuerza de los populismos latinoamericanos si no se considera que esta idea de justicia, que coincide con el respeto de la dignidad de cada uno de los hombres, se asienta en la cultura popular latinoamericana. Los europeos sienten, normalmente, un desprecio y un rechazo absoluto hacia el populismo. Esta es, sin embargo, la filosofía política autóctona de Latinoamérica, y se puede seguir un hilo que nos lleva hasta Bartolomé de las Casas y su petición de justicia para los indios. Puede ser que haya llegado el momento en que el personalismo debe dialogar con el populismo para ayudarlo a purificarse sin perder su raíz, transformándose en un auténtico proyecto político de reforma.

El problema es el mercado. Pero para entender mejor nuestro problema, tenemos que dirigir nuestra atención hacia sus orígenes.

La modernidad católica y el mercado

La modernidad católica no es originariamente contraria al mercado. Es posible identificar las primeras formas de la economía moderna en el pensamiento de Suárez y en la Escuela de Salamanca. Antonio Genovesi intentó formular una ciencia de la economía en la perspectiva de la modernidad católica. Presentó el concepto de economía civil casi al mismo tiempo que Adam Smith formulaba su concepto de economía política.

La raíz filosófica de la diferencia es exactamente el concepto de persona. Para Genovesi, el contexto de la actividad económica es la ciudad. El hombre no es un ser aislado. El contrato como instrumento de la colaboración entre hombres libres es fundamental. Pero la empresa es también el resultado de un conjunto de relaciones humanas que no solo son económicas, sino que también van más allá. No esperamos la satisfacción de nuestras necesidades tan solo por la buena voluntad de nuestros proveedores; sabemos que nos sirven a causa de un interés bien entendido. En esto, Adam Smith lleva razón. Pero en tiempos de dificultad para la empresa, la solidaridad del contexto general de la acción económica marca la diferencia entre el éxito y el desastre (por ejemplo, la voluntad de los proveedores de aceptar un retraso en el pago de sus servicios, que un banco acepte renovar un préstamo, o la decisión de los trabajadores de cooperar más estrechamente con la gestión corporativa...). Economía civil significa, pues, que en la competencia mundial no entran individuos aislados, sino sistemas solidarios, y que la solidaridad es también una fuerza económica. En este sentido, la economía civil es realmente la economía del Barroco, de la diferencia y de la complejidad creativa. En general, en el mercado estamos en competición contra los demás, pero también somos solidarios con ellos. La sociedad vive de una sinergia de relaciones competitivas y comunitarias. La comunidad, la *civitas*, es el otro sujeto de la acción económica. La raíz es la idea de que la persona es, al mismo tiempo, individuo y comunidad, y eso se refleja, como en cualquier acción del hombre, también en la acción económica.

Actualidad de la economía civil

Hoy, el concepto de economía civil se hace nuevamente actual. Por un lado, estar conectado en una red solidaria es más que nunca condición de éxito para la empresa. Pertenecer a una red solidaria es algo que puede ser ubicado fácilmente en el marco de la economía civil. Por el contrario, es más difícil encontrar un espacio donde encajar en la visión de un mercado más agresivo (es decir, en un mercado como lugar de lucha a muerte de unos contra otros).

Por otro lado, es absolutamente evidente que necesitamos una capacidad de gobierno de conjunto. La mano invisible sirve para muchas cosas, pero no para todas. Necesitamos una capacidad de gobierno no contra el mercado, pero sí que oriente al mercado hacia el bien común.

Una conclusión y una esperanza

Necesitamos una filosofía que alimente una nueva visión de la política y de la economía para el servicio de la persona humana. Esto es una tarea mundial, pero también una tarea particular para el personalismo latinoamericano, pues en Latinoamérica, más que en otras partes del mundo, existe la necesidad de esta transformación, y se dan también ciertos elementos en la cultura popular que pueden, y casi piden, ser asumidos en una síntesis nueva.

Hace muchos años, Alberto Methol Ferré esperaba y soñaba con un resurgimiento católico latinoamericano y un papa latino que fuese, para la reactivación de la energía histórica del pueblo de Latinoamérica, algo análogo a lo que el pontificado de san Juan Pablo II fue para los pueblos eslavos.

Vivimos ahora la etapa histórica del papado latinoamericano y es un tiempo de gran esperanza para América Latina. En las analogías, las diferencias son siempre mayores que las semejanzas, pero es urgente que Latinoamérica se piense a sí misma y piense al mundo a partir de sí misma. Esto es urgente para Latinoamérica, pero también para toda la humanidad. América Latina puede hacer una gran contribución para definir la forma de vida del hombre en el siglo XXI. Por eso necesita una orientación cultural y espiritual que solo la filosofía personalista iberoamericana puede darle.

Necesitamos una filosofía personalista que escuche al pueblo, a la búsqueda de justicia que se expresa en los rasgos populistas de la cultura política latinoamericana, y que sepa dar respuestas a la altura de los tiempos. La purificación del populismo debe llevar a la formación de movimientos auténticamente populares. Los populistas repiten las quejas del pueblo. Los populares ofrecen soluciones y respuestas. Por eso se necesita la unidad entre los intelectuales y el pueblo. Generar esta unidad es exactamente la tarea que el papa latinoamericano propone hoy a los filósofos personalistas iberoamericanos.

2. Teología dogmática, teología pastoral, teología del pueblo

La teología natural

Como su propio nombre indica, la teología es el discurso sobre Dios. Por lo general, este discurso inicia con la metafísica, que, mediante diferentes pruebas, demuestra la existencia de Dios. Si Dios existe, entonces es posible que hable al hombre y se le revele. Con esta afirmación, llegamos al límite de la teología natural.

La teología revelada

Dios decidió manifestarse a los hombres para atraerlos a una íntima comunión de vida junto a él; para introducirlos a su propia vida divina. Por eso envió a su único hijo, Jesucristo, que se hizo hombre, creó a su alrededor una pequeña comunidad de discípulos que compartieron su vida con él, y murió en la cruz por la salvación de todos los hombres. Antes de ser crucificado, Jesús instituyó la eucaristía. El pan y el vino, bendecidos por los discípulos *in persona Christi*, se convierten realmente en el cuerpo y la sangre de Cristo. Quienes lo reciben se hacen parte del cuerpo de Jesucristo; se consignan para pertenecer enteramente a él. Y los que así pertenecen a Cristo, se pertenecen también los unos a los otros y devienen en una sola cosa. La unidad de los discípulos es el milagro que convence al mundo. Con su resurrección, Jesús sella la verdad de todo lo que ha revelado.

Razones para creer

La teología natural nos da buenas razones para pensar que Dios existe. Utilizo la expresión "pensar que Dios existe" en vez de la expresión "creer en Dios" porque en el procedimiento metafísico no hay nada que implique un creer; simplemente es el reconocimiento de una evidencia. No creemos que dos más dos sea cuatro. Lo sabemos. De la misma manera, sobre la base de la argumentación metafísica, sabemos que Dios existe.

La proposición "Jesucristo es el hijo de Dios" no tiene la misma evidencia lógica. Las ciencias exégetas e históricas intentan demostrarla en la medida de lo posible, pero por las características intrínsecas de su método, no pueden demostrar la resurrección. La resurrección se cree por fe.

Para que nosotros podamos creer en el Cristo resucitado, es necesario, ante todo, que alguien nos cuente su historia. No podemos conocerla si nadie nos la cuenta. Conocer el relato de la resurrección es, pues, condición necesaria, pero no suficiente, para creer.

¿Cómo podemos juzgar si esta historia es verdadera o falsa? Hay muchos criterios para hacerlo. Los encontramos en las ciencias exégetas e históricas. ¿Es el relato internamente coherente? ¿Se remonta a una época cercana a la que acontecieron los eventos que son objeto de la narración? ¿Concuerda con lo que relatan otras fuentes independientes sobre los eventos, costumbres y tradiciones de la época? Como ya se ha mencionado, es difícil que estas ciencias nos rindan un testimonio unívoco y plenamente convincente. Es difícil que nuestro acto de fe esté lo suficientemente motivado por los resultados de sus investigaciones, aunque sean interesantes.

Razones adecuadas para creer

¿Cuáles son, entonces, las razones adecuadas para nuestro acto de fe? Nosotros creemos por la fuerza de un testimonio convincente, que es un acontecimiento. El acontecimiento es algo que viene del exterior y penetra en nuestra interioridad, le da luz y la cambia. Por ejemplo, en la vida, el enamoramiento es un acontecimiento. Pero hay también otros encuentros que nos conmueven y nos cambian, a veces de modo aún más radical.

Un testimonio convincente

Recibimos la fe de quien hace testimonio de ella con fuerza capaz de cambiar nuestra vida. En general, suelen ser los parientes. Sentimos que nos aman y deseamos ser como ellos. Si la fuente de la que extraen la energía del amor para sí y para nosotros es la fe, entonces esta fe se comunica con nosotros; es una propuesta que nos resulta convincente. Otras veces viene de parte de nuestros maestros, nuestros amigos, nuestro marido o mujer, o de las personas en quienes percibimos una humanidad más intensa y encantadora. La fe se comunica mediante la santidad.

El testimonio convincente es el que ofrecen los santos. A través de ellos se comunica la gracia de la fe. No hablamos necesariamente de los grandes santos elevados al honor del altar, sino de los millones y millones de santos ordinarios como padres y madres, trabajadores, párrocos, religiosos y religiosas y demás personas de cualquier ámbito de la vida cuya santidad no queda libre de debilidades e incoherencias; cuya esfera de acción puede ser muy limitada, a pesar de que con todos esos límites e imperfecciones consiguen ofrecer un testimonio convincente. La santidad une la materia humana con la forma de la gracia: eso es lo que transmite la fe, don de Dios confiado a los hombres.

La memoria

El testimonio convincente no es algo que acontezca una vez y después explique sin contrastes su influencia durante toda la vida. El testimonio convincente necesita ser revivido en la memoria de forma constante. Necesitamos nuevos testimonios que periódicamente nos confirmen, fortalezcan y profundicen en nuestra memoria, en ocasiones cansada y adormecida por la incertidumbre.

Santidad como comunión

Es muy raro que el testimonio convincente sea solo individual. En verdad, si avanzamos hasta el fondo del asunto, vemos que nunca lo es. T. S. Eliot nos advierte: *"Incluso el ermitaño que reza solo / reza por la Iglesia, cuerpo encarnado de Cristo"*.

Ontológicamente, el testimonio que convence es el de la Iglesia, que se refleja en cada testimonio individual. El todo está presente en el fragmento, tal y como dice Hans Ursvon Balthasar en un precioso librito con el mismo título. La Iglesia es el cuerpo encarnado de Cristo y, finalmente, el testimonio convincente es el del mismo Cristo.

De igual forma, desde el punto de vista de la fenomenología, el testimonio convincente es, en general, el de una comunidad. Recordemos ahora lo que hemos dicho al comienzo de la discusión sobre el testimonio convincente. El primer ejemplo que se propuso fue el de los parientes. No son simplemente dos testimonios que se suman, el del padre y el de la madre. El testimonio fundamental del padre es su amor hacia la madre, su pertenencia a ella, y a la inversa desde el lado de la madre. Este amor es una reverberación de la fidelidad de Dios, y crea el ambiente en que el niño crece, y bajo cuya irradiación del testimonio convincente de sus parientes, se vuelve maduro. El ejemplo de la familia es esclarecedor porque en ella se cruza la dimensión sacramental con la dimensión fenomenológico-sociológica. En el sacramento del matrimonio, Dios mismo consagra el don mutuo de la pareja nupcial, y hace de la fidelidad mutua entre los cónyuges un signo de la suya propia.

Al mismo tiempo, la familia es el primer ambiente de vida en que el sujeto humano se hace consciente de sí. Lo que convence y hace que el consenso sea razonable es la experiencia de una comunión viva. No se trata solo de una doctrina objeto de una comunicación verbal, sino que es algo que uno inicia al vivir, y de lo que, por tanto, desconoce su nombre al principio. Podemos encontrar una analogía a este respecto con los discípulos de Jesús, quienes fueron encantados por su persona y se convirtieron en amigos antes de reconocerle como el Hijo de Dios.

El concepto de "ambiente"

La familia es el primer ambiente de nuestra vida. Con este ejemplo puede empezar a comprenderse qué es propiamente un ambiente. La persona forma su propia autoconciencia y se hace consciente de sí misma en la relación con otras personas. El conjunto de personas relevantes para nosotros, que influencian positiva o negativamente nuestras convicciones fundamentales, constituye nuestro ambiente de vida. El ambiente no debe sustituir nuestra conciencia, pero por supuesto la sustenta, la inclina o la distrae de ciertos juicios, la fortalece o la debilita. El ambiente es también el lugar en que la memoria del testimonio convincente es cultivada o borrada.

En la historia de la primera evangelización, contenida en los *Hechos de los apóstoles*, encontramos la narración de algunas conversiones individuales (por ejemplo, Pablo), pero es muy frecuente la narración de las conversiones multitudinarias de pueblos y de naciones: Clovis se convierte, y con él el pueblo de los francos; Olaf se convierte, y con él el pueblo de los noruegos; Vajik también se convierte, y con él lo hicieron los húngaros... La conversión de los reyes fue el punto de no retorno en un proceso en que no solo personajes individuales, sino ambientes de vida y pueblos enteros, aceptaron la fe, que entró a constituir su identidad como pueblo.

La parroquia

El concepto de "ambiente" puede coincidir con el de "barrio". La parroquia (el pivote de la estrategia pastoral del Concilio de Trento) es fundamentalmente una comunidad de barrio. Esta lleva la presencia de la Iglesia (*pará oikias*) a la cercanía de las casas. En el mundo del ayer, las personas importantes en la vida de cada uno vivían en el interior de un círculo con un diámetro no superior a los cinco kilómetros, en cuyo centro estaba la iglesia parroquial. El testimonio convincente ofrecido por la familia era revivido a través de la enseñanza sistemática de la doctrina cristiana en la parroquia. El ambiente era fundamentalmente homogéneo y tenía como centro de animación principal, y casi único, la parroquia. La fe era fortalecida por el testimonio que se rendían continuamente los unos a los otros.

El libro y el coche (y después la televisión e internet)

Poco después, aparecieron el libro y el coche. Con el coche, los jóvenes pudieron salir con los amigos, conocer coetáneos de otros pueblos y a otra gente; se multiplicaron los matrimonios entre personas de pueblos diferentes y nacieron contactos y amistades más allá de los confines del territorio parroquial. En la escuela se mezclaban chicos de barrios diferentes, y esta se convertía en un ambiente fundamental para su formación. El lugar de trabajo también se alejaba del lugar de la vivienda... Hay que considerar que escuela y trabajo son dos ambientes decisivos de la vida que se estructuran sobre una base territorial diferente y más amplia que la de la parroquia.

El libro y los periódicos crearon también ámbitos fluidos de intercambio de conocimiento. El proceso inició paulatinamente, y se hizo cada vez más veloz. Los viajes frecuentes, las vacaciones, los movimientos migratorios, la televisión, el internet... Hoy puede suceder que las personas que influyen los juicios de valor de un sujeto, y en las cuales él está vitalmente interesado, se encuentren dispersas en más de un continente.

En el mundo del ayer uno se enfrentaba con un único ambiente de vida. Ahora, cada uno participa de una pluralidad de ambientes, y mientras nuevos ambientes se crean de forma continua, otros decaen y desaparecen. Los ambientes de vida se multiplican, pero se hacen más frágiles y precarios. Algunos son también ilusorios y ficticios. Es la sociedad líquida de la que habla Zygmunt Baumann.

Problemas de la pastoral

¿Cómo llevar el anuncio, y después la verificación y la profundización de la fe, a un contexto donde los ambientes de vida se multiplican y a la vez se hacen más frágiles y precarios? La pastoral sigue estando ligada a la dimensión territorial, a la parroquia. Es una opción que tiene sus razones. Este territorio sigue siendo un ambiente estable y necesario, al contrario que muchos de los ambientes nuevos, que son precarios e ilusorios. Los jóvenes se alejan del territorio y, por una etapa, tienen la tendencia de volverse nómadas, alienados espiritualmente si no materialmente. Pero cuando se casan y tienen hijos, surge la tendencia a regresar al territorio y a estabilizarse. ¿Cómo es posible, pues, acompañarlos en su etapa nómada, que es importantísima (pues en ella uno se casa, a pesar de que cada vez sea más frecuente no casarse y no tener hijos), y consolida su visión adulta de la vida? Un intento de respuesta se dio con los movimientos de ambiente de Acción Católica. Es una respuesta que sigue siendo válida, pero no es suficiente, pues ninguna iniciativa pastoral puede mantenerse al día con la multiplicación de los centros de atracción en la vida contemporánea.

Hoy, muchos jóvenes no reciben ninguna formación religiosa. Otros reciben una formación religiosa de base, pero no son acompañados en su desarrollo intelectual y moral. Ellos se hacen adultos y su fe se queda niña. Los ambientes en que se mueven no fortalecen la memoria de la fe. La ignoran y distraen la atención de ella. A veces la rechazan. Los jóvenes no aprenden a juzgar las cosas del mundo a la luz de la fe; a hacer de la fe un criterio de juicio cultural.

¿Qué hacer?

Me parece necesario reiniciar el camino de la evangelización a partir de la persona. La persona vive en su ambiente, y la personalidad se desarrolla en este.

De hecho, el ambiente es la persona misma en su dimensión comunitaria. Al mismo tiempo, la persona hace el ambiente; genera de forma continua su propio ambiente de vida. No todos lo hacen en la misma medida y con igual nivel de responsabilidad. De hecho, en cada ambiente hay roles, tanto formales como informales. Naturalmente, hay personalidades más capaces de jugar un papel guía porque expresan de forma más eficaz los valores propios del ambiente. Para anunciar y profundizar en la fe, es necesario apelar a la persona, llamándola para que haga plenamente su papel de constructora de comunidad. Nada es tan eficaz como el testimonio dado por un grupo de personas que viven entre sí una humanidad auténtica y una amistad generada por la presencia de Cristo, y que son capaces de tener un interés apasionado y al mismo tiempo respetuoso tanto para cada uno de ellos como para la vida de todos los que encuentran. El sujeto evangelizador es la Iglesia a través de su unidad. En una sociedad cada vez más líquida, en la que el sujeto lucha para encontrar un punto de apoyo estable para su autoconciencia, la fuerza atractiva de un testigo comunitario no disminuye, sino que crece.

La persona genera su ambiente de vida. Pero que esto ocurra no es solo el resultado del esfuerzo humano, sino que es un don de la gracia. Hay que acogerlo, acompañarlo y ayudar para que crezca donde se manifiesta.

El discípulo misionero

El punto de partida de la pastoral es el discípulo misionero. El discípulo misionero no es un propagandista que continuamente intenta convencer con palabras, sino que construye lazos humanos auténticos donde el encuentro con Cristo hace redescubrir la humanidad propia de cada uno. Por eso el discípulo misionero genera comunidad, y la comunidad cristiana es un ambiente de vida decisivo. El discípulo misionero y la comunidad cristiana son la irradiación de la comunión, el sacramento constitutivo de la Iglesia. Son el reflejo sensible y visible de la acción de la gracia que genera la comunión.

Un ambiente dentro del ambiente

La comunidad cristiana, obviamente, no vive por sí misma y no es suficiente para sí misma. Es un ambiente pequeño colocado necesariamente en el interior de uno mayor. Cada uno de los miembros que componen la comunidad no es solo un cristiano, sino muchas otras cosas al mismo tiempo. Nos puede servir como modelo Pablo de Tarso. Él era judío (y muy orgulloso de serlo), fariseo y doctor de la ley. Para él, ser cristiano no significaba ser menos judío, menos fariseo y menos doctor de la ley. ¿Entonces? Ser cristiano significaba hacerse más auténticamente judío, fariseo y doctor de la ley. Las pequeñas comunidades cristianas que creó (en primer momento, dentro de la diáspora judía) mantuvieron una relación viva y dinámica con su ambiente, como un factor de animación y renovación. Cuando se sintió llamado a hacerse siervo de todos para ganarlos a todos, Pablo se hizo espiritualmente griego, se colocó en el interior del mundo helénico y, en su discurso en el Areópago de Atenas, intentó, él, que era judío, explicar a los griegos el sentido auténtico de la cultura griega, que encontró en Cristo su cumplimiento.

La comunidad cristiana es un factor que anima la vida del ambiente, interviniendo con juicios que nacen de la fe, sobre lo que pasa. No siempre estos juicios serán materialmente correctos, pero con ellos, la gente se acostumbrará a una manera diferente de juzgar y de poner en juego su propia humanidad. El juicio más efectivo es, sin embargo, el que se expresa en la acción: la caridad. La comunidad cristiana interviene en las necesidades del ambiente e intenta, en la medida de sus fuerzas, responder a la esperanza del hombre. La comunidad cristiana, cualquiera que sea el ambiente en que esté presente, comparte sus valores fundamentales y se compromete a orientar su desarrollo y crecimiento. La comunidad cristiana vive una dimensión sagrada, que propone de nuevo el acontecimiento que la constituye como tal, y una dimensión laica, que es proyectada hacia el entorno y asume sus necesidades humanas. Es importante integrar armónicamente las dos dimensiones sin sobreponerlas. De la dimensión laica forma parte el compromiso político por el bien común.

El ambiente y el pueblo

La comunidad cristiana, en el ambiente cuyos problemas asume, se compromete y crea obras para responder a estos problemas además de guiar (o intentarlo con contribuciones) al desarrollo del ambiente. Así se hace constructora de historia. El sujeto de la historia es el pueblo. El pueblo es, en cierto sentido, un ambiente más grande y complejo en que se reúnen todos los ambientes que, de diferentes maneras, se encuentran y sobreponen en la vida del hombre. Cuando hablamos de pueblo como ambiente, se nos presenta como un concepto elástico. Se puede hablar de pueblo en un sentido de barrio, de ciudad o también de nación, o incluso de toda la humanidad. En Europa hablamos de pueblo europeo en el sentido de la Unión Europea, y en América Latina se habla de la Patria Grande bolivariana.

En cuanto a unidad dinámica, el pueblo necesita ser continuamente reconstituido. Está siempre bajo el peligro de la dispersión espiritual, de la obliteración de la memoria de su propia historia y autoconciencia, de la laceración de la tela de solidaridad que lo une. La comunidad cristiana en el pueblo es un factor de su unidad y de su autoconciencia en las formas específicas propias de su historia pasada y presente.

Hemos mencionado el fenómeno histórico del bautismo de las naciones. Este establece una alianza entre el pueblo de Dios y el pueblo de una nación por medios mediante los que el pueblo de Dios vive como factor constitutivo vital de la identidad del pueblo de la misma manera en que, sociológicamente, la comunidad cristiana anima al ambiente y lo ayuda a ser fiel a los valores propios que lo constituyen como tal. No hay que entender esta presencia de la Iglesia en la vida del pueblo en sentido exclusivo. Iglesia y nación, pueblo de Dios y comunidad política, no coincidirán nunca hasta el final de los tiempos, cuando Cristo sea todo en todos. Hasta ese momento, entre el pueblo de Dios y el pueblo de una nación existirá una necesaria tensión. La Iglesia es uno de los factores que elaboran la identidad del pueblo en una relación variable de alianza, pero también de competición y hasta de contraposición entre sí.

La comunidad cristiana genera una visión del ambiente

La comunidad cristiana genera una visión del ambiente, así como a un nivel más alto, la presencia de la Iglesia en la historia del pueblo genera una visión de la historia del pueblo. En su primer peregrinaje a la patria polaca, en la homilía que ofreció en Varsovia, en la plaza de la Victoria (hoy plaza Piłsudski), san Juan Pablo II dijo que no se podía leer la historia de Polonia sin la unidad de la medida esencial que es Cristo. Solo con él esta historia es una historia de esperanza. El camino de la Iglesia latinoamericana desde Medellín hasta Aparecida, pasando a través de Puebla y Santo Domingo, se puede caracterizar igualmente como un esfuerzo para leer la historia latinoamericana a la luz de este criterio fundamental de comprensión que es Cristo.

Marx quiso leer la historia a partir de la dialéctica de las fuerzas productivas y de las relaciones de producción. Max Weber, sin embargo, nos ha mostrado como la primera y fundamental fuerza productiva del hombre es el hombre mismo, es decir, la conciencia que tiene el hombre de sí mismo. Esta autoconciencia determina la energía que es capaz de invertir en la transformación del ambiente natural y en la producción de lo necesario para la vida; la creatividad con que se enfrenta a la tarea de gobernar la tierra, el nivel de cooperación (o de antagonismo) con el que se relacionará con los otros hombres, etcétera.

Sucesivamente, Julien Ries nos ha explicado que en el centro de la autoconciencia está el modo en que el hombre concibe su relación con lo sagrado. La historia de la piedad popular, es decir, la historia de la religiosidad concretamente vivida, constituye el nivel más profundo y primario sobre el que todas las otras historias se articulan. En la historia de la piedad popular, que es también (e inextricablemente) la historia de la santidad popular, se encuentra la presencia de Cristo en la historia de la nación.

La palabra en la situación

¿Cómo ofrecer al mundo un testimonio convincente de la situación que hemos delineado?

El primer ejemplo para hacerlo puede encontrarse en el nivel más básico, donde la comunidad se establece a sí misma en el ambiente. El primer acto misionero es, simplemente, estar en la situación existencial del ambiente y compartirla. Compartir no significa registrar pasivamente una situación. Hay cuestiones y problemas en la situación que son un desafío para la humanidad y movilizan la atención de las personas. La comunidad cristiana se introduce dentro del ambiente, ofrece una amistad y propone un juicio. La amistad es la posibilidad de experimentar la comunión cristiana. No es una amistad genérica, es una amistad que afirma a Cristo como su origen, y se forma y se estructura en torno al sacramento y la oración. El juicio es el modo en que esta presencia invita al ambiente a discutir para vivir la plenitud de su humanidad. De esta manera, la comunidad se comunica y, al mismo tiempo, comienza a hablar de Cristo a partir de las circunstancias que el ambiente ofrece. Inevitablemente, al enfrentarse con el ambiente, emergen los desafíos de la alienación y de la injusticia, de la soledad existencial del hombre y de su esfuerzo para engañarse a sí mismo, restringiendo su experiencia de la vida a una dimensión superficial de la existencia, de la búsqueda de una auténtica compañía humana y de las decepciones que se encuentran en este camino, de la manera de vivir la atracción sexual, de la fidelidad y de la traición, de la pobreza y de la justicia social, de la marginalidad y de la opresión... Junto con estos desafíos, hay acontecimientos que nos despiertan a una presencia del bien; que nos hacen vivir una esperanza: el inicio, la presencia, aunque frágil y parcial, de una liberación. El relato cristiano debe iniciarse desde este punto; desde el acto de compartir todos estos elementos de la conciencia del pueblo, leídos e interpretados a la luz de la presencia de Cristo, que ha salvado, y sigue salvando nuestra humanidad hasta hoy.

El problema de la retórica

La retórica no disfruta de una buena reputación en la actualidad. Se suele identificar con el arte de hablar a los sentimientos más que a la razón. Pero si visitamos el origen de la palabra, veremos que la retórica no es otra cosa que el arte del discurso. Para hacer que mi interlocutor me entienda, debo conocerlo y organizar el orden del discurso en función de este conocimiento. Tengo que darme cuenta de lo que él ya sabe y de lo que no sabe así como de cuáles son los conocimientos que tiene o supone tener. Solo de esta forma puedo decidir qué cosa es preciso decir al principio y cuál después, y evitar así la fundamentación de mis argumentos sobre convicciones o conocimientos que el interlocutor no posee o no comparte, y que necesitan ser introducidos o establecidos de una manera apropiada. La atención que me pueden dedicar es limitada. Si el orden de mi discurso está bien determinado, puedo utilizar de la mejor manera posible el tiempo de atención que el interlocutor me dedica. Pocas cosas son tan desconcertantes como escuchar a alguien que habla como si yo ya supiera lo que él quiere comunicarme; sería como escuchar el relato del cuarto episodio de una telenovela de la cual yo no conozco ni siquiera el primero. Es también un error contradecir opiniones fuertemente arraigadas en el interlocutor antes de haber acumulado evidencia clara de su falsedad. Otro problema crucial es el punto de partida del discurso, lo que Cicerón denomina *"captatio benevolentiae"*, la captación de la atención y simpatía de los oyentes. Esto es más fácil si uno se coloca en el lugar existencial en que el interlocutor se halla.

Dice el papa Francisco que el pastor debe estar en medio del rebaño y debe tener su olor. Solo así las ovejas lo reconocen y lo siguen. El anuncio de la fe trasciende el horizonte existencial del hombre que escucha; lo rompe y lo trasciende a partir de su interior, a partir de un compartir profundo, orientado por la esperanza cristiana.

La teología sistemática y la teología pastoral

Hay dos modos fundamentales en que se puede dar el discurso sobre el dios cristiano. Uno parte del principio. Inicia con la teología sistemática apoyada en la teología bíblica y en la teología fundamental. Este camino va del acontecimiento de Jesús en Palestina hasta el presente. En realidad, este inicia antes, con la creación del mundo hecha "en él y por él". Este camino nos habla del acontecimiento que está al inicio de nuestra historia. El otro camino parte del tiempo presente. Es la teología pastoral secundada por la teología histórica. Se inicia al compartir un ambiente de vida y con el anuncio del acontecimiento originario que renace en la vida del pueblo.

La teología sistemática presenta las verdades de la fe de forma metódica, desde el inicio hasta el final. La teología pastoral presenta las mismas verdades en orden inverso: desde el final (más exactamente desde el tiempo presente, ya que el final último es el final escatológico) hasta el principio. T. S. Eliot, nos advierte, sin embargo, que "en el final está el principio", y también que "en el principio está el final".

La teología sistemática tiene una fundamental función de control, como una brújula que nos permite no perder nunca la orientación hacia el destino último al que debemos llegar. Su ideal es la verdad del Eterno, que es siempre igual a sí misma. Su modelo es la *Summa Theologica* de santo Tomás.

La teología pastoral ilumina el camino que conduce de la situación presente hacia el punto de llegada, con todas las dificultades que la irregularidad del suelo puede imponer a nuestra marcha. Apunta a la verdad del instante: imagina tener solo un instante para decir algo que deje huella en la memoria de alguien; algo que afirme la presencia de Cristo e inicie el interés por él y el camino a la verdad. La argumentación convincente es siempre un argumento *ad hominem* que penetre en la situación existencial del interlocutor. El lado de la verdad que presentarás será el que resulte más adecuado para penetrar el corazón del hombre ante ti, y será necesariamente unilateral.

No explica Jesús a la mujer adúltera la teología de la Trinidad, sino que le dice "ve y no peques más", y a la viuda de Naín le dice algo aún más simple: "no llores". El modelo aquí será el de san Pablo en el discurso en el Areópago, o el que adopta san Agustín en los *Sermones*. Se trata de construir un camino histórico y, al mismo tiempo, aprovechar la ocasión, el *kairós* que se presenta aquí y ahora. En este camino será preciso decir todas las verdades de la fe, sin ninguna exclusión arbitraria. Es importante decirlas en un orden que refleje tanto su importancia objetiva como la urgencia que tienen en la situación histórica dada, además de la capacidad del pueblo para entenderlas y asimilarlas.

Teología del pueblo o teología de las naciones

Con la palabra "pueblo" o "nación" indicamos el ambiente más grande y complejo en que la experiencia de la persona se coloca y consigue su autoconciencia histórica. Este ambiente se define como comunidad de trabajo y comunidad de cultura. La teología pastoral lee la historia del pueblo a la luz de la esperanza cristiana y la coloca en la historia de la salvación. Esta lectura de la historia del pueblo no es un acto meramente intelectual, sino que es el resultado de una presencia activa en la vida del pueblo que participa de su proceso de autoconstitución como tal. El objeto de este acto son los signos de los tiempos, es decir, lo que el Espíritu está realizando en la vida del pueblo. En esta lectura hay un elemento de riesgo y de aventura. Exactamente por ello, la teología pastoral necesita una cooperación amistosa y asidua con la teología sistemática para así no perder el rumbo; para no construir un Cristo ficticio que omita esos aspectos de la verdad más difíciles de comprender y aceptar en un determinado ambiente.

La teología sistemática necesita también la cooperación de la teología pastoral. Nada ayuda a comprender el acontecimiento originario como el ver la forma en que este se representa y se vive en el tiempo presente; en el aquí y ahora de la vida del pueblo y de la historia del mundo.

5

Naturaleza y claves de la globalización

1. Teología de la creación

Dios hizo la tierra y la regaló a todos los hombres

Al principio, Dios creó el cielo y la tierra y la regaló a la humanidad.[1] La tierra produce frutos, y con ellos se alimentan y viven los hombres. Cualquier actividad humana tiene como presupuesto necesario la tierra, que tiene una fecundidad natural; es capaz de producir frutos incluso por sí misma.[2]

Dios confía la tierra al hombre, y él hace crecer con su trabajo los frutos de la tierra. La tierra, fecundada por el trabajo del hombre, es cien, mil, diez mil veces más fructífera que la tierra dejada a sí misma. El derecho de disfrutar de los frutos de la tierra es acompañado por el deber de cuidar la tierra que da frutos. El mundo en que vivimos es el mundo creado por Dios y, al mismo tiempo, no lo es. Es un mundo creado por Dios y por el trabajo del hombre. El hombre ha transformado el mundo de la naturaleza virgen, originaria: ha secado los pantanos y los ha transformado en campos, ha limpiado los campos de piedras y favorecido la formación de humus; de tierras fértiles. Ha alterado y hecho más suave el perfil de los montes y ha construido terrazas para poderlos cultivar. Ha edificado ciudades donde había bosques y también ha cambiado el curso de los ríos.

---

[1] Gn. 1: 1 y ss.

[2] Gn. 1: 11 y ss.

Ha seleccionado nuevas razas de animales y nuevas variedades de yerbas y de árboles capaces de servir a sus exigencias vitales. Ha extraído de las entrañas de la tierra metales y petróleo, y gas para construir máquinas, y barcos y aviones para viajar por la tierra, por el mar y el cielo. Dios no solo ha regalado la tierra a los hombres; él ha compartido con ellos también un rasgo de su propia esencia. Dios quiso que el hombre fuese creador así como lo es él mismo. La liturgia de la Iglesia expresa esto de manera clarísima cuando, en el sacrificio de la misa, ofrece el pan y el vino, fruto (indisoluble) de la tierra y del trabajo del hombre.

El hombre es, él mismo, tierra. Dios ha modelado el cuerpo del hombre con ella, y de ella estamos hechos. En esta tierra él ha insuflado su espíritu.[3] El primer signo de este espíritu de Dios que vive en el hombre es la capacidad de crear. La carne, que es tierra y que une al ser humano con todas las criaturas en el mundo, además de la capacidad creadora que lo une con Dios, la ha recibido de él.

De esta manera, Dios ha dado al hombre poder sobre todas las cosas que están bajo el cielo. Lo ha hecho solo un poco más pequeño que a sí mismo.[4] El mundo en que vivimos es un mundo creado mediante el don originario del ser, que viene de Dios, y del trabajo de los hombres generación tras generación.

Dios ha hecho al hombre parecido a sí mismo en su poder creador.

Sin embargo, vemos en la narración del Génesis que Dios puso al hombre un límite, y parece que este límite lo hace diferente; menor que Dios. Dios es el que manda y el hombre es quien tiene que obedecer. Hay en el jardín del Edén un árbol cuyos frutos no debe comer el hombre.[5] ¿Qué es este árbol y por qué el hombre no debe comer de sus frutos? ¿Cuál es el sentido de este mandamiento que Dios da al hombre en el paraíso terrestre?

Una primera interpretación pone de manifiesto el hecho mismo del mandamiento, independientemente de su contenido: Dios tiene el derecho de mandar y el hombre tiene el deber de obedecer. Así, Dios afirma su superioridad

---

[3]   Gn. 2: 7.

[4]   Sl. 8.

[5]   Gn. 2: 16-17.

sobre el hombre. El hombre tiene un poder de disposición sobre todas las cosas, pero no como amo y señor independiente, sino como un administrador de bienes que, en última instancia, no le pertenecen. Esta interpretación es correcta, aunque no contenga, como veremos, toda la verdad.

Podemos profundizar en esta primera interpretación pasando del imperativo formal del mandamiento a su contenido. En esto nos ayuda san Agustín con un libro que es, quizás, el más precioso que ha escrito: *De ordine*. San Agustín dice que las cosas están en orden entre sí. "Orden" se puede entender en dos sentidos distintos e interrelacionados. En un primer sentido, las cosas son como partes de un organismo, y este organismo es la totalidad del ser. Cada una de ellas tiene en esta totalidad su propia función, y en esta debe ser ayudada y valorada. Como administrador de la creación o como pastor del ser, el hombre debe acompañar cada cosa hacia su destino propio.

El otro sentido de "orden" es axiológico: cada cosa tiene un nivel de belleza y de participación en el ser que le confiere una dignidad particular. El hombre está en la cumbre de todo el orden de la creación. Él puede utilizar cualquier cosa en función de su propio bien y de su propia vida. Pero debe tratar y utilizar cada cosa respetando esta finalidad propia y el nivel de dignidad y de belleza que le es propio.

San Agustín introduce la distinción entre dos modalidades de uso:[6]

La primera es el uti. Utilizar las cosas solo en función de deseos arbitrarios del sujeto humano, fuera del orden de la creación y sin respetar la dignidad y el valor propio de cada cosa.

La segunda es el frui. El uso de las cosas dentro del orden de la creación y conforme a sus finalidades, respetando la dignidad y el valor de cada

---

[6] San Agustín. *Doctrina cristiana* 1, 31. San Agustín utiliza una distinción que encontramos ya en el derecho romano. *Uti* es utilizar algo como cosa propia cuando de este uso no tengo que dar razón a nadie. *Frui* es utilizar algo como cosa de otro que al final debo devolver. (Véase: *Digesto* VIII). A diferencia del derecho romano, en san Agustín estos términos aquieren otro matiz. El *frui* asume más bien el sentido de un gozar de la cosa por sí misma, y el único objeto de este gozo es Dios mismo. El *Uti* consiste en utilizar como instrumento para llegar al objeto del *frui*, es decir, como instrumento para llegar a Dios. El *uti* como instrumento para llegar a Dios implica, no obstante, el respeto del sentido y de la dignidad que Dios ha puesto en la cosa; el utilizar la cosa teniendo en cuenta su pertenencia última a Dios. El *uti*, en función del *frui* y de Dios, se diferencia del *uti* en función del egoísmo del hombre y es, en cierto sentido, similar al *frui*.

cosa. En el *uti*, el hombre se afirma como dueño de la creación, y al final, como consecuencia, termina destruyendo las cosas y la creación misma. Es una obra de *descreación*.

En el *Prometeo*, de Goethe, encontramos exactamente esta postura espiritual. Prometeo quiere construir un mundo nuevo en el cual no hay lugar para Dios. No es casualidad que en su tesis doctoral, el joven Marx exalte a Prometeo como la síntesis de su programa filosófico,[7] que expresa todo su programa espiritual. Pero Goethe, a diferencia de Marx, era consciente de la inanidad de este proyecto cultural. En otro de sus poemas, *Los límites de la humanidad*, nos dice Goethe que el hombre que intenta hacerse igual a los dioses pierde el contacto con la tierra, que es la raíz real de su fuerza. El problema ecológico actual de la humanidad es exactamente el resultado de esta actitud atea del hombre moderno, que disfruta los recursos naturales con la preocupación exclusiva de la ganancia individual, sin reconocer y respetar su dignidad propia.

El *frui* es el uso que reconoce y respeta el don de ser contenido en todos los objetos del mundo natural. El hombre aquí se considera como un administrador del ser en el nombre de Dios, y entiende que su capacidad creadora, su creatividad, debe reconocer y respetar el don previo de Dios. Dios es como el artista que esboza los trazos fundamentales de una obra de arte y deja después a sus asistentes, los hombres, la tarea de completar la obra. El asistente debe entender la intención del artista y realizarla con obediencia creativa. Ello implica una relación particular con la dimensión estética, con el mundo de la belleza.

El espíritu humano puede asumir diferentes posiciones frente a los objetos de la naturaleza. La ciencia moderna nos facilita una visión del mundo como mundo de objetos puros; pura materia sin forma que recibe su forma exclusivamente de la intervención del sujeto humano. El objeto no tiene una forma propia y, por lo tanto, tampoco tiene una dignidad propia que la praxis tenga que respetar. En este contexto, es muy fácil pensar que el objeto recibe su forma exclusivamente de la voluntad del espíritu humano, y esta voluntad se deja seducir con mucha facilidad por la tentación de la comodidad y de la

---

[7]   Marx, K. (1971). *Diferencia de la filosofía de la naturaleza en Demócrito y en Epicuro*. Madrid: Ayuso.

ganancia meramente individual. La actitud estética, por el contrario, reconoce en el objeto una cualidad, que es la belleza, y que expresa el carácter simbólico y de don del objeto mismo.[8]

Reconocer lo creado como don implica ver en ello un signo, un mensaje que un ser libre ha inscrito en su esencia, y que nos llama a responder y a colaborar para respetar y mejorar esta belleza del objeto en el acto mismo en que lo utilizamos. El objeto no es simplemente materia prima libremente utilizable; es también símbolo que debe ser interpretado y al cual debemos responder.[9] El *frui* contiene equilibradamente ambas dimensiones, la que ve el objeto como objeto, y la que ve el objeto como símbolo. Dios quiere que el hombre use las cosas que, desde el comienzo, fueron hechas para servirle. El hombre está en el centro de la obra de la creación. En este uso, sin embargo, el hombre debe considerar el valor propio de cada cosa y guiarla hacia su destino propio, hacia su medida propia de belleza y de bien. Haciendo eso, el hombre camina hacia su propio destino; hacia el encuentro con Dios.

En la teología de la creación se fundamenta la preocupación ecológica de los últimos pontífices, y especialmente la del papa Francisco en su encíclica *Laudato si'*.

Entre todos los objetos del mundo, uno destaca de modo absolutamente particular, y este es el hombre. Si hay un deber de usar las cosas respetando su dignidad propia, su contenido propio de verdad y de bien, este deber es mucho más intenso en el caso del hombre. El hombre no es simplemente un objeto. El hombre es un sujeto que tiene la capacidad de entrar en un diálogo personal con los otros hombres y con Dios. Pero el hombre es también un objeto del mundo, y como tal, puede ser "usado".

En ocasiones, ciertos autores demasiado entusiastas han afirmado que nunca podría ser justo usar a un hombre. Esta afirmación es un poco exagerada, ya que continuamente usamos a los parientes, a la esposa o al esposo, a

---

[8] Este es el tema central de la obra maestra de Hans Urs von Balthasar. Véase: Von Balthasar, H. U. (1992). *Gloria: una estética teológica. Volumen 1: La percepción de la forma*. Madrid: Encuentro.

[9] Ricoeur, P. (1975). *Freud, una interpretación de la cultura*. México: Siglo XXI.

los amigos... Ser amigos consiste, entre otras cosas, en estar listos para servirnos mutuamente.

Immanuel Kant nos da una formulación perfectamente equilibrada cuando escribe: "*Obra de tal modo que uses a la humanidad, tanto en tu persona, como en la persona de cualquier otro, siempre al mismo tiempo como fin y nunca simplemente como medio*".[10] No es justo usar a la persona sin entrar con ella en una relación de diálogo en la cual su dignidad sea reconocida. El hombre (como Dios) es persona, y la persona es un ser que puede acoger en sí mismo a otra persona de manera tal que su identidad sea determinada esencialmente por la relación con el otro. Esta acogida radical del otro se llama amor e implica la afirmación de la persona del otro por sí misma.[11]

El amor no es un sentimiento, es una implicación ontológica: la afirmación de la persona del otro por sí misma comporta también la afirmación y el crecimiento, la autorrealización de mi propia persona. Lo contrario, la instrumentalización y explotación del otro, comporta la autodestrucción de mi persona misma. El deber de respetar y afirmar la dignidad propia de cada cosa creada recibe, en el caso de la persona humana, una profundización particular por causa de la excepcional posición de la persona humana en el mundo creado. No es justo entrar en relación con el hombre sin establecer con él una alianza comunitaria; sin reconocer un vínculo de comunión.

En la continuidad del libro del Génesis, encontramos dos episodios en que esta particular naturaleza del hombre es afirmada con una fuerza particular. El primero es el homicidio de Caín. El segundo es el sacrificio de Isaac, o más exactamente, el rechazo por parte de Dios de dicho sacrificio. El fruto prohibido es, en este nivel interpretativo más profundo de la narración del Génesis, la sangre del hombre. Todo está dado en el poder de disposición del hombre con la excepción del hombre mismo. En concreto, en su poder de disposición sobre las cosas del mundo, el hombre encuentra el límite de la dignidad de cada objeto del mundo. Él puede utilizar todas las cosas, pero debe, al mismo tiempo,

---

[10]   Kant, I. *Fundamentación de la metafísica de las costumbres*. 4: 429.

[11]   Styczeń, T. (2005). *Comprendere l'Uomo*. El Vaticano: Libreria Editrice Vaticana.

respetarlas y cuidarlas en su dignidad propia. En el caso del hombre, este vínculo tiene una fuerza particular; está elevado a un nivel cualitativamente superior.

Hemos dicho al principio de este análisis que, formalmente, el hecho de obedecer una orden de Dios, cualquiera que sea su contenido, afirma la superioridad de Dios sobre el hombre, el reconocimiento de la soberanía de Dios y del carácter derivado, vicario, del poder del hombre sobre las cosas del mundo. Así es, por supuesto, y así lo entiende, con toda probabilidad, el autor (humano) veterotestamentario del texto que estamos considerando. Pero si este texto lo releemos a la luz del Nuevo Testamento y de la autorrevelación de Dios en Jesucristo, otra interpretación se nos presenta casi por sí misma: la relación personal, el amor, es la ley de la vida interior de Dios. El amor implica siempre un pertenecer y un obedecer. El bien objetivo del otro es la ley de toda relación interpersonal. La ley del respeto del bien objetivo y, especialmente, del valor de la persona, es el camino pedagógico que nos introduce a la vida de Dios. El pecado de Adán no consiste en el deseo de ser como Dios, sino en la incomprensión de lo que Dios es verdaderamente. La esencia de Dios no es un poder incontrolado que hace lo que quiere, sino obediencia a la ley del amor. La obediencia que Dios pide a Adán es la misma que regula la vida interior divina y que encuentra su expresión perfecta en Jesús, obediente a la voluntad del Padre hasta la muerte en la cruz.[12]

La propiedad privada y el deber de cuidar la tierra

Dios ha creado la tierra y la ha regalado a los hombres con la tarea de cuidarla. No la ha regalado tan solo a un hombre, o a algunos sí y a otros no. La ha regalado a todos los hombres para servirles a todos. Los hombres dividieron la tierra entre ellos para cuidarla mejor.

Jean Jacques Rousseau ve en la propiedad privada la causa de todos los males del mundo.[13] Santo Tomás, por el contrario, nos explica que lo que teóricamente es de todos, en la realidad práctica no es de nadie; todos lo

---

12   Flp. 2: 8.

13   Rousseau, J. J. (2004). *Discurso sobre la origen de la desigualdad entre los hombres*. México: Porrúa.

disfrutan y nadie lo cuida. La transición de la propiedad común a la propiedad individual es la condición necesaria para cuidar de la tierra.[14] Cuidar la tierra significa invertir trabajo en ella para mejorarla, hacerla más productiva y más bella. No es realista imaginar que uno realice el trabajo y otro disfrute los frutos. Esta justificación de la propiedad privada tiene algo que ver con el pecado original y con la tendencia natural de aprovecharse de la labor de los demás. Pero hay otra dimensión del **cuidar** que es diferente y parece no estar relacionada, o por lo menos estar menos relacionada con el pecado original. "Cuidar" no significa solo invertir trabajo. Significa también invertir creatividad. Más exactamente, el trabajo humano, en cuanto humano, es trabajo creativo y responsable. "Creativo" significa que el hombre descubre las vocaciones productivas de la tierra y apuesta sobre su descubrimiento. Dios descubre las cosas desde el interior porque las conoce a través del acto mismo con el que las crea. El hombre descubre las cosas a partir de la experiencia parcial y fragmentaria que tiene de ellas. Por eso el conocimiento humano implica un elemento de incertidumbre y de riesgo. El hombre formula hipótesis sobre la vocación productiva de un pedazo de tierra. Esas hipótesis pueden ser correctas o erróneas, y solo podemos distinguir las unas de las otras a través de la experimentación. La propiedad privada permite a hombres diferentes experimentar hipótesis diferentes. Una consecuencia inevitable es que los que formulan hipótesis correctas y quienes trabajan más, con más determinación y más espíritu de sacrificio, se harán más ricos, y los que formulan la hipótesis equivocada y tienen menos ganas de trabajar empobrecerán. Al final, algunos pueden hacerse muy ricos y adquirir la tierra de quienes se vuelven muy pobres y dejan de saber como tener lo mínimo y necesario para vivir.

¿Podemos afirmar que esto sea justo así?

La hipoteca social sobre la propiedad

Dios creó la tierra y la regaló a todos los hombres con la tarea y la obligación de cuidarla. Que los hombres se dividan la tierra entre ellos con la intención

---

14   Santo Tomás de Aquino. *Summa Theologica*. II-II q.66, 2.

de cuidarla mejor y hacerla fecunda no contradice la intención de Dios. Que algunos vivan en el lujo y otros se mueran de hambre sí la contradice.

Cuando los hijos de Israel conquistaron la tierra de Canaán, se la dividieron entre ellos y, con el tiempo, la compraron y la vendieron. Algunos vendieron la tierra y hasta se vendieron a sí mismos como esclavos. Cada cincuenta años, sin embargo, cada familia retomaba posesión de la tierra que originariamente le había sido asignada. De esta forma, el pueblo de Israel hacía memoria del hecho de que la tierra era un don originario de Dios para todo el pueblo.[15] Además, cada familia tenía el deber de dejar la tierra sin cultivar cada séptimo año y dejar que los pobres gozasen de sus frutos.

Sobre la tierra cae una hipoteca social. El sistema de la propiedad privada de los medios de producción es legítimo siempre y cuando todos puedan vivir de la tierra. Cuando el resultado es que algunos mueren de hambre, el sistema pierde su legitimidad.

La división del trabajo

El mundo de hoy es muy diferente al mundo del tiempo de la Conquista de la Tierra Prometida. La tierra sigue siendo el requisito indispensable de la actividad productiva humana, pero ha cesado, desde luego, de ser la medida de la riqueza. Los hombres más ricos de hoy no son necesariamente los que tienen más tierra. La base del poder y de la riqueza es, más bien, la posesión del capital material (los instrumentos del trabajo) e inmaterial (los conocimientos invertidos en el trabajo). La base de la riqueza de Bill Gates o Mark Zuckerberg no es la tierra que poseen (se puede opinar perfectamente que no tengan ninguna propiedad de la tierra), sino las patentes que articulan la moderna tecnología de la información y de la comunicación.

La ley fundamental que ha dominado la producción de la riqueza desde los inicios de la historia de la humanidad ha sido la ley de la división del trabajo.[16] Los que tienen una particular facilidad o predisposición para la producción de

---

15 Lv. 25. Véase especialmente el versículo 13.

16 Genovesi, A. (2018). *Lecciones de comercio. O bien de economía civil.* Sydney: Wentworth Press.

cierto tipo de bien se especializan en él e intercambian el producto de su trabajo con todas las otras mercancías necesarias para la satisfacción de sus necesidades. El resultado es un crecimiento enorme del intercambio y de la interdependencia entre los individuos y entre las naciones. Un profesor no necesita cultivar la tierra para vivir. Él produce y comunica conocimiento, y por esa labor recibe una cantidad de dinero que le sirve para vivir. Junto con otros elementos, este conocimiento se transforma en capacitación profesional para producir bienes o servicios de uso inmediato.

Está claro que en una economía desarrollada no se puede satisfacer la hipoteca social sobre la propiedad y no se puede realizar la originaria intención divina de que la tierra sirva para la vida de todos los hombres simplemente redistribuyéndola cada cincuenta años.

¿Cuáles son hoy las condiciones de legitimidad de un sistema de propiedad privada de los medios de producción? En principio, la respuesta es muy simple: que los hombres vivan. El lugar de la redistribución periódica de la tierra lo toma una política económica para el pleno empleo, es decir, una política económica para que todos los que quieran trabajar encuentren un puesto de trabajo. El lugar de los diezmos está ahora en las políticas de pensiones y de asistencia social para los que no pueden trabajar.[17] De esta manera, la tierra, en un sistema de propiedad privada, sigue sirviendo al bien de todos los hombres.

El sistema de mercado libre

Hasta hace poco más de uno o dos siglos, la mayor parte de la población mundial vivía en el campo y cada familia producía directamente los bienes fundamentales necesarios para la vida. El círculo del comercio y del intercambio mundial abarcaba unas pocas ciudades. Solo de forma excepcional, la gran masa campesina vendía en la ciudad una parte de sus productos para comprar instrumentos de trabajo y algunos artículos de consumo. Hoy, la mayoría de la población mundial vive en las ciudades, y la producción para el consumo propio tiene un papel absolutamente marginal. Muchos trabajan en grandes empresas capitalistas

---

[17]   Iglesia católica. Papa Juan Pablo II (1991). *Centesimus Annus*. 32 y ss.

que producen para el mercado, otros tantos trabajan para pequeñas o pequeñísimas empresas o son sus propios jefes.

El sistema de producción para el mercado abarca hoy la gran mayoría de la producción mundial. Es el sistema de mercado libre, también conocido como sistema capitalista. Del capitalismo se puede hablar en más de un sentido.[18]

En un sistema de mercado libre, el motor del proceso económico son los deseos y las necesidades de los consumidores. El empresario en un mercado libre intenta continuamente averiguar cuáles son los deseos de los consumidores y se esfuerza para hallar nuevas maneras de satisfacerlos. Este descubre continuamente nuevas combinaciones productivas, es decir, formas de producir bienes nuevos para los nuevos deseos de los consumidores o formas más baratas de producir mercancía tradicional. La innovación ocupa el lugar central en los sistemas de mercado libre. El resultado de la innovación es el crecimiento continuo de la productividad. Cada unidad de trabajo humano produce cada vez más, y así crece la riqueza de las naciones.

En un sentido más amplio, en el centro de la economía de mercado está el valor de la libertad. El **contrato,**[19] inventado por los romanos, es un acto mediante el que dos voluntades libres concuerdan en aceptar un mismo acuerdo, por ejemplo, la transferencia de la propiedad de un objeto de una a otra de las partes contrayentes a cambio de un precio libremente convenido. Así se organiza la cooperación social a través de la libertad. La importancia del contrato está clara si se confronta la economía de mercado o economía libre con la economía de mando. En una economía de mando, uno impone las condiciones del intercambio (el más poderoso) y se apropia de los bienes de otros a cambio de un precio que él decide arbitrariamente. La economía de mando es incompatible con una sociedad libre, ya que no incentiva el crecimiento de la productividad porque no premia al mejor productor, sino al sujeto más poderoso, obstaculizando así el crecimiento económico. El fracaso de las economías socialistas ha confirmado la superioridad de las economías de mercado libre.

---

[18] *Ibid.*, 42.

[19] Gayo. *Instituciones*. 3, 89.

Problemas de mercado

¿Todo bien entonces con el mercado libre? ¿Son totalmente injustificadas las críticas al liberalismo, al neoliberalismo y al turbocapitalismo? No exactamente. El sistema de mercado libre es un poco como el sexo o el agua: positivo en principio, pero puede ser destructivo si no es guiado por la razón.

Un primer problema consiste en el hecho de que el mercado es el mejor sistema para registrar deseos y necesidades y orientar la producción hacia su satisfacción. El mercado registra, pero solo deseos y necesidades de quienes son solventes, es decir, de quienes pueden pagar por su satisfacción. Los que no tienen medios de cambio (dinero, mercancías o capacidad de trabajo que se pueda vender en el mismo mercado), no tienen acceso al mercado. Se quedan fuera. Son parias. No existen. Pueden morirse de hambre sin más.

Un segundo problema es que en algunos países no todos tienen igual acceso al mercado. Viejas clases dominantes restringen artificialmente el acceso a la iniciativa empresarial y condenan a la vasta mayoría de los trabajadores a trabajar en un sector informal, sin protecciones ni garantías de ley. Para entrar en el mercado son necesarios algunos requisitos: el acceso al crédito en condiciones razonables, la facilidad de registro de las empresas, etcétera. Donde todo esto falta, la gran mayoría de los trabajadores se quedan al margen del mercado o totalmente fuera de él. El contrato, como instrumento de encuentro entre dos voluntades libres, es falsificado porque el trabajador, por falta de alternativas, solo puede aceptar las condiciones que el empresario le dicta. La economía de mercado libre se transforma en una mal disfrazada economía de mando. Esta era la situación de Europa al inicio de la Revolución industrial y esta es la situación a la cual responde León XIII con la encíclica *Rerum Novarum*.[20] Actualmente, esta sigue siendo la situación de muchos países de América Latina.

También en los países más desarrollados, las empresas más grandes, las que ganan en la competición, intentan sistemáticamente cerrar el mercado, es decir, impedir que entren en el mercado nuevos competidores. Tener abierto

---

[20]   Iglesia católica. Papa León XIII (1891). *Rerum Novarum*. 43 y ss. Véase, especialmente, la sección 45.

el mercado y luchar contra la formación de monopolios es una tarea permanente de la política.

El sistema de mercado libre comporta una competición continua para descubrir nuevos métodos de producción que permitan producir con menos trabajo lo que antes se producía con más. En ello consiste el incremento de la productividad. Pero cuando nueve trabajadores producen lo que antes producían diez, el resultado es que nueve se vuelven más ricos y uno se queda desempleado. La competición genera sistemáticamente un exceso de trabajo y el desempleo. El crecimiento de la riqueza total de la sociedad será efecto del trabajo de los desempleados cuando encuentren un nuevo trabajo. El resultado provisional es el desempleo, el miedo de no encontrar un nuevo trabajo y la dificultad de adquirir las nuevas capacitaciones necesarias para un nuevo trabajo. Apoyar al desempleado con un subsidio adecuado para su vida y la de su familia, orientarlo hacia un nuevo trabajo indicándole los sectores nuevos en que hay empleos disponibles y capacitarlo con una formación profesional adecuada son las tareas de una política social moderna.

Los apologistas de los sistemas de mercado libre siempre alaban un mercado perfecto en el cual todos los factores de producción se encuentran libremente a través de la ley de la oferta y la demanda. Pero los mercados reales son mercados imperfectos en que hay muchas asimetrías de conocimiento, de acceso a crédito, de disponibilidad de infraestructuras... El resultado es que los mercados reales funcionan a favor de los ricos y de los poderosos. Muchos movimientos populistas se rebelan contra los mercados e intentan construir formas ingenuas de economía de mando que resultan poco fructíferas y producen ineficiencia burocrática y el dominio de agrupaciones políticas no democráticas.

La tarea de las fuerzas políticas populares es, por el contrario, abrir los mercados, luchar contra las asimetrías y los monopolios, asegurar a todos el acceso al mercado, y el funcionamiento democrático de los mercados al servicio de todos.[21]

Aun en un mercado abierto, funcional y democrático, habrá hombres que se queden fuera de él. Cada sociedad vive de la lógica del intercambio de

---

[21] De Soto, Hernando (1986). *El otro sendero*. Perú: Barranco.

equivalentes (el mercado) y de la lógica de la gratuidad (la familia y el llamado tercer sector, la caridad social). El mercado mismo no es una realidad natural, sino una institución social. Este nace de una decisión social que lo precede (la exclusión de la violencia de las relaciones sociales que pone fin a la economía de mando) y puede subsistir solo a hombros de una política que no permita que se cierre nuevamente (es decir, que se afirme una nueva economía de mando, un capitalismo monopolista apoyado por el Estado).

Conclusiones

Dios creó la tierra y la regaló a todos los hombres para que la cuidasen y viviesen de sus frutos. Para cuidar mejor la tierra, los hombres la dividieron entre sí, entre diferentes naciones e individuos. De la propiedad privada de la tierra y de los otros instrumentos de producción nació la división del trabajo, la especialización productiva y el sistema de mercado. Todo eso es justo y legítimo, pero queda bajo una hipoteca social: todos los hombres deben tener la posibilidad de vivir de los frutos de la tierra.

La política tiene la tarea de abrir el mercado para que todos puedan participar de sus beneficios. Además, debe complementar el mercado con políticas sociales para los que no puedan participar de él.

2. El cambio de época en la economía

Fin de las teorías subdesarrollistas

Cuando yo era joven, el último grito de la moda en el mundo de la economía eran las teorías del subdesarrollo. Estas decían que la pobreza de los países subdesarrollados era el resultado de su inserción en el sistema de mercado mundial. Los primeros países industrializados ocuparon las posiciones más ventajosas en el mercado mundial, y los otros, sin estar en condición de competir, tuvieron que conformarse con las posiciones más desfavorecidas, como la producción de materias primas, a precios muy baratos. Como consecuencia (dicen los teóricos del subdesarrollo), los países del llamado tercer mundo no son países con retraso de desarrollo, sino países funcionalmente subdesarrollados que nunca llegarán a mejorar su condición en el seno del mercado capitalista.[1] La única salida es, para ellos, la revolución socialista y la salida del mercado capitalista. Solo así podrán desarrollar una industria propia para responder a la demanda de su mercado interno y comerciar entre ellos creando un mercado alternativo socialista. Un eslogan del presidente Mao sintetiza este tipo de pensamiento y de atmósfera espiritual: "confía en tu propia fuerza". Fue un fracaso rotundo y total. La política del "gran salto hacia adelante" en China terminó con una carestía en que murieron millones de personas. El resultado final fue la crisis del marxismo y del maoísmo y el inicio de las reformas capitalistas de Deng Xiaoping. Otros países que intentaron seguir el ejemplo de China sufrieron derrotas similares: Camboya, Etiopía, Mozambique… Por el contrario, países que buscaron una inserción en el mercado global crecieron muy rápido y pudieron mejorar las condiciones de vida de sus pueblos. Al principio fueron llamados los cuatro tigres del Sureste Asiático: Hong Kong, Singapur, Corea del Sur y Taiwán. Después se agregó China, Chile en Latinoamérica y muchos otros países.[2]

---

[1] Cardoso, F. H y Faletto, E. (1977). *Dependencia y desarrollo en América Latina*. Buenos Aires: Siglo XXI.

[2] Schuman, M. (2010). *The Miracle. The Epic Story of Asia's Quest for Wealth*. Nueva York: Harper.

Inicios de la globalización

¿Estaban totalmente equivocadas las teorías subdesarrollistas de los años setenta, que fueron también el trasfondo cultural del guevarismo y de la teoría de los focos de guerrilla en Latinoamérica? En verdad, el sistema de comercio internacional funcionaba contra los países del llamado tercer mundo en los años sesenta y setenta. Pero la razón fundamental no era la supuesta incapacidad competitiva de los países pobres, sino el elaborado sistema de tarifas aduaneras y reglamentaciones técnicas que protegía los mercados de los países ricos. Los acuerdos de Punta del Este y de Marrakech entre los años 1986 y 1994 generaron una dramática apertura de los mercados mundiales. Esta liberalización fue una gran oportunidad para los ricos del mundo, que pudieron invertir masivamente en los países pobres, donde el trabajo era más barato y la protección de los derechos del trabajador insignificante, y así producir bienes y servicios en esos lugares y exportarlos en los países ricos con enormes ganancias. También fue una gran oportunidad para los pobres, que encontraron abundancia de puestos de trabajo, muy mal pagados en verdad, pero mucho mejor que morir de hambre por las condiciones previas. Los perdedores de la globalización fueron las capas medias y los pobres de los países ricos, que se encontraron expuestos a la competición con los pobres de los países pobres, dispuestos a trabajar por salarios ínfimos y con condiciones de trabajo muy inferiores a lo que estábamos acostumbrados a considerar como aceptable y justo.

Hay un cambio enorme en la geografía económica del mundo. La manufacturación se desplaza de Occidente a Oriente. Las cosas se fabrican materialmente en China, en India o en el Sureste Asiático, y después se transportan a Occidente con enormes barcos mercantes. Crece enormemente el comercio internacional y hay que adaptar los puertos y otras infraestructuras a niveles mucho más altos de tráfico. Se dobla el tamaño de los canales de Suez y Panamá...[3]

---

[3] Claudio Rigacci, C. (2004). *Prima e dopo Seattle: Il GATT, il WTO e i paesi in via di sviluppo*. Milán: Franco Angeli.

Fin de las políticas keynesianas

Las políticas tradicionales de apoyo al crecimiento se dieron en los años de posguerra. Keynes formuló su propuesta de política económica en los años de la Gran Depresión. Su obra maestra, *Teoría general de la ocupación, el interés y el dinero* es del año 1936.[4] Keynes vio que había un gran número de desempleados y una gran cantidad de dinero estancado y sin utilizar en los bancos. Los empresarios no se atrevían a ahorrar dinero para hacer inversiones nuevas y crear puestos de trabajo por el clima general de desconfianza que había. Los banqueros estaban dispuestos a conceder préstamos con condiciones muy favorables y tasas de interés muy bajas, pero nadie tenía proyectos empresariales válidos para invertir. La conclusión de Keynes fue que el Estado tomase la iniciativa de pedir prestado el dinero a los bancos y lo invirtiera en aumentar los gastos públicos. El Estado contrataría empleados públicos, ellos gastarían sus sueldos comprando bienes y servicios, el mercado se reanimaría por esta demanda adicional de bienes y servicios, y las empresas ampliarían su producción y contratarían nuevos empleados que, a su vez, gastarían sus respectivos salarios; el mercado se ampliaría ulteriormente y, al final, el sistema de expectativas se invertiría y los empresarios reencontrarían el coraje para tomar nuevas iniciativas y comenzar un nuevo ciclo de desarrollo económico.

El motor del desarrollo económico sería, así, el gasto público del Estado. El problema del modelo keynesiano es que hacía crecer la deuda pública. Los defensores del modelo dicen que el crecimiento económico trae consigo el crecimiento de los impuestos, y eso equilibra de nuevo las finanzas públicas. Con el modelo keynesiano, los Estados europeos han financiado un estado social generoso que ha garantizado muchos derechos sociales para los pobres y para todos los ciudadanos.

Ahora esto ya no funciona. Lo que falla es, fundamentalmente, el llamado multiplicador keynesiano. Este multiplicador consiste en la relación entre el aumento del gasto público y el impulso total de crecimiento que recibe la economía. Este impulso total de crecimiento es la suma del aumento del gasto

---

4 Keynes, J. M. (1996). *Teoría general de la ocupación, el interés y el dinero.* Madrid: Ediciones Aosta.

público y del gasto privado que sigue como consecuencia. En el modelo key-nesiano tradicional, este multiplicador es muy elevado. Los trabajadores gas-tan todo su dinero en la compra de bienes y servicios de producción nacional. En tiempos de globalización, una buena parte de los salarios va a la compra de bienes y servicios producidos en otros países, y alimenta la creación de empleo en ellos. El impulso del gasto público se dispersa muy rápido. El multiplicador keynesiano se achica, y con ello disminuye la creación de empleo. El resulta-do último es que los impuestos no suben lo bastante como para pagar el cre-cimiento de la deuda pública. El Estado se confronta con la perspectiva de la quiebra o, para evitarla, debe imprimir dinero y hacer que la inflación crezca monstruosamente. Este es el problema fundamental de las economías de los países europeos, y también de Estados Unidos. Estamos ante una de las raíces principales de la crisis fiscal de los Estados contemporáneos.[5]

El gran desafío de la competitividad

El escenario que hemos descrito parece indicar un declive necesario de Occi-dente, el cual parece ser confirmado por muchos elementos. A comienzos de los años cincuenta, Estados Unidos tenía más o menos la mitad del producto interno bruto mundial mientras que china poseía el 3%. Hoy, Estados Unidos tiene el 20%, la Unión Europea otro 20% y China el 15%. De cara al futuro, China tiene un potencial de crecimiento muy superior a Estados Unidos o Eu-ropa. El PIB per cápita chino sigue estando cerca del 20% del estadounidense. Es posible y justo que esta diferencia siga disminuyendo en el futuro. Parece que Occidente está perdiendo el gran desafío de la competitividad a causa de los bajos salarios que se pagan en los países emergentes.

Pero ahora debemos introducir otra perspectiva que puede cambiar subs-tancialmente nuestra visión del futuro económico del mundo.

---

[5]   Lecaillon, J. D. y La Page, J. M. (2013). *Économie Contemporaine. Analyse et Diagnostics*. Bru-selas: De Boek.

La economía del conocimiento y las dos formas de competición

Mientras las producciones tradicionales se desplazan hacia el sur del mundo a causa del atractivo de los bajos salarios, crece un nuevo mundo económico, el de la **economía del conocimiento**, que está cambiando ya hoy el mundo en que vivimos.

Para entender lo que está pasando, debemos ahora concentrar nuestra atención sobre el tema de la productividad. La productividad del trabajo es la relación entre su costo y la producción. Ante la paridad de otros factores, las inversiones van hacia donde la productividad es más alta. La productividad es el factor decisivo en la competición económica.

Muchos años atrás, un economista alemán y americano, Goetz Briefs, explicó que hay dos tipos de productividad. Una de ellas comprime los derechos del trabajo, aumenta los ritmos y disminuye las retribuciones. Los países emergentes ganan en el sector de la manufactura precisamente por el bajo costo de su trabajo. Se cierran fábricas en Europa o Estados Unidos y se abren en China o en India. El trabajador europeo o estadounidense es forzado a aceptar salarios chinos o a quedarse desempleado.

Pero hay también otra forma de competición y de productividad. Esta forma se basa en la inversión sistemática de conocimientos en el proceso productivo, en la innovación de producto o de proceso.[6] La innovación de producto consiste en la producción de algo nuevo que antes no existía. Cuando se produjeron los primeros ordenadores portátiles, por ejemplo, se dio una innovación de producto. Solo los que los inventaron sabían como producirlos y las invenciones estaban protegidas por patentes. Quien quisiera tener uno, debía comprarlo de ellos al precio que ellos decidiesen. Los dueños de este tipo de conocimiento se volvieron inmensamente ricos en un corto plazo de tiempo. Aquí, la competición está en atraer a los trabajadores más brillantes y geniales con salarios más altos.

La innovación de proceso se da cuando se descubre un método completamente nuevo para producir una mercancía o un servicio. Hoy se puede

---

6 Véase: Streithofen, H. B. y Von Voss, R (eds.) (1980). *Goetz Briefs. Auswegewählte Schriften. 2. Berlín: Bände.*

construir un sistema íntegramente automatizado para descargar los contenedores de los barcos en las barcazas y cargarlos luego directamente en el ferrocarril. En los puertos que utilizan estos sistemas, unos pocos ingenieros altamente especializados hacen un trabajo que antes ocupaba a cientos y miles de hombres. Los procesos de producción automatizados están reportando algunos procesos productivos de los países emergentes hacia Europa. La revolución informática está cambiando el modo de vivir y de producir de todo el mundo. Es una revolución en auge expansivo que transforma progresivamente todos los sectores productivos y todas las áreas de la vida.

La inversión sistemática del conocimiento en los procesos productivos[7]

Más importante aún que la revolución informática en sí misma es la modalidad de su producción. Esta modalidad es la inversión sistemática de conocimientos en los procesos de producción de bienes y servicios; el ligamen estricto entre producción de conocimientos y producción de bienes y servicios. Nace así un nuevo tipo de economía: la llamada economía del conocimiento.

Ya podemos especificar algunas áreas en las cuales la economía del conocimiento está produciendo cambios de grande alcance:

Está en la revolución informática, de la cual ya hemos dicho algo, y que además de ser absolutamente omnipresente, ofrece el trasfondo de todas las otras. Se da en los nuevos materiales que hacen posibles obras de ingeniería antes impensables en los sectores tradicionales de la ingeniería, como la construcción de puentes o edificios. Aparece también en sectores totalmente nuevos como las bioingenierías restaurativas de la movilidad de extremidades o de funciones del cuerpo humano. También puede verse en las biotecnologías fundadas en la aplicación a la medicina y a las otras ciencias (por ejemplo, la agricultura) de los resultados de los estudios del ADN humano y del ADN de las plantas y de los animales. De igual forma, encontramos la economía del conocimiento en las nuevas fuentes de energía renovables que permiten hacer a Europa relativamente independiente de los importes del petróleo y del gas. Por último, también se halla en los nuevos métodos

---

[7]   Rooney, D., Hearn, G. y Ninan, A. (2005) *Handbook on Knowledge Economy*. Cheltenham: Edward Elgar.

de extracción de gas de esquisto mediante fracturación hidráulica que hacen en Estados Unidos independiente de las importaciones de petróleo. Si consideramos lo importante que fue en el pasado el petróleo para la política internacional, nos damos cuenta de como estos cambios han transformado nuestra situación geopolítica y el equilibrio del poder mundial.

Nace un espacio informático fuera de la soberanía de los Estados

Cada año, la revista *Fortune* publica los nombres de los 500 hombres más ricos del mundo. Es interesante el hecho de que los primeros lugares de esta clasificación siempre los tienen los grandes empresarios de la llamada ICT (*Information and Communication Technology*). Son expresiones típicas de la economía del conocimiento, hombres que unen en sí las características del gran inventor tecnólogo o del genio empresario.

Esta gran riqueza nace, sin embargo, de una gigantesca evasión y erosión fiscal. Las grandes empresas del ICT no pagan impuestos, o al menos, pagan mucho menos de lo que sería necesario y justo. La razón es muy simple: ¿Quién es el que tiene el poder impositivo sobre el valor que se produce en la red informática?

Imaginemos una compra de bienes inmateriales (por ejemplo de derechos de transmisión) que se hace por vía informática entre Colombia y Nueva Zelanda, y que puede pasar por un número infinito de intermediarios. ¿Deben pagar impuestos en Colombia? ¿Acaso en Nueva Zelanda, o en cualquiera de los países intermediarios? La evasión fiscal es, en estas circunstancias, más frecuente que evitable. Por ejemplo, una empresa multinacional negocia con un Estado, el cual le promete que no pagará impuestos para que esta pueda recibir en él todas sus ganancias. A cambio, la empresa compensa al Estado con la creación de empleo en su territorio al situar ahí una parte importante de sus oficinas, defraudando en el proceso a todos los demás Estados susceptibles de obtener ciertas contribuciones fiscales.

Recientemente, la Unión Europea impuso pagar trece mil millones de impuestos en Irlanda a una gran empresa informática, e intenta regular el problema, al menos en lo que concierne a los países que la componen.

Soluciones sobre una base solamente nacional son imposibles, y sobre una base solamente continental son insuficientes. Sería necesario un acuerdo global. El comercio mundial se transfiere cada vez más a plataformas informáticas, y el Estado pierde la soberanía fiscal sobre una parte creciente de la producción.[8] Los Estados ricos ya no pueden financiar el Estado social con políticas keynesianas, van desesperadamente a la búsqueda de recursos, y pierden el control de una parte importantísima de su base impositiva. Nace un nuevo espacio informático fuera de la soberanía de los Estados.

Cambian las reglas del comercio

Imaginemos que nuestro amigo Paco tiene que hacer un viaje a París. Entra a *Booking.com*, y desde la página *web* reserva la habitación en un hotel y también el coche para ir a él desde el aeropuerto. Con muy pocos empleados y un sofisticado sistema de algoritmos, *Booking.com* sustituye a la agencia de viajes tradicional que empleaba un número mucho más grande de trabajadores. Hay algo más: si eres un hotelero y no estás en *Booking.com*, estás perdido; nadie irá a tu hotel. Para estar en *Booking*, por supuesto, es necesario pagar.

Imaginemos ahora que Paco tiene que comprar cualquier cosa. Accede a Google y escribe el nombre de lo que quiere. De inmediato, abre una página con los posibles vendedores. Hay mil páginas de vendedores que ofrecen la misma mercancía, pero es muy improbable que Paco vaya más allá de la página de resultados número 10. Los vendedores que no estén posicionados en las primeras páginas pueden darse por perdidos. El lugar de cada empresa en los resultados de Google está determinado por algoritmos basados en la frecuencia de uso de los usuarios. Hay quienes dicen que esto no es cierto, pero aunque no lo sea, en el futuro Google podría vender el posicionamiento en las primeras páginas y determinar así el destino de una empresa.[9] Se pueden comprar

---

8   Véase, por ejemplo, el comunicado de prensa de la Comisión Europea del 18 de marzo de 2015, al que puede accederse desde el siguiente sitio web: https://ec.europa.eu/commission/presscorner/detail/es/IP_15_4610.

9   N. del T.: En los años transcurridos desde la redacción de este artículo han cambiado muchas cosas, y esta predicción del autor se ha hecho una realidad, por ejemplo, a través del posicionamiento SEM.

ya hoy paquetes de llamadas artificiales (que no se corresponden con clientes potenciales reales) para mejorar la posición propia en las páginas de internet.

Tanto todo el comercio como todo el sector de la producción de servicios están en una revolución cuyas conclusiones y consecuencias no se pueden imaginar.

Nace un nuevo tipo de criminalidad informática. En el pasado, el crimen organizado pretendía, a través de los sobornos, proteger ciertos negocios. Si uno rechazaba pagarlos, le quemaban las puertas del restaurante o le disparaban algunos cartuchos frente a las ventanas de su casa. La mafia informática hoy envía mil comentarios desfavorables generados con algoritmos apropiados en el sitio informático del restaurante. Nadie irá más a este restaurante hasta que el propietario no pague a una agencia de seguridad informática para que lo proteja de estos ataques informáticos o, quizás, genere los pertinentes comentarios favorables de forma artificial.

La reglamentación de internet y el derecho de acceso a la red

Estos cambios cuestionan profundamente el sistema del mercado libre. Un elemento fundamental, el acceso a la comunicación, prevalece sobre todos los elementos que, tradicionalmente, solían ser determinantes en la competición en el mercado. Quien tiene acceso a la comunicación gana contra los que producen mejor calidad a precio más barato.

Las grandes empresas de la ICT intentan establecer un monopolio y no permitir que otras empresas cuestionen su posición dominante en el mercado informático. De esta posición de poder monopolístico en un sector de mercado, ellos se mueven para ganar posiciones monopolísticas en otros sectores también, primariamente en los de servicios y comercio.

Nace un nuevo capitalismo de monopolios que cierra la competición y plantea un problema político fundamental.[10]

Una situación análoga se le presentó a Estados Unidos al final del siglo XIX. Rockefeller, con su Standard Oil, había realizado un monopolio virtual

---

[10] Rovi, A., Clemente, D., y Serrano, G. (2006). *Los Monopolios y las TIC*. ASAI. Recuperado de: https://www.danielclemente.com/apuntes/asai/mono.html

de la producción y distribución de derivados de petróleo. Dada la dependencia de todos los sectores productivos de la abundancia de energía, Rockefeller se estaba transformando en el dueño de una gran parte de la economía americana. Rockefeller con el petróleo, Carnegie con el acero y Morgan con el crédito, crecieron hasta el punto en el que juntos, habrían podido controlar todo el mercado de Estados Unidos y sofocar la democracia estadounidense.[11] El resultado fueron las leyes antimonopolio que reabrieron el mercado a la competencia y con ello salvar la democracia americana.

Me parece que hoy estamos frente a una situación parecida. Necesitamos leyes para disolver los monopolios que ahora dominan el mercado informático.

Debemos impedir el control unilateral de la información por parte de los grandes monopolios. La información es hoy el bien más importante. Las grandes sociedades que controlan la información acumulan una cantidad infinita de datos sobre sus usuarios y tienen los instrumentos matemáticos para manejarlos. El tráfico de datos es el negocio del siglo XXI. Las sociedades que controlan la información ponen a los productores en relación con los consumidores, instituyen un sistema de intermediación universal, toman por sí mismas la mejor parte de las ganancias y controlan toda la economía.

Garantizar a todos el acceso a la red informática en condiciones razonables es hoy uno de los problemas fundamentales de la política económica.

La comunicación es fundamental no solo para el comercio, sino también para la política. El pueblo decide en las competiciones electorales sobre la base de información que tiene. Si el sistema de información está manipulado, también el resultado electoral lo estará. Quienes tienen el control del sistema de la información tienen también las llaves de la política. Lo que está en cuestión es el futuro de la democracia. Más allá de la esfera estrictamente política, es todo el sistema de la educación y de la cultura el que está bajo peligro de manipulación.

Internet se presentó en el pasado como un instrumento de libertad, un espacio de comunicación libre de la inferencia del Estado y de cualquier autoridad. Se ha transformado, sin embargo, en un espacio de manipulación

---

[11] Rudolf Peritz, R. (1996). *Competition Policy in America. 1888-1992*, Nueva York: Oxford University Press.

universal. Es difícil negar hoy la necesidad de una reglamentación de internet. Pero hay que considerar dos aspectos. El primero consiste en que la reglamentación es imposible en el ámbito nacional. Grandes entidades continentales como los Estados Unidos o la Unión Europea pueden intentar esta empresa con cierta esperanza de éxito, pero solo un acuerdo mundial puede ser realmente eficaz. El segundo problema es que el peligro de transferir el poder de la red a las manos de los Estados es muy grande, y no tenemos garantías de que los Estados lo utilicen mejor que los monopolios actuales. Véase como ejemplo lo que está pasando en China, donde el Estado intenta imponer su control sobre la red. Este es un campo en el que sería necesario pensar un sistema de autoridades independientes.[12]

La financiación de la economía

En el sistema tradicional, el motor de la economía es la iniciativa empresarial. El empresario tiene una idea empresarial, es decir, imagina una combinación de factores productivos que se pueda vender a un precio favorable, superior a la suma del costo de los factores. Para realizar esta combinación, el empresario necesita capital, dinero. Él contacta con el banco y pide un préstamo. El banquero tradicional evalúa la propuesta empresarial y considera las probabilidades de éxito: debe considerar si la idea es buena en sí misma; después debe valorar si el empresario es una persona honesta y capaz de realizar la idea, y debe tener también en cuenta la posibilidad de eventos imprevistos e imprevisibles (por ejemplo, la muerte del empresario) que puedan provocar el fracaso incluso de la más brillante de las ideas empresariales. Al final de este proceso de evaluación de la solvencia crediticia, el banquero concede el préstamo y determina la tasa de interés.[13] Cuanto mayor es el riesgo, más alta será la tasa de interés. Además, para asegurarse contra el riesgo, el banquero pone en reserva una suma correspondiente al nivel de riesgo. Si hay un riesgo del 10% de que la empresa fracase y el préstamo no sea restituido, el banquero pondrá a reserva una suma de dinero igual al 10% del préstamo. Entre diez préstamos de este

---

12   Moles, R. J. (2004). *Derecho y control en internet: la regulabilidad de internet*. Barcelona: Ariel.
13   Rubio, P. (2007). *Manual de análisis financiero*. EUMED.

tipo, uno no será restituido y la pérdida será compensada con las reservas. De este modo, el banquero tutela el dinero de los depositantes, quienes confían sus ahorros al banco. El banquero lo presta a los empresarios y toma las medidas pertinentes para proteger a los depositantes.

Desde los años ochenta, se difundió progresivamente otro estilo de conducción financiera. El banquero ya no necesita hacer una evaluación exacta del riesgo y tener reservas. El crédito se da más fácilmente. No se tienen ya tantas reservas y se pueden distribuir a los accionistas beneficios mucho más altos porque el dinero que antes se acantonaba como reserva ahora se distribuye como dividendo. Este nuevo estilo de conducción fue, naturalmente, muy popular entre los accionistas. ¿Y como protege el banco a los depositantes del riesgo de fracaso en la empresa y de la pérdida de préstamo en este modelo? Los créditos se dividen en partes y las partes se mezclan en títulos de crédito que después se venden a los clientes del banco (que pueden ser sus mismos depositantes). En otras palabras: se crean títulos de crédito mixtos que resultan de la mezcla de títulos de mala calidad con otros de calidad ligeramente superior, de tal forma que sea difícil entender exactamente cuál es su solvencia o su valor real. Así, el banco transfiere el riesgo al incauto comprador de estos títulos. Puede ocurrir también que el banco haga un seguro sobre los dudosos títulos que vende. No es un seguro a favor del pobre comprador, sino en beneficio propio. De esta forma, sobre este título de mala calidad el banco gana dos veces: cuando lo vende y cuando el deudor incumple.

Naturalmente, también otros bancos negocian estos títulos. Incluso aunque este sea el estilo de conducción de solo algunos de ellos, el sistema sigue funcionando y los bancos que adoptan esta nueva metodología de trabajo ganan un montón de dinero. Pero si todos hicieran lo mismo, el resultado sería que las cajas fuertes de todos los bancos se llenarían de títulos de crédito de valor dudoso. Cuando los primeros de estos títulos resulten insolventes, una crisis de desconfianza se propagará por todo el sistema. Los bancos mismos no sabrán cuál es el valor real de los títulos que poseen.

Hubo un día terrible al inicio de la gran crisis de 2007 en que la incertidumbre era tan grande, que los bancos no se daban crédito los uno a los otros ni por 24 horas.

Otra dimensión de los cambios en el sistema de los bancos es el llamado problema de los derivados. Un título derivado es un título de crédito dependiente de otro título. Ya lo hemos mencionado al hablar de la génesis de la crisis de 2007. Esta nace de títulos dependientes, de una u otra manera, de otro título. Un primer defecto de los derivados es que la cadena de la dependencia hace menos transparente el título y más difícil la comprensión de su valor real y de su nivel de riesgo.

Pero esa es solo una parte del problema. Una modalidad usual de crear un derivado es activar un seguro. Si un empresario europeo vende un bien de su producción en Estados Unidos a cierto precio, con pago en 180 días, es muy razonable hacer un seguro que me garantice sobre el valor del dólar a 180 días, es decir, contra el riesgo de que el cambio euro/dólar varíe en este tiempo de manera desfavorable. Este título derivado es perfectamente aceptable y no crea problemas.

El título derivado es accesorio a una operación real de intercambio de bienes o servicios. Imaginemos que se hace un seguro sobre el cambio euro/dólar sin tener ninguna operación en curso de intercambio real. Aquí el título derivado no es accesorio. Lo que se realiza es, simplemente, una apuesta. Se crea un circuito en que el dinero se transforma en más dinero sin pasar a través de la inversión en la producción de bienes y servicios, sin comprar materias primas ni instrumentos de producción, sin crear empleos ni trabajo.

Hay dos objeciones fundamentales a este nuevo sistema o a este nuevo capitalismo. La primera es que es inmoral. El banco no está al servicio de la empresa y el capital no está al servicio del trabajo. Necesitamos inversiones de capital para crear puestos de trabajo, y los bancos se juegan los ahorros de la gente en un nuevo tipo de apuesta.

La segunda objeción es que a largo plazo no funciona, y al final pierden todos. Este sistema nos llevó a la crisis de 2007 y, desde entonces, siempre decimos que tenemos que reformarlo, pero no lo hemos hecho sino de forma muy parcial e imperfecta.[14]

---

[14] Buttiglione, R. (2012). *La Sfida. Far politica al tempo della crisi.* Soveria Mannelli: Rubbettino.

3. El cambio de época en la política

Ya no es cierto que los ricos se hagan cada vez más ricos y los pobres más pobres

Cuando yo era niño, estábamos acostumbrados a pensar que los ricos se hacían cada vez más ricos y los pobres más pobres. Y era realmente así. Toda la ayuda humanitaria que hemos dado a los países pobres no ha cambiado mucho esta situación. Cada año, las estadísticas mundiales mostraban el abismo creciente entre los países ricos y los países pobres. Hay quienes siguen repitiendo el mismo discurso todavía, pero ya no es así. No podemos comprender el mundo de hoy si no nos damos cuenta del hecho de que *algunos pobres se están haciendo ricos y algunos ricos se están haciendo pobres.*[1]

No todos los pobres se están haciendo ricos; solo algunos. Otros pobres siguen siéndolo, y los hay que se precipitan aún más en la pobreza, si es que es posible. Esta es una causa primaria de tensión en la política contemporánea. Es más fácil ser pobres cuando todos son pobres que cuando algunos se hacen ricos. Veo que mi vecino va adquiriendo un modesto bienestar y eso me hace sentir aún más pobre. Mi pobreza en sí no aumentó, pero su peso y el sentimiento de privación y frustración sí. ¿Por qué ellos sí y yo no?

El sentimiento de privación que nace del quedarse pobres cuando otros se hacen ricos

Tomemos un ejemplo concreto: China. La distancia absoluta entre China y Estados Unidos ha disminuido mucho, pero China tiene 1 300 millones de habitantes. De ellos, a lo mejor 300 millones han crecido y tienen ahora un ritmo de vida comparable con el de los europeos y los estadounidenses. Los otros se han quedado pobres, como lo eran antes. La distancia entre Estados Unidos y China se ha reducido; la distancia entre los ricos y los pobres en el interior de China ha aumentado. Así, en cierto sentido, sigue siendo verdadera la

---

[1] Groeningen Growth and Development Center. Penn World Table Version 9.1. DOI: 10.15141/ S50T0R

proposición que dice que los ricos se hacen más ricos y los pobres se hacen más pobres. Sigue siendo verdadera, sí, pero solo en cierto modo y no en otros. Algunos países (grandes países en los cuales vive la mayoría de pobres del mundo: China e India) se van desarrollando. Las distancias sociales en el interior de estos crecen,[2] lo que genera enormes tensiones sociales internas.

Si no encontramos políticas que favorezcan un crecimiento más equilibrado en el futuro, es probable que las actuales estallen con consecuencias catastróficas para estos países y también para la paz mundial. Ambos países, China e India, poseen armamento nuclear.

Algunos países no crecen y se hacen más pobres. Frente al desarrollo de los vecinos, crecen la frustración, el sentimiento de injusticia y la convicción de ser víctimas de una conspiración internacional, además de la disposición a seguir a líderes populistas que propongan una salida violenta de una situación intolerable.

El hecho de que algunos pobres estén mejorando su situación es, por supuesto, una buena noticia, pero es también anuncio de problemas que la política tiene que manejar y solucionar.

Algunos países ricos se están haciendo pobres

Si es grande la frustración de un país pobre que se queda igual mientras el vecino se hace rico, aún más lo es la frustración de un país rico que se empobrece mientras su vecino, que era más pobre, se enriquece.

Tenemos en la historia algunos ejemplos parecidos. Uno es el de Argentina. El drama de Argentina no es solo el de ser un país pobre, sino aún más el de haber sido un país rico ahora empobrecido. La frustración de la gente es aún más grande. Otro ejemplo es el de Alemania antes de la II Guerra Mundial. En el caso de Alemania, el drama del empobrecimiento se suma al de la guerra y la derrota militar.

Por gracia de Dios, este no es el caso de los países ricos que hoy se sienten amenazados por la pobreza. Pero no se entiende un fenómeno como el de Trump en Estados Unidos si no se considera que en los últimos años este país

---

[2]   Fondo Monetario Internacional (22 de enero de 2014). *Fiscal Policy and Income Inequality*.

se ha ido desindustrializando. Muchos puestos de trabajo se fueron a China porque allí el trabajo es más barato y las reglas ambientales son menos estrictas. Los trabajadores industriales tuvieron la sensación de padecer una injusticia flagrante, y la clase dirigente norteamericana no supo ni defenderlos ni ofrecerles alternativas. El resultado es un resentimiento profundo que ha transformado radicalmente el panorama político norteamericano.

No son solamente los trabajadores de los sectores industriales tradicionales quienes se sienten humillados. La suma de los efectos de la globalización y de la automatización del trabajo impacta también en las clases medias y de los países desarrollados. Sus especializaciones productivas desaparecen a causa de la automatización y, en la actualidad, muchos empleos migran a los países que una vez fueron subdesarrollados y ahora son llamados emergentes.[3]

Algo parecido pasa en Europa, especialmente en Italia, Francia y Alemania. Las víctimas de la desindustrialización culpan erróneamente a los migrantes de la causa de sus problemas, pero los problemas que tienen sí son reales, y no se equivocan al pensar que sus clases dirigentes no supieron ni concretarlos a tiempo, ni proponer estrategias políticas para solucionarlos.

Se invierte la relación entre la economía y la política

Hace tiempo, cuando los confines de los Estados estaban bien delineados y encerrados por barreras aduaneras, la política tenía el control de la economía. La economía mundial se repartía en una pluralidad de economías naciones, y era cada Estado quien estaba en control de la economía de su nación. Las diferentes economías nacionales se comunicaban entre ellas a través de canales bien identificados y controlados por el Estado. En la época de la globalización, la economía se ha emancipado del control de la política. Las economías nacionales casi ya no existen y el Estado no las puede controlar. Los Estados han perdido en gran medida su soberanía.

Pongamos un ejemplo (absolutamente real): un Estado quiere hacer una ley de tutela del medio ambiente más exigente para la protección de la salud

---

3   Bluestone, B. y Harrison, B. (1982). *The Deindustrialization of America: Plant Closings, Community Abandonment and the Dismantling of Basic Industries*. Nueva York: Basic Books.

de sus ciudadanos. Una empresa le dice que no puede operar en su territorio si no le da el permiso de hacerlo ignorando la ley. Si el Estado dice que no, la empresa se marcha. Y puede marcharse porque no hay barreras aduaneras y, si se establece en otro lugar, siempre puede enviar sus productos al Estado en que estaba antes; no pierde ese mercado. ¿Qué hace la clase política? Si se exige el respeto de la ley, la economía nacional pierde 15 000 empleos (50 000 si se calculan las otras empresas conectadas vitalmente con la primera), y una ciudad de 180 000 habitantes muere, pues ninguna ciudad de tales dimensiones puede perder tantos puestos de trabajo y sobrevivir.[4] Eso no era posible antes, pues marchándose, la empresa perdía el acceso al mercado, defendido por los aranceles aduaneros.

La economía es móvil, la política es estática. El caso expuesto considera las reglas de protección del medio ambiente, pero se pueden presentar ejemplos similares para las leyes de protección laboral, las leyes que instituyen salarios mínimos, las leyes que aumentan los impuestos para financiar la política social... Dicho de otra forma, se pueden presentar ejemplos similares para todas las leyes que afectan a la economía.

No estoy diciendo que la política quede totalmente sin poder contractual. Pero de eso se trata, de poder contractual y no de poder de mando.

Hay una competencia mundial entre los Estados para atraer inversiones a su territorio. Es difícil que una compañía informática chantajee al Estado de California diciendo que se va de Silicon Valley. Hay tal concentración de estructuras y servicios para la informática en dicha área, que al marcharse, la compañía perdería una enorme ventaja competitiva. El Estado de California tiene, en este caso, un poder contractual fuerte. Si un Estado tiene una colocación geográfica favorable para cierto tipo de negocios, si tiene infraestructuras materiales de excelencia (puertos, aeropuertos, pueblos de carga, redes informáticas de gran capacidad y de alta velocidad...), si tiene centros de investigación científica avanzada, es decir, si tiene infraestructuras materiales y inmateriales de calidad, tiene una posición contractual favorable. Si no tiene estos elementos,

---

4   Véase: "Ex Ilva, ArcelorMittal: con la nuova legge Taranto chiude a Settembre". En *Il Sole 24 ORE*, de 26 de junio de 2019.

debe atraer inversiones mediante el bajo costo del trabajo, a través de una protección limitada de los derechos del trabajo, con una legislación para la protección del medio ambiente permisiva, con una imposición fiscal muy baja para los ricos que dificulte el pago de una atención médica universal o una asistencia social adecuada para los pobres...

En el siglo XIX, un profesor alemán escribió un libro titulado *El Estado comercial cerrado*.[5] En un Estado comercial cerrado, el Estado es plenamente soberano. En un estado comercial abierto, como son los de hoy, el Estado no es soberano; es uno de los actores del juego político y ya no tiene el control del sistema.

Es importante entender bien esto. Muchas veces la gente pide a la política lo que la política no puede dar, pues esta no es omnipotente.

La crisis financiera del Estado

Uno de los aspectos del cambio de época es la crisis financiera del Estado. El Estado no tiene dinero para financiar políticas a favor de los pobres.

Si eleva los impuestos a los ricos, los ricos se van a otro estado que les dé un tratamiento más favorable. Los que no se pueden ir son las clases medias que piensan que pagan ya demasiados impuestos y se rebelan violentamente contra cualquier idea de aumento de la presión fiscal.

Las políticas keynesianas dejan de funcionar por las razones que ya hemos expuesto.

Una parte creciente del valor se produce en la red informática mediante transacciones internacionales que no se pueden controlar sobre una base solo nacional.

El resultado es que es siempre más difícil para el Estado financiar políticas a favor de los sectores populares y contra la pobreza.[6]

---

5   Fichte, J. G. (1991). *El Estado comercial cerrado*. Madrid: Tecnos.

6   Escuredo, R. y Bueso, J. C. (2013). *Crisis económica y modelo social. La sostenibilidad del Estado de Bienestar*. Almería: Universidad de Almería.

Nacen movimientos populistas

En esta situación, el pensamiento neoliberal parece ser el único que corresponde a la realidad de los hechos. Este es el contexto en que el pensamiento neoliberal se transforma en pensamiento único. La alternativa comunista/revolucionaria fracasó. La alternativa keynesiana/reformista se hizo inviable. Pero resulta que la globalización no es buena para todos. Los perdedores de la globalización se rebelan. La rebelión no tiene cuadros conceptuales que puedan prospectar una alternativa.

Nacen movimientos populistas que expresan la rabia y la desesperación de los perdedores de la globalización. Los movimientos populistas son, en general, movimientos soberanistas. Piden de la política que alivie sus dificultades, y por eso quieren volver atrás en el tiempo y restituir a la política el poder perdido sobre la economía. Son enemigos de la globalización y también de las organizaciones regionales y continentales, a las que consideran como artífices de la globalización.

En general, cuando llegan al poder los movimientos populistas, intentan dar protagonismo a los sectores populares, aumentar los salarios, mejorar las condiciones de trabajo y de vida de los pobres... Al hacer eso, intentan, en general, aplicar medidas socialistas que traen consigo la burocratización de la sociedad, la caída de la productividad y el empobrecimiento general. El socialismo no funciona y no se puede resucitar.

Otras veces, los populistas intentan utilizar políticas keynesianas. Financian los gastos sociales en déficit. La consecuencia es que la deuda del Estado crece, se deteriora el curso de la moneda nacional, los precios suben y el Estado falla. Otra estrategia de los populistas es la de apartarse de la globalización instituyendo aranceles para proteger el producto nacional contra la competición mundial. Quieren salirse de las organizaciones regionales (Mercosur) o continentales (Unión Europea) para recuperar la completa libertad de la política aduanera y proteger mejor su mercado interno. El mayor factor de crecimiento de la productividad es, no obstante, la división internacional del trabajo, y la salida del mercado internacional se paga con el estancamiento de la economía, la disminución de la productividad y, al final, el regreso a condiciones de subdesarrollo.[7]

Solo los populistas de los países más grandes y poderosos pueden salir del mercado mundial

¿Es completamente absurda y sin perspectivas una estrategia de salida del mercado mundial? Debemos hacer aquí una distinción muy importante. Los países más grandes y más fuertes, los que tienen abundancia de recursos naturales y también de recursos no materiales (universidades, patentes, centros de investigación científica...), pueden intentar una estrategia que, en este caso, no sería de salida del mercado mundial sino de fragmentación. Estos países son, por sí mismos, una parte importante del mercado y tienen la posibilidad de convencer o coaccionar a otros a seguirlos, creando con ellos una zona comercial cerrada. No es fácil. Vemos en el caso de Trump que eso es exactamente lo que quiso hacer (o dijo querer hacerlo). No es fácil porque la división internacional del trabajo está muy adelantada, y la cadena de la creación de valor se mueve continuamente de un país a otro. Trump quiso poner aranceles para proteger la producción americana de automóviles, pero los componentes de los coches se producían en México. Si ponía aranceles a los componentes de autos mexicanos, subirían los precios de los autos norteamericanos, que dejarían de ser competitivos frente a los europeos. La tentativa de proteger la industria americana del automóvil se convertiría justo en lo opuesto.

Siempre se podría, naturalmente, poner aranceles también a los autos europeos. El resultado sería en este caso que el público norteamericano pagaría mucho más para comprar un coche, mermándose así su poder de compra.[8]

Tomemos el caso de las llamadas "tierras raras" chinas: la preparación del producto listo para el mercado requiere numerosos peajes desde China a Estados Unidos y viceversa, y no se puede poner aranceles al producto chino sin hacerle daño a los intereses americanos. La cadena de valor está tan mezclada

---

[7]   Vallespín, F. y Bascuñán, M. (2017). *Populismos*. Madrid: Alianza.

[8]   Brown, C. (30 de octubre de 2018). *Protectionism was threatening global supply chains before Trump*. Vox & CEPR Policy Portal.

entre diferentes países, que hace muy difícil reconstruir una cadena de valor estadounidense para protegerla contra otras naciones.

Si se intenta seriamente implementar una política de protección, será necesario intentar incluir en la propia área económica el número más alto posible de países para así poder disfrutar las oportunidades de un mercado más amplio y de cadenas de valor más complejas. Dicho con otras palabras: una política de aislamiento del mercado internacional se complementa inevitablemente con una política imperialista que incluya otros países en el área económica propia. Se forman así bloques comerciales cerrados que al final chocan entre sí también militarmente por el control del mercado mundial. Es el proceso que ya hemos visto dos veces y que ha conducido al mundo a dos guerras mundiales.[9]

Populistas y populares: movimientos populares y formación de clases dirigentes

¿Es el neoliberalismo el mal menor en la etapa de la historia del mundo, y están los movimientos populistas destinados al fracaso (chavismo), o a crear las condiciones para una deriva mundial imperialista, neocolonialista y militarista que nos puede llevar a la guerra (Trump)?

No es exactamente así. Los movimientos populistas son el resultado de una fractura entre las clases dirigentes y el pueblo. Las clases dirigentes se han demostrado incapaces de orientar la globalización hacia el bien de todos y han permitido que se cree una fractura entre los ganadores y los perdedores de la globalización, asegurándose, por supuesto, un lugar entre los ganadores.

La rebelión de los perdedores de la globalización carece de los instrumentos intelectuales para comprender la complejidad del mundo de hoy; busca soluciones fáciles y equivocadas para los problemas de nuestras sociedades globalizadas.

Si queremos evitar un camino de pobreza y de conflicto sin soluciones, lo primero que necesitaríamos sería la formación de nuevas clases dirigentes populares; clases dirigentes con una fuerte raíz en sus bases donde sus electores

---

9   Baldwin, R. (27 de septiembre de 2018). *Trump can't fix a 21st Century Problem with a 20th Century Thinking.* Vox & CEPR Policy Portal.

pudiera reconocerlas como suyas, porque tienen su olor y comen de su comida, con ello se convierten en miembros auténticos de la comunidad. La dirigencia nacería de un movimiento que caminara desde los intelectuales hacia el pueblo y viceversa.

Esta sería la condición preliminar para un nuevo tipo de política. La política de tipo nuevo presupondría una relación de tipo nuevo entre política, pueblo y cultura. Eso no implicaría, o al menos no necesariamente, la aparición de uno o varios partidos políticos nuevos. Implicaría, más bien, la reconstitución de una conciencia de pueblo o de una conciencia nacional. Para una política nueva, no sería suficiente, aunque sí necesaria, una visión adecuada de la complejidad. Sería necesario también un nuevo tipo de sujeto; un cambio de mentalidad, una conversión.[10]

Elementos de política popular dentro del sistema neoliberal

La política no carece de poder dentro de un sistema mundial neoliberal. Por supuesto, no debe tener la pretensión de mandar donde no tiene la fuerza para hacerlo, así como tampoco debe buscar el choque con el sistema cuando no tiene las condiciones para vencerlo. Una condición preliminar para una política exitosa es la garantía del Estado de derecho. Los tribunales deben juzgar según la ley, las sentencias deben ser previsibles, el respeto a la vida y de la propiedad deben estar garantizados, y la moneda debe ser estable, lo que implica que el Estado no puede endeudarse sin límites.[11]

Luchar contra los monopolios y abrir a todos la libertad de empresa

El primer problema de la política es abrir la posibilidad de acceso a un mercado realmente libre en el cual todos tengan la posibilidad de ejercer su creatividad y su iniciativa. La gran mayoría de los pobres latinoamericanos no son ni asalariados ni desempleados, sino trabajadores informales que trabajan muchas veces ilegalmente como autónomos. En estas condiciones, no pueden declarar

---

10   Rovira, C. *et al.* (eds) (2017). *The Oxford Handbook of Populism*. Oxford y Nueva York: Oxford University Press.

11   Hasan, L. (2011). Rule of Law, Legal Development and Economic Growth: Perspectives for Pakistan. En *Journal of Advanced Research in Law and Economics (JARLE), 2.* (03). pp. 48-59.

a las autoridades fiscales sus ingresos. El trabajo informal y muchas veces ilegal,[12] por un lado, y por el otro una evasión y erosión fiscal,[13] son dos plagas de la economía y de la sociedad latinoamericana. Facilitar el registro y la regularización de las empresas y del trabajo informal, y consecuentemente la introducción de un sistema fiscal justo y progresivo, es condición primaria para que los países latinoamericanos salgan del subdesarrollo. Muchas veces los defensores del mercado defienden un mercado falseado en el cual, desde el comienzo, a los pobres se les niega la posibilidad de competir.

El mercado ideal es uno sin fricciones en el cual todos tengan igual posibilidad de competir. Los mercados reales latinoamericanos están llenos de fricciones y de asimetrías. Los pobres no tienen acceso al registro de empresa, no tienen acceso a la instrucción formal, no tienen acceso a la formación profesional, no tienen acceso al crédito. La primera tarea, entonces, es reducir las asimetrías que impiden a los pobres que valoricen sus recursos, así como disolver los monopolios, muchas veces en las manos de grandes empresas extranjeras, que también son un obstáculo al desarrollo de la economía nacional y a su plena y favorable inserción en el mercado mundial.

Muchas veces los populistas temen al mercado. Una política popular debe luchar contra mercados manipulados por los ricos para el perjuicio de los pobres, y utilizar las fuerzas del mercado al servicio de la promoción de los pobres y del bien común.

Atraer recursos y crear empleos

El segundo problema de la política hoy es atraer recursos a su propio territorio y crear empleos. Es importante tener una buena política de educación, de universidades y de investigación científica. Los recursos más importantes no son ni el oro, ni la plata, ni el carbón, ni el petróleo. El recurso más importante

---

[12] ACTRAV (Oficina de Actividades para los Trabajadores) (19 de junio de 2019). *Organizar en sindicatos a los trabajadores de la economía informal -Una guía para los sindicatos*. Recuperado de: http://www.relats.org/documentos/INFORMAL.OIT.Guia2019.pdf.

[13] CEPAL (2019). *Panorama Fiscal de América Latina y el Caribe 2019: políticas tributarias para la movilización de recursos en el marco de la Agenda 2030 para el Desarrollo Sostenible*. Recuperado de: https://repositorio.cepal.org/handle/11362/44516

de todos es el ser humano mismo; la capacidad de trabajo que él tiene. Esta capacidad de trabajo depende fundamentalmente de dos factores. El primero consiste en los conocimientos que posee (además del método crítico, es decir, el método para elaborar informaciones y adquirir conocimientos nuevos si hace falta).

El segundo recurso más importante es tener ganas de trabajar y la capacidad de hacerlo bien junto a otros. Hay gente bien preparada, pero que no se integra con facilidad en un equipo de trabajo. La capacidad de integrarse en el equipo, que usualmente va acompañada de la capacidad de liderarlo cuando uno es un poco más maduro, es un elemento fundamental de la capacidad de trabajo y es un elemento que atrae a las empresas y contrasta con su tendencia a marcharse.[14] Igualmente importante es la presencia de infraestructuras de calidad.

Una segunda etapa es la formación de un pequeño empresariado local. El pequeño empresario no puede deslocalizarse fácilmente e irse a otra parte del mundo. El empresariado local está ligado al territorio. Cuando una gran empresa evalúa la oportunidad de invertir en un territorio, algo que siempre considera es la presencia de pequeñas empresas eficientes en él. Hay que favorecer la colaboración de las empresas en el territorio así como la relación entre pequeñas empresas, universidades y centros de investigación tecnológica avanzada. Por eso es necesario que la política fomente la cooperación y la asociación de empresas. La pequeña y mediana empresa no solo es en sí una riqueza para el territorio, sino que también es un recurso fundamental para atraer y mantener en el territorio a la gran empresa. Particular relevancia tienen, además, los bancos. Es muy importante en la formación de bancos locales que reciban los ahorros de los ciudadanos y lo inviertan de manera preferente en las empresas y en la economía del territorio.

La gran empresa utiliza continuamente bienes y servicios de la pequeña y mediana empresa y, para ella, es importante tener en el territorio PIMES de calidad. Si se crean esas precondiciones, se puede construir también una alianza con la gran empresa. Es importante considerar la cultura de la gran empresa.

---

[14] Gary S. y Becker, G. (1998). *Human Capital and Poverty*. Chicago: University of Chicago Press.

Hay grandes empresas que tienen la cultura del beneficio inmediato: lo que les importa es ganar el máximo dinero posible en el menor tiempo posible. Hay otras que tienen la cultura del beneficio a medio y largo plazo. Están aquí hoy y quieren seguir estándolo en el próximo siglo. Saben que, por ello, conviene tener amigos e invertir en el territorio para tener ayuda en tiempos de dificultades. La política debe trabajar para crear redes de solidaridad.

Crear redes no burocráticas de solidaridad social. El problema de la política a favor de los pobres

Cuando se hace una política a favor de los pobres, es muy fuerte la tentación de construir una estructura burocrática que produzca y distribuya los bienes sociales que los pobres tienen el derecho de tener. Esa estructura consume, en muchas ocasiones, una parte importante de los recursos teóricamente destinados a ellos, y se desarrolla según dinamismos que son más bien los del crecimiento del poder de los que manejan la estructura, no los de las necesidades de los pobres. Esas estructuras burocráticas sirven muchas veces para controlar a los pobres, por ejemplo, para hacer que voten por el partido que es más cercano a los burócratas.

Por eso es importante gestionar la política social a través de los pobres mismos. Una modalidad es dar directamente a los usuarios del servicio la disponibilidad de cierta cantidad de dinero que puedan gastar tan solo en la compra de servicios determinados (por ejemplo, instrucción o sanidad). Los que piensan tener capacidad de producir el servicio lo hacen y lo ofrecen, y los pobres lo compran (por supuesto, el Estado tiene un deber de vigilancia y de reglamentación, y puede también reservar algunos sectores a compañías sin ánimo de lucro). Se crea así un mercado particular en el cual el Estado paga, pero el pobre escoge. Se facilita así también la formación de un empresariado social que no actúa ni de manera burocrática, ni solo para el beneficio: congregaciones religiosas, cooperativas de los mismos pobres, organizaciones sin ánimo de lucro...[15]

---

[15] Antiseri D. (2015). *Il "buono scuola" per una "buona scuola"* Soveria Mannelli, Rubettino.

¿Se puede cuestionar radicalmente el sistema neoliberal?

En el párrafo anterior hemos intentado delinear una estrategia para una política a favor de los pobres en el seno del sistema neoliberal. Una estrategia que lo limita, pero no lo cuestiona radicalmente. Ésta no toca los cambios radicales que aseguran la preponderancia de la economía sobre la política. Ahora nos planteamos el problema: ¿es posible cuestionar radicalmente el sistema neoliberal? ¿De qué parte debe comenzar este cuestionamiento?

Los populistas quieren regresar al mundo del ayer y ponen en cuestión la globalización. Eso parece ser, por un lado, imposible de hacer, y además sería profundamente injusto por el otro:

Sería injusto porque la globalización ha dado a miles de millones seres humanos, los más pobres de la tierra, la posibilidad de comer, de tener un hogar y vestimenta; de crecer en su dignidad. Si les decimos que cerramos nuestros ricos mercados, pensarán que la única manera de construir un futuro mejor para sus hijos será declararnos la guerra.

También es imposible, porque no está en el poder de ningún Estado, alterar los mecanismos del mercado global, y salirse de él significa condenar su pueblo a la miseria y al hambre.

Se plantean así dos preguntas: ¿quién puede cambiar los mecanismos del mercado mundial? ¿Cómo y en qué dirección se deben cambiar estos mecanismos?

Necesitamos tanto un nuevo inicio de movimientos populares, como del movimiento de los trabajadores, en todo el mundo

Los mecanismos del mercado mundial tienen su inicio en un acuerdo general sobre tarifas aduaneras y comercio que se firmó en Marrakech en 1994. Con este se decidió la libertad de circulación de los capitales y de los bienes a nivel mundial: eso globalizó el capital. Lo que falta hoy es un acuerdo general sobre los salarios y la protección de los derechos del trabajo. Para llegar a los acuerdos de Marrakech fueron necesarias muchas decenas de años de negociación. La construcción de los acuerdos sobre el trabajo será igualmente difícil. Pero si nunca se comienza, nunca se llegará al final...

La dificultad principal es que la imposición inmediata de las mismas reglas para los trabajadores de todo el mundo afectaría muy negativamente a los trabajadores de los países menos desarrollados. Los países más desarrollados tienen muchas ventajas competitivas: infraestructuras de buena calidad, una cultura industrial y postindustrial consolidada, una administración pública más eficiente y menos corrupta, una mano de obra bien instruida y entrenada y, por lo tanto, más productiva.

Los países más desarrollados son muy superiores en la competitividad total de los factores. Muchas veces, la única ventaja competitiva de los países más pobres es el costo excesivamente barato de la mano de obra. Si se igualan todos los salarios a la vez, el resultado sería que los empleos se irían a los países más adelantados, y los países más pobres se precipitarían a una situación de pobreza extrema. El proceso, por lo tanto, debe ser gradual. El primer paso puede ser la generalización de algunas condiciones mínimas de libertad sindical en todo el mundo. Si tienen sindicato, los trabajadores de los países subdesarrollados pueden juzgar por ellos mismos qué sacrificios es oportuno hacer y cuáles son las etapas convenientes a seguir para la igualdad de los salarios y de las condiciones de trabajo a nivel mundial. Necesitamos un nuevo inicio del movimiento de los trabajadores a nivel mundial, globalizado.

Necesitamos un control político de la red informática

Hemos puesto en relieve que el Estado ha perdido la soberanía sobre la red informática. La red es mundial, el Estado es solo nacional. El Estado no puede controlar la red. Eso genera una nueva criminalidad informática; ofrece a los dueños de la red enormes posibilidades de manipular el proceso político democrático en los diferentes países y reduce dramáticamente la soberanía fiscal del Estado sobre el valor agregado en la red. En la red, sin embargo, se produce una proporción grande y creciente del PIB (Producto Interno Bruto) mundial. Los gobiernos no saben como financiar una política de la asistencia y de salud decente y, contemporáneamente, se acumulan en el espacio informático patrimonios enormes que después se utilizan para manipular la opinión pública y el proceso democrático. Necesitamos un acuerdo general sobre internet para evitar la manipulación del proceso democrático y sujetar a responsabilidad tributaria el valor producido en la red. Lo que un Estado por sí mismo no puede, la comunidad internacional lo puede.

Necesitamos reactivar políticas de desarrollo mundial

Hemos dicho que las políticas keynesianas, en un contexto globalizado, ya no funcionan porque el efecto expansivo del gasto deficitario del Estado se distribuye sobre la totalidad del mercado mundial y no se concentra sobre el mercado del Estado que produce el gasto. Esto ha privado a la política de un instrumento fundamental para financiar políticas sociales. Pero las políticas keynesianas se pueden reactivar si hay un consenso de todos los mayores actores del mercado mundial para hacerlo. Si al mismo tiempo, y dividiendo de una manera razonable el costo entre ellos, todos los Estados hacen políticas expansivas de manera pactada, la objeción que hemos formulado ya no valdría más. Si la inversión italiana en políticas expansivas produce puestos de trabajo en China y no en Italia, eso se compensa en una política pactada con el hecho de que también la inversión china produce puestos de trabajo en Italia. Lo que se necesita es una conducción común de la economía mundial, lo que los llamados G-7, G-8 o G-20 hasta ahora no han conseguido darnos.

Necesitamos un acuerdo global eficaz para la defensa del medio ambiente[16]

Políticas de robo de recursos naturales insustituibles amenazan con destruir los bienes comunes de la humanidad: la tierra, el aire, el agua, la atmósfera... Esto ocurre al consumir sin límite recursos naturales no renovables para maximizar los beneficios a corto plazo, pero hipotecando el destino de las generaciones futuras. Ocurre, también, no teniendo en cuenta los gastos sociales, o cuando no hay preocupación de la gestión de los residuos del proceso productivo, de tal manera que el beneficio individual se paga con un costo o un daño mayor para la colectividad. También en este caso, un Estado aislado puede hacer poco; si prohíbe determinados procesos productivos que destruyen el medio ambiente, su industria sufrirá una desventaja productiva y, con el tiempo,

---

[16] Este es el tema de la encíclica *Laudato si'* del papa Francisco.

tendrá que cerrar sus fábricas a favor de otros países con reglas ecológicas más permisivas, o que directamente no las tengan. Es posible que así se puedan conservar provisionalmente algunas áreas en un país, pero el daño global permanecerá igual. Por tanto, también es necesario en esto una acción común de la humanidad; una convergencia de los gobiernos de los diferentes países. Esto es reconocido. Periódicamente, los países se reúnen en conferencias internacionales para determinar objetivos y políticas comunes sobre el medio ambiente. Se han conseguido algunos resultados, pero estamos lejos de una verdadera y adecuada política común del medio ambiente.

En cada uno de los cuatro casos que hemos considerado, se ha llegado a la misma conclusión. La ideología neoliberal se puede cuestionar con eficacia no solo a nivel mundial. El capital se ha globalizado y la defensa del trabajo no, el control del ambiente informático tampoco, ni las políticas económicas, así como tampoco la defensa del medio ambiente.

El capital se ha globalizado y la política no. La tarea de la generación que ahora es joven es la de globalizar la política. Todos los derechos que las luchas del movimiento obrero y las fuerzas reformistas han ganado desde la encíclica *Rerum Novarum* corren el riesgo de perderse porque no hay en el mundo globalizado un poder político democrático que pueda garantizarlos.

Necesitamos una gobernanza mundial para globalizar la sociedad

En la encíclica *Caritas in Veritate*,[17] el papa Benedicto XVI dijo que necesitamos una gobernanza mundial. Una gobernanza no es un gobierno. Muchos piensan que en el mundo de hoy ya tenemos demasiado gobierno y demasiada poca libertad, y es posible que tengan razón. El concepto de gobernanza nace de la conciencia del hecho de que, en la etapa histórica de la globalización, los Estados pueden hacer un uso apropiado de la soberanía solo si se deciden a ejercerla juntos, potenciando así los efectos de la acción de cada uno de ellos.[18]

---

[17] Iglesia católica. Papa Benedicto XVI (2009). *Caritas in Veritate*. Madrid: Movimiento Cultural Cristiano. 67.

[18] Buttiglione, R. (2013). Accountability, Trasparency, Legitimacy, Sustainable Government and Governance. En *Governance in a Changing World: Meeting the Challenges of Liberty, Legitimacy, Solidarity and Subsidiarity*. Ciudad del Vaticano.

Ya tenemos una gobernanza mundial: Naciones Unidas, G-7, G-20, WTO, FMI... y tenemos también instituciones de gobernanza regional y continental, como el Mercosur o la Unión Europea. Pero esta gobernanza mundial es ineficiente (Naciones Unidas) o está desequilibrada a favor de los ricos y de los poderosos (WTO). Hay que repensar la gobernanza mundial, y eso puede hacerse solo bajo el impulso de fuertes movimientos populares. Los populistas fracasan porque no ven la dimensión mundial de los problemas. Los populares deben estar fuertemente enraizados en su realidad nacional, pero también deben colocar correctamente sus problemas nacionales en una dimensión mundial.

4. El destino de Occidente y el papado latinoamericano

La Iglesia católica en la globalización

La Iglesia católica es una Iglesia universal. Jesús, antes de subir al Padre, envió a sus discípulos a evangelizar y bautizar a todas las gentes del mundo hasta los confines de la tierra.[1] "Católico" es una palabra que viene del griego: "*katá olon*", que quiere decir "según la dimensión de la totalidad". El acontecimiento de Pentecostés confirma la llamada misionera de la Iglesia. La vocación católica de la Iglesia, sin embargo, se despliega en la historia. En su inicio, la Iglesia fue judía; era una pequeña comunidad herética en el interior del judaísmo. Fue Pablo quien impulsó la misión de cara a los griegos y a los latinos, y Pedro tomó la decisión de trasladar el centro de la cristiandad de Jerusalén a Antioquía, y después a Roma.[2] Así, la Iglesia se hizo mayoritariamente griega y romana, aunque desde los primeros siglos hubo primicias de la universalidad, como la misión de santo Tomás a las Indias.

La Edad Media fue el tiempo de conversión de los germanos, y después de los eslavos. En 1387 se bautizaron los lituanos, la última nación pagana de Europa.

Desde la época de los grandes descubrimientos geográficos, la Iglesia inicia una nueva etapa de su historia misionera en América, en Asia y África.

Pero, culturalmente, la Iglesia sigue siendo fundamentalmente europea, y lo confirma el hecho de que por tantos siglos haya tenido papas europeos, y en particular italianos. La tradición de los papas italianos se interrumpe con Juan Pablo II en 1978, y a su vez la tradición de los papas europeos se interrumpe con el papa Francisco en el año 2013.

En un mundo que se globaliza, la Iglesia también tiene que globalizarse. Cuando lo hace, sin embargo, la Iglesia tan solo profundiza en su vocación originaria de ser católica; se hace más católica.

---

[1]   Mt. 28: 18-20.

[2]   Jedin, H. (1988). *Manual de historia de la Iglesia*. Vol. 1. Barcelona: Herder. pp. 186 y ss.

Hoy, la Iglesia en Europa vive un tiempo de dificultad. La Iglesia se hace más pequeña, y una parte dominante de la cultura europea piensa poder vivir mejor en un mundo sin Dios. Al mismo tiempo, Europa se hace más pequeña en el mundo. Desde el punto de vista demográfico, Europa contaba en 1950 con un cuarto de la población mundial. Ahora es de un poco más que el diez por ciento. Desde el punto de vista económico ya lo hemos visto; está perdiendo rápidamente el avance que había ganado a lo largo de los siglos. Desde el punto de vista cultural, ya no es para nada seguro que Europa siga siendo la vanguardia de la civilización humana ni que los otros pueblos tengan el deseo de seguir el ejemplo y el modelo europeo. Es muy posible imaginar que Europa haya tomado el camino de la decadencia, y que muchas cosas que nosotros los europeos consideramos como signos de progreso, sean síntomas de esta decadencia.

En el mundo, la Iglesia crece en números absolutos y en porcentaje de la población humana. Casi un 18% de los hombres que hoy viven en esta tierra son católicos; nunca fueron tantos, y el número sigue creciendo.[3]

Es en este contexto donde se plantea hoy el problema de la globalización de la Iglesia, y en él debemos entender el pontificado del papa Francisco.

La Iglesia latinoamericana como Iglesia matriz

En esta etapa de la globalización de la Iglesia, hemos de repensar la Iglesia latinoamericana. Le debemos al padre De Lima Vaz la distinción entre Iglesia reflejo e Iglesia matriz. En los primeros cuatro siglos de su evangelización, la Iglesia latinoamericana se ha pensado a sí misma con las categorías de la teología europea. La teología latinoamericana ha sido un reflejo de la teología europea. En la segunda mitad del siglo XX, la Iglesia latinoamericana intenta con creciente intensidad pensar la experiencia de la fe a partir de sí misma, desarrollando una conciencia refleja de su propia experiencia de fe.

¿Qué significa pensar la fe con categorías latinoamericanas? Y, en general, ¿es posible pensar la fe con dichas categorías? El contenido de la fe cristiana no es una doctrina que se pueda fácilmente repensar o reinterpretar; es más bien un

---

[3]   Iglesia católica. Oficina de prensa de la Santa Sede (6 de abril de 2017). *El Anuario Pontificio 2017,* y el "Annuarium Statisticum Ecclesiae". Recuperado de:
https://press.vatican.va/content/salastampa/es/bollettino/pubblico/2017/04/06/ter.html

acontecimiento, un hecho singular: Jesús de Nazaret, el hombre al que crucificaron los romanos y los judíos, resucitó de entre los muertos y es el Hijo de Dios y el salvador del mundo. Esto ocurrió en Palestina, hace más o menos dos mil años. Pero este acontecimiento continúa y se repite en los sacramentos de la Iglesia. El sacramento genera una vida y una historia nueva. Es la historia de los santos, la historia de la santidad de la Iglesia. La teología latinoamericana no puede ser simplemente una teología que utilice categorías latinoamericanas (¿cuáles?). Debe ser una teología que piense la historia de América Latina como historia de la Iglesia, viendo a la Iglesia como núcleo de la identidad de un pueblo que se va constituyendo.[4]

De san Francisco, sus discípulos dijeron que era un *"alter Christus"*, otro Cristo. Lo mismo se puede repetir de todos los santos y de la santidad del pueblo de Dios. San Francisco y santo Domingo en el siglo XII vivieron la fe de una manera nueva y original, y generaron un movimiento de renovación de la Iglesia. Santo Tomás de Aquino y san Buenaventura de Bagnoregio, medio siglo después, nos dieron una gran teología consistente en la reflexión sistemática y crítica sobre la experiencia de la fe de san Francisco y santo Domingo.

¿Debemos entonces dar la razón a los que afirman que el primado de la praxis que se regula a sí misma no necesita ni de doctrina ni de tradición? No. La teología vive de un intercambio orgánico entre dos polos. Hay una teología dogmática que nos trasmite el contenido originario del acontecimiento cristiano y también la evolución de la autocomprensión de la Iglesia en su continuidad histórica, y hay, además, una teología pastoral que nos dice como dicho acontecimiento se repite hoy. La teología dogmática controla que el acontecimiento de hoy sea conforme al originario; que sea su auténtica repetición. La teología pastoral nos indica de qué modo el acontecimiento originario vive en el presente.[5] Un polo tiene necesidad del otro; una auténtica teología vive del intercambio y del diálogo continuo entre ambos. En su camino desde Río a Aparecida, la Iglesia latinoamericana ha elaborado progresivamente su capacidad de

---

4   Kasper, W. (1978). *Jesús el Cristo*. Salamanca: Sígueme.

5   De Azevedo, F. (2018). São Francisco de Assis como *"alter Christus"* pela imitação de Cristo: Fontes e interpretação. En *Lumen Veritatis, 10*. 40. pp. 265-298.

pensar la América Latina de hoy en el interior de la gran tradición de la Iglesia universal.

El problema de la modernización latinoamericana

El problema fundamental que vive Latinoamérica es el de la pobreza, y esta es al mismo tiempo consecuencia y causa del atraso económico y social. Por eso, podemos decir que, en un sentido más amplio, **el problema de Latinoamérica es el problema de la modernidad.** ¿Cómo introducir a Latinoamérica en la modernidad? Los economistas de la dependencia denunciaron en su tiempo los obstáculos materiales que impiden el camino de América Latina hacia la modernidad. La ola revolucionaria de los años sesenta y setenta fue determinada, en parte, por el convencimiento de las élites estudiantiles urbanas de que la división internacional del trabajo condenaba a Latinoamérica al subdesarrollo y a la pobreza. En el cambio de la globalización, este convencimiento ha perdido su precario fundamento empírico. Pero hubo y hay otro obstáculo para la modernización de América Latina. Este tiene un carácter inmaterial, cultural: ¿es posible que se dé la modernización sin perder su alma? Esa pregunta tiene mucho que ver con la catolicidad de Latinoamérica. ¿Hay un camino católico hacia la modernidad? Esta pregunta se plantea con fuerza peculiar en una etapa histórica en la que parece que la forma usual, dominante, de la modernidad, ha fracasado. Parece que hoy, a nivel mundial, el capitalismo (la forma dominante de la modernidad) ha triunfado y fracasado al mismo tiempo. Ha triunfado porque es, sin duda, el mejor sistema para la producción de bienes materiales y servicios. Ha fracasado, sin embargo, porque no consigue ofrecer a los hombres una vida realmente humana, no alienada, y no consigue defender los bienes comunes de la humanidad (la tierra, el agua, los recursos naturales, un crecimiento equilibrado para todos...). La crisis económica del capitalismo profetizada por Marx no ocurrió, pero vivimos ahora su crisis ética y ecológica.[6] Es dentro de esta crisis que se plantea el problema de la modernidad latinoamericana. No es solo el problema de su modernización, sino también el

---

[6]   Iglesia católica. Papa Juan Pablo II (1991). *Centesimus Annus.* 26 y ss., 36 y ss. y 41 y ss., e Iglesia católica. Papa Francisco (2020). *Fratelli tutti.*

del aporte de América Latina al descubrimiento de una nueva forma de modernidad que pueda guiar a la humanidad en la etapa presente de su historia.

El inicio cartesiano de la modernidad: la ciencia de los objetos puros

Es usual poner el inicio de la modernidad en el pensamiento de Descartes. Descartes es el descubridor (junto a Fermat) de la geometría analítica y de la física moderna (con Galileo). El mundo de la ciencia cartesiana es un mundo de objetos puros que se mueven en el espacio y en el tiempo. Los objetos de la física aristotélica no eran puros. Tenían siempre en sí algo de subjetividad. El universo aristotélico obedece a cuatro formas de causalidad: eficiente, material, formal y final. En la física moderna, quedan solo la finalidad material y la eficiente. Una de las direcciones de la modernidad (la dirección principal, de hecho) intenta entender el mundo simplemente como mundo de objetos puros. Heidegger ve muy bien como el destino de Occidente, que se identifica con este tipo de modernidad, es el de la alienación total, de la destrucción del humano, porque en un mundo de objetos puros el hombre también debe ser reducido a ser tan solo un objeto puro. Exactamente por esto, Husserl hará de la lucha contra el llamado reduccionismo (la reducción de una cosa a otra, y en particular de las realidades humanas a realidades no humanas) un punto cardinal de su filosofía.[7]

Augusto Del Noce y la forma católica de la modernidad

Augusto Del Noce nos ha enseñado que existe otro tipo de modernidad, una modernidad como pensamiento de una realidad compleja en la cual no hay solo objetos puros, sino también sujetos. El método de comprensión de los sujetos no es el mismo que el de los objetos. Para comprender a los sujetos, necesitamos las categorías (causalidad formal y final) que metodológicamente debemos poner entre paréntesis para comprender los objetos puros. Esto implica la capacidad de no reducir a objetos a los sujetos, así como pensar el mundo como un universo en el que coexisten, al mismo tiempo, objetos y sujetos. Este es el

---

[7] Buttiglione, R. (2019). *Die Wahrheit im Menschen, Jenseits von Dogmatismus und Skeptizismus*. Springer.

pensamiento de la modernidad católica o del catolicismo en la modernidad.[8] No en vano, Giambattista Vico opone sus *Principios de ciencia nueva en torno a la naturaleza común de las naciones* (es decir, el método del conocimiento del mundo humano),[9] a la ciencia vieja cartesiana que nos da solo el método del conocimiento de los objetos puros.

La postura cultural de Del Noce nos introduce a una comprensión más profunda del Concilio Ecuménico Vaticano II. Algunos lo entienden como una rendición de la Iglesia a la modernidad ilustrada, y terminan o bien con el proyecto de un nuevo cristianismo reducido al interior del horizonte trascendental de la modernidad ilustrada, o bien con un rechazo del Concilio mismo en nombre de la oposición irreductible del catolicismo a la modernidad. El Concilio, al contrario, marca el camino del catolicismo en la modernidad, que comporta una corrección decisiva de la modernidad ilustrada o, mejor dicho, el redescubrimiento de otra modernidad, la modernidad católica.

Alberto Methol Ferré y el pensamiento de la modernidad latinoamericana[10]

Methol Ferré ha pensado la forma latinoamericana de la modernidad, y lo ha hecho utilizando el aporte de Del Noce y, al mismo tiempo, ampliando drásticamente su horizonte originario. Methol piensa otro inicio de la modernidad que no es alternativo, sino complementario al cartesiano. Este inicio es el descubrimiento de América, donde vive el indio. El indio rompe con todos los esquematismos del pensamiento clásico, y es fuerte la tentación de definirlo como la negatividad absoluta, como lo no humano. La Iglesia católica, en oposición al abismo de la diferencia cultural, reconoce al indio como ser humano redimido en Cristo, lo que implica la ruptura de un horizonte trascendental de comprensión de lo humano. Lo dice muy bien el título de un librito de poemas de

---

8   Del Noce, A. (1965). *Riforma Cattolica e Filosofia moderna.Vol. I: Descartes.* Bologna: Il Mulino.

9   Vico, G. (2006). *Principios de una ciencia nueva en torno a la naturaleza común de las naciones.* México: Fondo de Cultura Económica.

10   Buttiglione, R. (2017). Elementos para interpretar el papado latinoamericano a partir de algunas reflexiones de Alberto Methol Ferré. En *Humanitas, revista de antropología y cultura cristiana,* 22. 86. pp. 61-79. También disponible en este mismo libro como capítulo con el mismo título.

Borges: *El otro, el mismo.*[11] Para reconocerle al indio la misma humanidad que tenemos, debemos ampliar la medida de nuestra humanidad; tenemos que hacernos misterio a nosotros mismos. El Barroco es exactamente esta apertura de la conciencia, que se hace capaz de contener al español y al indio, al conquistado y al conquistador, a la víctima (que fue verdugo) y al verdugo (que será víctima). Es la capacidad de dejarse sorprender por un acontecimiento imprevisible y no programado que puede ser pensado solo como acontecimiento de gracia.

El redescubrimiento del Barroco se sitúa, naturalmente, dentro de la modernidad católica porque no se puede pensar en el interior de un mundo de objetos puros; de un sistema cerrado de la naturaleza y de la historia.

Hegel intentó reducir la historia a un sistema. Amelia Podetti observó que, en la historia reducida a sistema, no hay lugar para lo que se resiste al sistema; para lo imprevisible, el milagro, la gracia, y por ello tampoco hay espacio para Latinoamérica.[12]

El fracaso de una modalidad de la modernidad

La modernidad ilustrada, en la línea que va de Descartes hacia Hegel y Marx, fracasó. Lo hizo en su vertiente comunista con el fin del comunismo en la Unión Soviética y en los países de Europa centro-oriental, y con la conversión de China a un modelo capitalista. Fracasa de nuevo en su vertiente capitalista frente al desafío de la globalización.

En una primera etapa, la globalización intentó igualar todo el mundo al modelo del Occidente capitalista. Ahora fracasa frente a la resistencia de culturas que se oponen a la globalización.[13] Fracasa también un modelo cultural lineal de comprensión del mundo y, al mismo tiempo, un modelo de pensamiento económico: la ciencia económica moderna intentó comprender el mundo de la interacción económica a través de un pensamiento objetivante según el modelo

---

[11]   Borges, J. L. (2005). *El otro, el mismo.* Buenos Aires: Emecé Editores.

[12]   Podetti, A. (2007). *Comentario a la introducción a la fenomenología del espíritu.* Buenos Aires: Biblos. Con prólogo de Jorge Mario Bergoglio.

[13]   Huntington, S. (2018). *El choque de civilizaciones y la reconfiguración del orden mundial.* Barcelona: Paidós.

de las ciencias naturales, que permitió una admirable y rigurosa comprensión de la concatenación de causas y efectos en el mundo de los objetos puros.

El objeto de la economía es el sujeto humano en su actuación económica. El defecto de esta economía es que no ve que el hombre no es solo sujeto reducido esclusivamente a la dimensión economica y que no actúa solo según leyes económicas. La acción concreta (también la acción económica concreta) es el resultado de la interpretación de una pluralidad de leyes *a priori* de la acción: la económica, pero también la jurídica, la política y, sobre todo, la ética. La economía capitalista no es falsa, sino unilateral: conoce el intercambio de los equivalentes y no conoce el intercambio gratuito; conoce al sujeto libre y no conoce al hombre como comunidad. El defecto de esta que es unilateral, y que, por lo tanto, nos hace conocer un mundo unidimensional.

La otra modalidad de la modernidad y la economía civil

Ya desde hace algunos años se ve una rebelión contra el método solo objetivante en el seno de la ciencia económica misma, y la búsqueda de un nuevo paradigma. No es casual que entre los últimos ganadores del Premio Nobel de Economía haya muchos autores que estudiaron temas interdisciplinares cuyas fronteras lindan con las ciencias psicológicas para comprender como funcionan las leyes económicas en la vida real.[14]

En Italia, De Rita habló hace muchos años de *economía real* a partir del estudio de la pequeña empresa, utilizando, en gran medida, instrumentos sociológicos para este estudio. En el sistema formalizado de la gran empresa, la decisión económica se toma en conformidad con las leyes económicas y, aunque muchas veces no sea así, al menos siempre se intenta justificar la decisión como aplicación (correcta o errónea) de leyes económicas. En la pequeña empresa, y especialmente en la de corte familiar, la interacción entre la motivación económica y la extraeconómica es mucho más evidente de cara a la decisión. Algunos años después de De Rita, Chiara Lubich y Luigino Bruni, hablaron de *economía de comunión* a partir de la experiencia de algunas empresas del Movimiento

---

[14] Recordemos, entre otros, los nombres de Herbert A. Simons y de Daniel Kahneman.

de los Focolares.[15] Un poco más tarde, Luigino Bruni y Stefano Zamagni trataron la *economía civil*.[16] Me parece que la novedad fundamental de la economía civil es metodológica: es la comprensión del mundo histórico hecho de objetos y de sujetos en el cual el hombre nunca puede ser pensado ni tratado como si solo fuese un objeto. Igualmente, la economía civil piensa al hombre como individuo y como comunidad. De esta manera, es posible promocionar cuadros conceptuales adecuados para pensar la sociedad compleja de la globalización, ayudando a crear formas de vida nuevas y más humanas para el hombre. Esta reflexión concluye hoy en la llamada *economía de Francisco*. Por un lado, la economía de Francisco tiene una fuerte conciencia ecológica. Por otro, sus conceptos básicos se enraízan en una antropología que considera al hombre no solo como individuo, sino también como miembro de una comunidad que no puede determinar su bien individual fuera de la relación con el bien de la comunidad, es decir, con el bien común.[17]

Fracaso y resurgimiento del Barroco

Del Noce y Methol nos señalan que la modernidad nació católica y latinoamericana. Está claro, sin embargo, que en las luchas históricas de los siglos XVII hasta el XIX, la que triunfó fue la otra modernidad, causando la derrota de la católica. También dentro de la Iglesia católica prevaleció una tendencia de rechazo absoluto de la modernidad, de nostalgia romántica de una Edad Media idealizada, y de reacción antimoderna. Con el ciclo de las dos terribles guerras mundiales se inició el declive de la otra modernidad y se abrió la posibilidad de una nueva propuesta de la modernidad católica. Este es el hilo rojo que corre a través de los pontificados de Juan XXIII, Pablo VI, Juan Pablo I, san Juan

---

[15] Bruni, L., Lubich, C. *et al.* (2001). *Economía de Comunión. Por una cultura económica centrada en la persona.* Madrid: Ciudad Nueva.

[16] Stefano Zamagni, S. y Bruni, L. (2007). *Economía civil: eficiencia, equidad, felicidad pública.* Buenos Aires: Prometeo Libros. La expresión "economía civil" se remonta a Antonio Genovesi, quien, en 1765, publicó en Nápoles *Lezioni di economia civile.* Once años antes que Adam Smith, Antonio Genovesi formuló los principios de la ciencia económica, pero sin atribuir al hombre una naturaleza unilateralmente egoísta, pues lo ve también como partícipe de una comunidad.

[17] Este es el tema de *Fratelli tutti,* la encíclica del papa Francisco.

Pablo II, Benedicto XVI y el papa Francisco. Progresivamente, y frente a la globalización, se hace cada vez más clara la necesidad de otra modernidad, o mejor dicho, la necesidad de redescubrir la otra modernidad; la modernidad católica y latinoamericana.

Necesitamos una economía que no sea solo objetivante y que entienda las potencialidades de la acción solidaria. La solidaridad no es solo un imperativo ético que hace más humano y no alienante el trabajo; es también una fuerza productiva porque permite invertir orgánicamente la creatividad y la responsabilidad de los trabajadores en el proceso productivo. Sin embargo, es por eso que los trabajadores deben poder participar activamente como sujetos en la vida de la empresa y, especialmente, en las decisiones que les conciernen.

Necesitamos una forma de pensamiento que sepa reconocer y respetar la diversidad sin reducirla a una dimensión única y predeterminada; que afirme la naturaleza común de la cual brota también el derecho al respeto.

Necesitamos un nuevo Barroco latinoamericano. Pero no solo latinoamericano.

Un nuevo Barroco

La globalización nos presenta de nuevo el escándalo de la diversidad, como en el momento del descubrimiento de América. Tenemos que pensar un Barroco en una dimensión mundial. El proceso que inicia en Latinoamérica tiene una dimensión mundial. El papa Francisco no es solo el primer papa latinoamericano, sino el primer papa no europeo después de poco menos de trece siglos, y el primer papa del llamado tercer mundo. La solución del problema al que se enfrenta la Iglesia latinoamericana puede ofrecer un modelo también para otros continentes.

El viejo Barroco fue conflictivo. Opuso su modernidad a la modernidad protestante y anglosajona de forma beligerante hasta en los campos de batalla. El nuevo Barroco debe ser ecuménico. La gran abjura de Occidente nació del escándalo de las guerras religiosas que vieron a cristianos matar a otros cristianos en nombre de Cristo. La nueva evangelización de Occidente pide el testimonio de la unidad de los cristianos. En este marco, se entiende también el extraordinario fenómeno histórico que acontece ahora en Estados Unidos. Estados

Unidos ya no encaja con la vieja identidad WASP (*White, Anglo-Saxon and Protestant*, es decir, blanca, anglosajona y protestante). La cultura estadounidense debe enfrentarse ahora al tema del mestizaje y de la integración de los latinoamericanos católicos. Algunos marchan hacia un multiculturalismo en que se disuelve cualquier idea nacional, otros defienden desesperadamente la vieja identidad. Estados Unidos necesita hoy una cultura más barroca y el aporte de la Iglesia católica para la integración de los latinos. Este es un elemento fundamental en la construcción de la nueva identidad nacional de Estados Unidos.

Cambia Estados Unidos, y cambia, y debe cambiar también, Latinoamérica. Hay una presencia protestante importante también en Latinoamérica, y es necesario el diálogo ecuménico como elemento integrante en el nuevo Barroco. Es necesario superar también los aspectos de reacción antimoderna que permanecen en la sociedad latinoamericana y que constituyen un obstáculo fundamental para el desarrollo. La capacidad de pensar un mundo de objetos puros, que es el gran aporte de la ciencia moderna, no puede ser rechazada por el temor de perder el alma latinoamericana. Esta debe ser integrada en su lugar propio, en la síntesis cultural latinoamericana y en las culturas indias que de esta síntesis son parte tan relevante.

Guadalupe, el riesgo y la gracia

Amelia Podetti critica a Hegel porque en su sistema no hay lugar para América Latina.[18] En el sistema, todas las contradicciones deben encontrar su recomposición y reconciliación. La historia es el desenvolverse necesario de la naturaleza, y por eso está predeterminada desde el comienzo. El Barroco ve las tendencias que actúan en la historia, pero no pretende tener de antemano la solución de las contradicciones. Por ello se toma en serio la experiencia del dolor, del sufrimiento sin esperanza, de la desesperación, del infierno. Salir del mundo ordenado del progreso hegeliano significa asumir un riesgo que no se puede medir. La dialéctica del Barroco (de Pascal) es una dialéctica sin conciliación y sin síntesis. Por eso el Barroco mantiene en la historia a los vencidos,

---

18   Podetti, A. (1981). *La irrupción de América en la Historia*. Buenos Aires: CIC. Con prólogo de Armando Poratti.

a los pueblos derrotados, a los hombres comunes que padecieron injusticia y murieron en su injusto dolor; a todos a los que Hegel condena al olvido y a la falta de relevancia histórica. También los humildes tienen derecho a su historia, y así los encontramos como protagonistas en las pinturas de Caravaggio o de Matías Preti.

No hay síntesis que pueda recomprehender y justificar el llanto de una madre por la muerte de un hijo o el dolor de un pueblo por la masacre de sus jóvenes, la violación de sus mujeres y la muerte de sus dioses. Salir del mundo ordenado de Hegel significa también entrar en un mundo en que el milagro es posible. Al pueblo de los vencidos que lloraban la muerte de sus dioses se le apareció una joven que tenía cara de india y vestimentas de princesa, y dijo que sí, que los dioses habían muerto, pero que su hijo, el dios verdadero, había resucitado. El acontecimiento de Guadalupe signó un nuevo inicio: el de un pueblo nuevo, mestizo, católico y latinoamericano.[19] El milagro no es una reconciliación ficticia, meramente intelectual, de los opuestos. Es una realidad nueva que mira hacia un futuro que cambia lo que parecía ser irrevocable del pasado. No es la reflexión filosófica o teológica que explica a la madre el porqué al final fue bueno, en el orden impersonal del mundo, que su hijo muriese, y le pide que se deshaga de sus emociones y piense con la cabeza para aceptar un saber objetivante en el cual su hijo ya no es su hijo, sino un objeto del mundo. El milagro es más bien la palabra de Jesús al hijo de la viuda de Naim: "hijo, levántate"; es la resurrección de los muertos. Jesús habla a la persona entera, sin abstracción: a la cabeza y a las entrañas; a la unidad sintética del hombre que es su corazón.[20]

Hegel subordina la religión a la filosofía. Ambas comparten el mismo objeto, el Absoluto. En la religión, el Absoluto se presenta como una representación; en la filosofía, lo hace como concepto. En el paso de la forma representativa a la conceptual, desaparece el dolor infinito del mundo y la pregunta sin respuesta que surge sobre la justicia de Dios.

---

[19]   Chávez, E. (2009). *La verdad de Guadalupe*. Naucalpan, México: Ediciones Ruz.

[20]   Lc. 7: 11-17.

El Barroco, por el contrario, afirma el primado de la religión sobre la filosofía y asume el dolor infinito del mundo en la cruz de Cristo. Asume también la pregunta de Job para la cual no hay respuesta: ¿por qué el sufrimiento del justo? Para esta pregunta no hay una respuesta intelectual. La única respuesta que una madre puede aceptar es un hecho: que le sea restituido el hijo; que le sea devuelto vivo. Es la resurrección de los muertos, y una alegría tan grande que valga más que toda la pena de la vida. Por eso el Barroco no puede pensarse fuera de la perspectiva del sacramento y de la gracia.

En esta etapa histórica, la tarea de la Iglesia es proporcionar la globalización del Espíritu. Sin esta, la globalización de la economía puede terminar en un fracaso y precipitar a la humanidad en un abismo.

Caminos para una teología del pueblo y de la cultura
se imprimió en la Ciudad de México, el 15 de agosto,
Solemnidad de la Asunción de Santa María Virgen,
en Litográfica Ingramex, S. A. de C. V.
Centeno 162-1, Granjas Esmeralda, Iztapalapa,
C. P. 09810, Ciudad de México, México

www.ingramcontent.com/pod-product-compliance
Lightning Source LLC
La Vergne TN
LVHW091236190726
843491LV00001B/5